W0195310

PAUL NOLTE

RISKANTE MODERNE

PAUL NOLTE

RISKANTE MODERNE

DIE DEUTSCHEN UND DER NEUE KAPITALISMUS

VERLAG C.H.BECK

© VERLAG C.H.BECK oHG, MÜNCHEN 2006

SATZ UND GESTALTUNG
a.visus, Michael Hempel, München
DRUCK UND BINDUNG
Ebner & Spiegel, Ulm

Gedruckt auf säurefreiem, alterungsbeständigem Papier
(hergestellt aus chlorfrei gebleichtem Zellstoff)
Printed in Germany

ISBN 10: 3-406-54084-8
ISBN 13: 978-3-406-54084-4

www.beck.de

INHALT

VORWORT

Ist das moderne Leben nicht längst zu kompliziert geworden? Schon seit langem wächst die Skepsis, ob wir das Leben in einer Welt, die entgegen zeitweiligem Anschein nicht zum Stillstand gekommen ist, sondern sich rasant und dynamisch weiter bewegt, noch meistern können. Die Sehnsucht nach der Entschleunigung, wenn nicht gar nach dem Ausstieg, macht sich breit. Der «Fortschritt» von einst hat schon lange keinen guten Namen mehr. Müssen wir noch flexibler werden, weil der Kapitalismus es will? Können wir die Reformen, die viele für dringend notwendig halten, überhaupt ertragen?

Die Bundestagswahl im Herbst 2005 hat es an den Tag gebracht: Deutschland ist in zwei Lager gespalten. Nicht so sehr «links» und «rechts» stehen sich gegenüber, sondern diejenigen, die mit Zuversicht und Vertrauen in die Zukunft sehen, und jene anderen, die angstvoll und häufig frustriert sich an die Gegenwart klammern oder in eine bessere Vergangenheit zurücksehnen. Man könnte die einen die kulturellen Optimisten, die anderen die kulturellen Pessimisten nennen.

Dieses Buch schlägt sich vorbehaltlos, aber hoffentlich nicht vordergründig, auf die Seite der Optimisten. Das ist mit Blauäugigkeit nicht zu verwechseln. Denn am Anfang steht immer eine nüchterne Bestandsaufnahme. Warum hat sich Deutschland mehr als andere, vergleichbare Nationen aus dem Vertrauen in die Zukunft verabschiedet, warum sind bei den Deutschen die Ängste vor der Herausforderung der Moderne häufig geradezu lähmend übermächtig geworden? Als die Erwartung der Nachkriegszeit auf einen stabilen Zustand sorgloser Expansion und Sicherheit in den 70er und 80er Jahren zerbrach, wurden uns neue Risiken bewusst: Risiken in privaten Lebensformen ebenso wie wissenschaftlich-technologische Risiken und Risiken von Ökonomie und Sozialstaat. Doch statt die «Risikogesellschaft» selbstbewusst anzunehmen, haben wir immer häufiger versucht, aus den Risiken auszusteigen. Die Verweigerung der Moderne hat die deutsche Risikovermeidungsgesellschaft produziert.

Die Kapitel dieses Buches skizzieren die komplizierte Geschichte von Moderne und Modernitätsverweigerung in Deutschland. Sie diskutieren die alten und die neuen Herausforderungen, denen wir uns noch nicht, oder: immer noch nicht, genügend gestellt haben: Klassengesellschaft und neue soziale Ungleichheiten, das Verhältnis der Geschlechter und der Generationen, Erwerbsarbeit und, last but not least, der Kapitalismus. Was hält diese unterschiedlichen Facetten, die vom Privaten zum Politischen reichen, von der sozialen Wärme bis zum kalten Markt, zusammen? Es geht immer um die Frage, wie in komplizierteren Verhältnissen Sicherheit zu gewinnen sei: Sicherheit im Risiko, in der riskanten Lebensführung. Private Lebensführung und öffentliches Handeln sind eng aufeinander bezogen – die Risikoverweigerung und die daraus resultierende Aufschubmentalität, die von den Deutschen Besitz ergriffen hat, spiegeln sich im privaten Leben ebenso wider wie in den großen, systemischen Entscheidungen. Oder eher: den «Nicht-Entscheidungen». Denn es ist ein Merkmal der privaten wie der staatlichen Sphäre geworden, riskanten Entscheidungen lieber aus dem Weg zu gehen. Doch gewinnen wir dadurch nicht größere Sicherheit, sondern verschieben Probleme und setzen uns neuen, vielleicht sogar größeren Gefahren aus.

Überhaupt lassen sich privates Leben einerseits, Öffentlichkeit und Politik andererseits nicht mehr so fein säuberlich trennen, wie das lange Zeit der Fall war. Selbst die privateste Entscheidung: für oder gegen Partnerschaft und Kind, ist in den politischen Raum, in die öffentliche Debatte eingerückt. Sozialstaat und Markt sind zwei ganz unterschiedliche Agenturen, die beide auf je eigene Weise Privatheit schützen, sie aber auch herausfordern und gefährden können. Und der Rückzug in die private Nischengesellschaft, in die warme Höhle der eigenen Sekurität, bietet nur vordergründig Schutz vor den Herausforderungen und Entscheidungen, die «draußen» warten.

Wir müssen aus der Nischengesellschaft herauskommen und die Herausforderung der Moderne annehmen. Wir müssen aufhören, ständig die Überforderung des eigenen Lebens zu beklagen. In den Nischen und Höhlen kann man nur von dem zehren, was man schon hat – oder man ist auf jemanden angewiesen, der täglich Nahrung am Eingang ablegt. Doch ein rein privates, ein nur konsumierendes Leben führt in die Sackgasse. Wir sollten lernen, eine «Investive Gesellschaft» zu werden – auf diese Überlegung, auf diesen Begriff laufen die Beiträge dieses Bandes zu. Eine «Investive Gesellschaft», das ist eine Gesellschaft, die in bürgerlicher Selbstverantwortung ebenso wie in gemeinschaftlicher Solidarität ihre Ressourcen mobilisiert, ob es sich um materielle oder soziale oder moralische Ressourcen handelt; eine Gesellschaft, die Vorleistungen erbringt, um später die eigenen Chancen, die Chancen anderer und die Chancen einer größeren Gesamtheit zu vermehren und nachhaltig zu sichern.

Beim Abschluss dieses Bandes blicke ich dankbar auf vier spannende Jahre an der International University Bremen zurück, die im Sommer 2005 zu Ende gegangen sind, und freue mich über die neue Herausforderung an der Freien Universität in Berlin. Mein Dank geht an den C. H. Beck Verlag, zuerst und stellvertretend an Detlef Felken, der dieses Projekt sofort und nachdrücklich unterstützt hat. Mein Dank geht an Kolleginnen und Kollegen, und wiederum an engagierte und kompetente Journalisten, die mich in den letzten Jahren manchmal strapaziert, aber vor allem zum Nachdenken herausgefordert haben. Sascha Topp hat sich bei der Redaktion des Buches sehr kompetent engagiert. Vor allem danke ich Monika, Nora und David – für alles.

Berlin, im November 2005

HERAUSFORDERUNG MODERNE. RISKANTE LEBENSFÜHRUNG IM 21. JAHRHUNDERT

Im Frühjahr 2006 ist es zwanzig Jahre her, dass in der damaligen Sowjetunion ein Reaktorblock eines großen Kernkraftwerks außer Kontrolle geriet. Die Atomkatastrophe von Tschernobyl im April 1986 hinterließ tausende Tote und Langzeitgeschädigte und machte ganze Landstriche in der Ukraine auf Jahrzehnte hinaus unbewohnbar. Die Folgen aber reichten um die ganze Welt und trafen besonders Mittel- und Westeuropa: zunächst in Gestalt erhöhter Radioaktivität in Niederschlägen und Lebensmitteln, sehr bald aber noch mehr in den Ängsten, die sich in weiten Teilen der Bevölkerung mit diesem Super-GAU verknüpften, die sich aber bald auch von dem konkreten Ereignis «Tschernobyl» ablösten und verselbstständigten. Der Reaktorunfall von Tschernobyl wurde zum Symbol jener Risiken, die wir uns mit den einst fortschritts- und wohlstandsverheißenden neuen Technologien eingehandelt hatten, zum Symbol des Scheiterns einer technologischen Moderne, die von den Menschen geschaffen war, aber von ihnen am Ende nicht mehr beherrscht werden konnte.

Damals, seit dem Frühjahr 1986, machte ein Begriff Furore, der diese Konstellation einschließlich der neuen Ängste und Unsicherheiten bündelte. Der Soziologe Ulrich Beck, seither einer breiten Öffentlichkeit bekannt, nannte sein neues Buch «Risikogesellschaft» und traf mit dieser Zeitdiagnose den Nerv einer veränderten Welt.[1] Die Zeit der großen Sicherheiten war vorbei; die Luft wurde dünner, die Absturzgefahr größer, wie auf einer Bergwanderung über immer schmalere Grate. Die ökologischen Risiken als Folgen einer ungehemmten technisch-industriellen Lebensweise traten in dieser Zeit ins allgemeine Bewusstsein; Vokabeln wie Waldsterben und Ozonloch füllten die neuen politischen Wörterbücher. Kurz zuvor hatte die Nachrüstungsdebatte den Kalten Krieg der Supermächte auf einen – wie sich später herausstellte – letzten Höhepunkt geführt und die Angst vor der atomaren Apokalypse genährt. Bargen komplexe Technologien nicht per se ein zu hohes, weil letztlich unkalkulierbares Risiko, so fragten sich viele; und mehr noch: Begann die westliche Moderne nicht überhaupt an ihrem Größenwahn, an ihrem Wachstumsimperativ, an ihrem Beschleunigungszwang zu scheitern?

Doch es waren nicht nur diese Risiken einer technischen Moderne, die vielen Menschen – und in der Bundesrepublik wohl mehr als anderswo – unkalkulierbar erschienen und nicht mehr wert, dass man sie um den Preis eines ungewissen Fortschritts einginge. Auch das eigene Leben war neuen Unwägbarkeiten unterworfen. Gesellschaftlicher Wandel, das war nichts Abstraktes mehr, sondern reichte bis tief in die eigene Biographie, den individuellen Lebensentwurf, die Privatsphäre hinein. Vormals stabile soziale Beziehungen verflüssigten sich. An die Stelle von berechenbarer, oft lebenslanger Zugehörigkeit traten Zäsuren, Unwägbarkeiten, eine neue Volatilität, die Flexibilität forderte.[2] Das galt für die Arbeitswelt, wo die Epoche des rheinischen Kapitalismus mit ihrer paternalistischen Sicherheit, mit ihrer Quasi-Unkündbarkeit in den Großunternehmen zu Ende ging und vor allem die Jüngeren zwang, eine Karriere unter riskanten Bedingungen zu starten. Es galt ebenso und ganz ähnlich für die privaten Beziehungen. Auch hier löste sich der Paternalismus in Gestalt der klassischen Familienordnung mehr und mehr auf. Die Individuen, nicht zuletzt die Frauen, erhielten neue Freiräume der persönlichen Entfaltung, doch erneut waren damit verbunden: das Risiko unsicherer Partnerschaft; oftmals das Risiko, die Kinder allein erziehen zu müssen. Auch auf diese prekären sozialen Lagen zielte Becks Begriff der Risikogesellschaft, und bald waren Wörter wie «Bastelbiographie» und «Patchworkfamilie» in aller Munde.

Wie sollte man mit diesen Risiken umgehen? Die wissenschaftliche Analyse war eine Sache; eine andere die Stimmungslagen, die Mentalitäten, auch die politischen Antworten in dieser Situation einer krisenhaften Selbstvergewisserung. Bereits seit der Mitte der 70er Jahre war in Westdeutschland, unter dem Eindruck der ersten

Ölkrise und erster Schwächeanfälle des lange für unverwundbar gehaltenen Wirtschaftswunders, die Stimmung gekippt. Das Gefühl, keine Macht mehr über die Verhältnisse zu besitzen, breitete sich aus. Es war, als hätte man das Steuerpult verlassen; die gesellschaftliche Entwicklung war auf Autopilot geschaltet, und der von irgendwem programmierte Kurs schien in eine völlig falsche Richtung zu führen. Man fühlte sich den Anforderungen nicht mehr gewachsen, sondern von anonymen Systemen, die auf weitere Beschleunigung drängten, an die Wand gedrückt. Genau das war übrigens das Grundmotiv einer anderen, sehr einflussreichen Zeitdiagnose zu Beginn der 80er Jahre: nämlich von Jürgen Habermas' «Theorie des kommunikativen Handelns».[3] Kapitalistische Ökonomie und bürokratische Politik ließen sich nicht mehr in ihren eigenen Gehegen halten, sondern griffen auf den grünen Garten des geschützten bürgerlichen Lebens über – sie «kolonialisierten» die harmonische, nicht konflikt- sondern konsensorientierte «Lebenswelt».

Erst vor diesem Hintergrund aus diffusen Mentalitäten, intellektuellen Stimmungen, auch generationellen Umbrüchen, obendrein durchwachsen von den offenbar immer noch nicht bewältigten romantischen Sehnsüchten der Deutschen baute sich die «Risikogesellschaft» zu einer Bedrohung statt zu einer Herausforderung auf. Statt sich ihr zu stellen versuchte man eher, ihr zu entkommen. Wenn man den Autopilot nicht abstellen und selber wieder die Steuerung übernehmen konnte, sprang man lieber mit dem Fallschirm in scheinbar sicheres Terrain ab. Dabei war der Umgang mit den zwei Aspekten der Risikogesellschaft auf charakteristische Weise unterschiedlich: Während für die technischen Risiken das Prinzip des Ausstiegs galt, konnte man den sozialen Risiken durchaus mehr Positives abgewinnen. Angesichts der Chancen und Freiheitsspielräume der Individualisierung breitete sich manchmal sogar so etwas wie eine kleine Euphorie aus. Endlich konnte man sich selbst ungehindert von anderen verwirklichen, solange der Planet noch nicht untergegangen war. Denn die Kleinfamilie war in der Lesart der Risikogesellschaft nichts anderes als eine «ständische» Struktur, ein vormodernes Relikt wie der Adels- und Bauernstand einer zu Recht längst versunkenen Welt.

Inzwischen sind zwanzig Jahre vergangen, und die Risiken sind nicht verschwunden. Die Debatte über technische und ökologische Risiken geht weiter, nach der Kernenergie hat sie das Feld der Gentechnologie erreicht. Der Absprung mit dem Fallschirm hilft offenbar nicht wirklich weiter, weil die Probleme damit nicht weggehen und an unerwarteter Stelle neue entstehen. Die sozialen und persönlichen Risiken sind in den letzten zwei Jahrzehnten sogar gewachsen, ja man kann sagen: Während in der Mitte der 80er Jahre der Schwerpunkt der öffentlichen und politischen Auseinandersetzung auf den «äußeren», den technischen und ökologischen Risiken lag – in der «Umwelt» der menschlichen Gesellschaft, bei ihren physischen Voraussetzungen –, ist inzwischen die Sensibilität für die «inneren» Risiken am größten. Das Binnenrisiko der privaten Existenz, der sozialen Beziehungen, der prekären Balance von Individuum und Solidarität ist es, was inzwischen die meisten Menschen bedrängt. Ob vormodernes Relikt oder nicht – die Erosion der Familie hat Folgen, die offensichtlich weder von den freigesetzten Individuen noch vom Staat aufgefangen werden können.

Neue Gefährdungslagen sind sogar dazugekommen. Den eingefrorenen Zustand des Kalten Krieges haben wir gegen eine unsichere neue Weltordnung eingetauscht. Ein weltumspannender Terrorismus erfasst westliche Großstädte, vielleicht bald auch eine deutsche Metropole. Naturkatastrophen wie das im August 2005 vom Hurrikan Katrina zerstörte New Orleans verunsichern uns gerade deshalb, weil wir nicht mehr unterscheiden können: Was ist unabwendbarer Schicksalsschlag der Natur, was haben wir uns als riskante Folge eigenen Handelns, etwa auf dem Wege der Klimaveränderung, eingebrockt? Und jedenfalls die Bearbeitung der Folgen unterscheidet sich kaum von den Nachwehen eines möglichen Terroranschlags. Die «äußeren» Risikolagen überlappen sich also mehr und mehr. Und sogar die Grenze zu den gesellschaftlichen Binnenrisiken, auch das zeigt der Fall von New Orleans, werden porös. Denn die Katastrophe fand ihre Opfer entlang einer Linie sozialer Spaltung, sie suchte zuerst die Armen, die Marginalisierten heim – die, die sich nicht schnell genug wegbewegen konnten, weil sie kein Auto hatten oder keine sozialen Netzwerke, die ihnen Unterschlupf außerhalb der eigenen

Stadt boten. Äußere und innere, technische und soziale Dimensionen greifen schließlich auch dort unentwirrbar ineinander, wo nach der Überzeugung vieler das neue Großrisiko des beginnenden 21. Jahrhunderts liegt: im globalisierten Kapitalismus.

Eines jedoch ist in den letzten zwei Jahrzehnten nicht gewachsen: die Souveränität im Umgang mit den Phänomenen der Risikogesellschaft, sei es im persönlichen Bereich, sei es in der Öffentlichkeit, sei es in der politischen Steuerung. Alle westlichen Gesellschaften tun sich mit dieser Herausforderung schwer. Sich damit leicht zu tun, wäre ja auch leichtfertig, weil die Probleme real und die Entscheidungsalternativen oft beklemmend sind. Souveräner Umgang mit Risiken, das heißt nicht, die Risiken zu leugnen. Es kann aber auch nicht heißen, ihnen auf dem Weg des geringsten Widerstandes auszuweichen zu wollen oder sich überhaupt nicht mehr zu bewegen, weil jede Bewegung, weil jede Entscheidung unweigerlich Risiken produziert; weil die Konsequenzen von Entscheidungen nicht mehr bis ans Ende durchkalkuliert werden können, sondern unter dem Vorbehalt unvorhergesehener Folgen bleiben. Dennoch haben sich die Deutschen – wenigstens darin international noch Spitze – der Strategie der Risikovermeidung auf beispiellose Weise hingegeben. Ein klassisches Sicherheitsdenken hat den Sieg davongetragen, wir sind ein risikofeindliches Land geworden. Die Risikogesellschaft hat sich in eine Risikovermeidungsgesellschaft verwandelt.

Das hervorstechendste Kennzeichen dieser Risikovermeidung ist die Furcht davor, überhaupt Entscheidungen zu treffen – sei es in die eine oder in die andere Richtung. Der möglicherweise riskanten Variante mag man nicht den Vorrang geben, man mag sie aber auch nicht ganz ausschließen, denn wer weiß, ob sie sich nicht später doch als nötig oder nützlich erweist. So hat sich in ganz unterschiedlichen, auf den ersten Blick weit voneinander entfernten Bereichen dieselbe Grundmentalität des Aufschubs verfestigt. Ihr Prinzip lautet: nicht jetzt, aber vielleicht später. Denn jede Entscheidung, so oder so, bedeutet eine Festlegung, die später – und schon darin liegt das Risiko – nicht mehr revidierbar ist. In der persönlichen Lebensführung hat die Aufschubmentalität einen besonders sinnfälligen Ausdruck gefunden und wird seit einiger Zeit, immerhin, auch kritisch diskutiert.

Aus Angst vor der Festlegung des Erwachsenseins wird Jugendlichkeit und Adoleszenz verlängert, teils bis in das vierte Lebensjahrzehnt hinein. Entscheidungen, die Optionen für die Zukunft ausschließen, werden nicht mehr getroffen. Der Abschluss des Studiums verzögert sich um viele Jahre, denn man weiß ja nicht, was danach kommt, seit die staatliche Abnahmegarantie für Hochschulabsolventen entfallen ist. Die Entscheidung für die Dauerhaftigkeit einer Partnerschaft, vor allem aber die Entscheidung für Kinder wird gleichfalls aufgeschoben, weil gerade im Moment der Zeitpunkt noch nicht ideal ist, weil der Wegfall der spontanen Lebensführung schmerzlich wäre und das Risiko des Scheiterns zu groß: sei es in der Partnerschaft, sei es in der Fähigkeit, Familie und Erwerb unter einen Hut zu bringen.

Die gleiche Aufschubmentalität hat in den letzten zwei, drei Jahrzehnten zunehmend die politischen Entscheidungsprozesse in unserem Land geprägt. Das einzige Gegenbeispiel dafür ist, immerhin, der schnelle Vollzug der Wiedervereinigung seit dem Herbst 1989. Ansonsten bestimmt der Gedanke des Aufschubs und der Risikovermeidung die politischen Binnenstrukturen ebenso wie die Entscheidungsfähigkeit in bestimmten Sachfragen. Darin liegt ein tieferer Grund dafür, dass eine Föderalismusreform wieder und wieder nicht zustande kommt. Eigentlich wollen wir sie, aber zugleich wollen wir sie nicht, also bleibt sie, notfalls über Jahrzehnte hinweg, auf der Tagesordnung. Von vielen anderen Reformvorhaben könnte man etwas Ähnliches sagen. Besonders ausgeprägt ist diese risikoaverse Aufschubgesinnung bei größeren wissenschaftlichen, technologischen oder Infrastrukturprojekten in Deutschland. Die These ist nicht gewagt, dass die Deutschen alleine einen Airbus A380 nicht in die Luft bekommen hätten – an fehlendem Knowhow oder Kapital hätte es nicht gelegen. Der Transrapid fährt seit Jahrzehnten in der Warteschleife, und an diesem Beispiel ebenso wie an der Planung eines Flughafens kann man genau studieren, dass die Haltung des unsicheren Sich-nicht-entscheiden-Könnens sich inzwischen ihre eigenen institutionellen, administrativen, justizförmigen Verfahren geschaffen hat. Entscheidungsprozesse werden von vornherein so geführt, dass sie mit hoher Wahrscheinlichkeit zu einer *non-decision*, zu einem Aufschub auf einen späteren Zeitpunkt führen. (Dass dabei der Schutz des «Gemeinwohls» oder ökologische Belange häufig zu einem Deckmäntelchen für St. Florians-Interessen geworden sind, kommt noch hinzu.) Darin liegt wiederum die strukturelle Nähe zu den Nicht-Entscheidungen in der persönlichen Lebensführung.

Wenn auf diese Weise die Bewältigung moderner Risiken gelänge, müsste man eine solche Strategie wohl in Kauf nehmen. Aber die Folgen einer solchen Risikovermeidungsgesellschaft sind paradox. Sie führt gerade nicht zur Lösung, oft noch nicht einmal zur Bearbeitung von Problemen. Stattdessen stauen sich die Probleme im Laufe der Zeit. Die Risikovermeidung produziert neue Risiken, manchmal sogar genau jene, denen man eigentlich aus dem Weg gehen wollte. Man kann nach einer Abwägung durchaus zu dem Schluss kommen, auf das Risikopotential der Kernenergie lieber verzichten zu wollen. Aber man darf sich nicht der Illusion hingeben, dass damit dann «alles in Butter» sei. Der Rückgriff auf fossile Brennstoffe hat seine eigenen Risiken, ebenso wie der Verzicht auf wissenschaftlich-technische Kompetenz in Bereichen, die sich im Weltmaßstab dynamisch entwickeln. Risikofurcht erzeugt Innovationsschwäche und damit möglicherweise auch wirtschaftliche Rückständigkeit. Schon deshalb kann man schlecht darüber klagen, Opfer des globalen Kapitalismus zu sein, wenn man sich ihm von vornherein verweigert.

Auch hier ist die Parallele zu den sozialen Risiken unübersehbar. In der persönlichen Lebensführung, in den sozialen Beziehungen gilt sogar noch mehr: Die Strategie der Risikovermeidung führt oft in Situationen, in riskante Lebensläufe erst recht hinein. Den Abschluss des Studiums hinauszuzögern ist nur vordergründig ein Gewinn. Ein aus Frustration am Ende abgebrochenes Studium erhöht die Aussichten auf berufliche Sicherheit gerade nicht, auch wenn es mit 23 noch so schien, als sei die Berufswelt feindlich und unerreichbar. Wer aus Angst vor der Entscheidung zu viele Dinge auf einmal will, oder nacheinander ausprobiert, ohne jemals eine Sache zum Abschluss zu bringen, der genießt die Vorzüge einer freizügigen Gesellschaft und merkt oft erst zu spät, welche enormen Risiken er sich damit aufgeladen hat. In der Zeitschrift «brand eins» konnte man kürzlich vom Leben einer 40-jährigen Frau erfahren, die auch Mutter von vier Kindern ist: Ausbildung zur Krankenschwester, dann das Abitur nachgeholt. Ein Kunststudium begonnen, aber nicht abgeschlossen, danach ein Pädagogikstudium, ebenfalls ohne Abschluss. Warum sich die beiden Väter nicht um die Kinder gekümmert oder die Frau in ihrer Karriere unterstützt haben, erfährt man übrigens nicht – sie sind einfach verschwunden. Wahrscheinlich war auch ihnen das Risiko zu groß, Jahrzehnte Verantwortung für die Folgen ihres Handelns zu übernehmen. Jetzt bleibt die Alimentierung durch den Staat und das Klagen über Hartz IV.[4]

Das ist kein extremes oder abseitiges, sondern ein durchaus typisches Beispiel für die paradoxen Folgen jener Risikogesellschaft, die vor zwei Jahrzehnten die Befreiung der Individuen und endlose «Multioptionalität» versprach. Damit kein Mißverständnis aufkommt: Es geht nicht darum, dass eine Krankenschwester sozial aufsteigen wollte – im Gegenteil. Es geht nicht darum, dass eine Frau den Mut zu Kindern hatte – im Gegenteil. Es geht auch nicht darum, einen bestimmten Lebensstil oder bestimmte Technologien verbindlich vorzuschreiben. Wohl aber geht es um die gesellschaftlichen Strukturen und mentalen Präferenzen, die tiefer in das Risiko hinein- statt aus ihm herausgeführt haben. Und es geht darum, ein Bewusstsein für die Kosten jener Nicht-Entscheidungen zu schaffen, die wir täglich treffen. Das eigentliche Risiko ist inzwischen das Risiko der Entscheidung, das Risiko einer Festlegung, die am nächsten Tag nicht ohne weiteres revidiert werden kann. Ohne dieses Risiko der Entscheidung einzugehen, kann eine komplexe Gesellschaft jedoch nicht überleben, sich nicht weiterentwickeln. Das gilt selbstverständlich selbst dann, wenn – wie könnte es anders sein? – manche Entscheidungen sich im Rückblick als die falschen erweisen. Gar keine Entscheidung getroffen zu haben stellt sich nämlich mindestens ebenso oft als falsch heraus, ja es erhöht die Risiken sogar noch, weil der Verzicht auf eine Festlegung auch den Verzicht auf Sicherheit: auf Lebens-, Handlungs-, Planungssicherheit bedeutet.

Insofern ist die viel beschworene «Multioptionengesellschaft», die Gesellschaft der individuell freien Auswahl aus vielen parallelen Möglichkeiten, eine Illusion. Wenn sie überhaupt funktioniert, dann nur in ganz bestimmten sozialen Kreisen: bei den Besserverdienenden, bei den Erfolgreichen, bei Akademikern mit hohem Sozialkapital und kulturellen Kompetenzen – und Pensionsanspruch, könnte man hinzufügen. Wer über diese Ressourcen verfügt, kann sich die Risikovermeidung vielleicht leisten – ob er dann einen Beitrag zu einer besseren Gesellschaft leistet, sei dahingestellt. In der Regel jedoch führt die Strategie der Risikovermeidung und des Entscheidungsaufschubs in größere Risiken, nicht selten in prekäre Lebensentwürfe hinein. Bestenfalls führt sie in eine Art Nischengesellschaft. Einer solchen Nischengesellschaft haben wir uns in Deutschland bereits sehr weit angenähert. In ihr bauen sich die Menschen Rückzugsräume, Überwinterungszellen, in denen sie ihr relativ ungestörtes Auskommen haben können, ohne sich den Herausforderungen einer riskanten Moderne stellen zu müssen: der Herausforderung eines verantwortungsvollen privaten Lebens, der Herausforderung der «kalten» Märkte und der gesellschaftlichen Verantwortung. Einkommen erzielt man in diesen Nischen am besten außerhalb des Marktes, und man behält es auch lieber für sich. Dieser Zug in die Nischen hat sich in allen sozialen Schichten breit gemacht und äußert sich, unter anderem, in der Steuerflucht – sei es in die Schweiz oder in die Schwarzarbeit. Die Nischen versprechen oft nur vordergründige Sicherheit, und sie entziehen sich der Solidarität. Aber es geht nicht nur ums Geld. Die Nischengesellschaft zeigt sich auch im weiter voranschreitenden Rückzug in ein bloß noch privat geführtes Leben, und damit in der Gefahr, Demokratie und Öffentlichkeit nur noch als Gewährleistungsagenturen der privaten Ungestörtheit zu betrachten und selber in Anspruch zu nehmen.

Der Zwilling der Nischengesellschaft, der den Rückzug aus der selbstständigen Lebensführung absichert und vorantreibt, ist die fortschreitende Abhängigkeit vom Staat. Der demographische Wandel und die wirtschaftliche Krise befördern ohnehin schon den Strukturwandel von einer mehrheitlich aktiven, erwerbstätigen, auch: für andere Menschen (zum Beispiel eigene Kinder) mit sorgenden Bevölkerung zu einer Bevölkerung, die zu einem erheblichen Teil auf versorgende staatliche Transferleistungen angewiesen ist. In diese Richtung wirkt die steigende Lebenserwartung in Verbindung mit dem viel zu frühen Abschied aus dem Erwerbsleben; gleichzeitig hat sich die Jugend- und Adoleszenzphase verlängert, der Berufseinstieg findet spät, gerade bei jungen Akademikern in Deutschland oft: viel zu spät, statt. Die wirtschaftliche Strukturschwäche, Dauerarbeitslosigkeit und verfestigte Sozialhilfebedürftigkeit lassen den Transfersockel in allen Altersstufen anschwellen. Gleichzeitig gehen Mechanismen der Sicherung und Solidarität in primären sozialen Netzwerken verloren. Ältere Menschen sind auf Hilfe von außen angewiesen, weil sie keine eigenen Kinder haben. Mütter sind auf staatliche Hilfe angewiesen, weil Väter nicht zahlen. Der Staat unterstützt einzelne Individuen, wo früher die Lebensgemeinschaft mit dem Partner oder der Partnerin erste Sicherheit geboten hätte.

All das sind nicht gleichsam naturwüchsige Vorgänge, denen wir achselzuckend gegenüber stehen müssen. Sondern es sind gesellschaftliche Prozesse, auf die wir eine öffentliche und politische Antwort zu lange verweigert haben. Bis in die unmittelbare Gegenwart werden sogar Signale materieller Belohnung ausgesendet für ein Verhalten, das Individuen aus primären (man könnte auch sagen: subsidiären) Verflechtungen, aus «horizontalen» Beziehungen in der Gesellschaft herausnimmt und sie «vertikal» dem Staat als Leistungsgewährer zuordnet. Wenn nach der Hartz IV-Reform Abiturienten in der Übergangszeit zum Studium nicht jobben oder von ihren Eltern unterstützt werden, sondern einen ALG II-Antrag stellen, ist ein vorläufiger, skurriler Höhepunkt dieser Entwicklung erreicht. Die Klientelisierung der Gesellschaft droht in ihre Passivität und Selbstpreisgabe zu münden. Wann werden minderjährige Kinder einen Unterstützungsantrag stellen, weil ihre Eltern sich überfordert fühlen, oder gegenüber Kinderlosen ungerecht behandelt? Eine Gesellschaft isolierter Individuen, die nur noch je einzeln dem Staat zugeordnet sind statt sich untereinander zu verpflichten, ist weder ökonomisch noch moralisch überlebensfähig.

Das Buch von Ulrich Beck, von dem vorhin die Rede war, hatte auch einen selbstbewussten Untertitel: «Auf dem Weg in eine andere Moderne». Welche andere Moderne das eigentlich sein sollte, ist aber nie so ganz deutlich geworden. In Deutschland assoziierten viele damit, ohne dass Beck das gemeint hätte, eine «Postmoderne», weil das damals ohnehin im Geiste der Zeit lag. Postmoderne, das verhieß unendliche Freiheit, das Ende von Festlegung und riskanter Verbindlichkeit, das verhieß zugleich das Ende der anstrengenden klassischen Moderne der Industriegesellschaft, in der das Leben trotz allem technischen Fortschritt, trotz allem Wohlstandszuwachs immer noch kompliziert und ermüdend war, weil der Fortschritt permanent neue Schwierigkeiten hervorbrachte. Beck selber sprach lieber von einer «zweiten», der «reflexiven» Moderne: einer modernen Gesellschaft, die nicht mehr mit der Überwindung vorindustrieller Zustände, sondern gewissermaßen mit der Arbeit an sich selbst, mit der Modernisierung der Moderne, beschäftigt war.

Man kann aber – auch auf die Gefahr hin, als intellektuell unterkomplex zu gelten – bezweifeln, ob es eine solche Zäsur gegeben hat. Sonst würde die «zweite Moderne» der westeuropäischen Gesellschaften sich wohl kaum durch jenen Siegeszug so irritieren, ja in ihren ökonomischen Grundfesten erschüttern lassen, den die «erste Moderne», den die schiere Expansion von Arbeitsmärkten, von Wohlstand, von klassischer industrieller Produktion und Basistechnologie derzeit in großen Teilen Asiens antritt – Shanghai und Dubai lassen grüßen. Die Vorstellung von einer «zweiten Moderne» ist auch deshalb irreführend, weil jene Probleme und Risiken, denen wir seit einiger Zeit ausgesetzt sind, von der Kernenergie bis zur Erosion von Familien, in geradezu klassischer Weise unmittelbare Konsequenzen, ja Bestandteile der ersten Moderne sind: nämlich der Entfesselung von Wissen und Technologie seit Wissenschaftsrevolution und Industrialisierung, und der Entfesselung von Individualität und Emanzipation seit Aufklärung und frühem Liberalismus. Auch die Globalisierung und der neue Kapitalismus sind bei näherem Hinsehen so neu nicht. Der Kapitalismus ist als grenzüberschreitendes, ja globales System des Handels überhaupt erst entstanden. Wir sollten nicht so überrascht sein, dass er sich, nach einer im Grunde ungewöhnlichen Phase der nationalen Protektion, wieder dorthin orientiert.

Mit der Idee einer «zweiten Moderne» verbindet sich öfters auch jene Vorstellung, die vorhin schon angedeutet worden ist: dass wir in dieser neuen Phase die Fähigkeit zur Steuerung verloren haben; dass ein Prozess, den Menschen gestaltet und dem Menschen absichtsvoll eine Richtung gegeben haben, eine monströse Eigendynamik gewonnen hat, der wir nur noch hilflos hinterherrennen können – wenn wir uns nicht gleich in die erwähnten Nischen zurückziehen. Sind wir passive Opfer geworden; werden wir modernisiert, globalisiert, ökonomisiert, ohne dagegen etwas ausrichten zu können? Ist das Leben in der Moderne überwiegend eine Leidenserfahrung, eine Arbeit am «Elend der Welt»?[5] Wahrscheinlich liegt auch dieser Erfahrung eine Romantisierung früherer Zustände zugrunde. Nicht in der Gegenwart, sondern in der vorindustriellen Gesellschaft sind die Menschen ganz überwiegend unfähig gewesen, ihr Schicksal zu steuern, schon deshalb, weil die Abhängigkeit von der Natur unvorstellbar viel größer war als heute; kärgliches Auskommen oder größte Not hingen täglich am seidenen Faden. Und auch der frühe Kapitalismus, die klassische Industriegesellschaft haben nicht prinzipiell mehr Freiräume eröffnet als wir sie heute haben.

Vielleicht müssen wir uns ohnehin davon verabschieden, die «Macht über die Verhältnisse» zu gewinnen, und uns stattdessen mit der «Macht in den Verhältnissen» (Christian Meier) begnügen. Dort aber ist es unsere eigene Entscheidung, ob wir die Herausforderung Moderne annehmen statt aus ihr auszusteigen; ob wir das Steuer wieder in die Hand nehmen, Gaspedal und Bremse beeinflussen können, statt uns auf der Rückbank zu verkriechen und über den Lauf der Dinge zu klagen.[6] Risiken lassen sich nicht ausschalten, aber sie lassen sich bearbeiten. Wenn wir unsere Gegenwart als die «riskante Moderne» begreifen, die sie unausweichlich ist und auch bleiben wird, sind wir bereits einen entscheidenden Schritt weiter gekommen. Dann sind wir in der Lage, Probleme zu bearbeiten statt sie aufzuschieben, Verantwortung anzunehmen statt ihr auszuweichen. Erst dann sind wir wohl auch in der Lage, neue Sicherheit zu gewinnen. Denn Sicherheit bleibt ein berechtigtes Grundbedürfnis – von einzelnen Menschen in ihrem privaten Leben ebenso wie von größeren Gemeinschaften, von Gesellschaften und Staaten.

Aber die Maßstäbe von Sicherheit haben sich verändert. Die klassischen drei Säulen: äußere, innere und soziale Sicherheit, stehen nicht mehr je für sich. Gleichzeitig ist herkömmliche nationalstaatliche Macht, sei sie militärisch, polizeilich oder sozialstaatlich, mit der allein zuständigen Gewährung von Sicherheit überfordert. Sicherheit in der riskanten Moderne braucht starke Individuen. Sie braucht auch starke soziale Netzwerke, weil der Staat die Folgekosten von Individualisierung nicht allein, und jedenfalls nicht allein mit den Mitteln sozialstaatlicher Alimentation, tragen kann. Die riskante Moderne braucht einen starken, auch einen sozial handlungsfähigen Staat. Aber dieser Staat kann den Bürgern nicht alle persönlichen Lebensrisiken auf dem Wege des «Nachteilsausgleiches» abnehmen. Er kann den Bürgern nicht einmal garantieren, dass die demokratisch getroffenen Entscheidungen frei von Risiken sind – dann wären in einer komplexen Gesellschaft Entscheidungen nicht mehr möglich.

Die Herausforderung einer riskanten Moderne anzunehmen statt in der Risikovermeidungsgesellschaft zu verharren, das bedeutet auch: anzuerkennen, dass die moderne Gesellschaft spannungsvoll bleibt. Es geht nicht um einen Restbestand von Problemen, die wir noch lösen, von Risiken, die wir noch ausklammern, von unvollendeten Freiheiten, die wir uns noch nehmen müssen. Konflikte müssen erkannt und bearbeitet werden, aber Romantik und Harmoniesehnsucht führen nicht weiter, und alle Vorstellungen von einem irdischen Paradies werden auch in Zukunft scheitern. Und ehrlicherweise müssen wir eingestehen: Es ist noch nicht einmal eine Alternative zum Kapitalismus in Sicht – jedenfalls keine, die nicht schon gescheitert wäre. Deutschland steht mehr als andere Länder vor gewaltigen Herausforderungen. Aber machen wir uns nichts vor: Auch nach den notwendigen Reformen werden wir keinen ewigen Urlaub am Strand verbringen. Lohnt es sich dann überhaupt? Der «Fortschritt», ohne Zweifel, ist brüchig geworden. Trotzdem haben wir die Chance, an einer etwas besseren Welt zu arbeiten. Aber das geht nur, wenn wir Angst und Aufschub hinter uns lassen, wenn wir Risiken kalkulieren statt vermeiden, wenn wir uns zutrauen, das Steuerrad der riskanten Moderne zu ergreifen.

DIE KRISE DER DEUTSCHEN MODERNE: HISTORISCHE ERFAHRUNGEN IM 20. JAHRHUNDERT

1.
DIE LETZTE EUPHORIE DER MODERNE. DIE REFORMZEIT DER ALTEN BUNDESREPUBLIK IN DEN 1960ER UND 1970ER JAHREN

Wer in der Bundesrepublik der 60er Jahre geboren wurde, der hat die «Reformära» der sozialliberalen Koalition eher unter den Auspizien ihres Endes als ihres Anfangs erfahren. Die ersten Erinnerungen dieser Generation an welthistorische Ereignisse und politisches Geschehen in der Bundesrepublik reichen bis zu den Mondlandungen der Amerikaner zurück – Symbol für technischen Fortschritt und Machbarkeit – und bis zur Bundestagswahl von 1972, dem «Plebiszit» über Willy Brandt und die neue Ostpolitik. Doch bald war da mehr Helmut Schmidt als Willy Brandt; das Motto lautete seit dem Frühjahr 1974 «Kontinuität und Konzentration». Dennoch oder gerade deswegen herrschte ein Gefühl der Selbstverständlichkeit von Reformen und Liberalisierung vor. Man hatte nicht das Gefühl, dass noch angestrengt gekämpft werden müsste; die Schlachten waren von den Älteren, den 1940er und 1950er Jahrgängen, bereits geschlagen worden, von der «Spiegel-Affäre» 1962 bis zu den Studentenprotesten im Umfeld von 1968. Die 68er-Haltung der Fundamentalopposition setzte sich bei den Jüngeren nicht mehr fort, und man musste auch keinen ideologisch-politischen Krieg mehr gegen die eigenen Eltern führen, die das «Dritte Reich» nur als Kinder erlebt und nicht einmal mehr als Flakhelfer verteidigt hatten.

Selbstverständlich waren auch Wohlstand und Sicherheit – gerade die «Sicherheit» wurde ja zu einer der Leitvokabeln bundesdeutscher politischer Rhetorik der 70er Jahre. Aber das Wohlstandsgefühl war noch ein anderes, begrenzteres als das der Konsumgesellschaft der 80er und 90er Jahre. Eine «Generation Golf» gab es noch nicht, Nutella war noch eine Kostbarkeit, und die Playmobilfiguren wurden gerade erst erfunden. Einschneidend und einprägsam erfuhren die

Kinder der 70er Jahre die erste Ölkrise von 1973 und die autofreien Sonntage – erst viel später lernte man, dass man auch damit Zeuge einer welthistorischen Zäsur, des Endes der Nachkriegsprosperität im «Goldenen Zeitalter» (Eric Hobsbawm) geworden war.[7] Insgesamt verdichteten sich diese Erfahrungen zu einem seltsamen Schwebezustand zwischen Aufbruch und Verunsicherung, zwischen Wohlstand und Knappheitserfahrung, der gerade die demographisch starken Geburtsjahrgänge der 60er Jahre wesentlich prägte.

In der biographischen Rekonstruktion von Geschichte, in dem Panorama individueller Erfahrungen scheinen also historisch außerordentlich bedeutsame Muster und Entwicklungstendenzen durch. Seit wir gelernt haben, diese Dimension der subjektiven Erfahrung in der Geschichte nicht gering zu achten, und seitdem die Historiker generationelle Prägungen als eine maßgebliche Kraft gerade in der Geschichte des 20. Jahrhunderts identifiziert haben, sind diese Brücken zwischen Erfahrungen und überindividuellen Strukturen noch stärker geworden. Aber für den Historiker liegt darin dennoch eine Gefahr, gerade wenn es nicht um die Erfahrungen und Biographien Dritter, sondern seiner selbst geht. Deshalb ist für die folgenden Überlegungen zur Reformzeit der Bundesrepublik ein anderer Weg angezeigt. Es geht um Grundfragen der Verortung der Reformen in der (west-)deutschen Geschichte des 20. Jahrhunderts, zumal der Nachkriegszeit. Das kann, einerseits, ein Beitrag zu jener «Historisierung» der Bundesrepublik sein, die in den letzten Jahren rapide vorangeschritten ist: nicht nur in der Geschichtswissenschaft, sondern auch im öffentlichen Bewusstsein. Die «alte» Bundesrepublik ist nich mehr Teil unserer Gegenwart, sondern Geschichte geworden. Deshalb geht es, andererseits, immer auch um Fragen, die sich aus dem jetzigen Standort ergeben: dem Deutschland nach der Wiedervereinigung, dem Deutschland in einer tiefen ökonomischen, gesellschaftlichen und kulturellen Krise, dem Deutschland auf der Suche nach neuen Reformen.

Diese Annäherung an die Reformzeit stellt erstens die Frage nach ihrem «wann?» Wann war die Reformzeit, wo lassen sich Beginn und Ende setzen, welche Phasen kann man in ihrem Verlauf unterscheiden? Zweitens geht es um das «wie?» der Reformen. Wo kamen die Reformen her, wie wurden sie begründet, von welchem «Geist», von welcher Ideologie wurden sie getragen? Worin lagen, mit anderen Worten, ihre zentralen Motive und Antriebskräfte; und was charakterisierte die Reformen über die Vielfalt der einzelnen Themen und Politikfelder hinweg? Diese verschiedenen Felder der Reformen verweisen auf eine dritte Frage, die Frage nach dem «was?» der Reformen: Was sollte geändert werden, in welchen Bereichen artikulierte sich Reformpolitik? Am Schluss schließlich stehen einige Argumente zum Ende der Reformen: Wie lösten sie sich auf, in was transformierte sich der Reformimpuls am Ende der 70er Jahre und in den 80er Jahren? Und wo liegt, nicht zuletzt, das möglicherweise ambivalente «Erbe» dieser Reformen aus heutiger Sicht, aus der Sicht einer neuen «Reformzeit»? Die 60er und 70er Jahre des vergangenen Jahrhunderts bildeten eine Brückenzeit – die letzte Euphorie der klassischen Moderne, bevor Fortschrittsbewusstsein und Modernitätswillen in eine tiefe, jahrzehntelange Krise gerieten.

I.

Zunächst also: Wann waren die Reformen? Jedenfalls waren sie nicht urplötzlich da, und sie lassen sich schon gar nicht bequem auf einen Regierungswechsel datieren; nicht auf den November 1969 und auch nicht auf die Wahl Gustav Heinemanns zum Bundespräsidenten ein halbes Jahr zuvor. Sie waren, das ist ganz entscheidend, auch nicht erst eine politische Antwort auf soziale Proteste von unten, etwa im Umfeld der Studentenbewegung und der «Außerparlamentarischen Opposition». Vielmehr entwickelte sich die westdeutsche Reformzeit graduell und relativ kontinuierlich aus den frühen 60er Jahren heraus – was zugleich bedeutet, dass sie enger an die Nachkriegszeit heranrückt, als das den Zeitgenossen bewusst war. Internationale Entwicklungen und Anstöße spielten dabei eine wichtige Rolle, nicht zuletzt das Vorbild der USA und ihres jugendlichen Präsidenten John F. Kennedy, nach dessen Ermordung auch die Sozialpolitik seines Nachfolgers Lyndon B. Johnson mit seiner Reformagenda der *Great Society*. Aus dem komplexen Bündel von Voraussetzungen in der

Bundesrepublik selber kann man die folgenden fünf Faktoren hervorheben – doch ist diese Aufzählung keineswegs erschöpfend:

Erstens, die Überwindung der unmittelbaren Nachkriegskrise der durch Not und Entbehrung, Zerstörung und Reparaturbedarf geprägten Wirtschaft und Gesellschaft der 40er und 50er Jahre. *Zweitens,* damit zusammenhängend, die ökonomische Prosperität in der exzeptionellen Nachkriegskonjunktur bis 1967, teilweise bis 1973 – nicht nur als ein Fundament des relativen Wohlstands, sondern auch als ein kulturelles Grundmuster der Zukunftseuphorie und der Wachstumsverheißungen. *Drittens,* ein Generationswechsel in vielen gesellschaftlichen Bereichen, auch in den Parteien und in der Politik selber, dazu in den Wissenschaften, bei den Intellektuellen und Künstlern. Das beschleunigte die Herausbildung einer kritischen Öffentlichkeit und eines reformorientierten intellektuellen Vorfeldes der Politik, von der schon erwähnten «Spiegel-Affäre» bis zur literarisch-politischen Kultur der «edition suhrkamp». *Viertens* sind, eng verknüpft mit dem Generationswechsel und dem Bedeutungsgewinn von Jugendlichkeit in den 60er Jahren, die außerparlamentarischen Protestbewegungen nicht zu vernachlässigen; man mag «1968» immer noch als Chiffre dafür nehmen, wenn damit keine enge kalendarische Festlegung gemeint ist. *Fünftens* schließlich kam ein Grundimpuls der Ausdehnung von Teilhaberechten hinzu. Das Fundament der klassischen Demokratie schien nicht mehr auszureichen; auch jenseits der formalen parlamentarischen Demokratie «mehr Demokratie zu wagen», wurde zu einem Impuls, der gerade im obrigkeitsgewöhnten, und noch nicht lange der Diktatur entwöhnten Westdeutschland auf fruchtbaren Boden fiel.

Wenn man die Wurzeln und Anfänge der Reformzeit auf diese Weise bis in die mittleren und frühen 60er Jahre zurückverfolgt, wird die Zäsur zwischen der Adenauer-Ära einerseits, der Reformzeit andererseits diffuser, erst recht, wenn die Kanzlerschaft Adenauers nicht eine so starre, restaurative Epoche verkörperte, wie man es lange Zeit zu sehen gewohnt war. In der Tat ist seit geraumer Zeit die Modernität der 50er Jahre immer deutlicher herausgearbeitet worden, als allgemeine gesellschaftlich-kulturelle Modernität wie auch hinsichtlich vieler Felder der politischen Reform und Initiative. Man mag also fragen, was für die «eigentliche» Reformzeit der sozialliberalen Koalition noch übrig bleibt, wenn die 50er Jahre bereits modern, die 60er Jahre enorm dynamisch waren. In manchen zentralen Bereichen wie zum Beispiel der Hochschulreform reicht der Reformimpuls in der Tat nicht nur bis in die Mitte, sondern bis in die frühesten 60er Jahre zurück. Insofern überschnitt sich der Beginn der Reformzeit bereits mit der Endphase, der absehbaren Agonie der Kanzlerschaft Adenauers seit der Bundestagswahl von 1961. Die Zeit der Großen Koalition zwischen 1966 und 1969 wird man zweifellos bereits zum Kern der Reformära zählen müssen.

Auf der anderen Seite mag man fragen, ob sich die gesamte Zeit der sozialliberalen Koalition einschließlich der achteinhalb Jahre unter Helmut Schmidt noch als «Reformzeit» qualifizieren lässt – nicht nur unter Gesichtspunkten der Regierungspolitik, die diesen Maßstab immer mehr aus den Augen verlor, sondern mindestens ebenso unter dem Kriterium des «Zeitgeistes» und der kulturellen Stimmungslagen. So schrumpft die Reformzeit gewissermaßen zusammen: Kaum hatte sie richtig begonnen, kaum war ihr Impuls flächendeckend geworden, da war sie auch schon wieder zu Ende. Ob man dieses Ende bereits 1973/74 sieht oder eher 1976/77 – das ist wohl plausibler –, bleibt einstweilen noch umstritten. Der Begriff der Reformen hat einer «Ära» den Namen gegeben, doch tatsächlich umfasst ihr Kern nur wenige Jahre, die möglicherweise, wie das in Zeiten des beschleunigten Wandels öfter der Fall ist, von den Zeitgenossen intensiver erlebt wurden und sich deshalb in der subjektiven Erfahrung ausdehnten.

II.

Wie waren die Reformen? Man muss vorsichtig sein, sich nicht in endlosen Spekulationen über den «Geist» bestimmter historischer Epochen im Allgemeinen und von Reformzeiten im Besonderen zu verlieren. Die früheren Kontroversen einer idealistischen Historiographie über das «Wesen» der preußischen Reformen zu Beginn des 19. Jahrhunderts könnten hier als ein abschreckendes Beispiel dienen. Aber die Frage nach Motiven und Antriebskräften, nach Ideologien und übergreifenden Konzepten der bundesrepublikanischen Reformära ist dennoch nicht nur legitim, sondern auch notwendig und fruchtbar. Denn diese Reformen wurden in all ihrer Vielfalt von einem Bündel von Grundimpulsen getragen, das nur teilweise spezifisch deutsch (oder westdeutsch) war. Vielmehr kann man darin Ausformungen von allgemeinen Tendenzen der westlichen Kulturen und Gesellschaften nach der Mitte des 20. Jahrhunderts sehen, die auch anderswo, wenngleich nicht immer unter dem Etikett einer «Reformzeit», dem Wandel ihren Stempel aufdrückten. Drei solcher Grundmotive sollen hier kurz diskutiert werden.

Erstens folgten die Reformen einem Impuls der Liberalisierung und Demokratisierung. Hierzu gehört auch die schon erwähnte Absicht Willy Brandts, «mehr Demokratie zu wagen». Das konnte man zunächst durchaus in einem technischen Sinne der Ausweitung der klassischen Demokratie, der Verbreiterung der Partizipation verstehen, dann aber auch als Aufruf zur Demokratisierung und Liberalisierung weiter Bereiche des Wirtschafts- ebenso wie des Alltags- und Privatlebens. Was die «formale» Demokratie betrifft, sind die Herabsetzung des Wahlalters von 21 auf 18 Jahre, etwas später auch die entsprechende Festlegung der Volljährigkeit, Beispiele dafür. Daneben trat die Liberalisierung als Rechtsreform, vom Strafrecht bis zur Familienpolitik, zum Beispiel im liberalisierten Scheidungsrecht. Auf diesem Feld war das Gewicht der FDP als der ihrem Selbstverständnis nach klassischen liberalen Partei besonders groß, aber ein prinzipieller Konsens über viele Schritte der Rechtsreform reichte bis weit in die Unionsparteien hinein. Demokratisierung und Zugewinn an Liberalität konnte man schließlich auch in einem weiten, kulturpolitischen Sinne als eine Öffnung des kommunikativen «Stils» einer ganzen Gesellschaft verstehen. Die Öffentlichkeit, der kritische «Diskurs» gewannen eine neue Bedeutung, und historische Kontinuität wurde durch das offensive Bekenntnis zu verschütteten demokratischen Traditionen der deutschen Geschichte – zum Beispiel in der Revolution von 1848/49 – gestiftet.

Zweitens dehnte sich der Impuls zur Demokratisierung auch in Richtung auf vermehrte Egalisierung der Gesellschaft aus. Die Reformen zielten auf Gleichheit in einem umfassenden und vielfältigen Sinne. Dabei stand die klassische soziale bzw. sozialökonomische Gleichheit im Vordergrund, vor allem in der Bildungspolitik: Nicht um prinzipielle «Gleichmacherei» also ging es zuerst, sondern um die «Chancengleichheit» angesichts unterschiedlicher sozialer Herkunft; konkret gesprochen: um Bildungschancen, um Gymnasial- und Studierchancen für Arbeiterkinder. Daneben trat immer deutlicher die Chancengleichheit und «Gleichberechtigung» der Geschlechter, während eine dritte Dimension in den 60er und 70er Jahren überwiegend noch fehlte: nämlich der Gedanke der interkulturellen Chancengleichheit zum Beispiel im Hinblick auf Migranten, die damals noch so genannten «Gastarbeiter».

Die unmittelbare sozialökonomische und sozialpolitische Egalisierung, das Schrumpfen der Abstände zwischen dem oberen und unteren Ende der sozialen Leiter, stand mithin diskursiv und programmatisch gar nicht einmal im Mittelpunkt, verstand sich für die klassische Sozialdemokratie (und über sie hinaus) aber gewissermaßen von selber. Der säkulare Trend ging in diese Richtung; man musste dem Weltgeist in den Tarifverhandlungen nur ein wenig auf die Sprünge helfen. Diesem Konzept zu folgen war nicht schwer in einer Zeit der ökonomischen Prosperität, eines anscheinend unbegrenzten «Verteilungskuchens» und des Glaubens an die Kraft des staatlichen *deficit spending* in der Krise. Bereits seit den 50er Jahren hatten die unteren Schichten ihre ökonomische und kulturelle «Proletarität» hinter sich zu lassen begonnnen; die Verbürgerlichung der Arbeiterschaft und die «nivellierte Mittelstandsgesellschaft» schienen nicht mehr weit entfernt. Hohe nominale, aber auch reale Lohnzuwächse beförderten eine Tendenz zur relativen Nivellierung von Einkommen, zur Verringerung von Abständen. Auf diesem Fundament ruhte die Reformzeit, und nicht zufällig ging sie zu Ende, als sich der Trend seit dem Ende der 70er Jahre (in allen westlichen Gesellschaften) umkehrte und damit die Ansprüche auf Egalisierung immer mehr unterhöhlte.

Eine weitere Dimension der Egalisierung ist nicht zu vergessen: Das Konzept meinte auch einen technischen, planerischen, administrativen Prozess, der «gleiche Einheiten» schuf im Sinne eines Denkens, in dem sich Gleichheit, Effizienz und Gerechtigkeit auf spezifische Weise verquickten. Disparitäten sollten möglichst ausgeglichen werden – das war zwar bereits ein Grundkonsens bei der Gründung der Bundesrepublik gewesen, doch verstärkte er sich in den 60er Jahren noch einmal ganz wesentlich. Unterschiedliche Lebensverhältnisse, unterschiedliche Chancen zwischen Ländern und Regionen galt es durch politische Steuerung auszugleichen, durch die Förderung strukturschwacher Gebiete etwa und ihre gleichmäßige Versorgung mit Verkehrsinfrastruktur. Das ist übrigens einer jener Impulse, die das Ende der Reformzeit in den späten 70er Jahren weithin unbeschadet überstanden haben.

Diese Überlegung verweist bereits auf den *dritten* «Antriebsstrang» der Reformen, von dem hier die Rede sein soll: nämlich ein weitgreifendes Konzept von technischer Modernität und Rationalität, das zudem durch politische Steuerung gestaltbar und durchsetzbar sein sollte. Ganz besonders in dieser Hinsicht stehen die Reformen der 60er und 70er Jahre in einem langen historischen Bogen der «klassischen Moderne», in langlebigen Kontinuitäten bis zur vorletzten Jahrhundertwende, mindestens aber bis zu den 20er und 30er Jahren. Der Impuls der technischen Modernität lässt sich wiederum in verschiedenen Zentralbegriffen, in verschiedenen Aspekten auffächern.

Reformen verknüpften sich auf das engste mit politischer und gesellschaftlicher «Planung» – eine Leitvokabel dieser Zeit schlechthin. Planung, das verweist auf Zukunftsentwurf und Zukunftsgestaltung, doch nicht in der Form der Utopie oder des Selbstvollzuges historischer Prozesse. Vielmehr steht bei der Planung der Gedanke der technischen Machbarkeit von Zukunft und Gesellschaft im Mittelpunkt; sie ist Teil eines «Ingenieurs-Denkens», eines Modells des gesellschaftlichen *Engineering*. Die ganze westdeutsche Gesellschaft sollte politisch kontrolliert und gesteuert werden, am besten zentral vom Bonner Kanzleramt aus. Das war die Vorstellung und Aufgabe der politischen Planung in Brandts Kanzleramt unter Horst Ehmke. Insofern stand dem Ziel der Emanzipation und Liberalisierung der Gesellschaft das ihrer technisch-administrativen Kontrolle, jedenfalls Beherrschbarkeit, gegenüber. Der Planungsgedanke hatte zu diesem Zeitpunkt bereits eine lange Vorgeschichte; er manifestierte sich als eine internationale Bewegung, die von der stalinistischen Sowjetunion bis zum amerikanischen New Deal und zur französischen *planification* reichte. Das zeigt bereits die politische Mehrdeutigkeit dieses Konzepts. Um 1970 erreichte das Planungsdenken in der Bundesrepublik seinen Höhepunkt; für alles gab es mindestens eine «Rahmenplanung», von den Hochschulen über die Finanzpolitik bis zu den Landschafts- und Siedlungsstrukturen. Die Reformen verfolgten insofern das Ziel, eine unbeherrschte Moderne politisch in den Griff zu bekommen.

Für diesen Anspruch auf Kontrolle bedurfte es wissenschaftlicher Expertise, denn durch politische Autorität allein, gar durch politischen Autoritarismus, konnte der Staat sich nicht mehr legitimieren. Zur technischen Modernität gehört deshalb auch ein Zug zur allgemeinen Szientifizierung. Das verweist zunächst auf die Rolle von Experten in den eben beschriebenen Prozessen, auf die wissenschaftliche Bearbeitung von Planungsproblemen, auf die Priorität der wissenschaftlichen Expertise im politischen Beratungs- und Entscheidungsprozess. Aber der Anspruch auf Wissenschaftlichkeit reichte weiter; er durchdrang die gesamte Kultur, in welcher der szientifische Jargon den Geschmack des Neuen und Modernen hatte. Hier ist eine Querverbindung zur Wissenschafts- und Bildungsreform unübersehbar, wie ja auch in dieser Zeit zahlreiche «Geisteswissenschaften» dem Anspruch auf sozialwissenschaftlichen Szientismus unterworfen wurden.

Wie schon in der Reformzeit am Beginn des 19. Jahrhunderts kamen also auch die bundesrepublikanischen Reformer nicht ohne einen kräftigen Schuss Etatismus aus. Einerseits ging es immer um die Emanzipation der Gesellschaft, und das hieß zumal in Deutschland auch: um die Zurückdrängung dessen, was von den obrigkeitsstaatlichen Traditionen des 19. und 20. Jahrhunderts nach dem Zusammenbruch der nationalsozialistischen Diktatur noch übrig geblieben war. Andererseits ließen sich gerade diese Traditionen nicht leugnen; auch in einer sozialdemokratisch geführten Regierung nicht, weil die deutsche Arbeiterbewegung selber auf entsprechende Traditionen zurückgreifen konnte. Der Anspruch auf Zentralisierung, auf einen *top-down*-Ansatz, verband sich jedenfalls ganz auffällig mit den Reformen. Die Reformen strebten nicht danach, staatliche Autorität aufzugeben; ein starker, gleichwohl fundamental demokratisierter Staat sollte zum Partner einer liberalisierten Gesellschaft werden. Dieses Konzept konnte langfristig wohl kaum spannungsfrei bleiben.

Schließlich ein letzter Aspekt des Grundimpulses der technischen Modernität, der auf die Szientifizierung zurückverweist. Die Entwicklung der Gesellschaft sollte sich als eine Rationalisierung vollziehen, sollte in Rationalität und Effizienz gestaltet werden. Dazu gehörte zunächst der Glaube daran, dass die Politik und Gesellschaft, ja auch die kapitalistische Wirtschaft selber einer Rationalität unterlagen, nicht einfach nur Chaos und Unberechenbarkeit hervorbrachten, und dass sie deshalb auch einer entsprechenden rationalen Steuerung prinzipiell zugänglich waren. Der Anspruch auf Rationalität deckte alle Bedeutungsebenen dieses Begriffes ab; es ging also auch darum, die Gesellschaft «vernünftiger» in einem moralischen Sinne zu machen. Doch ist es wohl nicht falsch zu sagen, dass der technische Effizienzanspruch sich in den meisten Fällen in den Vordergrund drängte; er ließ sich schließlich auch einfacher und konkreter in Planung operationalisieren. Der Gedanke der administrativen Effizienz verband sich dabei auf eine Weise mit Überlegungen zu Demokratisierung und Partizipation, die wiederum nicht frei von Spannungen war. Die Dilemmata, ja die Sackgassen dieser Konzeption traten denn auch in manchen Feldern relativ schnell hervor. Ein klassisches Beispiel dafür sind die Gebietsreformen und kommunalen Neugliederungen der ersten Hälfte der 70er Jahre, deren Rationalitäts- und Effizienzanspruch von den Bürgern, wie in der hessischen Kunst-Großstadt «Lahn», vielerorts nicht mitvollzogen werden konnte.

Der technokratische, der planerische Impuls spielte in der Zeit der Großen Koalition eine besonders wichtige Rolle; er entsprach nicht nur dem «Zeitgeist» in der Mitte der 60er Jahre, sondern schuf auch ideologisch eine Konsensbrücke zwischen konservativen und linken Reformern; die Begriffe «Technokratie» und «Planung» waren politisch polyvalent und hatten ihren Platz in der neokonservativen Staatstheorie ebenso wie im klassischen linken Fortschrittsdenken. Deshalb sollte man auch die genuine Bedeutung dieses Impulses für die sozialdemokratische Politik, auch für den Bundeskanzler Willy

Brandt selber, nicht unterschätzen. Auf der Linken verknüpfte sich diese Motivlage zusätzlich mit dem Erbe der gesellschaftspolitischen Utopie des Marxismus, mit einem jedenfalls bis 1973 noch weithin ungebrochenen Fortschrittsglauben. Wie der «Genosse Trend» mit der SPD marschierte, so war der gewissermaßen naturwüchsige Fortschritt auch auf der Seite der Reformer; man hatte ihn jetzt sogar handhabbar gemacht, als «konkrete Utopie» in die Gegenwart geholt, in Visionen der «Machbarkeit» überführt. Es ging nicht mehr um die Abschaffung des Kapitalismus oder die klassenlose Gesellschaft, sondern um «Modernität» schlechthin. «Wir schaffen das moderne Deutschland», warb die SPD im Bundestagswahlkampf 1969, und im Projekt der Olympischen Spiele 1972 in München nahm diese spezifische westdeutsche Modernität geradezu prototypische Gestalt und Sichtbarkeit an – bis zu der tödlich endenden Geiselnahme, die insofern, ein Jahr vor dem «Ölschock», das Ende dieser naiven Moderne vorwegnahm.

Auf diese Weise brachen auch innere Spannungen in der Reformkonzeption, überhaupt im «Weltbild» der Reformen auf, und diesen Spannungen innerhalb der hier kurz diskutierten Grundimpulse, aber auch zwischen ihnen, müsste man noch mehr Aufmerksamkeit widmen. Auf die Reibungsfläche zwischen Staatsorientierung einerseits, einem Primat der emanzipierten Gesellschaft andererseits ist schon hingewiesen worden. In der Regierungserklärung Brandts von 1969 stand beides noch einträchtig nebeneinander: effektivere staatliche Verwaltung *und* mehr Demokratie und Partizipation, das war das überwiegende Selbstverständnis der Reformer. Aber Effizienz, Technokratie und Szientismus konnten sich auch verselbstständigen. «Technik und Wissenschaft als Ideologie»: Diesen Vorwurf hatte Jürgen Habermas 1968 vor allem an die intellektuelle Rechte gerichtet, aber er ließ sich zunehmend auch an das eigene Lager adressieren. Diese Widersprüche brachen jedoch erst Ende der 70er Jahre, letztlich mit der Entstehung der «grünen» Bewegung, auch innerhalb des linken Lagers auf, und auch das bezeichnete *einen* Endpunkt der Reformzeit. – Nicht unähnlich verhält es sich mit der Spannung zwischen Liberalisierung und Egalisierung, zwischen Freiheit und Gleichheit. Seit den 80er Jahren sind diese Konzepte im politischen

Diskurs wieder ganz überwiegend als Gegensätze verstanden worden: Mehr Freiheit oder mehr Gleichheit? Um 1970 erschien das keinesfalls problematisch, vielmehr gut miteinander vereinbar zu sein, wie zumal die sozialliberal sich wendende FDP, etwa in ihren «Freiburger Thesen» von 1971, stellvertretend für eine breite kulturelle Strömung argumentierte.

III.

Auch die Reformen der 60er und 70er Jahre des 20. Jahrhunderts haben, wie die preußischen Reformen zu Beginn des 19. Jahrhunderts, ihren eigenen Mythos hervorgebracht, hinter dem die Realität oft erst mühsam zum Vorschein gebracht werden muss. Der Reformdiskurs, die Reformrhetorik hat sich verselbstständigt; das programmatische Reden über Reform hat das tatsächliche politische Handeln und die einzelnen gesetzgeberischen Maßnahmen in den Hintergrund gedrängt. Man muss die Reformen gewissermaßen aufbrechen und «dekonstruieren», um sich über ihre wesentlichen Gegenstände, Themenfelder und Ergebnisse Rechenschaft ablegen zu können. Das führt auf die dritte der eingangs skizzierten Fragen: «Was waren die Reformen?» Mit dem wachsenden zeitlichen Abstand von inzwischen drei, vier Jahrzehnten werden dabei nicht nur bestimmte Grundmotive und ideologische Impulse klarer erkennbar, wie sie im vorigen Abschnitt behandelt worden sind. Die Reformen der Bundesrepublik ordnen sich auch in längerfristige Kontinuitätslinien der deutschen Geschichte ein. Sie werden als Fortsetzung von Projekten erkennbar, die schon mindestens ein halbes Jahrhundert früher die politische Agenda bestimmt hatten. Das gilt insbesondere für die teils mittelbare, teils auch sehr direkte Anknüpfung an Reformprojekte der Weimarer Republik – von der Wirtschaftsverfassung über die Justiz- und Rechtsreformen bis zur kommunalen Verwaltungsreform. Das ist ein Aspekt, der bisher, in einer auf die bundesrepublikanische Nachkriegsentwicklung begrenzten Perspektive, noch vergleichsweise wenig Beachtung gefunden hat. Doch in ihm liegt eine der größten Herausforderungen für eine zukünftige «Historisierung» der ersten westdeutschen Reformära. Das kann an dieser Stelle jedoch nur als Aufgabe der Forschung benannt werden. Der folgende knappe Überblick beschränkt sich darauf, eher stichwortartig an fünf Kernfelder der Reformpolitik in den 60er und 70er Jahren zu erinnern und sie zu den bereits diskutierten Grundmotiven der Reform in Beziehung zu setzen.

Erstens: Bildung und Wissenschaft. Die Bildungs- und Wissenschaftspolitik, meist eher im Windschatten der großen gesellschaftlichen Aufmerksamkeit, ist früh zu einem Kernfeld der Reformaktivitäten geworden. In ihm bündelten sich auf charakteristische Weise Grundmotive der Reformära überhaupt, weswegen dieser Bereich hier etwas ausführlicher gewürdigt werden soll. In ihm manifestierte sich frühzeitig und besonders markant der Modernisierungsbedarf, der zumal im Vergleich mit anderen westeuropäischen Ländern diagnostiziert wurde. Georg Pichts «Bildungskatastrophe» von 1964 bleibt hier ein Eckpunkt der Krisendiagnose, aus der in parteiübergreifendem Konsens heraus Reformpolitik, etwa mit der Gründung zahlreicher neuer Universitäten, entwickelt wurde. Später, in den 70er Jahren, wurde die Bildungspolitik zu einem Symbol der Reformen in einem anderen Sinne: als hochgradig ideologisiertes Kampffeld scharf aufeinander treffender Lager, für die der Bildungssektor stellvertretend für die normative Ausrichtung der Gesellschaft überhaupt stand. Dieser Weg vom Konsens zum Konflikt über die Reformen lässt sich auch an anderen Themenfeldern, wenngleich weniger stark ausgeprägt, verfolgen.

Was die Hochschulbildung betrifft, stand zunächst die Expansion im Vordergrund, die einen westdeutschen Rückstand in der Akademisierung der Bevölkerung und des Arbeitsmarktes ausgleichen sollte. Damit verknüpfte sich bereits ein strukturpolitischer Impuls: Universitäten sollten Motoren bildungspolitisch unterentwickelter Regionen werden, etwa im Ruhrgebiet (Bochum) oder in Ostwestfalen (Bielefeld). Hier speiste sich unmittelbar ein sozialer Impuls ein, der häufig in das Schlagwort von der «Ausschöpfung der Begabungsreserven» gefasst wurde. Die soziale Förderung, die Ausweitung von Bildung in benachteiligte Schichten – das hieß in den 60er und 70er Jahren vor allem noch: die klassische industrielle Arbeiterschaft, teils auch die Landbevölkerung – war überhaupt ein Grundzug der Bildungsreformen. Hierher gehört auch die materielle Förderung der Studierenden durch die Ausweitung des ursprünglichen «Honnefer Modells» der staatlichen Begabtenförderung in das Bundesausbildungsförderungsgesetz (Bafög). Ferner spielte der Impuls der Verstaatlichung, der Zentralisierung, der Rahmenplanung in der Hochschulpolitik eine ganz wesentliche Rolle; hierfür steht symptomatisch das Hochschulrahmengesetz des Bundes. Und schließlich ging es um «Demokratisierung». Der Gedanke der «Übertragung» der Demokratie auf Institutionen und Lebensbereiche jenseits des Parlamentarismus fand in der Hochschule ein reiches Tätigkeitsfeld, das sich schon bald zum entscheidenden Kampffeld der Bildungsreform entwickelte.

Viele Reformprojekte der Hochschulpolitik lassen sich, mutatis mutandis, auch in der Schulreform, vor allem im Bereich der Sekundarschulen, wiederfinden. Willy Brandt hatte die «Schule als die Schule der Nation» bezeichnet und damit nicht nur einen hohen moralischen Anspruch, sondern zugleich einen Anspruch auf staatliche Intervention reklamiert. Chancengleichheit für benachteiligte soziale Schichten in der Bildung und durch die Bildung stand hier im Mittelpunkt, aber es ging auch um neue Formen und Inhalte des Lehrens und Lernens, mit denen der Abschied von vermeintlich veralteten, jedenfalls zu eng gewordenen bildungsbürgerlichen Konzepten vollzogen werden sollte. Das rückte die neuen Curricula vorübergehend in den Mittelpunkt der öffentlichen Aufmerksamkeit – die «Hessischen Rahmenrichtlinien» sind das wichtigste Beispiel für diesen Konflikt. Daneben traten institutionelle Reformen, vor allem der Versuch der sozialdemokratischen Länder, das traditionelle dreigliedrige Schulsystem aufzubrechen und gemeinsames Lernen durch Förderstufen oder Integrierte Gesamtschulen in den Sekundarbereich auszuweiten.

Der föderalen Aufgabenverteilung entsprechend vollzogen sich diese Reformen ganz überwiegend auf der Länderebene – eine Dimension und Handlungsebene der Reformen, der man gegenüber der des Bundes generell noch mehr Beachtung schenken müsste. Aber ob Bund oder Land: Das Motiv der «Verstaatlichung» und Vereinheitlichung drängte sich immer wieder in den Vordergrund und markierte eine langfristige Kontinuitätslinie im Prozess der Staatsbildung durch Verdrängung konkurrierender Gewalten. Das wird nirgendwo so deutlich wie in der Zurückdrängung des konfessionellen Schulwesens – vor allem dem faktischen Ende der konfessionellen Grundschulen – in dieser Zeit.

Zweitens: Die Rechtsreformen. Die Rechts- und Justizreformen der 60er und 70er Jahre wurden zu dem klassischen Feld der liberalisierenden, emanzipativen Reformen überhaupt. Wenn im Übrigen davor gewarnt werden muss, den staatlichen Anspruch und «verstaatlichenden» Charakter der Reformen zu unterschätzen, so kam hier der entgegengesetzte Impuls am klarsten zum Ausdruck. Es ging um die Freisetzung des Individuums, um die Auflösung im Recht verankerter patriarchaler Strukturen (Zivilrecht, besonders Eherecht und Scheidung), um die Vergrößerung der Sphäre bürgerlicher Autonomie und privater Lebensführung. Vieles, für das sich früher der Staat zuständig erklärt hatte, sollte ihn im Sinne eines Prinzips der «Nichteinmischung» nun nichts mehr angehen. Das gilt zuvörderst, in geradezu symbolischer Prägnanz, für sexuelle Präferenzen und die Liberalisierung des Sexualstrafrechts, ebenso für die Neuregelung der Abtreibung im § 218 StGB. Zweierlei Kontinuität, von der bereits die Rede war, ist in den Rechtsreformen deutlich greifbar: erstens der lange Vorlauf aus den 60er Jahren heraus; viele Projekte der Rechtsreform begannen bereits vor 1969 in der Zeit der Großen Koalition. Zweitens setzten die Rechtsreformen der 60er und 70er Jahre nach der Unterbrechung durch die NS-Diktatur und die sozial konservativere Wiederaufbauzeit den Reformimpuls der Weimarer Jahre fort, als die Liberalisierung von Recht und Justiz schon einmal im Mittelpunkt des Versuches gestanden hatte, einer republikanischen Gesellschaft auch jenseits der Verfassung ein breiteres rechtliches Fundament zu geben.

Drittens: Infrastruktur und administrative Reform. Auch in diesem Feld, das man nicht als bloß formalen Rahmen ohne gesellschaftliche Basis gering schätzen sollte, setzte sich der Verstaatlichungsanspruch der Reformära fort. Zugleich war dies ein Feld der Reformen, das vielleicht mehr als andere Gebiete wie die Bildungs- oder Rechtspolitik eine (west-) deutsche Besonderheit markierte, was wiederum auf langlebige Traditionen verweist. Das Ziel eines Ausbaus und einer Effektivierung der staatlichen Infrastruktur galt in doppeltem Sinne. Einerseits sollte das Netzwerk der staatlichen Institutionen im engen, internen Sinne des Staatsapparates und seiner Funktionsmechanismen ausgebaut werden. Hierin kam der Anspruch zum Ausdruck, die Gesellschaft eben nicht «loszulassen» oder «freizusetzen», sondern im Gegenteil kontrollieren und steuern zu können, den Staat zur Intervention in die gesellschaftliche Eigendynamik (die potentiell als chaotisch, als bedrohlich galt) zu befähigen, staatliche «Steuerungskapazität», wie man gerne sagte, zu erhöhen. Andererseits wollte der Staat aber auch verbesserte Infrastrukturen für die Entfesselung der Gesellschaft und die Entfaltung des Individuums bereit stellen. Die Vision einer infrastrukturellen Rundumversorgung des Bürgers äußerte sich nicht zuletzt auf so praktischen Feldern wie dem Straßen- und Autobahnbau. Um 1970 schien der Bürger geradezu einen Anspruch darauf zu haben, in nicht mehr als zehn Kilometern Entfernung vom Wohnort einen Autobahnanschluss zu erreichen.

Viertens: Wirtschafts- und Finanzpolitik. Dieses Feld der Reformen gehört ebenfalls zu den häufig übersehenen oder unterschätzten. In ihm artikulierte sich sehr markant der Planungs- und Steuerungsimpuls der Reformpolitik, und zwar wiederum spätestens seit der Großen Koalition. Das Stabilitäts- und Wachstumsgesetz des Jahres 1967, für den Historiker Heinrich August Winkler «Schillers Magna Charta», war eines der wichtigsten Reformgesetze überhaupt. Das gilt erst recht rückwirkend, in historischer Perspektive, im Blick auf die zentralen «Botschaften», die dieses Gesetz vermittelte. Wiederum ging es um die staatliche Steuerung von Wirtschaft und Gesellschaft, um den Versuch, «chaotisches» Geschehen in der Wirtschaft zu kontrollieren und seine gefährlichen Ausschläge – den Konjunkturzyklus – durch staatliche Intervention in ein Gleichgewicht zu zwingen. In der Tat bringt schon der Name dieses Gesetzes gleich zwei Kerngedanken der Reformzeit auf den Begriff: zum einen die

Idee der Stabilität, des Gleichgewichts, des Equilibriums, für das staatliche Instanzen zum Wohle der Gesellschaft zu sorgen hatten; zum anderen den noch ungebrochenen Glauben an eine Zukunft des Wachstums, der Expansion, des steigenden allgemeinen Wohlstands. Allgemein ging es aber auch um die schon häufiger erwähnte Kräfteverschiebung zugunsten des Zentralstaates, also des Bundes – in der Finanzpolitik der 60er und frühen 70er Jahre vor allem auf Kosten der Länder.

Zur Wirtschaftspolitik gehört die Wirtschaftsverfassung und Arbeitsgesellschaft dazu, und hier kam wiederum, ähnlich wie in der Hochschulpolitik, der Impuls der Demokratisierung zum Tragen. Freilich handelte es sich dabei im Falle der Ausweitung der betrieblichen Mitbestimmung (z.B. im Mitbestimmungsgesetz von 1976) um ein viel älteres Projekt als bei den Hochschulen. Die in der Weimarer Republik theoretisch erdachte, in der Arbeiterbewegung viel diskutierte, aber nicht praktisch gewordene «Wirtschaftsdemokratie» sollte jetzt gewissermaßen ihre zweite Chance erhalten.

Fünftens: Sozialpolitik und Wohlfahrtsstaat. Auf den ersten Blick mag es überraschen, dass dieser Bereich der Reformpolitik an letzter Stelle genannt wird – in einer Ära, die in erheblichem Maße von sozialdemokratischen Konzepten und sozialdemokratischer Regierungspolitik geprägt worden ist. Andererseits gehört es zur Kontinuität deutscher Geschichte seit dem späten 19. Jahrhundert, dass zentrale sozialpolitische Weichenstellungen eher von konservativen Regierungen betrieben worden sind, von Bismarck bis Adenauer und vielleicht darüber hinaus. Tatsächlich waren die 60er und 70er Jahre keine Zeit der genuinen Innovationen in der Sozialpolitik; fundamentale Veränderungen im Bau des westdeutschen Wohlfahrtsstaates blieben aus. Eher ging es um Ausbau und Ausweitung des schon Erreichten, um eine Expansion im Sinne der Inklusion weiterer Gruppen von Anspruchsberechtigten in die prinzipiell bereits etablierten sozialen Sicherungssysteme. Das gilt etwa für die Einbeziehung von Landwirten und Studenten in die gesetzliche Krankenversicherung. Aus heutiger Sicht, aus der Perspektive der Krise der Sozialsysteme am Beginn des 21. Jahrhunderts und einer neuerlichen intensiven Reformdiskussion, liegt die Frage nahe, ob in diesem Grundzug nicht auch ein Defizit der damaligen Reformpolitik zu sehen ist. Haben die Reformer der 60er und 70er Jahre es versäumt, Systemgrenzen und Grenzen der Belastbarkeit rechtzeitig zu erkennen? Dieser Vorwurf erweist sich immer mehr als gerechtfertigt. Die Euphorie der Expansion schien Grenzen des Risikos nicht zu kennen. Die Zukunft würde wohl, so die stillschweigende Annahme, jene Zuwächse produzieren, die man schon in der Gegenwart in Anspruch nahm.

IV.

Anders als eine Generation später kamen die Reformen nicht aus der Krise, sondern sie endeten in ihr. Die erste «Ölkrise» als Auslöser der schwersten weltwirtschaftlichen Krise seit 1929 markierte nicht nur eine Zäsur der Wirtschaftsgeschichte, sondern auch der Kultur- und Gesellschaftsgeschichte. Der in den 60er und frühen 70er Jahren noch einmal auf einen Höhepunkt gelangte Optimismus – gerade in Westdeutschland, nach der Überwindung der Nachkriegskrise! – erfuhr einen Rückschlag, von dem er sich nie mehr ganz erholte. Das Fortschrittsbewusstsein der westlichen Gesellschaften erlebte den vermutlich schärfsten Einschnitt seit dem späten 18. Jahrhundert. Die «Grenzen des Wachstums» traten ins Bewusstsein und bedeuteten auch Grenzen der Reformen. Der Krisendiskurs der mittleren und späten 70er Jahre löste die Reform-, die Planungs- und Machbarkeitsdiskurse der vorangegangenen Jahre mit erstaunlicher Geschwindigkeit ab. Das war kein deutsches (oder westdeutsches) Phänomen, sondern ein internationaler Umbruch: das bereits erwähnte Ende der «Goldenen Jahre», wie es Eric Hobsbawm in seiner Geschichte des «kurzen» 20. Jahrhunderts beschrieben hat.

Westdeutsche Besonderheiten spielten wohl eine Rolle, in der innenpolitischen Situation vor allem mit der Herausforderung des linksextremen Terrorismus der «Rote Armee Fraktion», der im «Deutschen Herbst» 1977 mit der Schleyer-Entführung einen Höhepunkt erreichte. Wo die Reformen den Staat stärken wollten, die Souveränität und Handlungsfähigkeit der staatlichen Organe betonten, erfuhr die Gesellschaft jetzt auf schmerzliche Weise die Grenzen der staatlichen Handlungsfähigkeit, ja die Hilflosigkeit ihrer Organe. Der damit verbundene Klimawandel spielte auch in die politische «Tendenzwende» der späten 70er Jahre hinein, jene zunächst vor allem intellektuelle, weniger praktisch-politische Wendung zum Neokonservatismus, die sich in der Bundesrepublik sogar als ausdrückliche Gegenbewegung gegen die Reformen (zumal in der Bildungspolitik) formiert hatte. Diese Tendenzwende verweist freilich mehr noch auf einen internationalen Bedingungsrahmen und «Pendelschwung», der in den angelsächsischen Ländern seit dem Ende der 70er Jahre noch viel ausgeprägter umgesetzt wurde als in Deutschland mit dem Regierungswechsel von 1982 und seiner stecken gebliebenen «geistig-moralischen Wende».

So kann man zu der These gelangen, dass die bundesrepublikanischen Reformen der 60er und 70er Jahre, in langer historischer Perspektive und mit dem Abstand von mittlerweile einer Generation gesehen, eher den Abschluss, das Ende von etwas markierten als den Neubeginn, den Anfang, den Auftakt einer durch sie geprägten neuen Ära. Die Reformzeit war Abschluss und Kulmination der Gründungsphase der «alten» Bundesrepublik, des westdeutschen Staates und seiner Gesellschaft. Und sie war zugleich, jenseits der nationalstaatlichen Perspektive, ein Abschluss der Epoche der «Klassischen» oder «Organisierten» Moderne, deren Bogen etwa von der Jahrhundertwende 1900 bis eben in die 60er und 70er Jahre reicht. Eher von ihrem Ende als von ihrem nicht zufällig diffuseren Beginn her markiert die Reformzeit eine deutliche Zäsur.

Das heißt nicht, dass die Reformen wirkungslos verpufft oder plötzlich bedeutungslos geworden wären. Viele ihrer Impulse entfalteten sich erst nach längerer Inkubationszeit, und bis heute stehen wir in vieler Hinsicht auf dem Boden dieser Reformzeit und ihrer Errungenschaften – auch wenn uns manchmal die Ambivalenz dieser Errungenschaften klarer zu Bewusstsein kommt. Man könnte in dieser Hinsicht, mit Bezug auf die langfristigen Wirkungen, geradezu von den «Reformen nach den Reformen» sprechen. Erst als die eigentliche Reformzeit vorüber war, wurden viele ihrer Versprechen in der gesellschaftlichen Realität eingelöst. Das gilt besonders für die

Impulse der Liberalisierung und Emanzipation, in der Alltäglichkeit von Protestverhalten etwa oder in der neuen Rolle von Frauen in der Gesellschaft. Erst als der etatistische Impuls, der Verstaatlichungsimpuls nachgelassen hatte, konnte sich die Gesellschaft auf neue Weise vom Staat emanzipieren – auch vom «Reformstaat» und seiner Planungs- und Regulierungseuphorie, der diese Emanzipation dennoch erst ermöglicht und vorangetrieben hatte.

Das ambivalente Verhältnis der Reformen und der Reformer zu den «Neuen Sozialen Bewegungen» der 70er Jahre, zum Protest nach der Studentenrevolte, ist hier symptomatisch. Diese Bewegungen waren bereits Kinder der Reformzeit und artikulierten sich zum ersten Mal wirkungsvoll in deren abschließender Phase – die Gründung des «Bundesverbandes Bürgerinitiativen Umweltschutz» (BBU) 1972 oder die Wyhl-Proteste von 1975 sind hier markante Daten. Doch erlebten sie ihre eigentliche Hochzeit, einschließlich der Transformation in die politische Partei der «Grünen», erst nach dem Abschluss der Reformzeit, in den späten 70er und den 80er Jahren. Dem Geist der Planer und Regulierer, der Verstaatlicher und Modernisierer konnten sie in vieler Hinsicht nicht krasser entgegengesetzt sein: mit ihrem *grass-roots*-Impuls der Demokratisierung, mit ihrer fundamentalen Skepsis an Moderne und Modernisierung. Die politische Linke, deren Projekt die Reformen nach lagerübergreifendem Beginn in den 60er Jahren immer mehr geworden waren, erlebte einen kulturellen Paradigmawechsel, der in der Bundesrepublik vermutlich stärker war als in vielen anderen westlichen Ländern. Er führte am Ende nicht nur das linke Lager, sondern weite Teile der Gesellschaft und zumal der jüngeren Generationen immer tiefer in Selbstzweifel, ja in teilweise apokalyptische Zukunftsängste hinein und zerstörte das Vertrauen in die Regenerationsfähigkeit der westlichen Moderne. Eingeklemmt zwischen diesem Paradigmawechsel der Linken und der konservativen Wende der 70er Jahre, die sich ebenfalls furchtsam und modernitätsskeptisch gebärdete, gehörten die Grundimpulse der Reformzeit erstaunlich schnell der Vergangenheit an.

2.
VON DER KLASSISCHEN MODERNE ZUR REVISION DER POSTMODERNE? DER WANDEL DER DEUTSCHEN GESELLSCHAFT IM 20. JAHRHUNDERT

Kann man eine Gesellschaft an ihren Behausungen erkennen? An den baulichen Formen, die sie ihren wichtigsten Funktionen gibt – dem Wohnen, dem Herrschen, dem Produzieren und Handeln, der religiösen und ästhetischen Reflexion? In Agrargesellschaften, in dörflichen Zusammenhängen scheint diese Gleichung relativ einfach aufzugehen. Soziale Strukturen bilden sich in der gebauten Landschaft ab: die Kirche im Mittelpunkt, daneben vielleicht ein kleines Rathaus oder Schulgebäude. Repräsentative Höfe, in denen wirtschaftlicher Zweck und soziale Selbstdarstellung eine enge Verbindung eingehen. Hütten und Katen am Rande, die zugleich gesellschaftliche Marginalität ausdrücken. In komplexen Gesellschaften, in großen Städten, in der technischen und industriellen Moderne ist es schwieriger geworden, Architektur und Städtebau eindeutig auf soziale Strukturen, auf Eigenschaften der Bewohner und Nutzer gebauter Umwelt, zu beziehen. Versteckt sich hinter der Altbaufassade Armut, Verfall, soziale Bedürftigkeit? Oder ist sie eine Kulisse des Understatement für großzügige Yuppie-Kultur? Wird hinter den nüchternen Glasbändern eines dreistöckigen Flachbaus unterrichtet, oder produziert, oder verwaltet?

Und dennoch hat sich die Wechselbeziehung zwischen gesellschaftlicher Struktur und baulicher Repräsentation auch in der westlichen, urbanen Moderne des 20. Jahrhunderts nicht aufgelöst. In der flüchtigen Holzbauweise amerikanischer Vorstädte erkennen wir nicht nur eine historische Tradition, sondern auch die Gegenwart einer flüchtigen und immer zur Mobilität bereiten Gesellschaft. Die Stein auf Stein gemauerten Siedlungen mitteleuropäischer Städte dagegen erzählen von der Bodenständigkeit und Sesshaftigkeit ihrer

Bewohner. Moderne und Postmoderne haben eindeutige Zuordnungen häufig aufgelöst. Sie haben aber auch die Möglichkeiten der Differenzierung, der nuancierten Abbildung sozialer Verhältnisse, politischer Utopien, kultureller Erfahrungen enorm gesteigert: zum einen wegen eines gewachsenen Arsenals technischer Möglichkeiten – das Feld des Ingenieurs –, zum anderen wegen Steigerung und Differenzierung ästhetischer Ausdrucksmöglichkeiten – das Feld des Architekten. Die Überlagerung von Gesellschaftsstruktur und ästhetischer Repräsentation reicht auch im 20. Jahrhundert bis in die Grundbegriffe hinein. «Moderne» oder «Postmoderne» bezeichnen, wenn auch auf diffuse Weise, Stadien der allgemeinen sozialen Entwicklung ebenso wie Phasen der Kunst- oder der Architekturgeschichte. Der Begriff der «klassischen Moderne», den Historiker gerne für die Zeit der vorletzten Jahrhundertwende und des beginnenden 20. Jahrhunderts verwenden, ist sogar als unmittelbares Lehnwort aus der Kunstgeschichte übernommen worden.

I.

In dieser Zeit der klassischen Moderne trat auch die Gesellschaft des 1871 gegründeten Deutschen Reiches in ein neues Zeitalter ein. Die erste, schmerzhafte Phase der Industriellen Revolution war abgeschlossen, Kohle und Stahl waren zur Selbstverständlichkeit geworden, ein dichtes Eisenbahnnetz, das sich bis in die 1980er Jahre nur noch wenig veränderte, durchzog das Land. Es verband die Menschen in den großen städtischen Zentren, denn hierhin hatte sich um 1900 eindeutig der Schwerpunkt der gesellschaftlichen Entwicklung verlagert.

Berlin wuchs in rasantem Tempo, das die Zeitgenossen immer wieder mit der Dynamik Chicagos verglichen, zu einer weltstädtischen Metropole heran, zu einem Laboratorium der Moderne. Hier konnte man die moderne Klassengesellschaft in Reinkultur studieren: Bürgerliche Wohnviertel im Westen, etwa im vornehmen Charlottenburg, standen der Enge und dem Elend in Quartieren der östlichen Innenstadt, der tief gestaffelten Mietskasernen und Hinterhöfe von Kreuzberg oder Friedrichshain schroff gegenüber. Migranten aus den agrarischen Ostprovinzen prägten das Bild in diesem Schmelztiegel des Umbruchs und Aufbruchs.

Aber neben die handwerkliche und industrielle Produktion trat immer mehr die Sichtbarkeit eines expandierenden Konsums und zeichnete das Bild der modernen Konsumgesellschaft vor. In den großen Warenhäusern wie Wertheim am Leipziger Platz oder dem 1908 eröffneten KadeWe versuchte diese Konsumgesellschaft schon früh zu zeigen, dass sie auf eigenständige Weise zur Repräsentativität, ja zum Monumentalen in der Lage war. In ihrer Geburtsstunde vor dem Ersten Weltkrieg war die Moderne selber ein Faszinosum, und die deutsche Gesellschaft strotzte vor Selbstvertrauen und Zukunftszuversicht. Aber zugleich mischten sich Angst, Verunsicherung und Nervosität in die vorwärts drängende Dynamik, und man suchte Zuflucht in den Formen der Vergangenheit. Mit seiner Mischung aus Modernität und Historismus, aus bürgerlichem Anspruch und Schlossersatz brachte das in den 1890er Jahren fertiggestellte Reichstagsgebäude Paul Wallots diese Schwebelage auf charakteristische Weise zum Ausdruck.

Der Erste Weltkrieg stellte die optimistischen Vorstellungen einer friedlichen, fortschrittlichen und zivilisatorischen Moderne zum ersten Mal grundsätzlich in Frage. Aber die Erfahrung von Krieg und Gewalt, von Inflation und Vermögensverlust hatte auch reinigende, ernüchternde Effekte. Zu keiner Zeit trat das Projekt der Moderne als ein Projekt der nüchternen Sachlichkeit, der kühlen Rationalität, der Reduzierung auf das funktional Notwendige klarer hervor als in den 20er Jahren. Aus Amerika kamen neue Organisationsprinzipien der Wirtschaft, die in Lebensbereiche weit jenseits von Produktion und Betrieb ausstrahlten: Taylor und Ford wurden zu Ikonen eines Lebensstils der Planung, des Managements, der Effizienz. Mehr als man lange Zeit glaubte, strahlte dieser Entwurf auch auf die nationalsozialistische Bewegung aus und verlieh ihr Attraktivität gerade bei Jüngeren. Überhaupt lässt sich der Nationalsozialismus nicht einfach als ein Atavismus, ein Fremdkörper, eine Widerstandsbewegung in der Moderne und gegen sie verstehen, sondern bildete selber die Janusköpfigkeit der Moderne ab. Das gilt zum einen für das Spannungsverhältnis zwischen radikalem Fortschrittsentwurf und radikaler Ablehnung des Fortschritts, welches das «Dritte Reich» immer wieder kennzeichnete – von der Wissenschaftspolitik bis zu Architektur und Städtebau. Es gilt aber auch für die Spannungen innerhalb der technisch rationalisierten Moderne. Denn das Streben nach einer rational geplanten und effizient gesteuerten Gesellschaft konnte sich genauso gut auf eine antidemokratische Führer- und Expertenherrschaft richten oder gar auf die Vision einer völkisch und rassisch purifizierten Ordnung.

Euphorische und erlittene Moderne verquickten sich also in der ersten Hälfte des 20. Jahrhunderts auf enge und komplizierte Weise – in vielen Teilen Europas und Nordamerikas, aber besonders auffällig und bedrängend in Deutschland. Die in kurzer Zeit entstandenen und kulturell noch lange nicht verarbeiteten Gegensätze in der sozialen Struktur trugen dazu erheblich bei. Hier die Hyper-Modernität großstädtischer Zentren, dort die Rückständigkeit agrarischer Provinzen, die an diese Dynamik so schnell keinen Anschluss fanden. Hier der bürgerliche Wohlstand, wenn auch psychisch verunsichert und teils materiell geschmälert durch die Folgen von zehn Jahren Inflation, dort die Enge und Entbehrung proletarischer Milieus, deren Situation sich angesichts von Weltwirtschaftskrise und Massenarbeitslosigkeit nicht durchgreifend verbessern konnte. War das die Moderne, in der zu leben sich lohnte, und wie konnte man diese schroffen Gegensätze auf Dauer aushalten? Je mehr Zeitgenossen diese Zweifel hegten und ihre Unzufriedenheit zugleich auf das politische System von Republik und parlamentarischer Demokratie projizierten, desto stärker wurde der Zulauf an den extremen Rändern des Parteiensystems. Die Kommunisten erhielten viel Zuspruch, wenn auch nur eine Minderheit der Deutschen, selbst der Arbeiter, noch an die Erfüllung der Moderne in einer großen sozialistischen Revolution glaubte. Weithin attraktiver erschien die Vision der Nationalsozialisten von der Glättung der Gegensätze. Vermeintliche «Fremdkörper» sollten ausgeschlossen, die Mehrheit der Gesellschaft in einer großen Volksgemeinschaft versöhnt werden, in der alte Konflikte stillgestellt waren und Merkmale der sozialen Herkunft oder der Berufstätigkeit nicht mehr über das Prestige des Einzelnen entschieden. Das Ziel war eine Überwindung der modernen

Gesellschaft – wenn man so will: eine Postmoderne *avant la lettre* –, aber das Ergebnis eher ein katastrophaler Irrweg der Moderne, der dennoch, auf sehr ambivalente Weise, Kontinuitäten in die Nachkriegsgesellschaft der Bundesrepublik wies.

In den 50er bis 70er Jahren erreichte die «klassische Moderne» in den westlichen Gesellschaften (aber nicht unähnlich auch im kommunistischen Osteuropa) ihren Höhe- und zugleich ihren Schlusspunkt. In dieser neuen Gründerzeit bestimmten wiederum Optimismus und Zukunftsvertrauen das Bild, getragen von einer lang andauernden ökonomischen Prosperität. Die wirtschaftliche Dynamik erleichterte es in Westdeutschland, die materiellen Folgen des Krieges zu verkraften, und sie beförderte obendrein, wie das auch anderswo der Fall war, den Übergang von einer gespaltenen Gesellschaft überwiegender Knappheit zu einer relativ wohlhabenden, relativ saturierten Mittelschichtgesellschaft. Die kleinbürgerliche Existenz wurde zu einer neuen Norm der Lebensführung, deren Erfüllung sich nicht zuletzt am Maßstab bestimmter Konsumgüter maß: in den 50er Jahren zunächst des Kühlschranks, dann immer mehr des privaten Automobils. Was die Nationalsozialisten mit Gewalt versucht hatten und die Sozialisten schon gar nicht mehr anzustreben wagten: eine egalitäre Gesellschaft des materiellen Wohlergehens jenseits der Geschichte schien auf wundersame Weise naturwuchsig aus den Mechanismen des demokratisierten Kapitalismus hervorzugehen.

Das hieß nicht, dass man die Hände nur in den Schoß zu legen brauchte. Der Erfolg gebar auch neue Utopien für die Zukunft oder gab alten Utopien aus der Zwischenkriegszeit neue Nahrung. Grenzen der technischen Entwicklung schien es nicht mehr zu geben, und die Zielvorgabe hieß: rational geplante Harmonie. Architekten und Stadtplanern schwebte die Auflösung der verdichteten Großstadt mit ihren sozialen Problemzonen vor; Stadt und Land sollten eins werden, und die Menschen der Zukunft bestiegen von ihren Wohnkapseln aus private Helikopter, um ihren zunehmend von Konsum und Freizeit bestimmten Bedürfnissen nachzugehen. Nachdem die revolutionären Heilsversprechen der Moderne gescheitert waren, setzte sich eher die Überzeugung durch, die Gesellschaft der Zukunft durch effiziente und konkrete politische «Planung» und «Steuerung» – das waren Leitbegriffe vor allem der 60er Jahre – erreichen zu können. Die Modernisierung der Verkehrsinfrastruktur im Autobahnbau gehörte ebenso dazu wie die Errichtung von Trabantenstädten aus gleichförmigen und vielgeschossigen Wohnmaschinen. Aber auch der soziale Ausgleich blieb ein wichtiges Ziel der gesellschaftlichen Planung und Steuerung. So versuchte man im Städtebau der Bundesrepublik häufig, herkömmliche Formen der sozialen Segregation zu überwinden, indem Zeilen von Reihenhäusern oder Flachdachbungalows zwischen die Geschosswohnungsblöcke eingezogen wurden. Das auffällige Bekenntnis zu einer Ästhetik des Funktionalen sollte auch die politische Botschaft unterstreichen: Die Gesellschaft der Bundesrepublik war endlich im demokratischen Westen angekommen, sie bekannte sich zu seinen Werten und profitierte von seinen materiellen Vorzügen.

II.

Die Ernüchterung kam schnell und unerwartet, und sie hatte lang anhaltende Folgen. Die erste Ölkrise von 1973/74 markierte einen Bruch, der damals nur die Wirtschaft zu betreffen schien, doch schon bald auf die westlichen Gesellschaften und ihr kulturelles Selbstverständnis im Ganzen ausstrahlte. Die Erfahrung einer ersten, kleineren Rezession hatte es in der Bundesrepublik schon in den späten 1960er Jahren gegeben, doch dann kehrte noch einmal Normalität zurück. Nach 1973 war nichts mehr wie zuvor. Der Traum von der immer währenden Prosperität ging zu Ende, und mit ihm verschwand auch die Vision vom allgemeinen Fortschritt und seiner politischen Steuerbarkeit. Gab es einen alternativen Fortschritt, wohin sollte man sich jetzt orientieren – gab es überhaupt noch den einen, den verbindlichen Weg in die Zukunft? Waren die Potentiale der Moderne nicht in den verschiedenen Perioden ihrer «klassischen» Ära ausprobiert und ausgereizt worden? Vielleicht konnte man jetzt nur noch wiederholen und zitieren, auf Verbindlichkeit verzichten, Vielfalt anerkennen – immerhin eröffnete das neue Chancen der Freiheit. Das war die Geburtsstunde der Postmoderne.

Da waren zunächst die Grenzen des Wachstums, die seit den frühen 70er Jahren, befördert durch viel beachtete Expertengutachten wie diejenigen des «Club of Rome», ins allgemeine Bewusstsein traten. Das Ende der Prosperität war kein Betriebsunfall, sondern es gab inhärente Grenzen einer Steigerung des Bruttosozialprodukts bei insgesamt begrenzten Ressourcen. Und darüber, das war die wichtige neue Botschaft, musste man weder entsetzt noch enttäuscht sein, denn das Leben jenseits der Wachstumsideologie gewann seine eigene normative Überzeugungskraft. Die natürliche Umwelt des Menschen, die Interaktion zwischen Gesellschaft und natürlicher Umwelt wurde ins Kalkül gezogen, und damit sahen viele der Rechnungen, welche die klassische Moderne aufgemacht hatte, auf einmal ganz anders aus. Die Einheit von menschlicher Siedlung und Landschaft etwa, wie sie die großen Utopisten dieser Zeit von Le Corbusier bis Frank Lloyd Wright entworfen hatten, wurde als einseitige Unterwerfung der Natur unter die Zwänge der menschlichen Effizienz entlarvt, und ganz anders geartete, auch: kleinteiligere, Entwürfe des «ökologischen Bauens» traten an ihre Stelle. Komplexe Technologien der Energieerzeugung oder der Mobilität waren nicht mehr Instrumente des Fortschritts und der Wohlstandsvermehrung, sondern entpuppten sich als Risiken, die sich nicht nur gegen die Natur, sondern sogar gegen die menschliche Existenz schlechthin richten konnten. Das Leben jenseits der Gewissheiten der klassischen Moderne war ein Tanz auf dem Vulkan. Deshalb wurde der in den 80er Jahren von dem Soziologen Ulrich Beck geprägte Begriff der «Risikogesellschaft» so populär.

Diesen Risiken konnte man sich nicht mehr mit dem Optimismus früherer Zeiten stellen. Sie konnten prinzipiell gar nicht überwunden, nicht in eine neue Harmonie aufgelöst werden, sondern mussten auf Dauer ausgehalten und irgendwie ausbalanciert werden. Der Zusammenbruch der klassisch-modernen Utopien ließ höchstens die «Dystopien» eine Zeit lang florieren, die Gegenbilder von einer schrecklichen, auf die finale Katastrophe zusteuernden Zukunft. Doch in der Postmoderne schrumpfte der Zukunftshorizont der westlichen Gesellschaften in jeder Hinsicht ein. Man konnte sich noch mit der Gegenwart arrangieren; eine prinzipiell andere Zukunft gewinnen zu wollen, galt als vermessen. Wer hätte sich auch anmaßen wollen, die Richtung einer solchen Zukunft noch zu bestimmen? Dieser Grundhaltung korrespondierte ein Gefühl, das bald auf das Schlagwort vom «Ende der Geschichte» gebracht wurde: Die historische Entwicklung trat auf der Stelle, die Welt war in der Konfrontation zweier Blöcke wie eingefroren, auf eine Phase der extremen Dynamik schien nun eine Phase des Stillstands zu folgen. Wenn die Zukunft nicht mehr zur Verfügung stand, wandte man sich umso eher der Vergangenheit zu. Nicht zufällig waren deshalb die 80er Jahre eine große Zeit der Historisierung, der Wiederentdeckung und «Aufarbeitung» von Geschichte in ganz unterschiedlichen kulturellen Formen. Da die Politik nicht mehr die Zukunft planen oder gar steuern konnte, entdeckte sie stattdessen die «Geschichtspolitik» und versuchte, über Erinnerungsbilder Identität zu stiften. In diesen Sog der Historisierung gerieten fast alle westlichen Gesellschaften, aber in Deutschland war er, wegen der Last der NS-Vergangenheit, besonders groß. Beide deutsche Staaten, die Bundesrepublik in der Ära Kohl wie die DDR in ihrer Spätphase, beteiligten sich daran.

Die ökonomische Krise nahm nicht nur den Glauben an die immer währende Prosperität, sie zerstörte auch, wie sich nach einigen Jahren herausstellte, das Projekt der großen und friedvollen sozialen Nivellierung. Wenn man um 1970 eigene Erfahrung in die Zukunft verlängerte, konnte man von einem weiteren Abschmelzen von Klassenunterschieden ausgehen, von einem fortschreitenden Aufstieg der Arbeitnehmer, vielleicht sogar einem Verschwinden derjenigen Reste der alten Armut, die der immer weiter ausgebaute Wohlfahrtsstaat bis dahin noch nicht hatte beseitigen können. Schon ein gutes Jahrzehnt später sahen die Erfahrungen ganz anders aus. Alte Formen der Armut und Marginalität – Armut im Alter, Armut auf dem Lande – hatten sich noch weiter zurückgezogen, aber eine «neue soziale Frage», mit neuen Formen der Bedürftigkeit und Ausgrenzung, machte das mehr als wett. Mit neuer Massenarbeitslosigkeit, die sich mehr noch als ein halbes Jahrhundert zuvor als ein gesellschaftliches Strukturproblem dauernden Ausschlusses vom Arbeitsmarkt manifestierte, hatte kaum einer gerechnet. Den Wohlstand einer breiten

Mitte traf das einstweilen nicht, so dass der Begriff der «Zweidrittelgesellschaft» auf den Punkt traf: die Trennung zwischen einer Wohlstandsmehrheit und einer Armutsminderheit. Wenngleich in weit geringerem Ausmaß als in den USA oder in England, nahm auch in der Bundesrepublik die Einkommenspolarisierung wieder zu, ein langjähriger Trend kehrte sich um: Die Einkünfte aus abhängiger Arbeit hielten mit denen aus Selbstständigkeit, Unternehmertätigkeit und Vermögen nicht mehr mit, erst recht nicht im kurzlebigen Boom der *New Economy* der 90er Jahre.

Dem entsprach eine wieder wachsende soziale Segregation des Wohnens und Lebens. Der städtebauliche Anspruch auf soziale Durchmischung wurde kaum noch erhoben, Neubaugebiete erhielten wieder einen deutlicher schichtspezifischen Charakter – und die Mittelschicht zog sich aus den Wohnprojekten der 60er und 70er Jahre zurück, in denen die Unterschichten zurückblieben. In den Innenstädten entdeckte eine kaufkräftige Klientel die Vorzüge von Altbauwohnungen und Loftetagen, die Grenzen zwischen vernachlässigten und «gentrifizierten» Bezirken traten markanter hervor. Diese Spaltungen hatten viel mit einer schon länger anhaltenden Einwanderung in die Bundesrepublik zu tun, deren Dauerhaftigkeit man jedoch lange unterschätzt hatte. Migranten zunächst aus Südeuropa, dann vor allem der Türkei, später auch aus Osteuropa besetzten die weniger angesehenen beruflichen Positionen und bildeten eigene soziokulturelle und sozialräumliche Milieus, aus denen heraus ihnen Aufstieg und Integration jedoch nur ungenügend gelangen. Die postmoderne Gesellschaft war eine «multikulturelle» Gesellschaft und fand sich in dieser kulturellen und ethnischen Vielfalt bestätigt, weil sie dem Pluralitätsanspruch der Postmoderne, dem Verzicht auf eindeutige Vorgaben, entsprach. Wenn der Fortschritt überhaupt noch eine Richtung hatte, dann die der Differenzierung und zunehmenden Vielfalt.

Darin immerhin schienen die Unwägbarkeiten und Risiken der Postmoderne ihre Vorzüge zu haben: Sie schufen zugleich Chancen, vervielfältigten individuelle Optionen, eröffneten Freiheitsräume – auch wenn diese Freiheiten zunächst wie aus der Not geboren waren. Das Ende der klassischen Industrieökonomie und die schrumpfenden

Horizonte der Erwerbsarbeit mussten ja so schlecht nicht sein, wenn man sie als günstige Gelegenheit begriff, das Leben in der nachklassischen Moderne an neuen, zum Beispiel «postmateriellen» Werten auszurichten. Eine gerechtere Verteilung des noch vorhandenen Arbeitsvolumens durch allgemeine Arbeitszeitverkürzung traf sich dann mit dem gesellschaftspolitischen Ziel einer Vermehrung von freier Zeit, von Zeit, die in selbstbestimmte und deswegen zunehmend individualisierte Lebensführung investiert werden konnte. Nach der Befreiung aus der materiellen Not emanzipierte die Postmoderne aus der Not der knappen Zeit. Frei verfügbare Zeit, bis dahin in fast allen Gesellschaftsformen ein Privileg einer schmalen Oberschicht, wurde zum Allgemeingut und musste mit neuen Formen der Betätigung gefüllt werden, damit Muße nicht in Langeweile umschlug. Vor diesem Hintergrund vollzog sich seit den 80er Jahren eine beispiellose Kommerzialisierung der Freizeit in ganz unterschiedlichen Bereichen, vom Event-Urlaub über das Privatfernsehen und andere elektronische Medien bis zu den Freizeit- und Erlebnisparks. Manche befürchteten gar, das ganze Land verwandle sich in einen gigantischen Freizeitpark.

So gesehen, wurde die der Erwerbsarbeit verloren gegangene Zeit keineswegs dem Zugriff der Ökonomie entzogen – und erst recht nicht, wenn man an die auffällige Expansion und Selbststilisierung des Konsums denkt. Erst jetzt wurde die klassisch-moderne Produktionsgesellschaft vollends zur postmodernen Konsumgesellschaft. Wenn der Reichtum, die ökonomische Potenz eines Landes sich früher in qualmenden Schloten und vibrierenden Maschinenhallen manifestiert hatte, übernahmen jetzt glitzernde Shopping Malls, häufig außerhalb der alten Innenstädte gelegen, diese symbolische Leitfunktion. Eine Zeitlang mochte man sich sogar der Illusion hingeben, im Konsum gelänge, was der Produktionsgesellschaft verwehrt geblieben war: die Erfüllung des Traums von Gleichheit und Gerechtigkeit – denn waren im Paradies des Güterüberflusses nicht alle Menschen gleich? Sehr bald zeigte sich jedoch, dass die Konsumwelt ihre eigenen Mechanismen etablierte, um soziale Hierarchie in die Postmoderne fortzusetzen und auch symbolisch zu markieren. Der Trend zur Polarisierung von Einkommen verlängerte sich mühelos in eine Polarisierung des Konsums zwischen Luxuspassagen und Discountmärkten.

Und schließlich, als ultimatives Versprechen der Postmoderne: die Auflösung herkömmlicher Bindungen und Abhängigkeiten des Einzelnen auch dort, wo Gemeinschaft und soziale Bindung bis dahin als unverzichtbar galten, nämlich im privaten Bereich, in der Familie. Seit mindestens zwei Jahrhunderten hatte der Liberalismus das Individuum hochgehalten, seine Emanzipation versprochen. Doch dieses Individuum gab sich bei näherem Hinsehen als männlicher Haushaltsvorstand in einem mehr oder minder patriarchalischen, auf lebenslangen, ja Generationen übergreifenden Zusammenhalt berechneten Familienverband zu erkennen. Am Ende des 20. Jahrhunderts wurden auch diese vermeintlichen Selbstverständlichkeiten mit neuer Radikalität in Frage gestellt. Die 68er hatten ideologisch und theoretisch bereits den Boden bereitet, doch seit den 80er Jahren entwickelte sich – nicht untypisch für die Postmoderne! – ein ganz unideologischer Sog des praktischen Lebensvollzugs. Das königlich-preußische Gebot, ein jeder solle nach seiner Façon selig werden, wurde auf elementare Weise ernst genommen. Die Entscheidung von Partnern für Kinder verlor ihre frühere Selbstverständlichkeit (auch in der Geburtenrate wurde die Bundesrepublik dezidiert «postmodern») ebenso wie die lebenslange Dauer von Beziehungen. Die Folge waren eine rasch zunehmende Zahl von Single-Haushalten und neue Beziehungsformen wie die «Patchwork-Familie» als frei gewebter Flickenteppich aus Lebensabschnittspartnern und Stiefgeschwistern.

Man könnte meinen, dass eine solche Gesellschaft auch nach völlig anderen Formen des Wohnens, der baulichen Gestalt von alltäglichem Lebensraum, des großflächigen Städtebaus verlangte. Doch auch in dieser Hinsicht war die Zeit der Utopien und der ideologisch angetriebenen Großprojekte vorbei. Die radikale Individualisierung vollzog sich ganz überwiegend hinter sehr konventionellen Fassaden. Neue Wohnkommunen oder betreute Single-Wohnanlagen? – überwiegend Fehlanzeige. Das klassische Einfamilienhaus oder die Vierzimmerwohnung wurden dann eben vom kinderlosen Paar oder dem Scheidungswitwer allein bewohnt. Vielleicht drückte sich in dieser Tendenz zur Konventionalisierung, ja Banalisierung der Wohnarchitektur am Ende des 20. Jahrhunderts auch die Sehnsucht nach dem Halt der Konvention in einer Welt der beliebigen Möglichkeiten aus.

III.

Ist die postmoderne Gesellschaft eine Erfolgsstory – oder ist sie gescheitert, in eine Sackgasse geraten, revisionsbedürftig? Es würde dem Selbstverständnis postmoderner Kultur geradezu widersprechen, sich selber als die Bugwelle eines linear weiterlaufenden Fortschritts zu begreifen. Scherwellen, wechselnde Winde, sogar zeitweise Flauten gehören zu ihrem Grundbestand. Dennoch sind in den letzten Jahren aus unterschiedlichen Perspektiven immer häufiger Zweifel an dem postmodernen Modell gesellschaftlicher Entwicklung geäußert worden. War die Postmoderne nur ein schöner Traum, das Versprechen auf ein Paradies der Freiheit, das an den harten Realitäten kapitalistischer Dynamik ebenso wie an seinen eigenen Widersprüchen scheitern wird?

Die Postmoderne entsprang dem Geist der westlichen Gesellschaften vor der historischen Wende von 1989/90. In der Bundesrepublik Deutschland ist diese Zäsur, mit Lust und Last der Wiedervereinigung, bis heute mehr als in westlichen Nachbarländern eine sehr nachdrückliche Erfahrung. Das Modernitätsdefizit der neuen Bundesländer schien so gewaltig, dass eine Agenda der klassischen Moderne nachholend erst zu ihrem Recht kommen musste. Die aus den 80er Jahren ererbte ökonomische Strukturkrise hat sich im Gefolge der Einigung nicht aufgelöst, sondern noch verstärkt, und es erscheint mehr und mehr zweifelhaft, dass diese Krise mit den Mitteln der Postmoderne gelöst oder auch nur übertüncht werden könnte. Die Kluft zwischen Arm und Reich ist weiter gewachsen und hat neue, regionalräumliche Dimensionen hinzugewonnen. Der Osten leidet unter Abwanderung zumal der Jungen, der Gebildeten und der Leistungswilligen, und solcher Wandel schlägt sich auch in der Materialität einer Gesellschaft nieder: in verlassenen Dörfern, leer stehenden Plattenbauten, im Rückbau statt Aufbau von Städten – Problemlagen, auf die postmoderne Konzepte sei es der Architektur, sei es der Sozialpolitik nicht recht eingestellt waren.

Der Wohlfahrtsstaat, ein Kind der klassischen Moderne, stößt nun immer deutlicher an seine Grenzen. Seit den 80er Jahren kannte man diese Grenzen sehr gut – etwa die Grenzen der demographischen Belastbarkeit in der Rentenversicherung. Doch es fehlte die Fähigkeit, kulturell und politisch umzusteuern. Im Gegenteil, der klassische Wohlfahrtsstaat musste in den letzten zwei Jahrzehnten, wie wir jetzt zu erkennen beginnen, auch die Lasten und Risiken jener Optionen und Freiheiten auffangen, die den Glanz des postmodernen Versprechens ausgemacht haben. Weniger Erwerbsarbeit ließ sich nicht zum Nulltarif haben, sondern forderte erhöhten Einsatz von Transfermitteln. Ähnliches gilt für die ökonomischen Folgen von Individualisierung und Beziehungspatchwork, die nicht nur in eine Rentenlücke, sondern, viel unmittelbarer, auch in die Sozialhilfebedürftigkeit von Müttern und Kindern münden. Die lange Zeit vergessenen Kosten einer Pluralität, die oft vordergründig geblieben ist, erscheinen inzwischen auf unserer Rechnung. Die Krise des «Multikulturalismus» angesichts sozialer Segregation und Ghettobildung, angesichts gescheiterter Integration und Bildungsnotstand bei Migrantenkindern, ist ein weiteres Beispiel dafür.

Um sich diesen Problemzonen stellen zu können, ist eine Revision der Postmoderne auch in den Grundlagen ihrer kulturellen Orientierung erforderlich. Der Gestus der Historisierung führt nicht mehr weiter. Spätestens seit 1989 wissen wir, dass das «Ende der Geschichte» noch nicht gekommen ist, aber mit den Konsequenzen aus dieser Einsicht tun wir uns immer noch schwer. Eine Rückkehr zu jenem optimistischen Fortschrittsglauben der klassischen Moderne, der uns heute als naiv erscheint, ist nicht möglich. Und doch steht so etwas wie eine Wiedergewinnung der Zukunft auf dem Programm; auch: eine Wiedergewinnung von Dynamik in einer Gesellschaft, die sich zu lange der eingefrorenen Bewegungsarmut, in der Veränderung nur ornamental war, hingegeben hat. Die gesellschaftlichen Problemzonen lassen sich nicht mehr länger mit einem Programm der größtmöglichen Beliebigkeit bearbeiten, sondern verlangen nach Präferenzen, nach der Diskussion und Implementierung von Werten.

So könnte es sein, dass eine revidierte Postmoderne sich durch eine Wiederkehr von sozialer Gemeinschaft, als einem Gegengewicht zu radikaler Individualisierung, auszeichnet. Das gilt für den Binnenraum privater Beziehungen in der Familie, im Generationenverbund ebenso wie für eine Gesellschaft im Ganzen, die sich verloren gegangener Solidarität neu vergewissern muss. Vielleicht stößt dann auch das glitzernde Lieblingskind der Postmoderne, die Welt des unbeschränkten hedonistischen Konsums, an neue Grenzen. Die Wiedergewinnung von Erwerbsarbeit, und überhaupt eines produktivem Aktivismus, könnte dann eher auf der Tagesordnung stehen. Gut möglich, dass in der Zukunft weniger Geld für Konsum zur Verfügung steht, weil die Menschen verantwortlich und selbstständig in die Nachhaltigkeit der Gesellschaft und ihrer eigenen Existenz investieren müssen: in Bildung oder Alterssicherung. Deswegen müssen in den Shopping Malls noch nicht die Lichter ausgehen. Aber ohne Einfluss auf die gebaute Umwelt des Menschen wird diese Revision der postmodernen Gesellschaft kaum bleiben können. Die Kluft zwischen vielfachem privatem Reichtum und öffentlicher Armut muss neu überdacht werden. Die öffentliche Infrastruktur, die uns umgibt, die Schulen, Schwimmbäder, Rathäuser und Kirchen, stammen aus den fetten Jahren der Moderne und altern unaufhaltsam, mancherorts gibt es bereits Anzeichen des Verfalls. Diese Herausforderung an der Schnittstelle von Gesellschaft und Architektur, Politik und Städtebau könnte die nächsten zwei Jahrzehnte nachhaltig bestimmen.

3.

HERAUS AUS DORNRÖSCHENLAND! PLÄDOYER FÜR DIE WIEDERGEWINNUNG DER MODERNE

I.

Der Wirtschaftsteil der Tageszeitung bringt es ans Licht: Die Stahlkonjunktur boomt weltweit in einem Ausmaß, das jedenfalls die Mitteleuropäer gehörig überrascht. Handelte es sich hier nicht um eine industrielle Branche, deren Epoche bereits zu Ende gegangen ist? Doch in China und anderswo treten Milliarden Menschen mit Entschiedenheit und enormer Geschwindigkeit in die moderne Welt ein, so dass uns beim Blick auf Shanghai inzwischen jene Schwindelgefühle überkommen, die unsere Vorfahren vor hundert Jahren angesichts des Wachstums von Chicago, New York oder auch Berlin verspürten. Und mit dem Schwindel verbindet sich allmählich ein Unbehagen neuer Art. Noch vor einigen Jahren wähnte sich das alte Europa im Gefühl der sicheren Überlegenheit. Die eigene Stahlzeit war Geschichte, und das war auch gut so, denn wir hatten die nachmoderne Ära erreicht, in der es auf solche brutalen Äußerlichkeiten nicht mehr ankam. Wenn andere auf der Welt das noch nachholen mussten, war das ein sicheres Zeichen ihres Verharrens in der technologischen Dinosaurierzeit und deren plump-naiven Denkweisen. Inzwischen können wir da nicht mehr so sicher sein. Angesichts der Wachstumserfolge in anderen Weltregionen, auch angesichts unserer eigenen Dauerkrisen drängt sich eine ganz andere Deutung auf. Vielleicht ist die Moderne, die wir längst verabschieden zu können glaubten, doch noch nicht an ihr welthistorisches Ende gelangt. Vielleicht geht die Geschichte der Moderne weiter, und wir selber sind nicht die Pioniere der Postmoderne, sondern gestrandete Überbordspringer; Fahnenflüchtige, die den Anschluss verpasst haben.

Wenn man sich am Beginn des 21. Jahrhunderts mit kritischen Augen umsieht und Einzelbefunde zu einem Gesamtbild addiert, dann erscheint Deutschland immer mehr als ein rückständiges, ein unmodernes Land – in ganz unterschiedlichen Bereichen, nach ganz verschiedenen Kriterien. Seit etwa einer Generation haben wir nicht nur auf die Anwendung neuer, kritischer und risikobehafteter Großtechnologien immer mehr verzichtet: von der Kernenergienutzung bis zur Gentechnik, wo es sich wahrhaftig lohnt, über die Risiken zu streiten. Sondern auch bei weithin gefahrlosen Alltagstechnologien ist Deutschland zunehmend ins Hintertreffen geraten, nur merken wir es in unserer üblichen Nabelschau häufig noch nicht. Intelligente Verkehrssysteme sind ein Beispiel dafür. Mit der überkomplexen Mauttechnologie wären wir beinahe gescheitert. Anderswo steckt man längst Plastikkärtchen an Durchfahrtsschranken ein. Wenn es sich auf deutschen Autobahnen staut, wird immer noch an Brücken ein Metallschild per Hand heruntergeklappt, das noch warnt, wenn der Verkehr längst wieder fließt. Angeblich soll im Ruhrgebiet in den nächsten Jahren mit elektronisch gesteuerten Anzeigetafeln experimentiert werden. Wann sind Sie zuletzt über den Brenner gefahren? In Italien ist das längst Routine. Ähnlich innovativ kommen wir uns vor, wenn wir jetzt in einigen Supermärkten unsere Waren selber einscannen dürfen. Schon gemerkt, dass das anderswo erprobte Normalität ist? Doch die Technologie ist nur das halbe Problem, die andere Hälfte sind unsere Ängste. «Dürfen» wir selber einscannen, oder ist das nicht eine schreckliche Entmündigung des Kunden, die noch dazu Arbeitsplätze kostet? Solche Fragen darf man stellen, aber nur in Deutschland lassen wir uns von diesen Fragen beherrschen.

Spätestens jetzt ist der Einwand fällig, dass eine moderne Gesellschaft sich doch nicht durch ihre Ökonomie und ihre Techniken, durch bloß instrumentelles Wissen und seine Anwendungen definiere, sondern durch übergeordnete Werte, durch sozialen Fortschritt, individuelle Freiheit und solidarische Lebensqualität. Aber gerade auf diesen Feldern ist die Rückständigkeit, die mangelnde Modernität Deutschlands in letzter Zeit besonders eklatant hervorgetreten. Fast im Wochenrhythmus werden uns internationale Vergleichsstudien präsentiert, die das belegen. Mit den viel diskutierten Defiziten im Bildungssystem fängt das an, von mangelnden Sprach- und Fachkenntnissen bis zu einer vergleichsweise niedrigen Akademikerquote. Neuerdings sind uns auch hintere Plätze zugewiesen worden, was das Verhalten von Kindern und Jugendlichen betrifft: rauchende Mädchen, gewalttätige Jungen. Prinzipiell bekannt, aber hilflos stagnierend ist die relativ niedrige Frauenerwerbstätigkeit, wie überhaupt Deutschland unter vergleichbaren Ländern schlecht abschneidet, wenn es um Karrieren von Frauen, um Frauen in Führungspositionen geht. Und die Integration großer Zuwanderergruppen ist weithin gescheitert.

Mindestens so erschreckend wie diese Befunde ist die Tatsache, dass wir zu Veränderung, zu mutigen Aufbrüchen in vielen dieser Felder anscheinend kaum in der Lage sind. Lieber ertragen wir den Zustand in Erstarrung und weigern uns, das Gesamtbild zur Kenntnis zu nehmen. Dabei drängt sich immer mehr die Vermutung auf, dass die technisch-ökonomische und die gesellschaftspolitische Rückständigkeit Deutschlands zusammenhängen, zwei Seiten derselben Medaille sind. Das hört man nicht gerne, weil darin für klassische «Linke» ebenso wie für traditionelle «Konservative» eine unerwartete Zumutung enthalten ist, die unliebsame Konsequenzen heraufbeschwören könnte. Deutschland ist von der Dornröschen-Krankheit befallen. Außerhalb der Grenzen geht das Leben weiter, entfaltet sich die Moderne mit all ihren Konflikten und Spannungsverhältnissen. Hier aber scheint die Zeit stehen geblieben, jede Entwicklung gestoppt oder auf Superzeitlupe abgebremst. Schon viel zu lange haben wir das Leben im Dornröschenschloss mit einem beruhigenden Endzustand der Geschichte verwechselt. Jetzt gibt es immerhin erste Indizien für ein wachsendes Unbehagen in der Postmoderne. Es wird Zeit, die Moderne wiederzugewinnen.

II.

Spätestens seit dem 18. Jahrhundert nahm das Projekt der Moderne in Europa und Nordamerika Gestalt an. Zu ihm gehörte das grundlegende Bewusstsein, dass die Geschichte nicht auf der Stelle trat, sondern sich in eine Zukunft hinein öffnete, die als menschlich gestaltbarer Fortschritt begriffen werden konnte. Veränderung folgte auf Veränderung; die Erfahrung einer Beschleunigung der Welt und des eigenen Lebens wurde zu einer konstitutiven Erfahrung der Moderne. Die Aufklärung strebte danach, Mythos durch Rationalität zu ersetzen, den Menschen und seine Umwelt zu erforschen und zu vermessen, um auf diese Weise auch Maßstäbe für politisches Handeln zu gewinnen. Aus der Entdeckung des Individuums folgte das Gebot, diese Individualität in ihren Rechten zu schützen, aber auch der Auftrag an den Einzelnen zu einer aktiven und verstandesgeleiteten Lebensführung. Im 19. Jahrhundert gab die Industrialisierung diesen Möglichkeiten einer modernen Lebensgestaltung ganz neuen Raum. Die Moderne definierte sich im Paradigma des wirtschaftlichen Wachstums, als ein hochkomplexes Geflecht von Kapitalismus und Industrie, Wissenschaft und Technologie. Doch dadurch sahen sich die Menschen – das war eine überwältigende Erfahrung um die vorletzte Jahrhundertwende – zugleich auf fundamentale Weise bedroht und verunsichert. In der industriellen Massengesellschaft vor dem Ersten Weltkrieg mit ihrer Fortschrittseuphorie, aber auch ihrer tiefen Verstörung fand das Projekt der Moderne eine klassische Gestalt, in der wir uns auch heute noch weithin wiedererkennen können. Historiker sprechen seit einiger Zeit, einen Begriff aus der Kunstgeschichte übernehmend, von der Zeit der «Klassischen Moderne».

Die Unsicherheiten dieser Epoche wurden bald von großen Visionen und Utopien verdeckt, in denen die Prinzipien der Moderne sich noch einmal steigerten und radikalisierten. Der Anspruch auf die rationale Planbarkeit und Machbarkeit der Welt übersetzte sich im 20. Jahrhundert auch in politische Projekte, die mit dem modernen Versprechen von Freiheit und Menschenwürde zutiefst unvereinbar waren. Das bildet bis heute einen Hintergrund der Moderneerfahrung und der Modernekritik gerade in Deutschland. Und dennoch hatten die Visionen und Utopien, unter geänderten politischen Vorzeichen, auch nach 1945 noch einmal ihre große Zeit. Jetzt erst recht, nach all den Umwegen, Sackgassen und Katastrophen der vorangegangenen Jahrzehnte, standen die Zeichen auf unbegrenzten Fortschritt und ungetrübten Optimismus, auf Wachstum und technisch-ökonomische Zuversicht. Man muss sich nur einmal in Erinnerung rufen, wie die Entwürfe des Lebens im Jahre 2000 noch in den späten 60er, frühen 70er Jahren aussahen: wie eine total perfekte, roboterisierte Freizeitwelt, in der wir mit einem UFO-ähnlichen Privathubschrauber vom Dach unseres Hochhauses starteten, um eine verworrene Stadtlandschaft zu überfliegen, mit Schluchten und Hochstraßen; wie eine Synthese aus der rationalen Kälte eines Le Corbusier und der romantischen Euphorie eines Frank Lloyd Wright.

Was ist davon, dreißig bis vierzig Jahre später, Realität geworden? Fast nichts, und nicht in jeder Hinsicht muss man das bedauern. Aber kurz bevor die Erinnerung an diese Visionen vollständig verblasst, entdecken wir ihre Wirklichkeit in anderen Teilen der Welt, die den Glauben an die Moderne noch nicht verloren haben, die dabei eine beispiellose Dynamik entfalten und nicht nur unsere Städte, sondern auch unsere Wirtschaft und unsere Mentalität buchstäblich alt aussehen lassen. Selbst wenn wir den Utopien von damals oder dem China von morgen nicht nacheifern wollen, müssen wir uns doch vorwerfen lassen, auf die Entwicklung einer Alternative verzichtet zu haben. Stattdessen sieht Deutschland, jedenfalls in weiten Teilen der «alten» Bundesrepublik, heute immer noch so aus wie in den 70er Jahren – und das ist nicht nur eine Fassade, hinter der in Wirklichkeit ein neues Land entstanden wäre.

III.

Wann, wie und warum haben wir die Moderne verloren? Tatsächlich tritt im Rückblick die Zäsur der frühen 70er Jahre immer deutlicher hervor. Die lange Nachkriegsprosperität ging zu Ende, die erste Ölkrise sandte ungeahnte Schockwellen aus. Der *Club of Rome* verkündete die «Grenzen des Wachstums». Wohl nirgends stärker als in der Bundesrepublik war mit diesem ökonomischen Bruch auch eine tiefe kulturelle Zäsur verbunden, die sich in weiten Teilen der Gesellschaft zu einem vollständigen Verlust des Fortschrittsbewusstseins verdichtete. Statt die Situation nüchtern zu prüfen und ihre Herausforderung offensiv anzugehen, haben wir uns eingeigelt, auf Schrumpfung und Bestandsverwaltung beschränkt. Von der Zukunft war ohnehin nichts mehr zu erwarten. So konnte die Diagnose von den Grenzen des Wachstums zur *self-fulfilling prophecy* werden.

Oder wir haben von der Schrumpfung geredet und nicht wahrhaben wollen, dass sie nie eintrat. Unter diesem Motto könnte man eine Geschichte der fehlgeleiteten Bevölkerungsprognosen in Westdeutschland während der letzten Jahrzehnte schreiben. Typisch waren 1980 die «Kopfgeburten» von Günter Grass: «Die Deutschen sterben aus», und überhaupt, was lohnt noch die Zukunft angesichts von Kernkraft, Hochrüstung und Zukunftsangst? Tatsächlich ist die Bevölkerung in Deutschland insgesamt seitdem gewachsen, in vielen Teilen Westdeutschlands sogar sehr deutlich. Doch die damit verbundenen Herausforderungen für Infrastruktur, Städtebau und Arbeitsmarkt sind nie zu einem großen Thema geworden; viel wohler fühlen wir uns, Abwicklungen zu besprechen. Und über den Hamburger Bürgermeister ergießt sich nur Hohn und Spott, wenn er das Konzept einer «wachsenden Stadt» verfolgt.

Wenn die Zukunft verloren ging, was trat dann an ihre Stelle? Nicht zufällig markiert der Beginn der 70er Jahre auch den Siegeszug einer umfassenden Historisierung der westlichen Gesellschaften, in einem ganz weiten Sinne – und wiederum spricht viel dafür, als habe sich die Bundesrepublik, nicht zuletzt wegen ihrer jüngsten Geschichte, dieses Programm besonders nachdrücklich zu Eigen gemacht. Die Abkehr von der großflächigen Planung, der Trend zu Konservierung, Rekonstruktion und Historisierung prägte Architektur und Städtebau, aber auch andere Formen der kulturellen Produktion, der ästhetischen und intellektuellen Selbstvergewisserung der Gesellschaft. Das war zunächst eine verständliche Gegenbewegung angesichts eines Kultes der radikal enthistorisierten Moderne, der in den 60er Jahren auch international einen Höhepunkt erreichte, sich hierzulande aber wegen des Vakuums der zerstörten Städte ebenso wie als kulturelle Selbstbestätigung der bundesrepublikanischen Neugründungsidee nach dem «Dritten Reich» mit zusätzlicher Vehemenz entfaltete. Entsprechend weit schlug, im Wechsel der Generationen und der kulturellen Stimmungslagen, das Pendel dann in die andere Richtung aus. Immer häufiger gewann die Konservierung den Primat über die Innovation, sie wurde manchmal zu einem Dogma der Bewahrung alles historisch Gewordenen. Auf dieser Prämisse aber kann keine Gesellschaft sich Zukunft geben. Wiederum ist der

Städtebau ein konkretes Beispiel und mehr als nur ein Symbol. In Bremen wäre es fast nicht möglich gewesen, eine Stadthalle aus den 50er Jahren heutigen Bedürfnissen anzupassen, umzubauen und zu erweitern; in Köln können keine Hochhäuser gebaut werden, weil der weltweite Denkmalschutz eine Beeinträchtigung des gewachsenen Stadtbildes beklagt. Ist unser Land, ist die moderne Welt denn ein gigantisches Museumsdorf geworden? Wenn solche Prinzipien schon vor hundert, zweihundert oder fünfhundert Jahren gegolten hätten, würden wir noch in Holz- und Lehmhütten leben, und kaum eines der «historischen» Gebäude, die wir heute bewundern und kompromisslos zu bewahren trachten, stünde vor uns: Denn fast jedes Schloss, jede Kirche, jedes Siedlungsbild ist immer wieder nach den Bedürfnissen einer neuen Zeit umgestaltet worden, ist ein bauliches Palimpsest verschiedener Epochen und ihres Wunsches nach Neuem, Größerem und Besserem.

Überwölbt und zugleich auf eine höhere Weise gerechtfertigt wurde dieser Umschwung durch intellektuelle Bewegungen der Modernekritik. Natürlich, die Skepsis gegenüber dem Fortschritt ist immer dessen notwendiger Begleiter gewesen. Die Aufklärung sehnte sich häufig gerade in ihren entschiedensten Versionen nach der Rückkehr in die Sicherheiten einer einfachen und vermeintlich «natürlichen» Ordnung – von Rousseau bis zu Karl Marx und seinen Zwangsvollstreckern im 20. Jahrhundert. Zeitweise teilten die großen politisch-ideologischen Lager die Bejahung der Moderne und ihre Ablehnung untereinander auf. Dann stand die klassische Linke auf der Seite des Fortschritts, den die typischen Konservativen mit seinen technischen ebenso wie seinen gesellschaftlichen Folgen verneinten. Im 20. Jahrhundert war jedoch die innere Gespaltenheit der Intellektuellen vorherrschend. Max Weber analysierte emphatisch den Siegeszug des «okzidentalen Rationalismus» und beklagte doch das «stahlharte Gehäuse», in das die Freiheit der Individuen, eines der großen Versprechen der Moderne, immer mehr eingezwängt würde. Der Aufklärung wohnte, in der Mitte des Jahrhunderts konnte man das auch historisch nicht mehr bestreiten, jene «Dialektik» inne, die Max Horkheimer und Theodor W. Adorno damals beschrieben.

Doch die Dialektik bekam seit den 70er Jahren unverkennbar Schlagseite; die Vorzüge der Moderne und das Bekenntnis zu ihrer Fortsetzung kamen immer weniger vor. Manche Konservative schlossen sich in etwas voreiligem Triumph dem Historisierungstrend an. Wichtiger, einflussreicher jedoch wurde die Verabschiedung der «linken Moderne», der sich ganze Generationen heranwachsender Akademiker anschlossen. Ob dezidiert ausgesprochen oder eher diffus gefühlt, die westliche Moderne stellte sich als ein historischer Irrweg dar, dessen weiterer Ausbreitung Widerstand entgegenzusetzen war. Weithin begann man an der Moderne zu leiden, sich in ihr eingeengt, beherrscht und unterdrückt zu fühlen. Das war nicht mehr Max Webers Stahlkäfig, dessen Stäbe man mit einer Mischung aus Trotz und Vernunft auseinander zu biegen versuchte. An seine Stelle trat das Gefängnis des französischen Philosophen Michel Foucault, der die Moderne als gewaltiges Zwangsprojekt der Disziplinierung und Einsperrung der Menschen entwarf, und damit als eine Verlust- statt einer Fortschrittsgeschichte. Auch wenn seine Argumente häufig differenzierter waren, breitete sich doch so etwas wie ein trivialfoucaultianisches Lebensgefühl gerade unter jungen akademischen Eliten mit rasender Geschwindigkeit aus. Die Moderne überhaupt noch zu rechtfertigen oder sie als echten Januskopf zu zeigen, galt bald als verpönt und intellektuell rückständig.

Auch das bezeichnet einen allgemeinen westlichen Trend, der in der westdeutschen Nachkriegsgesellschaft einen besonders großen Resonanzkörper fand. Denn hatten sich nicht die eigenen Väter und Großväter schuldig gemacht, indem sie ein technokratisches Projekt der Moderne rücksichtslos umzusetzen versuchten? Mit Recht gilt der Nationalsozialismus seit zwei, drei Jahrzehnten immer weniger als ein Atavismus, als ein Aufstand romantischer Rückständigkeit, sondern auch als ein radikalisierter Wahn der Realisierung von Modernität. Der Holocaust wurde, mit Zygmunt Bauman und anderen, als Konsequenz aus der Moderne gedeutet. Ob das eine missverstandene Moderne war, jedenfalls eine extrem selektive Deutung ihrer Grundidee – oder ob Einsperrung, Purifizierung und Vernichtung die letzte und logische Folgerung der Aufklärung seit dem 18. Jahrhundert bildeten, darüber gehen die Meinungen durchaus noch auseinander. Jedenfalls waren es die historisch erfahrenen Schrecken der Machbarkeit, des puren, ethisch und gesellschaftspolitisch bereinigten Ingenieur-Denkens, die einer aktiv gestalteten Moderne in der Bundesrepublik immer größere kulturelle Widerstände entgegensetzten. Auch deshalb tun wir uns mit der Entwicklung und Anwendung grundlegender Technologien heute in Deutschland so schwer.

Dazu wieder ein rationaleres Verhältnis zu finden heißt nicht, die Geschichte zu entsorgen oder aus ihr keine Lehren zu ziehen. Wohl aber heißt es, sich nicht in ihre Gefangenschaft zu begeben. Unser Zustand ist auf unproduktive Weise paradox: Das Leiden an der Vergangenheit macht uns handlungs- und innovationsunfähig. Doch gleichzeitig versüßen wir uns diese Befindlichkeit durch die romantische Vorstellung, das Leben in der Moderne sei ohnehin zu kompliziert, zu anstrengend geworden. Mit dieser Vision einer Postmoderne aber haben wir uns international immer mehr ins Abseits gestellt.

IV.

Vor fast einem Vierteljahrhundert bezeichnete Jürgen Habermas in einem seiner wichtigsten Essays die Moderne als ein «unvollendetes Projekt». Diese Formel ist oft zitiert, aber wenig ernst genommen worden. Allerdings haben sich auch die Problemlagen seitdem geändert. Der «Anti»-, «Prä»- oder «Post»-Modernismus verschiedener konservativer Strömungen ist bei weitem nicht so einflussreich geworden, wie damals von Habermas befürchtet. Dagegen hat sich die eher beiläufig geäußerte Sorge als zutreffend erwiesen, die «Ideen des Antimodernismus, mit dem Zusatz einer Prise von Prämodernismus», gewönnen «im Umkreis der grünen und alternativen Gruppen an Boden». Zumindest zeitweise reichte diese Mentalität auch bis weit in die Sozialdemokratie hinein. Die politische Kultur der Bundesrepublik hat es wie ein Naturgesetz akzeptiert, dass eine ökologische Agenda sich mit Modernekritik und Innovationsfeindlichkeit verbündet – dabei ist das eher ein unglücklicher Sonderfall, über dessen Weichenstellungen und Folgen wir uns jetzt Rechenschaft ablegen sollten.

Zugleich ist jedoch auch deutlich geworden, dass die Habermassche Vision einer gesellschaftspolitischen und kulturellen Modernisierung jenseits der vermeintlich üblen Dynamik von Technik und Kapitalismus zu kurz greift – man kann auch sagen: empirisch widerlegt worden ist. Nicht jede wissenschaftlich-technologische Revolution, nicht jeder Entwicklungsschub des Kapitalismus bringt uns auch als Gesellschaft nach vorne. Wohl aber scheint umgekehrt zu gelten: Gesellschaftlicher Fortschritt und kulturelle Dynamik lassen sich nicht mehr (wenn dies überhaupt jemals der Fall war) an den harten Realitäten von Ökonomie und Technik vorbei erreichen. Wir haben nicht die Option auf ein «nur» vernünftiges, in Diskurs und sozialen Beziehungen harmonisiertes Leben, das sich der anderen Hälfte der Moderne verweigert. Am Ende der 80er Jahre und im Gefolge von Tschernobyl machte die Formel von der «Risikogesellschaft» Karriere: Das Leben in der Moderne gleicht einem Tanz auf dem Vulkan. Diese Risikogesellschaft haben wir in Wirklichkeit, obwohl wir sie viel im Munde führten, nie akzeptiert. Eher ging die Strategie darauf aus, die inhärenten Risiken der Moderne doch dann bitte ganz zu vermeiden, gewissermaßen auf Null zu fahren. Eine Risikogesellschaft zu sein, müssen wir erst noch lernen.

Das gilt nicht nur für ein abstraktes Kollektiv, sondern auch für die Fähigkeiten jedes Einzelnen, für jene Qualität einer modernen und deshalb notwendigerweise komplizierten Lebensführung, auf deren Suche sich schon Max Weber gemacht hatte. Man kann es auch einfacher sagen: Das Leben ist eines der härtesten – auch und gerade in der Moderne. Dazu gehört die Fähigkeit, verschiedene Rollen auszuüben, Konflikte auszuhalten, den Willen zur selbstständigen Lebensgestaltung nicht aufzugeben. Wenn ein Jürgen Klinsmann nach eigener Aussage deshalb als Bundestrainer qualifiziert ist, weil er (in Kalifornien!) gelernt habe, verschiedene Dinge gleichzeitig zu tun und «Prioritäten abzuarbeiten», wirft das ein Schlaglicht auf unser begrenztes Selbstwertgefühl. Praktische Lebensführungsfähigkeit ist zunehmend durch Ersatzfähigkeiten kompensiert worden. Wer einen Triathlon durchstehen kann oder am Bungee-Seil von der Brücke springt, kann auf Kindererziehung oder die Vereinbarkeit von Familie und Beruf getrost verzichten. In Wirklichkeit handelt es sich nur um müde Illusionen der persönlichen Bewährung. Die echten Herausforderungen der Moderne müssen wir erst wieder anzunehmen lernen.

Mit einem Rollback in die Vergangenheit, in die jetzt häufig wie ein Menetekel an die Wand gemalten wachstumsdumpfen 50er und 60er Jahre hat das nichts zu tun – im Gegenteil. Die Moderne lässt sich gerade nicht als ein Zustand bestimmen und verkrampft festhalten, sondern ist ein Prinzip der Bewegung, dem wir nur unter großen Kosten ausweichen können. Wer sich hier als Opfer stilisiert statt das Heft des Handelns selber in die Hand zu nehmen, hat schon verloren. Wir sollten uns Veränderung, Innovation und Dynamik, wir sollten uns die Moderne endlich wieder zutrauen.

4.
OKZIDENTALISMUS. SPIEGELUNGEN DES KULTURKONFLIKTS UM DIE MODERNE

Vom Terror zum Alltag, von der Übermacht der nackten, mordenden Gewalt zur bedrängenden Ratlosigkeit im Zusammenleben: So könnte man den Weg beschreiben, den viele westliche Gesellschaften, auch die deutsche, seit dem 11. September 2001 zurückgelegt haben. In den Bildern New Yorks schiebt sich das optimistische Orange von Christo und Jeanne-Claude über das gespenstische Kalkweiß von Ground Zero. Mit dem Anschlag auf die Madrider Züge am 11. März 2004 und auf den niederländischen Filmemacher Theo van Gogh im November desselben Jahres – kein herkömmlicher politischer Mord, sondern ein Kulturmord, wenn es diese Kategorie bisher noch nicht gab – ist die fundamentalistische Gewalt zwar in das Herz Europas vorgedrungen. Aber dieser Befund kann nicht verdecken, dass die Frage nach der Legitimität eines Abschusses von Terroristen entführter Flugzeuge letztlich zweitrangig ist. Die nachhaltig bohrende Gefahr, die tiefe Verunsicherung betrifft den alltäglichen Zusammenprall von Kulturen. Deshalb diskutieren wir in den letzten Jahren, zumal nach dem van Gogh-Mord, mit vollem Recht nicht primär Sicherheitsprobleme, sondern den banalen Alltag im Spannungsfeld von Multikulti, Parallelgesellschaft und Integration: den Schwimmunterricht und das Kopftuch und die Situation türkischer Jugendlicher in Berlin-Neukölln.

Die Herausforderung des Islam trifft einen unsicher gewordenen Westen, der sich, in Europa mehr als in Nordamerika, schwer tut, seine Ideale noch zu artikulieren, ohne in dröhnendes Pathos zu verfallen. Die Selbstzweifel nagen seit langem, seit der kulturellen Fundamentalerschütterung des westlichen Fortschrittsideals in den 70er Jahren, und es plagt das schlechte Gewissen des Kolonialismus.

Es plagt auch, in Deutschland, immer wieder die eigene Geschichte und deshalb der Instinkt, die eigentliche Gefahr für eine freiheitliche Verfassung gehe von den hausgemachten Ewiggestrigen aus. Wenn die Neonazis dem Reichstag oder dem Holocaust-Mahnmal zu nahe kommen, weiß man jedenfalls ganz gut, wie man zu reagieren hat. Auf neue Feinde der Freiheit sind wir anscheinend schlechter vorbereitet. Oder ist die Herausforderung gar nicht so neu, sondern führt uns unsere eigene Geschichte nur in neuem Gewande vor: die Furcht vor der kapitalistischen Moderne, vor einer egalitären und freizügigen Gesellschaft, aufgefangen in Antisemitismus und bis zum Blutrausch gesteigertem Ordnungssinn? Dies ist nicht die Zeit der Selbstentwürfe, sondern die Zeit der angstvollen oder sehnsüchtigen Blicke nach außen, auf etwas Fremdes, das sich dem Eigenen anzuverwandeln droht. Die feste Verwurzelung scheint verloren, der eigene Standpunkt löst sich im Treibsand der riskanten Moderne auf. Es ist eine Zeit der Projektionen – und paradoxerweise gilt das im Moment für den Orient ebenso wie für den Okzident.

I.

Orientalismus: Das ist das inzwischen klassisch gewordene Schlagwort für einen kulturellen Fremdentwurf, für die beobachtende Erfindung eines «Anderen», gegen das sich der Beobachtete, der Andere nicht wehren kann. Vor gut einem Vierteljahrhundert und damit nicht zufällig zu einer Zeit, in der die Selbstverständlichkeit des Westens zu bröckeln begann, beschrieb der vor kurzem verstorbene Edward Said, palästinensischer Literaturwissenschaftler in New York, die westliche Erfindung des Orients seit dem späten 18. Jahrhundert als eine Geschichte von Macht, Wissen und Diskursen.[8] Hinter Napoleon und all den anderen Eroberern zogen die Forscher hinterher, die ihr Bild eines exotischen, zugleich verführerischen und gefährlichen, zugleich vitalen und hoffnungslos rückständigen Morgenlandes in die Kategorien einer neuen Wissenschaft vom Orient verpackten und damit scheinbar objektivierten. In Wirklichkeit, so Said, ging es immer um eine Selbstbestätigung des kolonisierenden Westens und seines Machtvorsprungs.

Es lag nahe, die Perspektive umzukehren und zu fragen: Welchen Westen eigentlich entwirft sich der Osten? Sind nicht auch die kulturell geronnenen Bilder Europas und Amerikas in der islamischen Welt voll von Exotismen, voll von strategischen Diskursen, die den Vorsprung der eigenen Lebensordnung mit unwiderlegbaren Mitteln – diesmal nicht der Wissenschaft, sondern der göttlichen Offenbarung – demonstrieren? Mit Ian Buruma und Avishai Margalit haben sich zwei hochkarätige Autoren zusammengetan, um diesen «Okzidentalismus» unter die Lupe zu nehmen: der politische Publizist aus London, weltberühmt als Analytiker internationaler Konflikte und Autor der «New York Review of Books», und der Sozialphilosoph aus Jerusalem, dessen Entwurf einer würdevollen Gesellschaft auch bei uns diskutiert worden ist.[9] Ihr Buch ist eine Verteidigung der westlichen Moderne gegen den Hass der islamischen Fundamentalisten, vor allem aber eine Archäologie der maßgeblichen Topoi dieses Hasses: der Verachtung des modernen Großstadtlebens mit seiner vielstimmigen Freizügigkeit, der Feindschaft gegen den westlichen Handelsgeist, gegen die Dominanz des Kapitalismus in der westlichen Kultur, und der Verdammung jenes freien Geistes, dessen Siegeszug eine ursprüngliche Einheit, einen organischen Zusammenhang und vermeintlich natürliche Grenzen zerstört habe. Dabei nimmt der Antisemitismus eine Schlüsselfunktion ein und bildet sogar eine Art Klammer zwischen diesen Motiven: der rastlose Jude, der Geldjude, der intellektuelle Jude.

Das kommt bekannt vor? Eben darin liegt die These von Buruma und Margalit. Noch ehe sie genauer nach den Erscheinungsformen und Wurzeln dieses Bildes vom Westen in verschiedenen Schichten der islamischen Tradition fragen können, wird die Antwort auf den Westen zurückgespiegelt. Das ist als ob Edward Said behauptet hätte: Die europäischen Kolonisatoren, die deutschen, englischen, französischen Orientforscher verfügten gar nicht über genügend Wissen und Einbildungskraft, ein wie auch immer kritisches, letztlich von kultureller Verachtung geprägtes Bild des Orients zu entwerfen; sie mussten dafür auf innerarabische, innerislamische Konflikte und Selbstbeschreibungen zurückgreifen und diese für ihre Zwecke kapern. So tritt der Okzidentalismus bei Buruma und Margalit als ein islamischer Hass auf den Westen auf, der nur zum Trittbrettfahrer des westlichen Selbsthasses in der größten Krise der Moderne geworden ist.

II.

Diese Krise kann man, mit langen Vorläufern ebenso wie mit Nachwirkungen fast bis in die Gegenwart, in der ersten Hälfte des 20. Jahrhunderts verorten. Das Urbild der radikalen Negation des modernen Westens finden Ian Buruma und Avishai Margalit in der tiefen Verstörung, welche einen großen Teil Europas, aber auch die USA nach einigen Jahrzehnten der extrem beschleunigten Industrialisierung und Urbanisierung, der kulturellen Kommerzialisierung und Liberalisierung ergriff. Das Gefühl der Auflösung von Sicherheiten und Bindungen, das Gefühl fragmentierter statt ganzheitlicher Existenz löste kulturkritische Gegenbewegungen aus, die einerseits die Rückkehr zu romantisch verklärter Einheit und Einfachheit predigten, andererseits aber bestimmte Elemente der Moderne aus der tiefen Sehnsucht nach Ordnung radikal und utopisch übersteigerten: etwa die Faszination der technischen Machbarkeit oder des kollektivierten Menschen. Beides lief auf eine Abkehr von der offenen Gesellschaft und von demokratischen Regierungsformen hinaus. Am tiefsten reichte die Erschütterung in dieser Krise der klassischen Moderne nicht im Zentrum, nicht unter den Pionieren des Westens, sondern an seiner Peripherie: in Deutschland und Italien, in Russland, auch in Japan: in Ländern also, die seit dem späten 19. Jahrhundert unter enormem Druck versucht hatten, den Anschluss an die moderne Welt nicht zu verpassen.

So führt dieser «Okzidentalismus» eben nicht in die Zentren arabischer Städte und die Gedankenwelt des Islam, sondern zunächst einmal geradewegs nach – Deutschland. Denn hier wurde der Kampf gegen den Westen erfunden, der in einem tiefen Kulturpessimismus, in einer «Politik der kulturellen Verzweiflung», wie sie Fritz Stern schon vor vier Jahrzehnten eindringlich beschrieben hat, ihren Ausdruck fand.[10] Waren die Deutschen, die Hitler zujubelten, also die ersten Islamisten? Buruma und Margalit sind nicht an plakativen

Vergleichen interessiert, es geht ihnen nicht um ein Pauschalkonzept totalitärer Ideologie, in dem Hitler und Stalin, Chomeini und Bin Laden zusammengerührt würden. Eher fokussieren sie die Ursprünge eines Gegendiskurses zum Westen, dem dann allerdings eine erhebliche Kontinuität unterstellt wird, die von der deutschen Romantik Herders über die russische Slawophilie bis in den islamischen Diskurs unserer Tage reicht, wobei die Rezeptionswege öfters unklar bleiben.

Was folgt aber aus einer solchen Sichtweise? Die Botschaft der Autoren zielt vor allem auf jene drei Finger, die auf einen selbst zurückweisen, wenn man mit dem Finger auf einen anderen zeigt: Seid nicht so selbstgerecht und scheinheilig, ihr Westler, denn was ihr dem Islamismus vorwerft, das habt ihr selber zuerst hervorgebracht. Aber man kann auch eine andere Schlussfolgerung ziehen. Der erste Okzidentalismus ist maßgeblich an der Stärke und Entschlusskraft Amerikas gescheitert, an der Bereitschaft auch zur militärischen Verteidigung des Westens gegen Nazi-Deutschland und der tiefen Überzeugung von den Erfolgsaussichten einer demokratischen Re-Education. Also kann die gegenwärtige amerikanische Strategie der Intervention und ihre Vision von einem demokratischen Orient so falsch doch nicht sein?

Man könnte diese Frage bejahen, auch ohne die Geschichte des Okzidentalismus überzeugend zu finden, wie Buruma und Margalit sie schreiben. Die These hinkt vor allem deshalb, weil der islamische Fundamentalismus eben nicht nur ein Nachläufer der älteren westlichen (oder: peripherie-westlichen) Fundamentalkritik der Moderne ist, so viele moderne Elemente er unstreitig in sich aufgenommen hat; so viele Ingenieure auch zu Attentätern werden mögen. Nicht zuletzt der Stellenwert des Religiösen markiert diesen Unterschied. Der Antimodernismus des Westens und seine Diktaturen haben den Atheismus kultiviert, sich selber als Ersatzreligion geriert oder offiziöse Surrogatkulte erfunden, deren Tradition von den Jakobinern bis zum japanischen Staatsshintoismus reicht. Der transnationale Machtanspruch absoluter religiöser Gewalt ist schon im Investiturstreit des europäischen Mittelalters gescheitert. So könnte man auf der Suche nach Parallelen zu einem absoluten, private Lebensführung und politische Herrschaft gleichermaßen beanspruchenden Islam höchstens auf die Puritaner verweisen oder müsste darauf warten, dass der protestantische Fundamentalismus in den USA sich noch viel radikaler antimodern, am Ende gar antikapitalistisch gibt, was eine sehr unwahrscheinliche Prognose ist.

Saids Orientalismus warf dem Westen die Entmündigung des Orients vor – nicht so sehr die praktisch-politische, sondern die der diskursiven Macht. Buruma und Margalit wollen den Spieß umdrehen, doch am Ende läuft es auf nichts anderes hinaus als auf eine erneute Entmündigung der islamischen Kultur. Denn noch den Hass auf den Westen müssen die radikalen Muslime vom verhassten Westen lernen und übernehmen, statt ihn aus eigener Tradition erzeugen zu können.

III.

Wie man es auch dreht und wendet: Der fundamentalen Asymmetrie zwischen Okzident und Orient kann man kaum entkommen. Die historische Wurzel dieser Schieflage liegt nicht zuletzt im Kolonialismus – umso eigenartiger, dass die Autoren des «Okzidentalismus» die westliche Kolonialisierung der nichtwestlichen Welt über weite Strecken vernachlässigen, insgesamt jedenfalls gefährlich unterschätzen. Das gilt für die geschichtliche Primärerfahrung vom 17. bis ins 20. Jahrhundert ebenso wie für die kulturellen Sekundäreffekte, die sich als Trauma des Kolonialismus längst verselbstständigt haben bis zu dem Punkt, wo sie als Ausrede für selbstverschuldete Schwächen gelten. Dieses Trauma der Unterwerfung ist eine maßgebliche Triebfeder des Islamismus – und markiert einen weiteren, zentralen Unterschied zwischen Bin Laden oder dem Iran einerseits, Nazi-Deutschland oder irgendwelchen westlichen Modernekritikern andererseits.

Dieselbe Asymmetrie offenbart sich, darauf weist die Islamwissenschaftlerin Gudrun Krämer hin, auch in der Wertedebatte.[11] Sie zwingt die Muslime von vornherein in eine Verteidigungshaltung, weil man ihnen immer zuerst abverlangt, sich zu den westlichen – oder universellen? – Werten von Aufklärung und Menschenrechten zu bekennen und sich selber dann im Verhältnis zu diesem «übermächtigen Anderen» zu definieren. Man kann es auch so sagen: Die «Okzidentalisten» des Orients brauchen den Westen, während die «Orientalisten» des Westens ganz gut auch ohne den Orient auskommen können. Aber es wäre falsch zu glauben, darin äußere sich nur eine Art diskursiver Imperialismus, so dass man diese Asymmetrie gewissermaßen durch einen hermeneutischen Kunstgriff wieder symmetrisch und «gerecht» stellen könnte – von einer simplen Ableitung aus einer Prärogative nackter westlicher Macht, sprich: des US-Militärs, einmal ganz zu schweigen. Wer dem Ursprung der Asymmetrie nicht in der Substanz der westlichen und der islamischen Kultur nachzugehen bereit ist, macht es sich zu einfach.

An dieser Stelle hilft es weiter, dem blinden Quadranten der kulturellen Spiegelung und Kritik mehr Aufmerksamkeit zu schenken: Der Westen stellt sich selber in Frage und kritisiert den Islam, der Orient kritisiert den Westen – aber vermag er sich auch selber schonungslos die Leviten zu lesen? Immerhin mehren sich die Anzeichen hierfür, auch wenn die Selbstkritik des Islam und seiner radikalisierten politischen Regime noch allzu häufig nur in totale Dissidenz münden kann, in einen fast kompletten Seitenwechsel. Dafür steht vor allem die muslimisch-feministische Kritik des islamischen Fundamentalismus, für die seit dem van Gogh-Mord die niederländische Abgeordnete Ayaan Hirsi Ali auch in Deutschland zu einer Ikone geworden ist. Eine andere Leitfigur der Debatte ist Chahdortt Djavann, im Iran geboren und vor zwölf Jahren nach Paris geflohen. Ihre Erfahrungen und Leidenschaften hat sie auch belletristisch verarbeitet, in dem vor drei Jahren auf deutsch erschienenen Roman «Parvaneh heißt Schmetterling», und jetzt legt sie mit einem kämpferischen knappen Essay nach, der die Gefahren der islamistischen Invasion Europas in grellem Licht zeichnet.[12]

Hier ist der Islam nicht das Opfer, ist er keineswegs in der Defensive; hier ist nichts am Islam einfach «Kultur» oder «Tradition»; hier ist alles Kalkül, Strategie, Masterplan zur Eroberung eines innerlich geschwächten Europas. Und die größten Weicheier Europas sind für Djavann die liberalen, multikulturellen Soziologen, die sich blind und taub stellen und dabei falsches Verständnis für Unterdrückung unter dem Deckmantel der kulturellen Verschiedenheit wecken – wer sich nach der auch in Deutschland eine Zeitlang populären Soziologenschelte zurücksehnt, wird hier auf seine Kosten kommen. Im Kern geht es ihr um den Schleier, um das Kopftuch, den «Judenstern der Frauen» und Ausweis einer «pornographischen Gesellschaft», welche die muslimischen Frauen auf ein Tauschobjekt reduziere. Der Islam insgesamt, argumentiert sie, entwirft sich als ein integraler «Körper» und verhindert damit die Ausbildung von Individualität. Dieses Muster allerdings kennt man auch aus dem Westen und nicht zuletzt von radikalen Ideologien in der deutschen Geschichte. Während Gudrun Krämer den westlichen Vereinfachern entgegenhält, der Islam sei «weder einförmig noch unwandelbar», gerade weil er in einer textlichen Tradition, mit dem Koran im Zentrum, ruhe, glaubt Chahdortt Djavann an diese Wandelbarkeit nicht. Islam als Text? Ja, weil es gelte, ihm die Maske der falschen Wörter herunterzureißen, unter der Intellektualität zur Sophistik in strategischer Absicht verkommen sei.

Löst sich die Asymmetrie mit einer solchen Fanfare im emphatischen Stil der französischen *citoyenne* auf? Nimmt man noch einmal Edward Said als Ausgangspunkt, müsste man das Prüfkriterium ungefähr so formulieren: Wann wird eine in den amerikanischen Südstaaten aufgewachsene Wissenschaftlerin, die in Teheran lehrt und publiziert, ein fundamental kritisches Buch über die islamische Konstruktion des Westens schreiben – wohlgemerkt: kritisch gegenüber der Konstruktion, nicht primär dem Westen! – und damit in der islamischen Welt zum intellektuellen Superstar werden? Wenn das auf absehbare Zeit unmöglich ist, dann wegen jener doppelten Asymmetrie: unmöglich wegen des tief eingeschriebenen kolonialen Gefälles, unmöglich aber auch wegen der noch immer überlegenen kulturellen Ressourcen des Westens, die einem Edward Said ermöglichten, was unserer fiktiven Wissenschaftlerin einstweilen unmöglich bleibt.

IV.

Die Präsenz des Islams, nicht nur in seinen radikalen und fundamentalistischen Varianten, erinnert auch den Westen zunehmend an seine eigenen Werte und verschütteten religiösen Potentiale. Genauer müsste man sagen: Es ist Europa, das sich auf diese Suche begibt, denn es empfindet seine eigene Säkularisierung und seinen Wertere-lativismus nicht mehr als Banner einer universellen Zukunft, sondern als Ausnahme in einer Welt der Werte, die auch die andere Seite des Nordatlantiks politisch ergriffen hat. Was aber sind eigentlich die «kulturellen Werte Europas», und wie kann man von ihnen sprechen, ohne in Pathos und Phrasen zu verfallen, ohne in bloßer «Affirmation» zu erstarren, wie es der 68er-Jargon früher ausgedrückt hätte? Oder brauchen wir sogar das Pathos von Freiheit und Demokratie wieder? Eine deutsche Nachkriegsgeneration, die als Kinder oder Jugendliche das «Dritte Reich» miterlebt hatte, konnte sich darauf und auf die Ideale des Westens, die es endlich zu erobern galt, noch problemlos beziehen. Bei den Nachgeborenen, der jetzigen jüngeren und mittleren Generation, herrscht oft die Sprachlosigkeit einer Peinlichkeitsschwelle: Ouuu, da wird's aber schwül und dumpf, wenn jemand von Werten und Freiheit redet.

Kaum jemand hat in den letzten Jahren so viel zu einer konstruktiven und fundierten Neubelebung der Wertediskussion beigetragen wie der Sozialphilosoph Hans Joas, dessen Arbeiten seit fast drei Jahrzehnten den Anschluss an den amerikanischen Pragmatismus suchen. Der Werteschwulst des deutschen Idealismus sitzt Joas jedenfalls nicht wie ein Kloß im Hals, und deshalb kann er frei sprechen über das persönliche «Ergriffenwerden», das Werte (die mehr sind als bloße Normen des Verhaltens) konstituiert, und über die Freiheit, die in der Bindung an Werte erst möglich wird.[13] Vom Gefühl des Ergriffenseins und der Selbsttranszendenz («da ist etwas, das liegt außerhalb von mir») führt auch eine Brücke in die Erfahrung und gesellschaftsbildende Kraft von Religion.[14] Wächst daraus eine tragfähige Grundlage für einen interkulturellen und interreligiösen Dialog? Joas' Fundamentaltheorie der Werte klingt zunächst nach einem Minimalkonsens, nach einer anthropologischen Universalie, auf die sich jedermann verständigen können müsste. Und doch könnte sie, zumal in der Betonung der Freiheit aus Bindung, «westlicher» nicht sein und würde von einem Muslim kaum als Gesprächsgrundlage akzeptiert werden.

Das zeigt die Tiefe der Kluft und mahnt zur Vorsicht angesichts einer hier und da kräftiger werdenden Tendenz, die «wertkonservativen» Potentiale eines moderaten, zivilisierten, «europäischen» Islams gegen den Werteverfall – besser sollte man wohl sagen: die Werteblindheit – der westlichen Gesellschaften, gegen ihr radikalisiertes *laisser faire*, gegen ihre «Permissivität» ins Feld zu führen, nach dem Motto: lieber Kopftuch als bauchfrei. Man kann alles mögliche am Westen kritisieren, sollte dabei aber doch besser auf dem Boden des Westens bleiben. Das ist auch das Dilemma des Multikulturalismus: Wie schön, wie gerecht, wie pluralistisch wäre es, den Fehlern und Exzessen der eigenen Gesellschaft, sei es dem bauchfrei oder dem entfesselten Neoliberalismus, einmal die Vorteile, die überlegenen Lösungen einer anderen Kultur entgegenzuhalten. Aber das Kopftuch ist diese Lösung ebensowenig wie die muslimische Wirtschaftsethik – wieviel Ethnofood auch immer man beim Grübeln darüber verspeist.

Die Überlegung nur vorsichtig anzudeuten, dass die westlichen Gesellschaften in ihrer schrankenlosen Freizügigkeit etwas von den religiös-kulturellen Grenzen in der islamischen Kultur lernen könnten, würde Chahdortt Djavann zur Weißglut bringen. Sie würde nicht einmal das von Joas und vielen anderen in die deutsche Diskussion eingebrachte Argument akzeptieren, dass Religion Potentiale der Zivilisierung und Verantwortung freisetzen kann, von denen moderne Gesellschaften profitieren können. Für sie – und das markiert wohl auch einen Unterschied zwischen Frankreich und Deutschland in den gegenwärtigen Kulturkonflikten – ist Religion per se gefährlich, und die Bereitschaft sich zu wandeln «jedem Monotheismus wesensfremd» – Islam bleibt Islam, und Christentum bleibt Christentum.

Dem widersprechen jedoch die Befunde, die Hans Joas und Klaus Wiegandt in ihrem Band über die «kulturellen Werte Europas» versammelt haben. Im Anschluss an einen Begriff von Karl Jaspers pointiert der israelische Soziologe Shmuel Eisenstadt noch einmal seine

Überlegungen zur so genannten «Achsenzeit» der Kultur- und Religionsbildung vor zwei- bis dreitausend Jahren.[15] Die Fähigkeit zur «Transzendenz» schälte sich als eine zentrale Innovation heraus, im Sinne der Fähigkeit, zwischen Weltlichem und Göttlichem nicht nur zu unterscheiden, sondern beide Sphären in schärfste Spannung zueinander geraten zu lassen. Was das für den Islam bedeutet, bleibt bei Eisenstadt wie bei Joas etwas unklar. Doch drängt sich der Eindruck auf, er tue sich mit eben diesem Kriterium extrem schwer. Vor diesem Hintergrund ist die Bedeutung des türkischen Modells eines islamischen Laizismus umso höher einzuschätzen und seine Nähe zu Europa unübersehbar. In seinen heutigen Hauptströmungen jedoch hat der Islam mit der Weltlichkeit ein Problem. Er ist nicht säkularisierungsfähig, und doch führt langfristig an einer fundamentalen Säkularisierung des Islams kein Weg vorbei.

V.

Folgt man Ian Buruma und Avishai Margalit, dann ist der islamische Fundamentalismus, der orientalische Hass auf den Westen nur ein Nachläufer der radikalisierten westlichen Selbstkritik des späten 19. bis mittleren 20. Jahrhunderts. Also handelt es sich nur um ein Problem der Zeitverzögerung, denn auch dieser neue Widerstand wird irgendwann gebrochen und in den *mainstream* eingebunden werden. Oder bietet der Islam doch ein im Weltmaßstab tragfähiges alternatives Kulturmodell, vielleicht gar eine «andere Moderne» an? Denn ist es nicht westliche Arroganz zu glauben, die Moderne folge nur einem einzigen Weg, und der werde am nordatlantischen Saum – oder sollte man besser sagen: im Dreieck zwischen New York, Texas und Los Angeles – entschieden? Die linearen, die einspurigen Modernisierungstheorien älterer Tage sind tot, und es war wiederum Shmuel Eisenstadt, der mit seiner Vorstellung von den «multiple modernities» eine neue Richtung gewiesen hat: Nicht bloß verschiedene Wege in die dann doch einheitliche Moderne sind damit gemeint, sondern verschiedene, konkurrierende Modernitäten, die sich einer schrankenlosen Globalisierung verweigern und aus eigenen, aus autochthonen kulturellen Traditionen der Region schöpfen.[16]

Heute scheint es so, als entspräche vor allem die offenbar fortschreitende Ausdifferenzierung innerhalb des Westens diesem Modell: Europa, jedenfalls das «alte», folgt nicht einfach dem amerikanischen Vorbild; der atlantische Graben wird tiefer, ohne dass die eine oder andere Seite deshalb moderner wäre. Etwas Ähnliches könnte für den «asiatischen Westen», also den geographischen Osten Asiens, gelten: Japan und Korea, Taiwan und Singapur, vielleicht irgendwann sogar die Volksrepublik China als ein dritter Weg der westlichen Moderne, der die eigenen Traditionen nicht verleugnet und sich dieser Moderne dennoch voll und ganz stellt. Auch Indien könnte dazugehören, bleibt aber einstweilen ein Grenzfall. Was jedoch nicht erkennbar ist, das ist der Beitrag der islamischen Kultur, der islamischen Staaten zu einem solchen Kranz der *multiple modernities*. Auch in dieser Perspektive bleibt die Türkei der erste Kandidat; die Entwicklung Ägyptens dagegen stimmt inzwischen weniger optimistisch. Der Iran hätte wohl in vieler Hinsicht – ein Land mit Bildungstradition, mit relativ starken Mittelschichten – das Potential dazu, das jedoch bislang in autoritärem Klerikalismus verschüttet bleibt.

Denn die so schöne Vorstellung von den *multiple modernities* stößt hier an Grenzen, und wir erkennen diese Grenzen inzwischen klarer als noch vor einem Jahrzehnt: Es gibt verschiedene Erscheinungsformen der Moderne und allerlei Anverwandlungen und Synkretismen. Aber ihren Kern gibt es offenbar doch nur ein einziges Mal. Man könnte es in den lakonischen Dreiklang fassen: Es gibt nur eine Demokratie, nur eine Wissenschaft, nur einen Kapitalismus – Letzteres ja nicht zuletzt zum ständigen Verdruss des Westens selber. Gerade im Falle der Demokratie ist diese Erkenntnis in den letzten zwei Jahren auch in Europa wieder gewachsen, ist das Zögern der Europäer, sich auch nur rhetorisch klar zur Demokratisierung der Welt zu bekennen – deshalb muss man ja nicht gleich Truppen schicken –, vielfach kritisiert worden. Die Wahlen im Irak haben erneut gezeigt: Es gibt die Herrschaft der Taliban, von Mullahs und Ajatollahs, von selbstgerechten Diktatoren, von *Warlords* und Militärcliquen – und es gibt allgemeines, freies Wahlrecht, Parteibildung, Parlamentarismus nach dem Vorbild des Westens. Dazwischen oder daneben aber gibt es offensichtlich herzlich wenig, so ernsthaft man diese Alternativlosigkeit bedauern mag.

Vielleicht wäre diese Aussicht tatsächlich deprimierend, wenn der Westen nicht in vielhundertjähriger, konfliktreicher Geschichte eine zweite Eigenschaft, ein zweites Kriterium neben dem entwickelt hätte, von dem schon als «Transzendenz» oder «Säkularisierung» die Rede war. Das ist die Fähigkeit zur Selbstkritik und zur Selbstrelativierung. Selbstkritik freilich nicht in dem Sinne des Buruma-Margalitschen Okzidentalismus, als ein dogmatischer Totalangriff auf die eigenen, riskanten Freiheitsbestände. Sondern im Sinne der Fähigkeit zur «Kontingenz»: sagen zu können, dass es auch ganz anders sein könnte. Dass es nicht so bleiben muss. Es ist der Gedanke der Veränderbarkeit der gesellschaftlichen Ordnung, den Hans Joas als eine frühe und fundamentale Konsequenz der Trennung von göttlicher und weltlicher Sphäre hervorhebt. Es ist deshalb nichts anderes als die Erfindung der Geschichte, die im 19. Jahrhundert in der Revolution des Historismus ihren Höhepunkt erlebte. Erst das Zusammentreffen von Aufklärung mit Geschichte machte alles begründungspflichtig und zerstörte endgültig die göttlichen Offenbarungen des weltlichen Lebens. Auch das Leben Jesu war danach das Leben eines ganz normalen Menschen. Das Christentum ist, möchte man den Muslimen zurufen, trotzdem nicht untergegangen.

Wahrscheinlich spielte für diese Revolution des Historismus, für die Entwicklung dieser Fähigkeit zur Selbstrelativierung die europäische Begegnung mit dem anderen, die «Entdeckung» fremder Kulturen in der europäischen Expansion und Kolonisierung seit dem 17. Jahrhundert sogar eine entscheidende Rolle – so könnte man zum Beispiel Arbeiten von Jürgen Osterhammel lesen.[17] Das kann optimistisch stimmen, denn möglicherweise widerfährt dem Islam in der Begegnung mit dem Westen Ähnliches. Um ein Überschreiten dieser Schwelle der Historisierung und Selbstkritik kommt er jedenfalls kaum herum.

VI.

Solchen abstrakten Kategorien weit vorgelagert ist der Alltag im Zusammen- oder Getrenntleben von Kulturen, wie er sich in den europäischen Städten der Gegenwart vollzieht, nicht nur im Aufeinandertreffen verschiedener sehr realer Weltkulturen, sondern auch in der Überlagerung von Realitäten der Straße mit jenen der Massenkultur: der medialen Reproduktion dieser Konflikte. Auch dafür ist die Ermordung Theo van Goghs, inszeniert wie ein muslimischer Gegen-Film, ein Symbol. Die Teile des «Identitätspuzzles», von dem Chahdortt Djavann spricht, liegen weit verstreut. Dabei ist die soziale Zuspitzung in den französischen Vorstädten, vor deren Hintergrund sie den Islam attackiert, ungleich dramatischer als irgendwo in Deutschland – die brennenden Banlieus haben das im Spätherbst 2005 endgültig klar gemacht. Aber konsequent beharrt sie darauf, dass es sich im Kern nicht um ein religiöses Problem handele, sondern um ein gesellschaftspolitisches: Die «wahren Probleme» sind für sie wirtschaftlicher und sozialer Natur. Das ist keine Ablenkungsstrategie und auch kein restmarxistisches Vokabular, sondern liegt in der Konsequenz ihrer französischen Perspektive: So oder so handelt es sich um Staatsbürger – wenn wir sie ständig als «Migranten» oder «Muslime», als Algerier oder Türken ansprechen, vollziehen und verstärken wir die «Ethnisierung» und Abschottung von Bevölkerungsgruppen, die wir besser als Franzosen integrieren sollten.

In Deutschland sind die Probleme geringer, doch die Klarheit dieser Kategorien wünschte man sich oftmals. Inzwischen ist die Erkenntnis gewachsen, dass eine Reform des Staatsbürgerschaftsrechts jedenfalls nicht ausreicht, um aus türkischen Migranten Deutsche muslimischen Glaubens zu machen. Soziale, kulturelle und religiöse Muster überlagern sich auf komplizierte Weise. Günther Lachmann gibt unter dem etwas reißerischen Titel der «tödlichen Toleranz» einen sehr lesenswerten Überblick über die «gescheiterte Integration» und die Ursachen dieses Scheiterns auf beiden Seiten.[18] Natürlich sind Armut und Arbeitslosigkeit gerade bei Jüngeren Gründe für Frustration und für die Hinwendung zu strengeren Formen der islamischen Religiosität. Aber der Islam in Europa ist auch mehr als nur das Identitätssurrogat in sozialen Brennpunkten, als das er bei Djavann erscheint. Und längst nicht alle Verhaltensmuster der Türken in Deutschland lassen sich einfach als Reaktion auf zunehmende sozioökonomische Marginalität deuten. Oft wird auch andersherum ein Schuh daraus wie im Falle der lange übersehenen, jetzt so viel diskutierten Importmigration von Ehefrauen, die alle Erwartungen an die Herausbildung von *Third Generation*-Migranten immer wieder unterläuft: sozialer Aufstieg, Sprachkompetenz und Bildung, nicht zuletzt auch: Konnubium.

Was heißt unter diesen Umständen noch multikulturelle Gesellschaft? Wir müssen einen Schritt zurücktreten und erst einmal Bedingungen wechselseitiger Sprachfähigkeit schaffen. Jeden nach seiner Façon selig werden zu lassen, das genügt offensichtlich nicht mehr. Toleranz ist, das lernen wir bei Joas, mehr als Differenz zu ertragen. Nach der Zeit der Spiegelungen und Fremdbilder kommt wieder die der Selbstentwürfe. Die größte Herausforderung für den Westen wie für den Islam bleibt dabei die offene Gesellschaft.

RISKANTE LEBENSFÜHRUNG:
GESELLSCHAFTLICHE SPANNUNGSLINIEN IN DER NEUEN MODERNE

5.
JENSEITS DER KLASSENGESELLSCHAFT? ÖKONOMIE UND KULTUR IN DEN NEUEN SPANNUNGSLINIEN DES 21. JAHRHUNDERTS

I.

Das 20. Jahrhundert war zerklüftet, zerrissen und gewaltsam – ein «Zeitalter der Extreme», wie es der englische Historiker Eric Hobsbawm in seiner großen Bilanz genannt hat. Not und Armut trafen sich mit einem nie da gewesenen Wohlstand, brutale totalitäre Regime standen neben Demokratie und Zivilgesellschaft, Krieg und Völkermord vor allem in der ersten Hälfte des Jahrhunderts kontrastierten mit einer langen Periode des Friedens, der Sicherheit und Sorglosigkeit in großen Teilen Europas nach dem Zweiten Weltkrieg. Das 20. Jahrhundert hatte seine Träume und seine Utopien, und zu seinem widersprüchlichen Charakter gehört es, dass manche dieser Utopien einen gemeinsamen Nenner ansonsten ganz unterschiedlicher Gesellschafts- und Herrschaftsformen bildeten.

Ein großer Traum des vergangenen Jahrhunderts – vielleicht *der* große Traum –, der Faschismus und Demokratie, westliche Wohlfahrtsgesellschaften und realen Sozialismus überbrückte, war der Traum von der sozialen Harmonie. Die Industrialisierung und die Urbanisierung des 19. Jahrhunderts, die umwälzenden Prozesse von Wanderung und Nationsbildung hatten traditionelle, homogene Lebenswelten zerstört und neue, scharfe Spannungslinien erzeugt, die schmerzhaft ins Bewusstsein der Menschen getreten waren. Es musste doch möglich sein, so eine bald weit verbreitete Überzeugung, die großen Unterschiede zumal zwischen Reich und Arm, aber auch zwischen Stadt und Land, Jungen und Alten, Männern und Frauen auszugleichen und die politischen Konflikte, ja teils gewaltsamen Kämpfe, die daraus resultierten, zu überwinden. Die große Utopie des 20. Jahrhunderts war eine harmonische Gesellschaft, eine möglichst homogene Gesellschaft, in der die Spannungslinien und Konflikte der Moderne so weit wie möglich eingehegt werden konnten. Die aus dem 19. Jahrhundert übernommene und weitergeschriebene Idee des «Fortschritts» zielte längst nicht mehr nur auf einen Fortschritt der wissenschaftlich-technologischen Weltbeherrschung und der individuellen Emanzipation aus Abhängigkeit. Der Fortschritt sollte auch sozialer Fortschritt im Sinne eines breit geteilten Wohlstandes einer relativ egalitären Gesellschaft sein. Zwar glaubten nicht alle so sehr wie die Deutschen, mit Hegel und Marx, an eine objektive Logik dieses Fortschritts, der gar nicht anders könne, als sich über kurz oder lang von selber einzustellen. Aber die Überzeugung war doch allgemein, dass die Zukunft besser sein würde als die Vergangenheit und dass ein maßgebliches Kriterium dafür die Überwindung von Ungleichheit und Konflikt in einer möglichst harmonischen Ordnung sein werde.

Bekanntlich sind in der Geschichte des 20. Jahrhunderts ganz unterschiedliche Mittel gewählt worden, um dieses Ziel zu erreichen. Die angloamerikanischen Gesellschaften vertrauten vor allem anderen auf die Kraft des Individuums, auf Unternehmungsgeist und ökonomische Prosperität, die in eine Welt des Überflusses führen sollten. Nicht jeder würde ein Millionär sein, aber das Leitbild einer allgemeinen *middle class society* stand doch klar vor Augen. Der Kommunismus, wie er seit der russischen Oktoberrevolution von 1917, seit 1945 dann auch in weiten Teilen Ostmitteleuropas staatlich betrieben worden ist, folgte einer kollektivistischen, zugleich extrem technokratischen und extrem romantischen Harmonieversion. Und er war in der Wahl der Mittel nicht zimperlich; die Auflösung von Klassengegensätzen oder von dem, was so definiert wurde, war letztlich auch mit gewaltsamen Mitteln, jedenfalls mit Mitteln der Unfreiheit legitim. Das galt auch für den europäischen Faschismus und besonders den deutschen Nationalsozialismus. Die Konflikte der liberalen Industriegesellschaft sollten verschwinden, an ihre Stelle eine homogene Volksgemeinschaft treten. Wer aus verschiedenen Gründen, nicht zuletzt solchen der «Rasse», nicht in diese Homogenität hineinpasste, der wurde radikal ausgeschlossen und war schließlich der physischen Vernichtung preisgegeben.

Die west-, mittel- und nordeuropäischen Gesellschaften: Frankreich und die Bundesrepublik, Belgien und die Niederlande, Skandinavien, teils auch Großbritannien gingen nach dem Zweiten Weltkrieg einen anderen Weg. Sie profitierten von der beispiellosen ökonomischen Prosperität jener «Goldenen Jahre» des 20. Jahrhunderts zwischen etwa 1948 und 1973 und nutzten diese Prosperität zugleich, um ein immer dichteres Netz wohlfahrtsstaatlicher Arrangements zu knüpfen. Der Wohlfahrtsstaat sollte mit Mitteln der Freiheit gewährleisten, was den Diktaturen, zumal dem realen Sozialismus als dem Systemgegner im «Kalten Krieg», noch nicht einmal mit Mitteln der Unfreiheit gelang: nämlich Konflikte abzubauen, den Klassenkampf zu überwinden und eine Gesellschaft des breiten, mittleren Wohlstands ohne allzu große Ausschläge nach oben wie nach unten zu schaffen. In Westdeutschland wurde dieses Ideal schon sehr bald nach dem Ende des NS-Regimes, zu Beginn der 50er Jahre, von dem Soziologen Helmut Schelsky auf den Begriff der «nivellierten Mittelstandsgesellschaft» gebracht. Doch ganz ähnliche Konzepte finden sich auch anderswo, in einem weiten Bogen von den USA bis nach Schweden. Diese tendenziell nivellierte Gesellschaft sollte zugleich eine möglichst integrierte, eine homogene Gesellschaft sein, in der auch nationale, ethnische oder konfessionelle Gegensätze keine Rolle mehr spielten.

Solange die ökonomischen, demographischen und kulturellen Voraussetzungen günstig waren, gab die reale Entwicklung den Anhängern dieses Traumes ja auch durchaus Recht. Man kann die Zeitgenossen von damals schlecht dafür kritisieren, dass sie dieser Utopie einer harmonisch befriedeten Gesellschaft anhingen. In vielen Ländern erreichte die innere Homogenität nationaler Gesellschaften in den 60er, 70er Jahren des letzten Jahrhunderts tatsächlich einen Höhepunkt. Die Bundesrepublik Deutschland ist dafür ein sehr gutes Beispiel. Ihre Homogenität profitierte auf paradoxe und schreckliche Weise von ihrem Vorläufer: dem NS-Regime, von dessen Ausgrenzungs- und Vernichtungspolitik. Die man als «anders» hätte wahrnehmen können, waren nicht mehr die eigenen Nachbarn. Der Verlust der Ostgebiete, millionenfache Flucht und Vertreibung schwächten dann regionale und landsmannschaftliche, oft auch sozialökonomische Unterschiede ab. Der konfessionelle Gegensatz trat so weit zurück wie wohl noch nie seit der Reformation. Neue Migration begann erst langsam wieder, mit der Anwerbung der ersten südeuropäischen «Gastarbeiter».

Zudem sind mindestens drei große Gruppen, die seit vielen Generationen am Rande der Gesellschaft gestanden hatten und von Armut und Marginalität bedroht waren, innerhalb von gut zwei Jahrzehnten in die sichere Mitte der Gesellschaft integriert worden: Erstens verschwand die ländliche Armut, die prekäre Existenz der landlosen Agrarbevölkerung, der Landarbeiterschaft. Zweitens setzte sich der Aufstieg der städtischen Industriearbeiterschaft fort, und mindestens die Facharbeiter näherten sich in ihren materiellen Lebenschancen, aber auch in Kultur und Lebensstil der unteren Mittelschicht an – sie streiften ihre «Proletarität» ab. Und drittens schließlich konnte die altersspezifische Armut ganz erheblich zurückgedrängt werden, wozu die Einführung der dynamischen, umlagefinanzierten Rentenversicherung im Jahre 1957 maßgeblich beitrug. So bildete sich auch in der individuellen biographischen Erfahrung ein neues Muster heraus, das der typischen historischen Erfahrung geradezu diametral entgegengesetzt war und bis heute mentalitätsprägend wirkt: Die Überschreitung der Lebensmitte hieß in der Regel nicht mehr, sich wieder mehr einschränken zu müssen und im Alter nur über marginale Subsistenzmittel zu verfügen. Im Gegenteil, der Wohlstands- und Vermögenszuwachs setzte sich oft sogar noch im Alter, sogar in der Ruhestandsphase fort.

Inzwischen ist das 20. Jahrhundert zu Ende gegangen, und der Traum ist ausgeträumt. Die Idee des immer währenden Fortschritts ist als ein kulturelles Ideal bereits seit zwei, drei Jahrzehnten zerbrochen – der Westen zweifelt an sich selbst und steht seiner eigenen Moderne skeptisch gegenüber. Inzwischen sind aber auch die sozialen und ökonomischen Grundlagen problematisch geworden. Die Expansion des Wohlstandes ist kein Naturgesetz, und der demographische Wandel mit steigender Lebenserwartung und sinkender Geburtenrate überfordert die herkömmlichen sozialen Sicherungssysteme. Aber die westlichen Gesellschaften haben sich nicht nur insgesamt auf schwierigere, vielleicht knappere Zeiten einzustellen. Auch Harmonie und Homogenität erweisen sich immer mehr als fragil. Soziale Unterschiede, die überwunden zu sein schienen, kehren in neuem

Gewand zurück; Armut und Unterschichten sind wieder ein großes Thema geworden. Die Welt des 21. Jahrhunderts ist eine zerrissene Welt, im globalen Maßstab, aber eben auch – und das ist für die meisten Menschen nach wie vor konkreter erfahrbar – «zu Hause», in der eigenen Stadt, im eigenen Land. Die zerrissene Moderne des 19. und frühen 20. Jahrhunderts konnte nicht in die ruhigen Gewässer einer Postmoderne überführt werden, in der es vielleicht Unterschiede gäbe, aber keine ernsthaften Konflikte. Wer noch eine Rückkehr zu den Harmonien des 20. Jahrhunderts verspricht, erliegt einer Täuschung. Aus der riskanter gewordenen Gesellschaft kann man nicht so leicht aussteigen. Jedenfalls muss man sich über die neuen Spannungslinien erst einmal Klarheit verschaffen.

II.

Wenn die Zukunft schon nicht in einem geradlinigen Fortschritt zu Wohlstand, Egalität und Harmonie liegt, sondern in neuen Konflikten und krisenhaften Zuspitzungen, dann liegt doch die Versuchung nahe, die neuen Probleme vor allem als eine Rückkehr der alten zu verstehen. Tatsächlich gibt es zahlreiche Anzeichen dafür, dass die Spannungslinien der klassischen Industriegesellschaft, und das heißt: der industriellen Klassengesellschaft, ihre Bedeutung nie ganz verloren haben und unter den Bedingungen eines neuen Kapitalismus und neuer Verteilungskämpfe die Realität westlicher Gesellschaften wieder deutlicher prägen. Davon profitieren neue politische Protestbewegungen wie die «Linkspartei» in Deutschland, die aus einer Verbindung der ehemaligen DDR-Sozialisten einerseits, enttäuschten Sozialdemokraten und Gewerkschaftern Westdeutschlands andererseits hervorgegangen ist. Entsprechend weisen ihre Vorschläge in die Zeit der klassischen keynesianischen und «staats-sozialdemokratischen» Phase des europäischen Wohlfahrtsstaates zurück: höhere Löhne, wachsende Staatsverschuldung, progressive Besteuerung und Umverteilung von den «Reichen» zu den «Armen».

Doch die Geschichte wiederholt sich nicht, und sie macht auch nicht angesichts einer Krise auf dem Absatz kehrt und marschiert in eine frühere Epoche zurück. Der Rekurs auf ältere Erklärungsmuster und frühere Wirklichkeiten ist verlockend, weil er eine schnelle und zudem einfache, eindimensionale Lösung verspricht. Aber die Wirklichkeit des 21. Jahrhunderts ist vielschichtiger und komplizierter geworden. Die alten Konflikte wie zumal der kapitalistische Klassengegensatz sind aus ihr nicht völlig verschwunden. Ein neuer, alles dominierender «Hauptwiderspruch» ist jedoch auch nicht an seine Stelle getreten. Die Klassenspannungen haben ihre Form, auch ihre kulturelle und politische Bedeutung verändert, und sie überlagern sich in einer wirren Gemengelage mit neuen Spannungslinien: zum Beispiel mit ethnischen Konflikten als Folge von Migrationsprozessen und Identitätskonflikten, zum Beispiel mit generationellen Spannungen in der Konsequenz demographischer Umbrüche und veränderter Lebenschancen jenseits des klassischen Wohlfahrtsstaates. Oder sind die neuen Konflikte so neu nicht? Vielfach verbergen sich auch hinter ihnen langlebige Kontinuitäten, die in der Ausnahmesituation einiger Jahrzehnte des späten 20. Jahrhunderts zeitweilig politisch eingehegt und kulturell verdrängt werden konnten. Denn das späte 19. und das frühe 20. Jahrhundert sind in viel größerem Maße, als wir das lange wahrhaben wollten, nicht nur von Klassenkämpfen, sondern auch von Kämpfen der Völker und Kämpfen der Generationen gestaltet worden.

Wie haben sich die sozialen Gegensätze in letzter Zeit entwickelt und wie stellen sie sich heute dar? Es ist unbestritten, dass sich vor zwei bis drei Jahrzehnten in fast allen westlichen Gesellschaften ein großer Trend der Ungleichheitsentwicklung umgekehrt hat. Bis in die 70er Jahre hinein war nicht nur die kollektive Erwartung, nicht nur die kulturelle Selbstbeschreibung in Westeuropa und Nordamerika auf einen Zuwachs an Egalität, auf ein Abschleifen der Gegensätze von extremer Armut und extremem Reichtum gerichtet. Auch die Realität der sozialökonomischen Entwicklung entsprach dieser Erwartung und nährte sie zugleich immer wieder neu. Not und Elend in ihrer schlimmsten Form wurden fast vollständig beseitigt, und wichtiger noch: Die Distanz zwischen Positionen der Oberschicht und der Unterschicht verringerte sich – kulturell und symbolisch, aber eben auch materiell, in der Spreizung der Einkommen und (wohl in geringerem Maße) der Vermögen. Die Tarifpolitik der

Gewerkschaften trug dazu maßgeblich bei; in Westdeutschland war eines ihrer ersten Prinzipien, die «unteren Lohngruppen» entweder ganz zu beseitigen oder ihnen regelmäßig größere Zuwächse zu bescheren als den höheren Stufen des Einkommens und der Qualifikation. Der allgemeine Wohlstandszuwachs, häufig als «Fahrstuhleffekt» der sozialen Lagen beschrieben, unterstützte diesen Angleichungsprozess mindestens auf der subjektiv erlebten Ebene. Aber auch die Wirklichkeit der Lebensverhältnisse zwischen Industriearbeiter und Hochschullehrer, zwischen der Bankangestellten und dem Juristen glich sich ein ganzes Stück weit an.

Seit den späten 70er und frühen 80er Jahren begann dieser Trend sich jedoch wieder umzukehren; die Schere öffnete sich erneut. In den angelsächsischen Gesellschaften machte sich diese Entwicklung früher und schärfer bemerkbar als in Kontinentaleuropa; dadurch wurde sie dort auch früher bemerkt und zum Gegenstand öffentlicher und wissenschaftlicher Debatten. Die zeitliche Nähe dieser Trendwende zu den konservativen und ökonomisch «neoliberalen» Regierungen Margaret Thatchers in Großbritannien und Ronald Reagans in den USA ist dabei kein Zufall, doch sind sozialökonomische Prozesse wie der teils rasante Anstieg von Einkommen aus Unternehmertätigkeit und die Zunahme marginaler Dienstleistungsbeschäftigung nicht in erster Linie von diesen Regierungen intendiert und induziert worden – das hieße die Steuerungskapazität der Politik zu überschätzen. Wohl aber konnten sich die neuen Entwicklungen des Kapitalismus in tendenziell eher liberalen, marktorientierten Gesellschaften leichter Bahn brechen als in den staatlich eingehegten oder korporatistisch regulierten Gesellschaften des Kontinents, die damit am Ende jedoch mit nicht geringeren Problemen dastanden. Im Gegenteil, gerade in den korporatistischen Wohlfahrtsökonomien Deutschlands, Frankreichs und auch Italiens fällt die Entwicklung flexibler Antworten auf die neuen Herausforderungen, ja: teils schon die bloße Anerkennung der schwierigeren Wirklichkeit, schwerer als zum Beispiel in England, das nie aufgehört hatte, eine Klassengesellschaft zu sein und sich selber auch so zu begreifen.

Jedenfalls verkehrte sich der «Zug zur Mitte» in eine neue Polarisierung zwischen Reich und Arm – zumindest der Tendenz nach, ohne den fundamentalen Mittelklassencharakter der OECD-Gesellschaften schon grundsätzlich in Frage zu stellen. Soziale Ungleichheit prägte die Lebenswirklichkeit stärker als zuvor – die Einkommens- und Vermögensverhältnisse, den Zugang zu Bildungsgütern, die Wohnverhältnisse und die sozialen Verkehrskreise. Sie formte sich nicht als ein System gleichsam nahtlos ineinander übergehender Schichten, sondern mit deutlich markierten Grenzlinien, die schwer zu überschreiten sind. Insofern ist es zutreffend, von einer neuen Klassengesellschaft zu sprechen. Die Grenzen zwischen verschiedenen Klassenlagen sind härter geworden – und das heißt: der Aufstieg, die Mobilität nach oben ist schwieriger –, während gleichzeitig die Homogenität innerhalb der Klassen zugenommen hat: man kennt sich, man lebt ein ähnliches Leben, und man «erkennt» sich auch wieder eher schon an äußeren Zeichen des Konsums, der Kleidung oder der körperlichen Stilisierung. Indikatoren dafür sind die zunehmende Trennung von Wohnquartieren im Zuge der Innenstadtflucht der Mittelschichten (auch wenn für Europa die Dimension der nordamerikanischen Suburbanisierung weit entfernt ist), der Zusammenhang zwischen sozialer Herkunft und Bildungschancen (wobei Deutschland, viel diskutiert, einen traurigen Spitzenplatz belegt), aber auch die neuen Formen einer Alltagskultur der Unterschichten, die nicht mehr durchweg einer Assimilation an die bürgerlichen Mittelschichten folgt, sondern sich durch äußere Abgrenzung zu behaupten sucht (zumal bei Jüngeren: in der Manipulation des eigenen Körpers mit Tattoos und Piercings), sich damit aber zugleich auch verfestigt und einkapselt.

Deshalb ist die neue Klassengesellschaft etwas anderes als die fröhliche Wiederauferstehung des Gegensatzes von Bourgeoisie und Proletariat, von Unternehmern und lohnabhängig Beschäftigten. Das muss man übrigens in Deutschland hartnäckiger erklären als anderswo, weil hier die marxistische Tradition der Gesellschaftsdeutung, weit über den engeren Marxismus hinaus, eine erstaunliche Prägekraft in Intellektuellenmilieus wie auch in der Gewerkschaftsbewegung behalten hat. Zweifellos steht eine ökonomische Dynamik, oder schärfer gesagt: eine neue Dynamik des Kapitalismus, hinter vielen Erscheinungsformen der neuen Klassengesellschaft. Ein Teil davon ist mit dem Stichwort Globalisierung bezeichnet. Die weltweite Konkurrenz der Arbeitsmärkte löst die bequeme Inselsituation der nordatlantischen Gesellschaften auf, und davon ist gering qualifizierte industrielle Beschäftigung, zunehmend auch Dienstleistungsbeschäftigung, soweit sie nicht unmittelbar konsumnah ist, am ehesten betroffen. Die neue Klassengesellschaft in Westeuropa ist auch Teil eines globalen Assimilierungsprozesses sozialer Strukturen. Während in «Schwellenländern» wie Indien, China oder Brasilien eine breite Mittelschicht entsteht (und auch neuer Reichtum), übernehmen die alten Industriegesellschaften manche Merkmale der früheren Peripherie, auf deren Kosten – das sollte man allerdings nicht vergessen! – der bequeme und breite Wohlstand in der zweiten Hälfte des 20. Jahrhunderts ja auch gegangen ist. Mit Blick auf die seit 1917 bzw. 1945 weltökonomisch größtenteils abgekoppelten, sozusagen egalitär verarmten Gesellschaften Mittel- und Osteuropas könnte man Ähnliches sagen.

In Deutschland und manchen anderen Ländern neigt man dazu, diese Krise und die daraus unbestreitbar resultierenden Probleme vorrangig unter dem Aspekt der Massenarbeitslosigkeit, also einer grundsätzlichen Krise der Erwerbsgesellschaft, zu diskutieren. Im internationalen Vergleich erscheint das fragwürdig und in mancher Hinsicht provinziell. In den postklassischen Industriegesellschaften sind Arbeitsmärkte durcheinander gewirbelt und neu strukturiert worden, doch gibt es wenig Anzeichen dafür, dass zukünftigen Gesellschaften – wie vor allem deutsche und französische Linksintellektuelle jetzt wieder gerne argumentieren – «die Arbeit ausgeht». Das Problem überall dort, wo Erwerbslosenquoten in Westeuropa zehn Prozent und mehr betragen, scheint vielmehr in einem verzögerten Übergang in die Dienstleistungs- und Wissensökonomie zu liegen sowie in der Unfähigkeit, gering qualifizierter und zugewanderter Bevölkerung Einstiegschancen im Arbeitsmarkt zu bieten. Hinter beiden Faktoren stehen tief sitzende kulturelle Vorbehalte, aber auch politische Blockaden einer übermäßig regulierten Ökonomie, die unter früheren Bedingungen Wohlstand gesichert hat, inzwischen aber das Gegenteil bewirkt. Da, wo Erwerbslosigkeit zum Massenphänomen und für Individuen zum Dauerstatus wird, verstärkt sie jedoch die Formierung einer neuen Klassengesellschaft: Erwerbslosigkeit wird milieukonstituierend und schottet zunehmend auch kulturell gegen Aufstiegschancen und Aufstiegswillen ab.

Ökonomische Prozesse bilden jedoch nur einen Teil jenes komplexen Ursachenbündels, das für die Entstehung neuer Klassengesellschaften, und in ihnen besonders der neuen Unterschichten, also neuer Formen der Marginalität, verantwortlich ist. Mindestens drei weitere Triebkräfte kann man nennen: Migration, Familienkrise und neue Massenkultur. Aus den ethnisch homogenen Gesellschaften der Mitte des 20. Jahrhunderts sind Einwanderergesellschaften geworden. Sie haben die neue Migration zunächst als nur vorübergehend verstanden – als Phänomen von Wanderarbeitern, die nach einigen Jahren wieder fortziehen –, dann überhaupt geleugnet, schließlich auf das Ideal einer multiethnischen Gesellschaft verschiedener Kulturen «auf Augenhöhe» gesetzt oder Aufstieg und Assimilation spätestens in der «dritten Generation», also bei den Enkeln der ursprünglichen Zuwanderer, erwartet. Alle vier Konzepte sind in den europäischen Migrationsländern größtenteils gescheitert. Migration erwies sich als dauerhaft und ließ sich nicht mehr leugnen. Aus ihr resultierte jedoch nicht Multikulturalismus, sondern eher kulturelle Segmentierung und soziale Abschottung. Dass Einwanderer aus Unterschichten kommen und jedenfalls in ihrer neuen Heimat «unten» beginnen, ist sogar eher normal. Ungewöhnlich sind dagegen die engen Grenzen des sozialen Aufstiegs, der Partizipation an Bildung, der ökonomischen ebenso wie kulturellen Integration in die Mehrheitsgesellschaft. Eine Ursache dafür liegt im Scheitern der Akkulturation in der «dritten Generation», zum Beispiel wegen des fortgesetzten Zuzugs von Heiratspartnern aus den Herkunftsländern. Nicht alle Migranten gehören der Unterschicht an, und die Unterschichten bestehen nicht nur aus Migranten. Aber die Schnittmenge zwischen Migration und Unterschichtung ist in den europäischen Gesellschaften erschreckend groß geworden.

Ein wohl ebenso bedeutsamer Faktor neuer Marginalität ist die Erosion der traditionellen Familienordnung seit dem letzten Drittel des 20. Jahrhunderts. Armut hat, das ist ein Gemeinplatz geworden, ihr Gesicht gewandelt. Nach dem Sieg über die Altersarmut ist sie jung, weiblich, allein erziehend geworden. Gering qualifizierte Frauen mit Kindern, die nicht mit dem leiblichen Vater oder auch einem anderen Partner dauerhaft zusammenleben, tragen das größte Armutsrisiko. Das ist die höchst ambivalente Folge von Liberalisierungsprozessen, die man zunächst nur begrüßen konnte: das Ende der patriarchalischen Familienordnung; die gewachsene Freiheit, nicht mehr tragfähige Bindungen aufzulösen; der Siegeszug der individuellen Selbstverwirklichung. Es sind allem Anschein nach weniger die Frauen und mehr die Männer gewesen, die den daraus resultierenden Anforderungen an ihre eigene Lebensführung, an ihren Rollenspagat zwischen Karriere und Familie, an ihre Verantwortung für das Leben Anderer nicht gewachsen waren. Aber ist das nicht ein ganz allgemeines Phänomen, das über soziale Unterschichten weit hinausreicht?

Mindestens drei Faktoren verstärken jedoch die klassenbildende Kraft der Erosion von Familienstrukturen. Erstens neigen untere soziale Schichten zu einer höheren Kinderzahl als Mittel- und Oberschichten, trotz ihrer begrenzten materiellen Ressourcen. Deshalb gilt für die neue Kinderarmut weniger die Faustregel: Kinder machen arm, sondern eher umgekehrt: Armut macht Kinder. Zweitens fehlen in den Unterschichten nicht nur die materiellen, sondern vor allem die kulturellen Ressourcen, um das Leben in individualisierten Konstellationen und «Patchworkfamilien» auch sozial und emotional aufzufangen. Die postmoderne Glorifizierung der Patchworkfamilie ist ein akademisch-intellektueller Lebensentwurf, der in anderen sozialen Schichten vermehrt in Erziehungskatastrophen, in Vernachlässigung, Verwahrlosung, im Extremfall in Gewalt mündet. Und drittens gibt es einen engen Zusammenhang zwischen Armut und Einsamkeit. Sozialökonomische Marginalität, etwa der dauerhafte Verlust des Arbeitsplatzes, zieht häufig den Abbruch sozialer Kontakte nach sich. Damit fehlt aber zugleich das Netz des «sozialen Kapitals», über das die Mittel- und Oberschichten in viel größerem Maße verfügen und das sie auch in Krisen mobilisieren können. Wenn der Staat soziale Verantwortung an Individuen und Familien zurückgibt, kann sich das Fehlen dieser personalen Ressourcen umso gravierender bemerkbar machen.

Schließlich ein letzter Faktor der neuen Klassenbildung: Die Massenkultur des 20. Jahrhunderts, die viele Jahrzehnte lang eher eine nivellierende Wirkung gehabt hat, ist zu einer Klassenkultur geworden; sie hat sich jedenfalls in klassenspezifische Kultur- und Lebensstile ausdifferenziert. An der Entwicklung des Fernsehens als des populärsten Massenmediums kann man das sehr gut nachvollziehen. Das Fernsehen wirkte ursprünglich nicht nur demokratisierend, sondern auch sozial nivellierend und homogenisierend. Wenn die ganze Bevölkerung eines Landes denselben (wenigen) Programmen folgte, wurde kulturelle Gemeinsamkeit über die Klassen und Schichten hinweg gestiftet. Zudem wirkte das Fernsehen als Bildungsmedium, solange es überwiegend einem öffentlichen, nichtkommerziellen Auftrag folgte. Die Kommerzialisierung des Fernsehens und die Ausdifferenzierung immer neuer Programme hat diese Gemeinsamkeit zerstört; sie hat ein Zielgruppenmedium entstehen lassen, das aber nicht nur die Präferenzen bestimmter sozialer Schichten widerspiegelt, sondern diese Schichten im Medienkonsum teilweise selber erst hervorbringt. Vor diesem Hintergrund hat es in Deutschland jüngst erregte Debatten über das Unterschichtenfernsehen gegeben. Aber die Ausdifferenzierung von Konsum- und Kulturstilen geht weit darüber hinaus; sie betrifft auch die Aneignung von Dingen, die Präferenz für bestimmte Automarken etwa, an der die Klassenzugehörigkeit tendenziell ablesbar ist und mit der sie auch bewusst nach außen markiert werden soll. Die «feinen Unterschiede», die Pierre Bourdieu schon 1979 als eine Sonderkultur der französischen Oberschichten beschrieben hat, haben sich insofern auch, und erst recht, am unteren Ende der gesellschaftlichen Hierarchie durchgesetzt.

In mancher Hinsicht kann man darüber streiten, wie weit die klassenprägende Kraft der Kultur geht oder ob nicht bestimmte kulturelle Präferenzen und Lebensstile eine unmittelbare Folge materieller Verhältnisse sind. Doch eine rein sozialökonomische Erklärung der neuen Spannungslinien führt in jedem Fall nicht weit genug. Die kulturelle Eigendynamik der Klassenbildung ist weit fortgeschritten, und das hat auch Konsequenzen für die Sozialpolitik: Klassengrenzen lassen sich nicht mehr einfach durch materielle Besserstellung, in der Wohlfahrtsökonomie also: durch möglichst hohe Transferzahlungen, überwinden. Das Geld des Sozialstaates ist wahrscheinlich besser angelegt, wenn es nicht in konsumtive Ausgaben fließt, sondern in soziale Infrastrukturen investiert wird, die kulturelle Grenzen aufweichen, Bildungsschranken durchbrechen, Verhaltensprobleme lösen können. Solche Konzepte finden denn auch in ganz unterschiedlichen Gesellschaften des Westens, in so verschiedenen Wohlfahrtsökonomien wie denen der USA, Schwedens und Deutschlands immer mehr Zustimmung, sei es im Begriff des «investiven Sozialstaates» oder sei es in der Parole vom gleichzeitigen «Fördern und Fordern». Wo die Klassengrenzen nicht mehr entlang sozialökonomischer Linien verlaufen, lassen sie sich auch nicht mehr durch eine Politik der materiellen Verteilung bekämpfen.

III.

Die Spannungslinien und sozialen Verwerfungen sind am Beginn des 21. Jahrhunderts so vielfältig geworden, dass man sie möglicherweise überhaupt nicht mehr auf einen Begriff wie den der «Klassengesellschaft» bringen kann – selbst wenn man ihn, wie hier vorgeschlagen, in einem veränderten und erweiterten Sinne benutzt. Die alten Kategorien passen nicht mehr, nicht einmal mehr in den Kernbereichen der kapitalistischen Erwerbsgesellschaft. Außerdem sind neue gesellschaftliche Trennlinien hinzugekommen oder haben eine neue Bedeutung gewonnen. Und schließlich kann man fragen, ob nicht soziale Spannungen in einer Welt des globalisierten «Kampfes der Kulturen», in einer Welt des Kampfes um die Deutungshoheit bestimmter Zukunftsentwürfe, überhaupt in den Hintergrund treten und die entscheidenden Konfliktlinien mehr kulturell bestimmt sind: Kulturkämpfe statt Klassenkämpfe?

In einer Situation der zugespitzten wirtschaftlichen Krise und neuer Verteilungskämpfe ist eine traditionalistische Linke mit ihrem Versuch noch einmal erstaunlich erfolgreich, an die Überzeugungskraft der marxistischen Terminologie aus der klassischen Industriegesellschaft zu appellieren. Demnach erleben wir einen neuen, globalen Kampf zwischen «Kapital» und «Arbeit», mit einem dramatischen Bedrohungsszenario für die Rechte der «Arbeitnehmerinnen und Arbeitnehmer», wie es im Jargon der deutschen Gewerkschaften gerne heißt. Doch ergibt eine solche Deutung nur in der Begrenzung auf eine nationale, ja nationalistische Sichtweise einen Sinn, in der die Arbeit «zu Hause» verteidigt wird, in der Märkte sich abschotten und Millionen Menschen in Osteuropa und Asien von der Chance auf qualifizierte und gut bezahlte Arbeit, wie sie bislang ein westliches Privileg war, weiterhin ausgeschlossen bleiben. Aber selbst in der Binnenperspektive ist der Gegensatz zwischen Kapital und Unternehmertum auf der einen Seite, den abhängigen Arbeitnehmern auf der anderen Seite nicht mehr in der Lage, die Wirklichkeit adäquat zu beschreiben. Nicht nur auf der Kapitalseite sind die Unterschiede zwischen weltweit operierenden Konzernen oder Fondsgesellschaften hier, dem Kioskbesitzer oder Handwerksmeister da gigantisch. Erst recht weisen die Lebenssituationen einer halbtags beschäftigten Verkäuferin, eines Gelegenheitsarbeiters ohne abgeschlossene Berufsausbildung, eines Berufskraftfahrers hier, eines angestellten Geschäftsführers, einer Universitätsprofessorin, eines Rechtsanwalt da kaum materielle und kulturelle Gemeinsamkeiten auf.

Die entscheidende Grenze verläuft vielmehr – und das hat sich am frühesten und klarsten in den USA seit den 70er, frühen 80er Jahren herausgeschält – zwischen qualifizierten (in der Regel: akademisch gebildeten) *Professional Classes* und unterqualifizierter Bevölkerung in zunehmend marginaler Beschäftigung. «Selbstständige» und «lohnabhängige Arbeitnehmer» gibt es auf beiden Seiten, und die Grenzen sind auf beiden Seiten längst fließend geworden. Der angestellte Manager wird durch Aktienoptionen oder ein *Management-Buy-Out* zum Unternehmer; der angestellte Anwalt zum Partner seiner Kanzlei. Am anderen Ende des sozialen Spektrums wird Selbstständigkeit zur «Schein-Selbstständigkeit», wenn ein Handwerker oder Dienstleister von den Aufträgen eines einzigen Großkunden abhängig wird; und umgekehrt erfolgen Wechsel von der abhängigen Beschäftigung in die prekäre Selbstständigkeit wie im Falle der «Ich-AGs», die in Deutschland als Instrument der Arbeitsmarktpolitik und der Förderung von Selbstständigkeit eingeführt worden sind.

Dabei ist von dem erheblichen Anteil an Beschäftigten im Staatsdienst noch gar nicht die Rede gewesen, die den echten Risiken eines Arbeitsmarktes nicht ausgesetzt sind, weil sie in rechtlicher Sonderstellung mindestens de facto unkündbar sind oder sogar, wie im deutschen Beamtenrecht, über besondere Privilegien verfügen. Ihr Risiko besteht darin, auf ein dreizehntes Monatsgehalt, einige Urlaubstage oder Gehaltsprozente verzichten zu müssen, nicht im möglichen Absturz in die materielle und kulturelle Marginalität außerhalb der Erwerbsgesellschaft. So ist die zweite wichtige Trennlinie der kapitalistischen Arbeitsgesellschaft, neben der zwischen *Professionals* und Unterqualifizierten, inzwischen die zwischen fundamentaler Sicherheit und fundamentaler Unsicherheit der Beschäftigung. Der Anteil der unsicheren Beschäftigung ist dabei zweifellos gewachsen, vor allem für die Jüngeren, die nicht mehr wie ihre Väter auf jene quasi-lebenslängliche Jobsicherheit rechnen können, die in den «goldenen Jahren» der Nachkriegszeit vor allem die Großunternehmen geboten haben.

Bis hierher könnte man noch sagen: Zwar ist der alte Gegensatz zwischen Kapital und Arbeit immer weniger realitätsprägend. Doch entscheidende Konfliktlinien werden nach wie vor in der Arbeitswelt gezogen; die Position von Menschen bestimmt sich, in einer neuen Phase des Kapitalismus, nach wie vor an der Stellung in der kapitalistischen Erwerbsgesellschaft, einschließlich ihrer Rand- und Schutzzonen wie dem öffentlich-staatlichen Sektor. Das ist richtig, aber auch nur eine Teilwahrheit. Sie überlagert sich mit einer Vielfalt anderer Konfliktlinien, die zwar Bedeutung in der Arbeitswelt haben mögen, aber nicht dort generiert werden. Den gemeinsamen Nenner dieser neuen Konfliktlinien und Interessengegensätze könnte man allenfalls darin sehen, dass sie gerade nicht in der öffentlichen und ökonomischen Sphäre wurzeln, sondern etwas mit der privaten Existenz und dem persönlichen Selbstentwurf der Menschen zu tun haben. Das muss nicht ein rein individueller Selbstentwurf sein, sondern kann eine kollektive und kulturelle Identität einschließen.

Das wichtigste Beispiel dafür sind die Spannungslinien von Migration und Ethnizität. Auf unterschiedliche Weise sind fast alle westlichen Gesellschaften, die es nicht wie die USA und Kanada ohnehin historisch immer schon gewesen sind, Einwanderungsgesellschaften geworden – und für große Teile der übrigen Welt gilt das, als

Folge von Bürgerkriegen, immer neuen Wellen der «ethnischen Säuberung» und dadurch induzierter Armut, ebenfalls. Selbst in relativ gut funktionierenden «mulitikulturellen» Gesellschaften wie denen Nordamerikas ist das Ausmaß der Trennung ethnischer Gruppen groß geblieben, teils sogar gewachsen, und die Gefahr der Segmentierung hat zugenommen. Denn Ethnizität unterscheidet nicht nur die «soft areas» der Lebensführung wie Religion oder Esskultur: Warum sollte man in Gotteshaus und Restaurant nicht verschiedene, aber gleichwertige Wege gehen? Sie unterscheidet auch in den «harten» Realitäten des Lebens, die über Bildung, Chancen und Aufstieg entscheiden: in Wohnquartieren und ihrer Trennung bis hin zur Ghettobildung, in ethnisch getrennten Schulen und anderen Bildungseinrichtungen, teils auch in ethnisch definierten Arbeitsmärkten. Die politischen Antworten auf dieses Problem sind bis heute unsicher geblieben. Bei der industriellen Klassenfrage konnte man immer sagen: Der Gegensatz muss aufgelöst, zumindest abgemildert werden – ob mit den Mitteln der Leninschen Revolution oder denen der katholischen Soziallehre. Ethnisch-kulturelle Differenzen verweigern sich dieser eindimensionalen Lösung, weil sie nicht nur auf Einebnung, sondern zunächst einmal auf «Anerkennung» drängen: auf die Respektierung des Anderen möglicherweise auch dann, wenn dadurch Chancen ungleich verteilt werden. Wo diese Linie zwischen Anerkennung und integrativer Intervention zu ziehen ist, darum geht es derzeit in vielen Ländern bei konkreten Streitfragen wie dem Kopftuch muslimischer Frauen oder der Teilnahme muslimischer Mädchen am Sport- und Schwimmunterricht.

Eine ganz andere Spannungslinie, die in den letzten Jahren auf dramatische Weise den Diskurs westlicher Gesellschaften bestimmt hat, ist die der Generationen. Alte stehen gegen Junge, Kinder gegen ihre eigenen Eltern. Doch dreht sich der Konflikt weniger um Werte und Lebensentwürfe, wie das im Generationenprotest der 68er-Bewegung vor dreißig bis vierzig Jahren der Fall gewesen ist. Die Werte unterscheiden sich wenig; es handelt sich vielmehr um einen neuen Verteilungskonflikt. Dabei gab es Ungleichheit zwischen den Generationen in der materiellen Ausstattung auch schon früher. In der vor- und frühindustriellen, besonders der ländlichen Gesellschaft hatten sich die Älteren häufig auf einen Verlust von Einkommen und Prestige einzustellen, wenn die Arbeitskraft nachließ oder die Leitung des Hofes in die Hände der Kinder überging. Im eigenen Lebenslauf war das berechenbar, und es traf in der Regel auch jeden.

In der hochindustriellen Gesellschaft seit dem späten 19. Jahrhundert, in Verbindung mit dem Wohlfahrtsstaat des 20. Jahrhunderts, ist dieser Mechanismus außer Kraft gesetzt worden. Die ökonomische Dynamik ermöglichte eine gewissermaßen positive Ungerechtigkeit der Generationen: Der jeweils nächsten Generation ging es (in langer Linie gesehen; teils erschüttert durch die beiden Weltkriege) regelmäßig besser als der ihrer Eltern. Zugleich setzte der Wohlfahrtsstaat das Prinzip der Sicherung des Lebensstandards im Alter und beruflichen Ruhestand durch. Beides schlägt inzwischen, auf ganz unterschiedliche Weise, zum Nachteil der Jüngeren aus. Auf Zuwächse gegenüber der Elterngeneration können sie nicht mehr hoffen; vielmehr fällt es ihnen häufig schwerer, den beruflichen und materiellen Status der eigenen Eltern überhaupt noch zu erreichen. Und der Lebensstandard im Alter ist außerdem noch in Zukunft gefährdet, weil die demographischen Voraussetzungen nicht mehr gegeben sind. Die Lebenserwartung ist rasant gestiegen; eine vergleichsweise kurze Erwerbsphase kann eine oft jahrzehntelange Ruhestandsphase ökonomisch nicht mehr tragen. Zudem ist die Geburtenrate in vielen westlichen Ländern so gesunken, dass die Finanzierung des Alters durch die jeweils beruflich Aktiven (wie zum Beispiel in der deutschen Rentenversicherung) nicht mehr gewährleistet ist.

Die heute, grob gesprochen, 60- bis 70-jährigen stehen auf diese Weise als eine «Goldene Generation» da: als jene Alterskohorten, die von der beispiellosen ökonomischen und wohlfahrtsstaatlichen Expansion der Nachkriegsjahrzehnte in beinahe jeder Hinsicht und in beinahe allen Lebensphasen am meisten profitiert haben. Wie diese Spannungslinie ausgeglichen wird, ob sie überhaupt politisch bearbeitet werden kann oder ihre Lösung in individuellen Arrangements jeweils privatisiert wird, ist im Moment noch eine offene Frage. Die private Variante spielt jedenfalls bereits eine erhebliche Rolle. Während früher die mittlere, erwerbstätige Generation die ältere materiell unterstützte und vor Armut schützte, findet inzwischen ein massiver Transfer von Ressourcen der 60- bis 70-jährigen an ihre eigenen Kinder und Enkel statt, in der Form von Geldzahlungen, der Übereignung von Autos und Immobilien, aber auch in der Form immaterieller sozialer Unterstützung.

Mit den demographischen Veränderungen hängt eine weitere Spannungslinie moderner Gesellschaften eng zusammen. Der Rückgang der Geburtenrate hat die dauerhafte Kinderlosigkeit von Erwachsenen von einer Randerscheinung zu einer ganz normalen Lebensform, und oft freiwillig gewählten Lebensoption, werden lassen. Damit optiert sich jedoch ein wachsender Teil der Bevölkerung in den westlichen Wohlstandsgesellschaften aus den Kosten für die Erziehung von Kindern heraus – unabhängig von der zusätzlichen Überlegung, dass diese Kinder später auch den Kinderlosen mit ihren Steuern und Sozialabgaben Ruhestand und soziale Sicherheit finanzieren. Damit stellen sich Verteilungsfragen, die quer zu den klassischen Ungleichheits- und Verteilungsproblemen stehen. Und auch hier fällt die Diskussion über eine Problembearbeitung jenseits der Privatsphäre offensichtlich schwer. Schon die Frage, ob das alles nicht Privatsache sei, ist umstritten, auch wenn die Antwort inzwischen häufiger als noch vor einigen Jahren «Nein» lautet. Überdies geht die Trennlinie zwischen Eltern und Kinderlosen weit über materielle Verteilungsfragen hinaus und ist zu einer Frage des Lebensstils und der Kultur geworden: suburbanes steht gegen innerstädtisches Wohnen; Haushaltsführung und Freizeitgestaltung unterscheiden sich dramatisch; Zeitknappheit steht gegen Zeitreichtum. Doch wie im Falle der generationellen Zerklüftung haben sich auch diese unterschiedlichen Interessen bisher nicht als politisch organisationsfähig erwiesen, wie das für die Interessen der klassischen Industriegesellschaft – Verbände, Gewerkschaften! – mehr als ein Jahrhundert lang galt.

Man könnte diesen Katalog der neuen Spannungslinien fortsetzen. Auch einige alte Bekannte wären noch darunter wie die Ungleichheit der Geschlechter, die von der modernen Gesellschaft im Grunde sogar früher entdeckt worden ist als die industrielle Klassenfrage, die im letzten Drittel des 20. Jahrhunderts einen zentralen Schauplatz intellektueller und politischer Kämpfe bildete – und doch wieder in den Hintergrund getreten ist, ohne dass eine «Lösung» im

Sinne der Utopie vollständiger Emanzipation und Gleichheit erreicht worden wäre. Doch ist eine solche Lösung nach dem, was oben bereits über das Scheitern der großen Utopien des 20. Jahrhunderts und die Illusionen von der vollständigen Harmonie gesagt wurde, ohnehin mindestens unwahrscheinlich. Es handelt sich um einen jener Konflikte, deren Bearbeitung eher der Aufgabe des Sisyphos gleicht – mit dem Unterschied, dass der Berg, auf den der Stein gerollt werden soll, sich beständig verändert.

Ein weiterer «Klassiker» sind die Spannungslinien der Bildung und der Bildungschancen. Auf ganz ähnliche Weise wie bei der Geschlechterfrage haben die seit den 60er Jahren gesetzten Ziele des Abbaus von Ungleichheit nicht zu dauerhaftem Erfolg geführt, weil die politischen Strategien der Konfliktbearbeitung nicht schnell genug den gewandelten gesellschaftlichen Verhältnissen angepasst worden sind. Den Kindern von Facharbeitern den Zugang zum Hochschulstudium und akademischen Berufen zu eröffnen ist teilweise gelungen – aber inzwischen geht es um den Bildungsrückstand von Migranten oder von Klienten des Wohlfahrtsstaates außerhalb der Erwerbsgesellschaft. Außerdem hat sich die Vorstellung, Bildung sei ein statischer Komplex, den man einem größeren Teil der Bevölkerung zugänglich machen müsse, als falsch erwiesen. Bildung und Wissen haben sich auf unerwartete Weise dynamisiert, und die Bedingungen der neuen «Wissensgesellschaft» haben neue soziale Chancen häufig auf sozial sehr selektive Weise eröffnet. Die globalisierte, transnationale Hochschulwelt oder das Internet können demokratisch, aber auch elitär wirken und neue Exklusion begründen.

IV.

Spätestens an dieser Stelle führt die Frage nach den neuen Spannungslinien wieder, wie wir das schon öfters gesehen haben, über soziale, erst recht sozialökonomische Kriterien im engeren Sinne hinaus und weitet sich zu der Frage nach kulturellen und politischen Optionen, die angesichts so dramatischer Veränderungen gewählt werden können. Sie stellt sich auf neue Weise im Maßstab weltweiter Kultur- und Gesellschaftskonkurrenz. Der alte West-Ost-Gegensatz des Kalten Krieges ist verschwunden, aber der von ihm lange Zeit in den Schatten gedrängte Nord-Süd-Konflikt ist auch schon wieder in den Hintergrund getreten. Neue Spannungslinien zwischen «West» und «Ost» bestimmen auf absehbare Zeit unsere Zukunft: diejenige zwischen westlichen und islamischen Gesellschaften, zwischen Okzident und Orient, aber auch die wachsende Konkurrenz zwischen atlantischen und indopazifischen Gesellschaften. Sie wird im Kampf zwischen Europa und China um die «bessere Moderne» ausgetragen, aber auch zwischen dem «alten Europa» und den eher pazifisch als atlantisch ausgerichteten Vereinigten Staaten von Amerika.

Auch innerhalb der klassischen westlichen Nationalgesellschaften haben sich neue politisch-kulturelle Lager formiert, in denen man noch Bruchstücke von Interessen der alten Industriegesellschaft wiederfinden kann; Reste der lange Zeit so festgezurrten politischen Optionen von rechts und links, konservativ und progressiv. Angesichts des massiven Veränderungsdrucks finden sich Unterstützer von Reformen, gleich ob ursprünglich links oder rechts, in dem einen Lager wieder, die Gegner von Reformen im anderen. Die einen sind von der Notwendigkeit überzeugt, grundsätzlich neue Wege einschlagen zu müssen, vor allem im Verhältnis zwischen Bürger und Staat und in den wohlfahrtsstaatlichen Arrangements. Die anderen bestreiten die Notwendigkeit eines solchen Paradigmawechsels, ja: halten ihn oft für bloße Ideologie. In den letzten zehn Jahren ging dieser Riss tief durch die europäische Linke hindurch, die sich am Ende aber, dem Beispiel von Tony Blairs *New Labour* folgend, überwiegend auf die Seite der Reformer gestellt hat. Manchmal hat dieser Konflikt, wie in Deutschland, die sozialdemokratischen Parteien und ihre Anhängerschaft praktisch zerrissen.

Die Wege teilen sich an der Alternative zwischen neuem Keynesianismus und liberaler (die Gegner würden sagen: «neoliberaler») Reform. Dahinter stehen nicht nur bestimmte politische Handlungsstrategien: Mehr staatliche Intervention oder mehr bürgerliche Eigenverantwortung? Mehr Regulierung oder mehr Markt? Zusätzliche öffentliche Verschuldung oder fiskalische Konsolidierung? Gemeint ist auch die Vision einer Gesellschaft, die sich entweder als eine Staatsgesellschaft oder als eine Bürgergesellschaft begreift. Tritt der

Staat den Bürgern als eine Instanz der Regulierung, Vorsorge und allgemeinen Lebensbewältigung gegenüber, oder tritt der Charakter des Staates als eines bürgerlichen Vertrages wieder mehr in den Vordergrund, als einer Vermittlungsinstanz, die letztlich immer auf das Verhältnis der Bürger untereinander und damit auch auf die Verantwortung des Individuums für sich selber verweist? Wenn man genauer hinschaut, könnte man in der Reformalternative der bürgerlichen Gesellschaft noch einmal eine eher liberale Variante und eine eher kommunitaristische Variante unterscheiden: mit einem Akzent entweder auf der bürgerlichen Selbsttätigkeit einschließlich ihres «gesunden Egoismus» oder auf der bürgerlichen Gemeinwohlverpflichtung. Doch haben die scharfen intellektuellen Kämpfe der 80er Jahre zwischen Liberalismus und Kommunitarismus sich in den konkreten Reformdebatten eher entschärft als zusätzlich aufgeladen; letztlich geht es um zwei Seiten derselben Medaille.

Hinter der übergeordneten Option «Reform oder Bewahrung» steht häufig eine noch allgemeinere kulturelle Grundhaltung: Zuversicht trifft auf Angst, Aktivismus auf gelähmte Passivität. Man könnte von einer neuen Spaltung zwischen «cultural optimists» auf der einen Seite, «cultural pessimists» auf der anderen Seite sprechen. Dabei fühlen sich die Pessimisten strukturell in der Defensive – und das ist auch ein Grund dafür, warum sie am ehesten zu Verschwörungstheorien Zuflucht nehmen, um die missliche Lage zu erklären, in die sie geraten sind. Der Name dieser Verschwörungstheorie lautet zumeist «Neoliberalismus». Wenn nicht nur herkömmliche Rechte oder einige Kapitalisten den Umbau des Sozialstaates oder mehr Bürgerverantwortung fordern, muss dahinter wohl ein Komplott stehen. Häufig spricht man in diesem Zusammenhang auch von der neuen Frontstellung zwischen «Modernisierungsgewinnern» und «Modernisierungsverlierern». Daran ist manches zutreffend; es gibt wie immer Gewinner und Verlierer großer Veränderungsprozesse, und die Gewinner werden eher als die Verlierer geneigt sein, den Wandel zu begrüßen oder gar zu betreiben. Aber die Verbindung zu den eigenen materiellen Interessen ist nicht so eng, wie dieses Begriffspaar suggeriert. Zumal viele Ältere haben von den Veränderungen nichts zu befürchten und reagieren doch als «Pessimisten», während ein Großteil der Jüngeren ihnen ungeschützt ausgesetzt ist und dennoch zu den «Optimisten» neigt – zumal die neue Unsicherheit in Erwerbsleben und privater Biographie es häufig unmöglich macht, frühzeitige Prognosen über das Gewinnen und Verlieren abzugeben.

Eine weitere kulturelle Spannungslinie überlappt sich damit: Es ist der Konflikt zwischen «Dynamisierern» und «Schrumpfern». Er hat nicht alle westlichen Gesellschaften gleichermaßen erfasst; am wenigsten wohl die angelsächsischen, am meisten wahrscheinlich im Moment die deutsche. Während die einen auf Wachstum und Dynamisierung als Weg aus der Krise setzen – sei es in der Form klassischen wirtschaftlichen Wachstums, sei es als technisch-wissenschaftliche Innovation, sei es als Umkehrung des demographischen Trends – sehen die anderen halb fatalistisch, halb in skeptischem Realismus in der kontrollierten Schrumpfung die Zukunft des eigenen Landes. Wenn die Bevölkerungszahl sinkt, Städte sich entleeren, die Erwerbsarbeit schwindet, Innovationen und Investitionen in Unternehmen und Infrastrukturen ausbleiben, müssen wir das, so das Credo der Schrumpfer, nicht nur akzeptieren, sondern auch die Vorteile einer solchermaßen kleiner, im Sinne einer «Entschleunigung» auch langsamer werdenden Welt akzeptieren. Manchmal wird dahinter eine Neuauflage älterer Kulturkritik der Moderne sichtbar, die sich mit Wachstum, Veränderung und Beschleunigung seit je, vor allem seit dem späten 19. Jahrhundert, schwer getan hat.

Optimisten gegen Pessimisten, Dynamisierer gegen Schrumpfer: Von diesen neuen Kulturkonflikten ist die Definition der politischen Lager nicht unberührt geblieben. Schon seit den 70er Jahren hatte die Linke sich weithin, vor allem mit dem Siegeszug der ökologischen Bewegung, von dem klassischen Fortschrittsdenken verabschiedet und in eine bewahrende, kulturalistische Linke transfomiert. An dieser Wendung sind zwar im letzten Jahrzehnt politische ebenso wie intellektuelle Zweifel aus dem linken Lager selber angemeldet worden – von Tony Blair über Anthony Giddens bis zu Richard Rorty –, doch ist der Konflikt noch immer ungelöst, und die Sehnsucht nach Bewahrung und Schrumpfung, nach der großen Harmonie jenseits aller Entfremdung setzt sich in Teilen der Linken unter dem Eindruck der globalen Veränderungen erst recht fort. Das rechte

Lager hat spiegelbildlich eine ähnliche Herausforderung getroffen, doch sind die meisten Konservativen damit pragmatischer umgegangen. Weniger als die Linken haben sie jedenfalls für sich den Paradigmawechsel reflektiert, der sie von Skeptikern der Moderne, von Bewahrern, von Pessimisten zu den entschiedensten Fürsprechern einer «verlängerten Modernisierung» gemacht hat, zu Optimisten und Veränderern. Aber auch hier geht, wie auf der Linken, ein tiefer kultureller Riss durch das einstmalige politische Lager hindurch, und auf beiden Seiten ist offen, wie dieser Konflikt ausgehen wird – und ob es danach «Rechte» und «Linke» im herkömmlichen Sinne überhaupt noch gibt.

Was am Ende das Ergebnis dieser großen Transformation sein wird, weiß noch niemand. Möglicherweise ist sogar die Hoffnung trügerisch, der sich im Moment die Befürworter von Reformen bedienen, um bei den Skeptikern den Mut zu Veränderungen zu stärken: dass die westlichen Gesellschaften nämlich in einem Übergangsprozess stehen, der in eine neue Phase des inneren Gleichgewichts und der Stabilität führt. Das wird in wichtigen Aspekten so sein, etwa wenn es darum geht, die sozialen Sicherungssysteme «demographiefester» zu machen oder die Finanzierung öffentlicher Aufgaben aus der Verschuldungsspirale in ein Muster der fiskalischen Nachhaltigkeit zu überführen. Aber aller historischen Erfahrung nach werden dann neue Probleme, neue Konflikte, neue Spannungslinien auftauchen, mit denen wir im Moment noch gar nicht rechnen. Daraus sollten wir aber nicht die traurige Konsequenz ziehen, auf die Bearbeitung der gegenwärtigen Konflikte zu verzichten und uns mit den kulturellen Erscheinungsformen der neuen Klassengesellschaft oder mit dem Ausschluss vieler Millionen Menschen von Bildungs- und Erwerbschancen abzufinden. Es bleibt uns gar nichts anderes übrig, als in einer riskanten Moderne in Bewegung zu bleiben.

6.
SOZIALE GERECHTIGKEIT IN NEUEN SPANNUNGSLINIEN

I.

Am Anfang des 21. Jahrhunderts ist Gerechtigkeit wieder zu einem großen Thema, zu einem Leitbegriff der Politik, der öffentlichen Auseinandersetzung, der gesellschaftlichen Konflikte geworden. In Deutschland ist diese Renaissance der Gerechtigkeit besonders deutlich spürbar – was mindestens zweierlei bedeutet.

Erstens spitzt sich hier die Krise der klassischen Wohlfahrts- und Wohlstandsgesellschaften des nordatlantischen Raumes schärfer zu als bei vielen unserer Nachbarn. Das liegt auch an der deutschen Verspätung bei der Bearbeitung dieser Probleme, und dieser Verspätung wiederum liegt ein ganzes Bündel von historischen Ursachen zugrunde. Es reicht von einer obrigkeitlichen, auf staatliche Versorgung fixierten Sozialmentalität über das Erbe der Diktaturen des 20. Jahrhunderts (vor allem des Nationalsozialismus, sekundär auch des DDR-Regimes) bis zu den Folgen der Wiedervereinigung vor anderthalb Jahrzehnten.

Zweitens bedeutet die Renaissance der Gerechtigkeit in Deutschland aber auch: Der Fokus der Debatte hat sich in bemerkenswerter Weise auf den nationalen Raum zurückverschoben. In den 80er Jahren spielten globale Disparitäten, vor allem das Nord-Süd-Gefälle im weltweiten Wohlstand, eine viel wichtigere Rolle, obwohl dieses Gefälle in vieler Hinsicht, jedenfalls gegenüber großen Teilen Afrikas, seitdem größer und nicht kleiner geworden ist. Doch das politische Interesse und nicht zuletzt die subjektive Betroffenheit der Bürger selber richtet sich (im vermeintlich postnationalen Zeitalter) primär wieder auf den nationalen Binnenraum, was die Verteilung von Vermögen, Einkommen, Bildung und allgemeinen Lebenschancen betrifft. Das Gefühl ist weit verbreitet (und hat vermutlich sogar einen neuen historischen Höhepunkt erreicht), dass die neue Dynamik des Kapitalismus diese Lebenschancen weniger gerecht als zuvor verteilt, und mehr noch: dass die Reformen, die durch ökonomischen und gesellschaftlichen Wandel erzwungen werden, zusätzlich Ungerechtigkeit verstärken statt auf Ausgleich, Balance und Fairness hinzuwirken. Es dürfte inzwischen unbestritten sein, dass die erfolgsverwöhnten westlichen Nachkriegsgesellschaften, unter ihnen die Bundesrepublik, in eine neue und schwierigere Epoche eingetreten sind. Umstritten ist dagegen, welche Konsequenzen diese Entwicklung für jenes Ziel der «Gerechtigkeit» hat, das die großen Volksparteien in Deutschland seit langem gleichermaßen zum Kanon ihrer programmatischen Grundwerte zählen.

Auf der einen Seite erneuert die sozialökonomische Krise ältere Spannungslinien wie die zwischen «Arm» und «Reich». Auf der anderen Seite ist die neue Konstellation gerade dadurch gekennzeichnet, dass Konflikte ganz anderer Art auftauchen und zu einem Problem der Gerechtigkeit werden: ethnische Spannungen etwa oder ein neues Gefälle zwischen Generationen. Die Folge ist paradox: Gerechtigkeit wird gegenwärtig zugleich eindimensionaler, konventioneller verstanden – nämlich als Verteilungsgerechtigkeit in einem sozialökonomischen Klassensystem von «oben» und «unten» – und vielschichtiger, komplizierter, durch postklassische Konflikte geprägt. Steht auf diese Weise schon der Begriff der Gerechtigkeit selber im Kreuzfeuer unterschiedlicher Definitionen, ist erst recht strittig geworden, was eine Politik der Gerechtigkeit sein kann, welche politischen Gestaltungsräume für eine «gerechte» Gesellschaft es überhaupt gibt und vor allem, was die Instrumente einer zeitgemäßen Gerechtigkeitspolitik sein können.

II.

Es gibt unendlich viele Versuche, Gerechtigkeit zu definieren und verschiedene Dimensionen der Gerechtigkeit zu unterscheiden. Gerechtigkeit ist ein Leitbegriff der abendländischen Tradition seit mehreren tausend Jahren, vielleicht sogar eine Kategorie menschlicher Existenz überhaupt. Zu unterschiedlichen Zeiten und in unterschiedlichen Kulturen hat dieser Begriff ein breites Spektrum von Bedeutungen erschlossen, und bis heute wird kaum Einigkeit über ihn zu erzielen sein. Schon innerhalb des «Westens», der entwickelten euroatlantischen Demokratien, sind erhebliche Unterschiede feststellbar. Sie betreffen nicht nur verschiedene Aspekte der Gerechtigkeit oder Strategien der Gerechtigkeitspolitik, sondern auch den Stellenwert des Grundwerts Gerechtigkeit im Vergleich. So ist es zwar ein Gemeinplatz, aber dennoch zutreffend und folgenreich, dass in den USA die Freiheit unzweifelhaft den ersten Platz in der Werteskala einnimmt, während in Deutschland Gerechtigkeit bzw. Gleichheit oft ebenso wichtig sind. Oder man kann sagen (auch dies ist oft festgestellt worden), dass Gerechtigkeit sich in den angelsächsischen Gesellschaften eher auf die Gleichheit bzw. Fairness der Ausgangsbedingungen bezieht und deshalb in der Rechtsstellung des Invididuums begründet ist, während sie in Kontinentaleuropa mehr auf die Gleichheit der Resultate gerichtet ist und deshalb zum einen der «sozialen» Gerechtigkeit den Vorrang gibt und zum anderen dem Staat eine maßgebliche Rolle für die Erreichung des Ziels der Gerechtigkeit zuweist.

Man könnte sagen, dass Gerechtigkeit auf dreierlei zielt: auf Identität, auf Fairness und auf Gleichheit. Gerechtigkeit als Identität, das bedeutet den fundamentalen Anspruch, man selber sein zu können, seine soziale und kulturelle Identität verwirklichen und ein Leben ohne Zwang und Entfremdung führen zu können. Ungerecht wäre es dann, einen wesentlichen Teil seines Lebens – zum Beispiel seine religiöse Identität – aufgeben zu müssen. Dieser Aspekt lässt sich auch als eine Dimension von Freiheit deuten. Aber er hat tatsächlich in der jüngeren Debatte über Gerechtigkeit eine zentrale Rolle gespielt, nämlich unter dem Stichwort der (kulturellen) «Anerkennung». In einer vielfältigen und pluralistischen Gesellschaft dürfen unterschiedliche Identitäten gerade nicht dem Zwang zur Gleichförmigkeit unterworfen werden, sondern haben ein Recht darauf, von der Gemeinschaft Anerkennung (und Respekt) zu erfahren und damit so bleiben zu dürfen, wie sie sind.[19]

Gerechtigkeit als Fairness bedeutet, so behandelt zu werden, wie man es verdient hat: gemessen an ethischen Maßstäben oder politischen Übereinkünften, die gleichermaßen aushandlungsbedürftig sind. Während es bei der Identität darum geht, verschiedene Fälle auch verschieden sein zu lassen, lautet das Minimalkriterium bei der Fairness, gleiche (bzw. vergleichbare) Fälle auch gleich zu behandeln. Die Gleichheit von Staatsbürgern vor dem Gesetz und der Grundsatz, «ohne Ansehen der Person» beurteilt, nötigenfalls auch gerichtet zu werden, ist ein wichtiger Teil davon. Diese Dimension der Gerechtigkeit wird in westlichen Demokratien inzwischen für so selbstverständlich gehalten, dass wir wenig über ihre Grundlagen und ihre historische Bedingtheit nachdenken. Aktuell ist sie gleichwohl noch, wie das Beispiel der «Wehrgerechtigkeit» zeigt: Angesichts eines geschrumpften Personalbedarfs wird die allgemeine Wehrpflicht möglicherweise nicht mehr nach fairen Kriterien gehandhabt. Davon sind wesentliche Lebenschancen junger Menschen betroffen. Doch illustriert dieses Beispiel zugleich, dass dieser Aspekt der Gerechtigkeit nur über ein vergleichsweise geringes Mobilisierungs- und Politisierungspotential verfügt.

Schließlich richtet sich die Frage der Gerechtigkeit, drittens, auf den Maßstab der Gleichheit. Damit kann eine Gleichheit der Chancen ebenso gemeint sein wie eine Gleichheit der materiellen Ausstattung, wobei dieser Maßstab jedoch in der Regel nicht absolut, sondern nur als ein gedanklicher Fluchtpunkt in Anschlag gebracht wird. Die mindestens implizite Grundannahme dabei ist jedoch in der Tat eine Art fiktiver Naturzustand, wie man ihn aus vielen Vertragstheorien der bürgerlichen Gesellschaft kennt; namentlich ein Naturzustand vor Privateigentum und Arbeitsteilung. Wenn Menschen in einer arbeitsteilig differenzierten, das Privateigentum schützenden Gesellschaft unterschiedlichen Wohlstand und Status haben (und vererben), dann ist doch unverdiente oder ungerechtfertigte Ungleichheit auch (moralisch) ungerecht. Daran schließt sich heute meistens eine funktionale Rechtfertigung von Ungleichheit an: Aufgrund einer bestimmten Position, die Qualifikation und Verantwortung einschließt, ist zum Beispiel ein höheres Einkommen gerechtfertigt. In diesem Koordinatensystem bewegt sich letztlich auch die berühmteste sozialphilosophische Gerechtigkeitstheorie der letzten Jahrzehnte, die von John Rawls.[20] Ihr Hauptkriterium lautet bekanntlich, dass jede faktische Ungleichheit auch den weniger Privilegierten mehr Vorteile bieten müsse als strikte Gleichheit. Sehr simplifiziert könnte man sagen: Eine kapitalistische Gesellschaft ist dann gerecht, wenn in ihr der Arbeiter mehr verdient als in einer kommunistischen. Solange dieses Kriterium nicht erfüllt ist, kommt als Strategie der Gerechtigkeitspolitik vor allem die materielle Umverteilung in Frage, die in den meisten Nationen des Westens, einschließlich den USA, seit gut einem Jahrhundert durch den Steuerstaat (vor allem mit der progressiven Einkommensteuer) und den Wohlfahrtsstaat (mit seinen direkten und indirekten Transferzahlungen) geleistet wird.

Diese drei Aspekte – Identität, Fairness und Gleichheit – lassen sich auch als Stufen der Gerechtigkeit verstehen, die aufeinander aufbauen und auf zunehmend komplexen Voraussetzungen beruhen. Zumal die Vorstellung von Gerechtigkeit als Gleichheit im Sinne einer (materiellen) Verteilungsgerechtigkeit ist eine Norm, die sich keineswegs universell durchgesetzt und auch in Deutschland erst in den letzten Jahrzehnten ihren Höhepunkt erreicht hat. Man könnte sogar die These vertreten, dass das Ideal der Verteilungsgerechtigkeit gerade im historischen Moment der Krise des klassischen Sozialstaates und seiner Verteilungsspielräume am schärfsten formuliert und politisch-moralisch eingefordert werden kann – was die gegenwärtige Renaissance der Verteilungsdebatte erklärt, aber auch die Spannungen, die sich zwischen öffentlicher Wahrnehmung und gesellschaftlicher Realität auftun. In der Hochphase der «alten Bundesrepublik» verstand sich Umverteilung von selber, und der Fluchtpunkt der Gerechtigkeitspolitik konnte diffus bleiben. So verfolgte die gewerkschaftliche Tarifpolitik jahrzehntelang das Ziel einer Angleichung von Lohn- und Gehaltsgruppen – Niedriglohngruppen entfielen, untere Lohngruppen erhielten stärkere Zuwächse –, ohne sich festlegen zu müssen, ob der Arbeiter und der Ingenieur am Ende gleich viel verdienen sollten. Erst die Krise des expansiven Wohlfahrtsstaates zwingt zu einer genaueren Bestimmung der politischen und moralischen Maßstäbe, die dem Ideal der Verteilungsgerechtigkeit zugrunde liegen.[21]

Gleichzeitig jedoch wird immer klarer erkennbar, dass die klassischen Strategien der Gerechtigkeitspolitik, auch angesichts neuartiger gesellschaftlicher Probleme, insgesamt an Überzeugungs- und politischer Durchschlagskraft verlieren. Die multikulturelle «Politik der Anerkennung» in den 80er und 90er Jahren war bereits eine Antwort auf die Grenzen einer Verteilungspolitik, die implizit immer von dem Ideal einer ethnisch und kulturell homogenen Gesellschaft ausgegangen war. Inzwischen sind auch die Grenzen der Anerkennung ins Bewusstsein getreten – aus mindestens zwei Richtungen: Zum einen endet die Plausibilität der Anerkennung dort, wo grundlegende Werte des zivilen Zusammenlebens, des Rechtsstaates, der Freiheit, der Gleichberechtigung der Geschlechter in Frage gestellt werden. Zum anderen endet sie dort, wo kulturelle Verschiedenheit nicht in die offene Pluralität von Lebensstilen mündet, sondern Zonen der Benachteiligung, der Minderung von Lebenschancen zumal von Kindern etabliert und verfestigt. Insofern hat, in beiden Aspekten, das Prinzip universeller Normen zuletzt wieder verlorenes Terrain zurückgewonnen.

Dieser Befund einer doppelten Krise der Umverteilung *und* der Anerkennung steht am Beginn der Karriere eines neuen Begriffes: der Teilhabegerechtigkeit. Damit ist die Fähigkeit gemeint, an den allgemeinen Chancen der Gesellschaft teilnehmen zu können – nicht so sehr im Sinne einer materiellen Ausstattung etwa von sozialen Transferzahlungen derart, dass sie den Erwerb einer Theater- oder Kinokarte einschließen, sondern im Sinne der grundlegenden Lebenschancen in den Bereichen Bildung, Erwerbsarbeit und Gesundheit. Teilhabegerechtigkeit zielt auf die Stärkung von Ressourcen der selbstständigen Lebensführung und damit wesentlich auf kulturelle Kompetenzen, die den Anschluss an die jeweils besten Möglichkeiten einer Gesellschaft sichern sollen. Mit dieser Akzentverschiebung ist vor allem die Bildung in den Mittelpunkt der Gerechtigkeitspolitik gerückt. Wenn Jugendliche etwa aus Migrantenfamilien ohne Schulabschluss bleiben und so auf Jahrzehnte Lebenschancen einbüßen, ist mit einer Politik der Umverteilung wenig geholfen; sie lindert höchstens noch die Symptome, ohne die Ursachen bekämpfen und den Kern der Ungerechtigkeit treffen zu können. Ob sich dieses Verständnis von Gerechtigkeit auch gesellschaftlich durchsetzt und politisch folgenreich wird, bleibt abzuwarten. Sie wird nicht zuletzt an jenen neuen sozialen Spannungslinien zu entscheiden sein, die den klassischen Arm-Reich-Konflikt der industriellen Gesellschaft sprengen.

III.

Denn als bloße «Renaissance der Klassengesellschaft» bliebe die Problemdiagnose unvollständig. Wohl hat sich die öffentliche Wahrnehmung und zumal die Moralisierung sozialer Spannungslinien seit 2003/04 in erheblichem Maße auf die traditionellen Verteilungsfragen, auf das «Arm-Reich-Problem» konzentriert. Doch die Geschichte entwickelt sich nicht rückwärts, und die Gesellschaft des beginnenden 21. ist keine Wiederauferstehung der Klassengesellschaft des 19. Jahrhunderts. Vielmehr sind neue Spannungslinien entstanden, die sich mit den alten, aber auch gegenseitig auf komplizierte Weise überkreuzen. Insofern führt die Konzentration auf die Klassenfrage in die Irre, zumal wenn an dieser Stelle der einzige oder auch nur vorrangige Hebel der Gerechtigkeitspolitik angesetzt werden soll. Man könnte bei diesen neuen Spannungslinien zuerst an die Ungleichheit der Geschlechter denken – natürlich ein uraltes Problem, das gleichwohl immer noch offener ist, als man es vor wenigen Jahrzehnten erwarten konnte. Es ist «neu» und aktuell insofern, als Deutschland mittlerweile in vieler Hinsicht einen Rückstand gegenüber anderen westlichen Nationen aufweist: bei der Vereinbarkeit von Familie und Beruf oder der Präsenz von Frauen in Führungspositionen. Diese Ungleichheit wird jedoch inzwischen weniger scharf (und: weniger als «ungerecht») empfunden als zu den Hochzeiten der Frauenbewegung in den 70er oder 80er Jahren.

Bei den neuen Ungleichheiten, die zugleich als ungerecht thematisiert werden, steht der Konflikt der Generationen wohl an erster Stelle. Jede Gesellschaft beruht auf einem impliziten Generationenvertrag: Man sorgt für die Kinder, weil diese als Erwachsene für ihre eigenen Eltern, die dann Alten, sorgen, aber auch deshalb, weil die Kinder wiederum für ihre Kinder sorgen werden. Die mittleren Generationen (zugleich in der Regel der erwerbstätige Bevölkerungsteil) tragen oft eine doppelte Verantwortung gegenüber Kindern und

Eltern, doch tun sie das in der Gewissheit, selber versorgt worden zu sein (als Kinder) und später – im Alter, im Ruhestand, bei Krankheit – versorgt zu werden. Der deutsche Wohlfahrtsstaat hat bekanntlich, vor allem in den Sozialversicherungen mit ihrem Umlageverfahren, in erster Linie auf dieses Generationenprinzip gesetzt. Doch funktioniert es nur und ist nur gerecht unter mindestens konstanten Bedingungen, besser noch (und das war lange Zeit der Normalfall) unter Bedingungen der Expansion: der demographischen wie der ökonomischen.

Diese Situation existiert nicht mehr, und damit entstehen neue Disparitäten und Verteilungskonflikte. Die mittlere Generation kann selber nicht mehr mit jenem Niveau der Absicherung rechnen, das sie gegenwärtig ihren Eltern finanziert. Aber auch die Bildungs- und Aufstiegschancen haben sich verändert, häufig vermindert – quer durch die sozialen Schichten und Klassen: Der Sohn des lebenslang quasi unkündbar beschäftigten Facharbeiters kann nicht mehr mit einer ähnlich sicheren und gut dotierten Position rechnen, die Tochter des Studiendirektors oder Richters hat erhebliche Schwierigkeiten, eine vergleichbare Stellung im höheren Staatsdienst zu finden. Ungleiche Generationenchancen sind kein neues Phänomen. Doch bestand die Ungleichheit in den letzten hundert oder sogar zweihundert Jahren vor allem darin, dass es den Nachgeborenen besser ging als ihren Eltern, und an diese Erfahrung haben wir uns gewöhnt. Von den Expansions- und Wohlstandsjahrzehnten der Bundesrepublik hat insbesondere eine Generation profitiert – die der um 1940 Geborenen –, die man als die «goldenen Kohorten» der Nachkriegszeit bezeichnen könnte. Ihr Leben war von stetigem Aufstieg und Wohlstandszuwachs gekennzeichnet, sie haben vom historisch größten Umfang der sozialen Sicherungssysteme und anderer öffentlicher Infrastruktur profitiert.

Aber diese Konstellation hat noch nicht zu einem offenen Generationenkampf geführt und wird es wohl auch nicht. Denn nur ein kleiner Teil dieses Konfliktpotentials wird politisch bearbeitet – etwa durch die Rentenversicherung –, der größere Teil verbleibt im privaten Raum. Die Lösung besteht dann darin, dass die Eltern ihre längst erwachsenen Kinder materiell unterstützen (wie das inzwischen häufig der Fall ist), statt umgekehrt in der Altersknappheit von den Kindern unterstützt zu werden. Als «ungerecht» wird diese ungleiche generationelle Lagerung übrigens auch deshalb nicht empfunden, weil sie nicht so leicht kausal zurechenbar ist – anders gesagt: weil sich ein Schuldiger, dem die moralische Last der Ungerechtigkeitsfeststellung aufgebürdet werden könnte, nur schwer finden lässt. Bei den Klassenunterschieden, also der klassischen Verteilungsungleichheit, ist diese Zurechnung leichter und seit langem etabliert: Sie geschieht auf «die Reichen» selber, auf den Kapitalismus sowie auf den Staat, der vermeintlich unfähig ist, den Kapitalismus sozial zu bändigen. Damit aus Ungleichheit ein Gerechtigkeitsproblem wird, bedarf es also zum einen dieser moralisch aufgeladenen Kausalzurechnung, zum anderen der Definition eines Problems als öffentlich und gesellschaftlich statt bloß privat.

Auf ganz ähnliche Problemlagen stößt man bei einer weiteren «neuen Ungleichheit», die sich in den letzten Jahren vehement in den Vordergrund öffentlicher Debatten geschoben hat – und aus guten Gründen in Deutschland mehr als anderswo: nämlich die Differenz zwischen Eltern bzw. Familien und (dauerhaft) Kinderlosen. Hier steht ein gesellschaftlicher Strukturwandel von historischer Dimension am Anfang. Die Normalität der Familienbiographie löste sich im letzten Drittel des 20. Jahrhunderts rapide auf; es wurde möglich, legitim und weit verbreitet, ein Leben (bewusst) ohne Kinder zu führen. Natürlich hat es biologisch oder kulturell-religiös bedingte Kinderlosigkeit immer schon gegeben, doch spielte sie erstens quantitativ eine marginale Rolle, und zweitens führte sie typischerweise auch in soziokulturelle Marginalität bzw. war deren Ausdruck: Man war zu arm, um zu heiraten und einen eigenen Haushalt zu führen; man fand keinen Partner und stand damit außerhalb des familienzentrierten bürgerlichen Mainstreams. Die neue Kinderlosigkeit dagegen etablierte sich selbstbewusst – mitunter sogar ausdrücklich als Entscheidung für eine «Befreiung» der eigenen Lebensführung – in der Mitte der Gesellschaft.

Damit war zunächst nur eine Differenz gegeben, die erst mit einer gewissen Verzögerung auch als Ungleichheit thematisiert wurde. Obwohl der staatliche «Familienlastenausgleich», vor allem durch das Steuersystem und durch direkte Transferleistungen wie das Kindergeld, seit den 80er Jahren sogar ausgebaut wurde, verfestigte sich ein Eindruck der ungleichen Lebenschancen. Eltern übernehmen die – nicht nur private, sondern auch gesellschaftliche – Verantwortung für die Erziehung der nächsten Generation und nehmen dafür zugleich Einschränkungen ihrer Lebensgestaltung in Kauf: kulturelle Einschränkungen, soweit spontane Entscheidungsfreiheiten und der Wunsch nach individueller «Selbstverwirklichung» betroffen sind, aber eben auch materielle Einschränkungen durch ein signifikant niedrigeres Pro-Kopf-Einkommen, zumal in Verbindung mit dem häufig entgangenen Erwerbseinkommen von Frauen in der Erziehungsphase (mit Rückwirkungen bis in die Alterssicherung). In Deutschland als einem der Länder mit der weltweit niedrigsten Geburtenrate und zugleich mit einer niedrigen Frauenerwerbsquote ist diese Ungleichheit schärfer ausgeprägt als in den USA oder Frankreich. Zusätzlich verstärkt wird sie durch eine charakteristische Überschneidung mit sozialökonomischer Ungleichheit, weil viele Gebildete und Gutverdienende, besonders Akademiker, viel eher auf Kinder verzichten als Angehörige ärmerer, z.T. ohnehin schon transferbedürftiger Bevölkerungsschichten.

Ob in einem zweiten Schritt aus der (objektiven) Ungleichheit auch eine (intersubjektive, gesellschaftlich festgestellte) Ungerechtigkeit wird, ist gegenwärtig eine offene Frage. Die Transformation der beschriebenen Situation in eine Ungerechtigkeit setzt voraus, dass sie als ein politisches Problem, als ein Problem des Gemeinwesens (und nicht nur von privaten Individuen) empfunden wird und dass Strategien zu ihrem Abbau, also zu einer Politik für mehr Gerechtigkeit, mindestens diskutiert werden. Eine Zeit lang sah es so aus, als geschehe dies tatsächlich, doch der Politisierung des (vermeintlich?) Privaten scheinen enge Grenzen gezogen zu sein. Die Veränderung des kulturellen Klimas zugunsten von Familien ist jedenfalls politisch und bisher auch demographisch folgenlos geblieben. Und wie bei den meisten der «neuen» Ungleichheiten erweist sich auch hier: Die verschiedenen Interessen sind kaum organisierbar, obwohl durchaus handfeste materielle Interessen und Verteilungsfragen auf dem Spiel stehen. Ein Klassenkampf zwischen Eltern und Kinderlosen findet allenfalls gelegentlich in den Feuilletons statt. In der Steuerreformdiskussion zum Beispiel sind Vorschläge wie das Familiensplitting oder eine stärkere Spreizung der Steuerklassen wieder in den Hintergrund getreten. Im Bundestagswahlkampf des Sommers 2005 spielten Gerechtigkeits- und Verteilungsfragen eine erhebliche Rolle, doch die familien-, generations- und geschlechterpolitischen Aspekte fanden fast gar keine Beachtung.

Die Liste der neuen Spannungslinien ließe sich fortsetzen. Einen prominenten Platz nimmt dabei die Unterscheidung von einheimischer und zugewanderter Bevölkerung ein. Auch hier hat sich, ähnlich wie im Falle der Generationen und der Familien, ein Blickwechsel vollzogen, der soziale und kulturelle Differenz zugleich als Ungerechtigkeit erfahrbar macht. In einer ersten Stufe waren Migranten «Gastarbeiter». Sie hatten als solche entweder ohnehin keinen Anspruch auf die Gerechtigkeitskriterien der *Mainstream*-Gesellschaft, oder ihr Status war als bloß transitorisch gedacht: Mit der vollständigen Integration in der viel zitierten «dritten Generation» entfiele dann auch die Ungerechtigkeit begründende Differenz als solche. In einer zweiten Stufe – das alles natürlich holzschnittartig vereinfacht – wurde die Differenz nicht nur anerkannt, sondern unter dem Stichwort der «multikulturellen Gesellschaft» als gerecht und fortbestehenswürdig legitimiert, weil die Identität und Integrität von Lebensweisen nicht in Frage gestellt werden dürfe. Erst in einem dritten Schritt, der in der deutschen Debatte erst vor ganz wenigen Jahren getan worden ist, wurde die Lebenssituation von Migranten primär als eine der Benachteiligung und des Ausschlusses begriffen und damit als eine Situation der Ungerechtigkeit, der (auch) durch politische Intervention abgeholfen werden müsse. Dabei steht jedoch nicht die materielle Umverteilung im Vordergrund, sondern Sprach- und Bildungsförderung und andere Instrumente der Unterstützung soziokultureller Teilhabe. Hier erweist sich erneut, was wir schon festgestellt haben:

Erstens sind die entlang der neuen Spannungslinien verlaufenden Interessen nur äußerst schwer organisierbar – eine schlagkräftige Stimme türkischer oder russischer Einwanderer in Deutschland gibt es trotz der jahrelangen intensiven Diskussion über Bildungsrückstände, Sprachprobleme, Ghettobildung oder auch über den Stellenwert der islamischen Kultur im Alltag immer noch nicht. *Zweitens* fällt eine Gerechtigkeitspolitik, die auf andere Instrumente als das der materiellen Umverteilung setzt, und wegen der spezifischen Ursachen von Benachteiligung, die sich mit Geld nicht kompensieren lassen, auch setzen muss, immer noch sehr schwer – erneut muss man sagen: trotz der jahrelangen Debatten über neue Ungleichheit und neue Gerechtigkeitspolitik.

So ist die Situation der Gerechtigkeit wahrhaftig paradox. Auf der einen Seite ist die Erkenntnis allgemein, dass die Gesellschaften des 21. Jahrhunderts durch eine komplizierte Überlagerung von Spannungslinien und Ungleichheiten gekennzeichnet sind. Ungleichheit entsteht häufiger und krasser außerhalb der sozialökonomischen Leitdifferenz der klassischen industriellen Gesellschaft: jenseits von Reich und Arm, von Bürgertum und Proletariat, von Kapital und Arbeit. Und sie ist in diesen neuen Zonen nur teilweise, wenn überhaupt, mit den Mitteln der materiellen Umverteilung auszugleichen. Gerechtigkeitspolitik braucht deshalb andere, mindestens zusätzliche Instrumente wie das der Förderung von Bildung, von sprachlicher und kultureller Teilhabe, auch: von Erwerbsfähigkeit und Erwerbstätigkeit als Schlüssel zur sozialen Integration. Auf der anderen Seite verengt sich die Wahrnehmung von Ungerechtigkeit in Krisensituationen immer wieder auf die Differenz von Arm und Reich, und Gerechtigkeitspolitik nimmt allzu rasch – angesichts immer neuer Ansprüche auf Kompensation – Zuflucht bei neuen Angeboten der Umverteilung, weil damit eine rasche, sofort wirksame Befriedigung von Interessen möglich scheint. Wer will schon Jahre, möglicherweise Jahrzehnte – bis in die Lebensgestaltung der nächsten Generation hinein – warten, bis sich die Resultate nachhaltiger Gerechtigkeitspolitik zum Beispiel in der Bildungsförderung erweisen können? Erst wenn es wenigstens in Ansätzen gelingt, diese Paradoxie aufzulösen, werden Fortschritte der Gerechtigkeit wieder möglich sein.

7. ARME, REICHE, MITTELSCHICHTEN. VON DER BEAUFSICHTIGTEN ZUR SELBSTSTÄNDIGEN GESELLSCHAFT

I.

Zuerst ging es nur um die Reformen. Deutschland muss sich verändern und modernisieren, seine inneren Blockaden überwinden. Die millionenfache Massenarbeitslosigkeit ist ein Skandal, neue wirtschaftliche Dynamik muss her, die Sozialsysteme gehören auf den Prüfstand. Endlich gilt es, die Konsequenzen aus der lange verdrängten demographischen Entwicklung: der zunehmenden Kinderlosigkeit, der Alterung unserer Gesellschaft zu ziehen. Das hörte sich großartig und doch schön abstrakt an – so abstrakt wie der regierungsamtliche Titel, der diesem Programm im März 2003 verpasst wurde: Agenda 2010.

Das war einmal. Inzwischen sind schmerzhafte Einschnitte spürbar, obwohl das Reformprogramm, zumal in der Sozialversicherung, bei Krankheit und Rente, bisher nicht über zaghafte Ansätze hinausgekommen ist. Die Gewerkschaften machen mobil, und hunderttausende protestieren in Berlin und anderswo – weniger gegen die Reformen überhaupt als vielmehr gegen die Lasten, die auf sie zukommen, während andere ungeschoren bleiben. Mit anderen Worten: Die Reformen sind endgültig zu einem Verteilungskampf geworden. Das ist im Prinzip nichts Neues, und doch ist der Unterschied gewaltig. Denn ein oder zwei Generationen früher, in den «Goldenen Jahren» der westdeutschen Nachkriegsgeschichte, wurden reichhaltige Zuwächse verteilt – teils erwirtschaftet, teils «auf Pump» besorgt. So geht es nicht weiter. Inzwischen müssen Einbußen, müssen Verluste verteilt werden, und das unter einer Prämisse, die oft der Quadratur des Kreises gleichzukommen scheint: Wir wollen mehr wirtschaftliche Dynamik, mehr Anreize für Leistung und Selbstverantwortung. Wir wollen aber auch am Ziel einer gerechten Gesellschaft festhalten, ja, Gerechtigkeit wiederherstellen, die inzwischen, zum Beispiel zwischen den Generationen, verloren zu gehen droht.

Aber wie geht dieser Verteilungskampf aus? Bisher hat sich der Eindruck verfestigt, die «sozial Schwachen» müssten die Verlierer der Agenda 2010 sein. Wer ohnehin schon wenig hat, wer in Armut oder prekären Beschäftigungsverhältnissen steckt, dem soll noch mehr genommen werden. Ob das immer stimmt, ist eine andere Frage. Warum eigentlich kann sich die 30-jährige Krankenschwester mit dem 59-jährigen Frührentner auf der Demo solidarisieren, dessen Rente sie zahlt, und der über die Besteuerung einer Betriebsrente klagt, von der die Krankenschwester nur wird träumen können? Doch andererseits: Was sind diese Konflikte gegen jene millionenschweren Gehälter, Abfindungen oder Bonuszahlungen von Managern, die nicht zufällig in letzter Zeit ebenfalls ins Blickfeld der Öffentlichkeit geraten sind? Nicht nur bei den Bildern vom Mannesmann-Prozess fragen sich viele, warum ein kleiner Teil der Gesellschaft sich auch in Zeiten der Krise immer mehr genehmigt und seinen Beitrag zur allgemeinen Solidarität verweigert. Schon wird reichen Steuerflüchtlingen unpatriotisches Verhalten vorgeworfen. Manchmal hat man den Eindruck, die Fronten in dem neuen Verteilungskampf seien so neu nicht. Die «sozial Schwachen» stehen gegen «die Reichen», und in seriösen Organen wie der Hamburger «Zeit», die von jeglichem Verdacht revolutionärer Umtriebe weit entfernt ist, liest man immer häufiger von einer neuen Klassengesellschaft in Deutschland.

Moment mal – die Reichen gegen die Armen? Da war doch noch etwas anderes: Was ist denn aus der Gesellschaft des allgemeinen, breit verteilten Massenwohlstands geworden, die vor nicht langer Zeit noch in aller Munde war? Und was ist aus denen geworden, die das solide soziale Fundament von Wohlstand und Bildung repräsentierten? Die Rede ist von der Mittelschicht, von jener schweigenden Mehrheit, die in den jüngeren Reformdebatten und auch bei den neuen Verteilungskämpfen in merkwürdige Unsichtbarkeit abgetaucht ist. Vielleicht gibt es die Mittelschicht gar nicht mehr? Darauf lohnt gleich ein näherer Blick, doch es scheint kaum glaublich, auch mit unserer Alltagserfahrung schwer vereinbar, dass die mittleren Lagen inzwischen aufgerieben sind, entweder der Verarmung preisgegeben oder in die wirklich vermögende Oberschicht aufgestiegen.

Vielleicht gibt sie sich nicht zu erkennen, artikuliert sich also nicht in Gesellschaft, Kultur und Politik, wie wir das erwarten würden oder einmal gewohnt waren? Das ist schon wahrscheinlicher, aber was wären die Gründe dafür? Es ist jedenfalls auffällig, dass das Verschwinden der Mittelschicht in eine Zeit fällt, in der wir zugleich von wachsender politischer Apathie, von Schwierigkeiten der politischen Interessenorganisation reden und die viel zitierte «Politikverdrossenheit» das Spiegelbild einer vermeintlich von den Realitäten abgehobenen Berliner Politikerkaste ist. Unbestreitbar ist in diesem Zusammenhang ein weiterer Befund: Die Politik hat ihre Vorliebe für die Mittelschichten inzwischen aufgegeben; sie hat ihr Interesse an jener «Mitte», die noch vor wenigen Jahren das eigentliche Kampffeld der Rekrutierung politischer Unterstützung im 21. Jahrhundert zu werden schien, aufgegeben.

Nur mit Mühe erinnert man sich an die «Neue Mitte», die Gerhard Schröder und seine Berater 1998 ausgerufen hatten und die für manche Beobachter sogar der Garant des rot-grünen Regierungswechsels vor knapp sechs Jahren gewesen ist. Damit war gemeint: Die SPD sucht ihre Zukunft nicht mehr in der traditionellen, gewerkschaftsnahen Klientel, auch nicht in jenen sozialen Randlagen der Armut und Bedürftigkeit, mit denen die Partei in den 90er Jahren, ein bisschen gegen ihren Willen, zunehmend identifiziert worden ist. Sondern sie macht sich zum Sprachrohr, zur Avantgarde beruflich aktiver, aufstrebender Schichten, die selbstbewusst ihren Platz in der Gesellschaft der Zukunft einnehmen – der 35-jährige IT-Ingenieur, Hochschulabschluss, pragmatisch, verheiratet, zwei Kinder wurde zum Sinnbild dieser «Neuen Mitte». Eine Orientierung in die *politische* Mitte war hier durchaus mitgemeint, was den Unionsparteien naturgemäß missfiel, die diesen mittleren Platz, fern ab von linken wie rechten Radikalismen, gerne für sich selber reklamieren. Für die SPD war diese Suche nach der Mitte also zugleich ein Pendelschwung zurück nach jener Linkswendung der Partei, die auf den Abgang

Helmut Schmidts gefolgt war und für die Namen wie Oskar Lafontaine gestanden hatten.

Die Erinnerung daran ist mehr als verblasst, ist ausradiert. Über die Mitte zu sprechen, gleich ob neu oder alt, lohnt nicht mehr, weil es eine solche Mitte angesichts dramatischer sozialer Zuspitzungen überhaupt nicht mehr gibt. Das ist jedenfalls der Eindruck, der sich in öffentlichen Debatten und im kollektiven Bewusstsein der vergangenen Jahre immer mehr verfestigt hat. Wir sind Zeuge eines gewaltigen Erdrutsches in der Selbstbeschreibung der eigenen Gesellschaft geworden. Statt von selbstbewussten Mittelschichten moralisch und ökonomisch geführt zu werden, ist Deutschland in zwei Extreme zerrissen. Mehr als den Gegensatz von Hartz IV-Klasse und Heuschreckenklasse scheint es nicht zu geben, dazwischen tut sich ein weiter Abstand und vermeintlich gähnende Leere auf. Wer im Jahre 2005 von außen auf das Land geblickt hat, muss den Eindruck gewonnen haben, Bezieher von Arbeitslosengeld II und solche, die es in absehbarer Zeit unausweichlich werden, machten bereits eine satte Mehrheit der Bevölkerung aus. Entsprechend düster ist die Stimmung. Gibt es keine starke Mittelschicht mehr in Deutschland?

Keine Frage – der «Mitte» einer Gesellschaft, der Mitte unserer eigenen Gesellschaft am Beginn des 21. Jahrhunderts haftet Vieldeutiges, häufig sogar Diffuses an. Man kann die Mittelschichten kaum kühl, sachlich, wertneutral analysieren, denn unweigerlich landet man bei diesem Thema auf dem Boden von Werturteil und Ideologie. Die Vorgeschichte dieser Probleme könnte kaum älter sein: Schon vor zweieinhalbtausend Jahren beschrieb Aristoteles für das antike Griechenland, für die klassische athenische Polis die Bedeutung der mittleren Schichten in einer ganz ähnlichen Ambivalenz und auch mit jener moralischen Aufladung, von der wir uns bis heute kaum befreien können. Da war einerseits die soziale Analyse: die Feststellung, dass es solche mittleren Schichten des Vermögens und Lebensstandards zwischen den Extremen von Reich und Arm gab und dass sie eine wichtige Ausgleichsfunktion übernahmen, um jene Extreme zu überbrücken, gewissermaßen nicht ungepolstert im Klassenkampf aufeinander treffen zu lassen. Und da war, andererseits, der politische

Auftrag der Mittelschichten. Besser als die Armen und die Reichen, weil gewissermaßen unkorrumpiert, sei es durch Mangel, sei es durch Überfluss, sollte die Mitte zur Sachwalterin der Polis und der demokratischen Bürgerpartizipation werden. Wenn die Mitte nicht stark war, wenn die mittleren Schichten sich nicht für das Gemeinwesen engagierten, sondern ganz in die Privatheit zurückzogen, dann stand es schlecht um die Verfassung des Staates.

Erkennen wir darin die Probleme von heute wieder? Warum, so ist zuerst zu fragen, spielten die Mittelschichten eine so bedeutende Rolle in unserem Entwurf einer gut geordneten Gesellschaft und Politik, und wieso ist die Suche nach der Mitte und die Angst vor ihrem Verlust gerade in Deutschland oftmals zur beklemmenden Obsession geworden? – Sodann: Wer sind die Mittelschichten heute, und wie stellt sich ihre ökonomische und soziale Lage dar? Leiden sie still unter den begonnenen Reformen, oder sind sie die heimlichen Profiteure, an deren Privilegien sich niemand so recht herantraut? – Und schließlich: Gibt es noch die seit Aristoteles immer wieder beschworene Verbindung von Mittelschicht und demokratischer Politik, oder sollte es sie geben? Vielleicht haben die Mittelschichten ja jene kulturelle und politische Leitfunktion verloren, die sie lange Zeit für die Gesellschaft im Ganzen ausgeübt haben; vielleicht haben sie den bürgerlichen Individualismus, der ja auch ein Prinzip der «Mitte» ist, auf die Spitze getrieben und sind zur Organisierung in der Demokratie unfähig geworden? In der Frage nach der Mittelschicht bündeln sich mithin Grundfragen, die wir an Gesellschaft und Demokratie heute zu stellen haben. Sehen wir also näher hin, legen wir die deutschen Mittelschichten auf den Seziertisch der Anatomie – in der Hoffnung, dennoch mehr als eine Leiche zu finden.

II.

Man muss nicht immer bis zu den alten Griechen zurückgehen, um die historische Dimension von Gegenwartsproblemen zu verstehen. Mittlere Klassen der Gesellschaft im modernen Sinne sind ein Ergebnis der großen Umbruchzeit von Französischer Revolution und früher Industrialisierung vor etwa zweihundert Jahren. Aufstrebende bürgerliche Schichten schoben sich zwischen den alten Gegensatz von Adel und bäuerlichen Massen. Städtische Führungsschichten spielten eine größere Rolle als zuvor; die soziale Stellung verdankte sich mehr selbst erworbenen Merkmalen wie Bildung und Besitz statt ererbten Rechten und Privilegien. Das neue Bürgertum trat mit dem etwas paradoxen Anspruch auf, eine neue Eliteklasse zu sein, welche die feudalen Schichten an der Spitze der Gesellschaft ablösen würde, und zugleich eine neue Mitte zu verkörpern, die sich zwischen der Armut des Volkes und dem bequemen adligen oder höfischen Wohlleben positionierte. Dieses Spannungsverhältnis hat sich durchaus bis heute erhalten. Bürgerliche Mittelschichten rund um Handwerksmeister, Ärztin oder Studienrat repräsentieren ein «Normalmaß», doch in einer demokratischen Gesellschaft ohne Standesprivilegien markieren sie auch Führungsansprüche und versuchen, Normen und Verhaltensweisen durchzusetzen, die von anderen als elitär begriffen werden.

Gerade in Zeiten des beschleunigten Wandels, des schnellen Aufstiegs und der *nouveaux riches* wuchs zudem die Sehnsucht nach einem Ausgleich der zentrifugalen Kräfte, nach einer stabilen Ordnung, die in einer möglichst breiten Mittelschicht ihren Ruhepunkt haben sollte. Als die moderne Industriegesellschaft noch in den Kinderschuhen steckte, war die Hoffnung weit verbreitet, auf das hierarchische Zeitalter der Standesprivilegien möge nun eine Zeit des Ausgleichs folgen, in der jedermann als sein eigener Kleinunternehmer zu bescheidenem Wohlstand kommen könne, ohne sich einerseits zu weit über seine Mitbürger zu erheben, ohne andererseits in Abhängigkeit von einem Mitbürger zu geraten. Diese «klassenlose Bürgergesellschaft» mittlerer Existenzen, die wiederum eine gute Basis für bürgerschaftlich-politisches Engagement in Vereinen, Parteien und Kommunalpolitik abgeben sollte, verflüchtigte sich jedoch mit dem Scheitern der Revolution von 1848 und dem Durchbruch industrieller Klassengegensätze in den folgenden Jahrzehnten sehr schnell. Wo blieb die Mittelschicht, wenn ein einziger Krupp monarchengleich in der Villa Hügel residierte und zehntausende Arbeiter unter kümmerlichen Bedingungen abhängig hielt? Die soziale «Leiter», so fürchteten viele Zeitgenossen um die vorletzte Jahrhundertwende, zog sich immer weiter in die Länge – und die «mittleren Sprossen» brachen aus ihr heraus.

So wurde erst das letzte, das 20. Jahrhundert vollends zum Zeitalter der Mittelschichten – in Deutschland wie auch in vielen anderen westlichen Industrienationen, doch in Deutschland auf besonders zerklüftete und widersprüchliche Weise. Das Leiden an den sozialen Unterschieden stellte nämlich auch einen wichtigen Nährboden für den Nationalsozialismus dar. Das Versprechen der «Volksgemeinschaft» bezog sich auf «Rassenreinheit», auf den Ausschluss und schließlich die Vernichtung des «Artfremden». Aber es meinte auch den Ausgleich zwischen dem «Kopf» und der «Faust», es griff Vorurteile über den Standesdünkel der höheren Schichten auf und enthielt Angebote an die Arbeiterschaft, sich in der Mitte der Gesellschaft integriert zu fühlen. Die Realität sah zwar oft anders aus, aber dennoch – oder gerade deshalb – knüpften die beiden deutschen Staaten auch nach 1945 an die charakteristische doppelte Sehnsucht nach sozialer Sicherheit und sozialer Gleichheit an. Der Mythos der «Stunde Null», die alle auf ein gleiches Startniveau gebracht habe, trug dazu bei. Die DDR bekämpfte und vertrieb die alten Eliten – auch die bürgerlichen Eliten – und versuchte, Sekurität und bescheidenen Wohlstand auf einem einheitlichen Niveau zu verwirklichen, das auch im kulturellen Stil irgendwo zwischen Facharbeiterschaft und Kleinbürgertum angesiedelt war.

Im Westen waren die Vereinigten Staaten von Amerika das große Vorbild. Und zugleich konnte man hier seit 1948 die Früchte einer beispiellosen ökonomischen Expansion, einer lange währenden Wachstums- und Prosperitätsphase genießen. In den USA hatte bereits in den 20er Jahren der Massenkonsum industriell gefertigter Haushaltsgüter Einzug gehalten und Lebensstile neu geprägt – vom Radio bis zum privaten Automobil. In den 50er Jahren setzte sich dieser Trend beschleunigt fort, und Sozialwissenschaftler erkannten etwas weltgeschichtlich völlig Neues: Die Hebung einer ganzen Gesellschaft auf das Wohlstandsniveau und die Lebenschancen der *middle class*. Darüber schien es, wenn nicht sofort, dann doch in naher Zukunft, nur noch ein paar Superreiche zu geben, und darunter einen kleinen Bodensatz schwer Integrierbarer, überwiegend selbst verschuldet Armer. Und wo die Kräfte des Marktes, wo die kapitalistische Eigendynamik für sich nicht ausreichte, da stand der moderne Sozialstaat, stand das wohlfahrtsstaatliche Sicherungsnetz bereit, um den Anschluss an die Mittelschicht auch in Lebensrisiken nicht abreißen zu lassen.

Das war, auch in der Bundesrepublik, die große Vision der Nachkriegszeit, die dank des «Wirtschaftswunders» überraschend schnell Realität zu werden schien: Notlagen und Armutssituationen verdampften, die Arbeiterschaft war ohnehin nicht mehr revolutionär – sie «verbürgerlichte» zusehends. In ihrem Wertehorizont hatte die klassische Arbeiterbewegung bürgerliche Standards wie «Leistung» und «Bildung» ohnehin schon lange übernommen; jetzt kam die entsprechende materielle Absicherung hinzu, einschließlich der äußeren Anzeichen: der Kühlschrank, das Auto, schließlich die regelmäßige Ferienreise. Wenn «Otto Normalverbraucher» all dies und mehr genoss, wodurch konnten sich «echte» Bürger dann eigentlich noch auszeichnen? Die Zukunft der Industriegesellschaften schien deshalb in einer durch technische Intelligenz geprägten, vergleichsweise nivellierten Mittelschichtgesellschaft zu liegen. Armut war höchstens ein Altersrisiko – hier sorgte die dynamische Rentenversicherung seit 1957 für Abhilfe. Das vermeintlich letzte Restproblem auf dem Weg in die universelle westdeutsche *middle class* war die alte Exklusivität des Bildungszugangs, vor allem zu Gymnasium und Universität. Das war eine Triebfeder der Bildungsreform und -expansion der 60er und frühen 70er Jahre. Das Erbe der «bürgerlichen» Kultur spielte zwar auch im Westen nun eine geringere Rolle, und es dauerte nicht mehr lange, bis Bürgerlichkeit verpönt, manchmal sogar verhasst war. Aber man brauchte sie auch nicht mehr wirklich. Von ein paar «Gastarbeitern» abgesehen, die hier und da die Mülltonnen zu leeren begannen, schien das Glück der deutschen Mittelschichtgesellschaft fast perfekt.

III.

Das war in den 70er Jahren des 20. Jahrhunderts – seitdem ist ungefähr die Spanne einer Generation vergangen. Und wir stellen fest: Irgendetwas stimmt an dem Bild nicht mehr. Mit unseren Erfahrungen stimmt das nicht mehr überein – schon seit einiger Zeit, und erst recht in dem schärfer gewordenen Klima von Reformdebatten, sozialer Krise und «Agenda 2010». Es ist ein Bruch eingetreten, den man in verschiedenen Dimensionen verfolgen kann. Blicken wir zunächst auf das, was man gerne die «harten Realitäten» nennt, die sozialen und ökonomischen Strukturen, das «liebe Geld» und alles, was daran hängt. Mit einem Grundfaktum muss man immer wieder beginnen: Die zeitweilige Erwartung, Einkommens- und Vermögensverhältnisse würden sich im Sinne eines allmählichen Ausgleichs «von unten» und «von oben» beständig aufeinander zu bewegen, hat sich nicht erfüllt. Bis gegen Ende der 70er Jahre gab es dafür durchaus feste Anzeichen. Die Real- und die Nominallöhne der abhängig Beschäftigten wuchsen in großen Schritten, und die unteren Lohn- oder Gehaltsgruppen holten dank entsprechender Tarifpolitik zusätzlich auf. Aber seither hat sich der Trend in allen westlichen Gesellschaften, zum Beispiel in den USA noch viel markanter als bei uns, wieder umgekehrt. Die Schere zwischen Einkünften aus Unternehmertätigkeit und Kapitalvermögen einerseits, aus «normaler» abhängiger Arbeit andererseits ist auseinander gegangen. In den 90er Jahren, im Boom der *New Economy*, wurde das besonders deutlich. Managergehälter erreichten diejenigen Dimensionen, über die wir heute oft irritiert sind. Auch die Mittelschichten sind von dieser Entwicklung erfasst – und durch sie gespalten worden. Der Abstand zwischen dem Selbstständigen und dem ja nicht schlecht verdienenden Akademiker oder Durchschnittsangestellten wuchs.

Doch noch wichtiger war etwas anderes. Die Überzeugung, Armut und Unterschichtverhältnisse im Wesentlichen besiegt zu haben, lief seit den 80er Jahren vollkommen ins Leere, und wir haben das zu spät bemerkt. Neue Armut und neue «Unterschichtung» der Gesellschaft, wie die Soziologen sagen, manifestieren sich nicht mehr unbedingt im Mangel an Konsumgütern, am fehlenden Kühlschrank oder Auto, schon gar nicht in Elend und Hunger. Und sie zeigen sich in sozialen Gruppen, auf die man kaum geachtet hatte – teils, weil es sie vorher so gar nicht gab. Nicht mehr die klassische Altersarmut ist seither das Problem, auch nicht die relative Armut kinderreicher Familien. Sondern es sind die Überlappungszonen aus Arbeitslosigkeit und kultureller Vernachlässigung, aus Sozialhilfebedürftigkeit und Familienzerfall. Überwiegend jüngere Menschen, nicht zuletzt Kinder und Jugendliche, sind davon betroffen.

Diese neue Armut hat sich mit jener Einwanderungsrealität verbunden, die wir gleichfalls zu lange geleugnet haben. Migranten, Neuankömmlinge, ethnische Randgruppen fangen fast immer in einer unteren sozialen Position an. In Deutschland (aber auch anderswo in Europa, zum Beispiel in Frankreich) gelingt einem Großteil von ihnen nicht mehr die Integration und der wenigstens allmähliche Aufstieg. Die Zurückweisung durch die Mehrheitsgesellschaft einerseits, eigene Frustration und Einkapselung andererseits verstärken sich gegenseitig. Chancen zum Aufstieg durch Bildung haben sich wieder, verglichen mit den 60er und 70er Jahren, verringert. Auch das, was Fachleute die «sozialräumliche Segregation» nennen, hat wieder zugenommen: Man wohnt und lebt unter seinesgleichen; die euphemistisch so genannten «sozialen Brennpunkte» kennt man eher vom Hörensagen oder aus der Lokalzeitung. In vieler Hinsicht haben wir uns also von der Mittelschichtgesellschaft wieder in die Richtung einer Klassengesellschaft bewegt.

Die Folge ist: Die Mittelschichten unterscheiden sich wieder stärker, heben sich gegenüber den unteren Schichten in der Bevölkerung wieder deutlicher hervor. Die Grenze verläuft häufig da, wo die Kinder das Gymnasium besuchen, wo ein Eigenheim erworben werden kann; vielleicht weniger scharf zeigt sie sich bei den kulturellen Verhaltensweisen wie Mediennutzung oder Freizeitbeschäftigungen. Von einem Leben in Überfluss und üppigem Luxus, bei dem man überhaupt nicht mehr ins Portemonnaie sehen muss, ist das in aller Regel weit entfernt. Immer häufiger sind zwei, oder doch anderthalb, Einkommen in der Familie nötig, um einen mittelklassegerechten Lebensstandard für ein Paar und zwei Kinder aufrecht zu erhalten. Aber in echte materielle Bedrängnis sind die Mittelschichten in

Deutschland in den letzten zehn oder zwanzig Jahren nicht gekommen. Das ist in den Vereinigten Staaten, wo die Nachkriegshoffnungen auf eine universalisierte *middle-class society* gleichfalls enttäuscht worden sind, schon seit einiger Zeit anders. Auch auf den ersten Blick deutlich höhere Dollar-Einkommen reichen kaum aus, um alle «standesgemäßen» materiellen Verpflichtungen zu erfüllen: angefangen von den Hypothekenzahlungen und den Unterhaltskosten für zwei oder drei PKW über private Kinderbetreuung, Schulgelder und Studiengebühren bis hin zu Einzahlungen in den privaten Pensionsfonds. Zeitweise hat sich da eine lebhafte Angst vor dem sozialen Abstieg aus der Mittelklasse-Sekurität breit gemacht.

Die Folge ist aber paradoxerweise auch: Den Diskurs über unsere Gesellschaft haben wir mittlerweile radikal auf die neuen Phänomene von Armut und Unterschichten hier, Millioneneinkommen dort umgestellt. Das gilt weit jenseits des rhetorisch zugespitzten Klassenkampfes, der mit Münteferings Heuschreckenvergleich und dem Lafontaineschen Sozialpopulismus neuen Zulauf gewinnt. So hat sich die rot-grüne Bundesregierung mit der Vorlage eines «Armuts- und Reichtumsberichts», der im März 2005 in zweiter Ausgabe erschienen ist, Verdienste erworben. Wenn man ihn aufschlägt und nachliest, entwirft er ein kritisches, aber sehr differenziertes Bild von Wohlstand und Ungleichheit: weit ab vom Katastrophenszenario, Fortschritte etwa bei der Bekämpfung der Altersarmut anerkennend, und mit dem Blick nicht nur auf das Fehlen von Geld, sondern auch von kulturellen Ressourcen als Armutsursache. Und das durchschnittliche Nettoeinkommen der Haushalte in den «alten» Bundesländern liegt bei knapp 3000 Euro im Monat. Aber haften bleibt ein Titel, der zu suggerieren scheint, es gebe beklagenswerte Armut und ungerechtfertigten Reichtum und sonst nichts. Da wünschte man sich dringend die Ergänzung durch einen Mittelklassenbericht, der die Aufmerksamkeit wieder auf den weit verbreiteten, ganz normalen Wohlstand der Bundesrepublik lenkt.

Die Debatte um Hartz IV hat diese Wahrnehmungsverzerrung zeitweise auf einen manchmal schon bizarren Höhepunkt geführt. In einer Situation, in der alle fest an die «Massenverarmung» glauben, ist der Regierung nicht einmal eine wirksame Antwort auf den Vorwurf – erst leise insinuiert, dann öffentlich ausgesprochen – eingefallen, sie betreibe ganz bewusst und und perfide-absichtsvoll die Verarmung breiter Bevölkerungsschichten. Dass immer mehr Geld in die neuen Sozialleistungen fließt, wird deshalb rein fiskalisch und nicht etwa gesellschaftspolitisch diskutiert: Es geht dann um die neuen Haushaltslöcher statt um die Struktur der Transferklassen und um die Frage, ob Hartz IV nicht am Ende zu einer weiteren Expansion des Sozialstaates führt statt zu seinem «Abbau». Auffällig ist auch, wie die Gewerkschaften wieder vermehrt zu der Formel von den vermeintlich gänzlich bedrohten, entrechteten, verarmten «Arbeitnehmerinnen und Arbeitnehmern» Zuflucht nehmen, einer Formel und Denkweise, die zugleich falsch polarisiert und beschönigt: weil es eine Gemeinsamkeit der Halbtagsverkäuferin und des leitenden Angestellten, des Staplerfahrers und des Studienrats nicht gibt – außer, dass sie einen Arbeitsplatz haben und mindestens fünf Millionen andere nicht. Und dass es auf der «Kapitalseite» mehr Kioskpächter und Handwerker und junge Rechtsanwälte gibt, die um jeden Euro Umsatz kämpfen, als skrupellose Millionenverdiener, fällt auch schon keinem mehr auf.

Der Vergleich mit Amerika ist in doppelter Weise aufschlussreich. Er lässt zunächst den Befund schärfer hervortreten, dass die deutschen Mittelschichten zwar wenig Selbstbewusstsein haben, zwar frustiert sein mögen, doch sich noch immer in großer materieller Sekurität wiegen können – ein Grund weniger, in der gegenwärtigen Reformkrise protestierend auf die Barrikaden zu gehen. Die Vielfalt privater Lebensentwürfe bietet zudem ein Sicherheitsventil, wenn es doch eng zu werden droht, wenn die regelmäßigen Urlaube und neuen Autos in Gefahr geraten. Die bewusste und immer häufiger gewählte Entscheidung für die Kinderlosigkeit vermag dann nämlich die Eintrittskarte in die Welt der soliden Lebensverhältnisse und Konsummöglichkeiten zu verschaffen, ein Weg, der in Deutschland wie in anderen europäischen Ländern immer häufiger beschritten wird. Der Vergleich mit Amerika zeigt aber noch etwas anderes, Wichtigeres. Dort muss nämlich ein viel höherer Anteil des Einkommens als bei uns dafür aufgewendet werden, Lebensrisiken abzudecken, die eigene soziale Sicherheit zu bezahlen, und nicht zuletzt:

die soziale Reproduktion im Generationsübergang zu ermöglichen – sprich: es muss viel Geld in die adäquate Bildung und Karriere der Kinder investiert werden, damit der Nachwuchs die Lebenschancen der Mittelklasse erben kann.

In Deutschland (und in anderen europäischen Wohlfahrtsstaaten) ist bisher ein anderes Muster typisch, das hohe Steuerzahlungen und hohe Transferleistungen miteinander verbindet. Einerseits tragen die Mittelschichten den Löwenanteil der Lohn- und Einkommensteuer, bei vergleichsweise hohen Steuersätzen und einer starken Progression. Darauf ist in den steuerpolitischen Debatten der vergangenen Monate ja mit Recht öfters hingewiesen worden. Andererseits gibt es eine öffentliche Gegenleistung dafür in Gestalt direkter oder indirekter staatlicher Beihilfen, sozialer Transfers und öffentlicher Kostenübernahmen. Die jetzt nicht zufällig so heftig diskutierte Eigenheimzulage ist ein wichtiges Beispiel dafür. Aber auch die besseren Schulen, die kostenlose Universitätsbildung lassen sich die Mittelklassen in Deutschland vom Staat finanzieren. Auf diese Weise hat sich die oft beklagte «Transfermentalität», die Erwartung immer neuer staatlicher Segnungen und Zuwendungen anstelle der privaten Übernahme von Verantwortung für die materielle Lebensführung, bis weit in die besseren Kreise hineingefressen. Die Tatsache, dass in Deutschland ein besonders großer Teil dieser Bevölkerungsschichten öffentliche Bedienstete sind, Angestellte oder gar Beamte des Staates, verschärft diese Situation noch einmal.

Blickt man vor diesem Hintergrund auf die aktuellen Verteilungskämpfe, die sich im Umkreis der «Agenda 2010» und des Sozialstaatsumbaus abspielen, ist das Bild nicht ganz eindeutig. Während sich in der Öffentlichkeit weithin der Eindruck festgesetzt hat, allein die sozial Schwächsten bekämen Lasten und Sparmaßnahmen aufgebürdet, muss man fairerweise bilanzieren: Große Gruppen der Mittelschicht sind längst nicht unverschont geblieben, sie haben sich nur still verhalten, teils weil die Auswirkungen von Reformen erst viel später sichtbar werden. Nehmen wir Akademiker als Beispiel: Das Weihnachtsgeld ist auch für Studienräte und Professoren stark gekürzt oder ganz futsch – das sind sofort spürbare, reale Gehaltseinbußen. Mindestens ebenso dramatisch ist aber der Wegfall universitärer Ausbildungszeiten in der Rentenberechnung – diese Kosten sind jetzt noch unsichtbar und werden erst später für Erschrecken sorgen. Oder nehmen wir die öfters kritisierte Besteuerung von Betriebsrenten: Sie trifft ja gerade nicht die armen Kleinrentner, sondern die Mittel- und Oberklasse der Senioren, die auf gut qualifizierte und kontinuierliche Beschäftigung zurückblicken können. Doch trotz alledem: Die Lage ist nicht verzweifelt. Die Mittelschichten haben sich in ihren Nischen und Sicherheiten ganz gut eingerichtet. Noch können sie sich auf das Netz staatlicher Sekurität verlassen. Das ist so lange der Fall, wie die Solidargemeinschaft sie von der Übernahme der schichtspezifischen sozialinvestiven Ausgaben freistellt.

IV.

Blickt man von hier aus wieder auf die unteren Schichten, ist schnell klar: Das eigentliche Dilemma, das immer mehr zu einem politischen Grundproblem ersten Ranges wird, entsteht nicht bei der Diagnose, sondern erst bei der Therapie: bei der Frage nach den Gegenstrategien, nach der politischen und gesellschaftlichen Intervention. Dass man neuen Formen der Armut, zum Beispiel in den viel zitierten «bildungsfernen Schichten», nicht mit den klassischen Instrumenten der Umverteilung beikommen kann, diese Lektion ist schnell gelernt worden. Es käme vielmehr darauf an, Menschen zu stärken – so klingt denn auch ein neuer Slogan der SPD –, ihnen also möglichst frühzeitig im Leben diejenigen kulturellen Ressourcen mit auf den Weg zu geben, die eine selbstständige und verantwortliche Lebensführung im weitesten Sinne ermöglichen: von der Erwerbsfähigkeit bis zur Kompetenz, Kinder zu erziehen oder sich vernünftig zu ernähren, ja, eine selbst gekochte Mahlzeit auf den Tisch zu bringen. Am Horizont erscheint dann eine solidarische Gemeinschaft mündiger Bürger, die nicht vom Staat versorgt oder betreut werden müssen, sondern den Willen und die Kompetenz zum Aufstieg in die Mitte der Gesellschaft mitbringen.

Doch leider stellt sich dieser Zustand nicht von selber ein. Vielmehr bedarf es anscheinend, und genau das ist das Dilemma, zuvor der Intervention in der Form staatlicher Regulierung, Erziehung und Beaufsichtigung. Das gilt für den engeren Bereich der Unterstützungsabhängigen und führt in der Anwendung von Hartz IV zu der Frage, wie die Maxime des «Förderns und Forderns» eingelöst werden kann, ohne das Fördern nur in eine erweiterte Klientelisierung und das Fordern nur in eine staatliche Vorgabe bestimmter privater Verhaltensstandards münden zu lassen. Hier handelt es sich immerhin um ein reales Dilemma, aus dem zu entkommen gar nicht so leicht ist, wenn man nicht in das alte Muster der «fürsorglichen Vernachlässigung», der Scheinlösung sozialer Probleme durch Transferschecks, zurückfallen will. Doch inzwischen haben wir so viele Defizite und Problemzonen erkannt, von rauchenden Jugendlichen bis zu erziehungsunfähigen Eltern, dass die Summe der Lösungsvorschläge das Ziel einer freieren und mündigeren Gesellschaft ad absurdum zu führen droht.

Die Heilung der Gesellschaft durch neue Formen der Intervention greift denn auch längst über den engeren Bereich der Unterstützungsabhängigen hinaus – auch die Mehrheitsgesellschaft muss sich diese Formen der Betreuung und Erziehung gefallen lassen. Von der Bildungspolitik über den Verbraucherschutz bis zur Gesundheitspolitik droht eigene Verantwortung, die doch allenthalben proklamiert worden war, jetzt erst recht ins Abseits zu geraten. Die Bürger kriegen es allein nicht mehr hin, deshalb muss erst einmal der Staat für gleiche Bedingungen sorgen. Dann muss die richtige Ernährung für alle vorgeschrieben, das Rauchen für alle verboten und – ein neuer Höhepunkt des Betreuungsrausches – die Schulpflicht für Dreijährige eingeführt werden. Einst stand Rot-Grün für ein Projekt der Liberalisierung, der Emanzipation, der Freisetzung. Fügen wir uns jetzt dem neuen Projekt der beaufsichtigten Gesellschaft? Und führt die rhetorische Selbstverarmung weiter als bloß in eine Sackgasse?

Für die Mittelschichten ist die Lage dagegen nicht verzweifelt, aber sie hat auch nichts von heroischem Glanz. Materielle Sicherheit ist nur die eine Seite. Auf der anderen Seite steht die Frage nach der kulturellen Identität und politischen Handlungsfähigkeit der Mittelschichten: Was hält sie noch zusammen? Gibt es einen gemeinsamen Wertekanon, auf dem der Lebensentwurf beruht? Und wofür steht «die Mitte» in der Politik; mit welchem Engagement zeigt sie sich in der Öffentlichkeit? Was all das betrifft, ist das Bild nicht allzu rosig.

In kultureller Hinsicht sind die Mittelschichten viel diffuser geworden, als das noch vor einigen Jahrzehnten der Fall war. In der Nachkriegszeit restaurierte sich zunächst ein bürgerliches Modell der Werte, der Lebensführung, des Kulturkonsums. Das Bürgertum mit seiner Verbindung von Traditionsstiftung und Avantgarde repräsentierte so etwas wie eine «Leitkultur» der Mittelschichten. Sie wirkte nicht nur als ein Kitt nach innen, auf die Integration der eigenen Gruppe. Vielmehr strahlte das Leitbild des bürgerlichen Lebens lange Zeit auf die sozialen Unterschichten aus. Die Arbeiterschaft wollte nicht mehr die Revolution, sondern strebte ihrer Verbürgerlichung entgegen, bis in äußere Formen des Wohnens, der Kleidung, der Lektüre hinein. Solche Standards – man könnte auch von dem bürgerlichen «Kanon» sprechen – haben inzwischen ihre Prägekraft verloren, auch innerhalb jener Schichten, die sich materiell mit gutem Gewissen zu den Mittelschichten zählen können. Ein nie gekannter kultureller Pluralismus ist an ihre Stelle getreten. Verbindliche Stilvorschriften existieren kaum noch, fast alles lässt sich mit allem kombinieren, sei es in der Wohnungseinrichtung oder im Musikgeschmack, bei dem die Grenzen zwischen «E» und «U» nur noch mit Mühe, wenn überhaupt, als Klassengrenzen zu identifizieren sind.

Kein Wunder, wenn man sich auch über politische Werte und Richtungsvorgaben schwerer einigen kann. Die kulturelle Entbürgerlichung der Mittelschichten ist bei weitem nicht die einzige Ursache ihres politischen Teilrückzugs, aber enge Wechselwirkungen gibt es doch. Die Pluralisierung von Kultur und Lebensstil sieht sich als Individualisierung verwirklicht, sie huldigt dem Prinzip der Selbstverwirklichung. Der Individualismus bildet einen Eckpfeiler bürgerlicher Werte seit jeher, und insofern hat die moderne Kultur während der letzten Jahrzehnte ein altes bürgerliches Prinzip zu verwirklichen gesucht, ja geradezu radikal auf die Spitze getrieben. Aber das klassische Gegengewicht der Gemeinschaftsbildung, des gemeinsamen Interesses für die öffentlichen Angelegenheiten, ist dabei zu kurz gekommen und hat in seiner Substanz gelitten.

Auch im Wechsel der Generationen lässt sich eine neue politische Trägheit, eine Tendenz zur Entpolitisierung, zum Rückzug ins Private diagnostizieren. Die politische Aufladung vor allem der akademischen und pädagogischen Mittelschichten im Gefolge der Studentenbewegung in den 60er und 70er Jahren ist bei den Jüngeren ohne Nachfolgemodell geblieben. Und das gilt erst recht angesichts der zunehmenden Schwierigkeiten, politische und gesellschaftliche Interessen in den herkömmlichen Großverbänden wie Parteien oder Gewerkschaften zu erfassen. Das Bürgertum, die Mittelschichten zu organisieren ist immer schon schwieriger gewesen als die Organisierung der Unterschicht. Wer will sich schon festlegen, in einer Partei eine Karteinummer sein, seine persönliche Meinung und Urteilsbildung hinter der eines Kollektivs zurückstellen? Darin liegt eine der größten Herausforderungen für die Zukunft der Demokratie, die nicht zuletzt eine Herausforderung für die Mittelschichten darstellt.

Denn was sind die Folgen – können wir uns diesen Rückzug auf Dauer leisten? Was passiert, wenn eine soziale Mitte der Gesellschaft – denken wir zurück an Aristoteles – sich nicht als politische Mitte des Gemeinwesens versteht und, wichtiger noch, als solche aktiv werden kann? Die weitere Ausbreitung von Frustration, die weiter wachsende Neigung zu Einkapselung innerhalb der Mittelschichten nach dem Motto: «Ich rette für mich selber, was noch zu retten ist» wöge dann noch nicht einmal am schwersten. Auch die Distanz zwischen der Gesellschaft und der «politischen Klasse», die schon jetzt bedrohlich groß geworden ist, würde sich nicht verringern und die Neigung zu einer Politik der Extreme zunehmen. Gerade in jener Zeit der verschärften Konflikte und des beschleunigten Wandels, in der wir uns mit vielen anderen westlichen Gesellschaften befinden, in einer Zeit der drohenden Polarisierung, in einer Zeit der schleichenden Aushöhlung der Demokratie brauchen wir das öffentliche Engagement der Mittelschichten dringend.

Anthony Giddens, der berühmte britische Soziologe, hat auf der Linie solcher Beobachtungen die Bedeutung hervorgehoben, welche nicht so sehr die ganz Reichen, sondern die «lediglich Wohlhabenden» für das Funktionieren und den sozialen Kitt einer Gesellschaft haben. Die Reichen ziehen sich hinter hohe Hecken und elektrische

Tore zurück oder gehen gleich in die Schweiz oder nach Monaco. Die «lediglich Wohlhabenden», die Mittelschichten also, aber wirken in der Mitte der Gesellschaft – wenn auch sie noch echte oder mentale Mauern um sich herum bauen, verzichten wir auf Ressourcen der Bildung, der Kultur, der Gemeinschaft, die einer offenen Demokratie zugute kommen sollten, ja, ohne die sie nicht leben kann. Passiv und frustriert – das kann also höchstens eine Zwischendiagnose sein, mit der wir uns nicht zufrieden geben sollten. Die Aufgabe der Reformen könnte es sein, den Mittelschichten Wege in eine neue «Selbstständigkeit» zu weisen. Damit ist gar nicht die millionenfache Rückkehr in die eigene Existenzgründung und Unternehmertätigkeit gemeint. Sondern zuerst eine Selbstständigkeit der eigenen Lebensführung, die sich aus der Vormundschaft des Staates und der öffentlichen Transfersysteme befreit und die zugleich aus jener Passivität herausführt, welche die auf bloße Rezeption, auf Konsum statt auf kreative Gestaltung angelegte Massenkultur lange Zeit begünstigt hat. Aus dieser Form der Selbstständigkeit könnte dann auch neue soziale und politische Verantwortung wachsen.

V.

Es ist eine deutsche Binsenweisheit, dass Wahlen in der Mitte entschieden werden. Damit ist der Kampf um jene pragmatisch-liberale Zwischenzone gemeint, die je nach vorherrschendem Zeitgeist ein bisschen zum Progressiven oder ein wenig zum Konservativen tendiert. So ist auch die Bundestagswahl im Herbst 2005 zu einem Kampf um die Mitte geworden: nämlich um jene gesellschaftliche Mitte, die in den Aufbruchjahren von Rot-Grün erfolgreich von Schröder und Fischer umworben werden konnte. Die Neue Mitte von damals ist politisch heimatlos geworden. Vergessen von einem politischen Kampf um die Gesellschaft, der sich nur noch im Gegensatz zwischen Hartz IV-Empfängern und Ackermännern abspielt, sind die Mittelklassen zur großen Black Box der deutschen Politik geworden.

Deshalb war es falsch zu glauben, die Parteien müssten sich im Wahlkampf darin überbieten, den weniger Privilegierten, den Langzeiterwerbslosen, überhaupt den neuen Unterschichten das beste Angebot zu machen. Die wirkliche Dynamik ist eine Dynamik der Mittelschichten, und das hatten schon die Wahlen in Nordrhein-Westfalen eindrucksvoll unter Beweis gestellt. Während die öffentliche Aufmerksamkeit auf die Krisenzonen des Landes gerichtet war, auf Behauptung oder Absturz der SPD im Ruhrgebiet, auf die Attraktivität der CDU für die enttäuschten Arbeiter, ist das Land und damit Rot-Grün woanders gekippt: außerhalb des Ruhrgebiets, überhaupt außerhalb der klassischen Großstädte, in den wohlhabenden und wachsenden Speckgürtelkreisen der mittelstädtischen *suburbs* zumal am Rhein, aber auch in Ostwestfalen. In den Kreisen Neuss und Mettmann westlich und östlich der Landeshauptstadt Düsseldorf, oder in den prosperierenden Kreisen Gütersloh und Rhein-Sieg hat dieser Mittelklassen-Swing der CDU überdurchschnittliche Gewinne um die zehn Prozentpunkte beschert.

Auch und erst recht nach den Wahlen, in einer nach Orientierung suchenden Großen Koalition, wird es eine entscheidende Frage sein, was die großen und die kleinen Parteien diesen im Prinzip wechselbereiten Schichten bieten wollen. Die SPD wird es dabei wohl am schwersten haben. Denn die Stimmungslage ist eher so: Man will das rot-grüne Projekt nicht in Bausch und Bogen verdammen. Aber man hat auch die Nase voll von einer blockierten Gesellschaft, die sich zunehmend als eine traurige Ansammlung von Verlierern stilisiert, statt die nötigen Veränderungen jetzt endlich in Angriff zu nehmen – und zwar aus einer Position der Stärke, nicht des Jammerns um Subventionen und des Flehens um mehr staatliche Bevormundung. Nach dem unrühmlichen Abgang des Parteivorsitzenden Franz Müntefering hat die SPD eine erneute Chance, das Leitbild einer starken Mitte zu regenerieren. Vielleicht ist die Konkurrenz der Linkspartei insofern weniger Gefahr als indirekte Hilfestellung: Hilfe zu der Einsicht, dass die SPD auch historisch nie die Partei des «Lumpenproletariats» gewesen ist, sondern der ehrgeizigen und aufstiegswilligen «Arbeiteraristokratie» – «those who work hard and play by the rules», wie man das vor gar nicht langer Zeit in Kreisen des reformbereiten «Netzwerks» der SPD-Bundestagsfraktion noch formulieren konnte.

Vorderhand leichter haben es die Grünen als Partei der altruistischen, der wirtschaftsfremden Mittelschichten. So ist ihnen der bemerkenswerte Spagat gelungen, Wähler im Teich der Gutverdienenden zu fischen und sich zugleich programmatisch als Partei der Schwächeren und sozial Entrechteten zu präsentieren. Das genügt jedoch – auch dafür gibt die NRW-Wahl wichtige Indizien – in Zukunft nicht mehr, um undogmatische jüngere Wählergruppen zu gewinnen, denen die klassischen grünen Sozialisationserfahrungen zwischen Studentenrevolte und Friedensbewegung fehlen. Im Umfeld der Bundestagswahl, bis hin zur raschen Absage an die «Jamaika-Koalition», machten die klassischen Linken noch einmal die grüne Publicity. Doch schon bald muss die Partei eine programmatische Antwort auf ihre eigene Verbürgerlichung finden.

Trotz dieser Schwierigkeiten – ein Selbstläufer wird die Gewinnung der Mittelklassen für die sich gerne bürgerlich nennenden Parteien dennoch nicht werden. Schon hat ein vordergründiger Kampf begonnen, der nach ebenso klassischem wie gescheitertem Muster zu unterstellen scheint, derjenige habe die Nase vorn, der die größten Geschenke verspreche, die nackten Portemonnaieinteressen am besten bediene. Es ist notwendig, das Leitbild von Politik in Deutschland wieder stärker an den Mittelschichten auszurichten, an der aktiven, relativ gut gebildeten und gut situierten Mehrheit der Bevölkerung. Aber das heißt noch lange nicht, dass diese Gruppen sich von einer neuen Regierung in erster Linie eine Erleichterung ihres Lebens versprechen. Wohl ist unbestreitbar und eine Gefahr gerade für die Unionsparteien: Die Transfermentalität, die auch bei gesichertem, ja gutem Einkommen eine Subventionierung des eigenen Lebens durch den Staat erwartet, hat sich in Jahrzehnten bis weit in die Mittelschichten vorgefressen. Gerade deshalb wird eine seriöse Steuerpolitik für diese Gruppen zum Prüfstein werden, dessen erstes Kriterium lauten müsste: Bleibt uns vom Leib mit billigen Steuersenkungsversprechen! Denn während die Hauptlast der Lohn- und Einkommensteuer auch nach den Steuerreformen von Rot-Grün genau hier getragen wird, ist Staatsverachtung, ist die Geringschätzung öffentlicher Leistungen nicht die vorherrschende Mentalität dieser potentiellen Wechselwähler. Ohnehin geht es um mehr als die günstigste Gehaltsabrechnung – es geht auch um die Suche nach einem diffus gefühlten Lebensentwurf, der an die Stelle desjenigen von Rot-Grün treten könnte.

Die Frage nach der Mitte ist also mehr als die strategische Frage nach Mehrheiten. Sie zielt auf ein Leitbild der Gesellschaft: Soll dieses Leitbild sich an den Rändern der Gesellschaft ausrichten oder in der Mitte verankert sein und von dort ausstrahlen, nach oben wie nach unten? Für die lange vergessenen Mittelschichten ist das eine Chance, aber mehr noch eine Herausforderung, weil sie es sich im Windschatten der öffentlichen Polarisierung sehr bequem gemacht haben. Ihre Verantwortung ist aber noch nicht damit abgegolten, Steuern (hoffentlich) zu zahlen, im Fitnessstudio den Körper zu kultivieren und Auto und Vorgarten in Ordnung zu halten. Wenn Deutschland sich nicht aus jener Erstarrung löst, in der eine passive Bevölkerung vom Staat alles erwartet und den Politikern alle Schuld gibt, kann es erfolgreiche Reformen nicht geben. Die Neue Mitte muss selber zum Akteur einer mündigen Gesellschaft werden.

8.
KINDER UND ALTE, ELTERN UND SINGLES. KONFLIKT ODER SOLIDARITÄT ZWISCHEN DEN GENERATIONEN?

I.

Deutschland steckt, wie viele andere Industrienationen des Westens, in einer tiefen gesellschaftlichen Krise. Deshalb kann inzwischen niemand mehr erwarten, dass die Lösung dieser Krise allein aus einer Neujustierung von Institutionen kommt; dass mit dem Drehen an ein paar fiskalischen Stellschrauben das Nötige auf dem Weg sei. Die Politik der «Agenda 2010» hat zwar beharrlich suggeriert, es ginge um ein gewissermaßen technisch zu bewältigendes Projekt, und doch haben die drei Jahre seitdem immer wieder überdeutlich gezeigt, dass es mit einem Umbau des Staates – des föderalen Staates, des Sozialstaates, des Steuerstaates – nicht getan ist, dem die Bürger interessiert oder gelangweilt oder erschreckt zusehen könnten. Die Reformen treffen die Bürger im Mark, weil ihre eigenen Verhältnisse nicht mehr in Ordnung sind, weil die Balance der Gerechtigkeit vielfach gestört ist, und weil der Staat überfordert ist, die Schäden der Bürgergesellschaft zu beseitigen.

Leben einzelne Gruppen in der Gesellschaft auf Kosten von anderen? Stimmt das Verhältnis zwischen Reich und Arm nicht mehr, oder zwischen Alten und Jungen, zwischen Erwerbstätigen und Rentnern, zwischen Familien und Kinderlosen? Sind wir als Gesellschaft auf eine dauerhafte, auf eine «nachhaltige» Existenz eingerichtet, auf eine Existenz also, die nicht ihre eigene Substanz aufzehrt? Immerhin haben die vergangenen drei Jahre auch in dieser Hinsicht einen erheblichen Erkenntnisschub gebracht. Begriffe wie «Gerechtigkeit» und «Solidarität» werden wieder diskutiert und zeitgemäß zu füllen versucht. Wir fangen an zu begreifen, dass die Reformen uns nicht aus dem Paradies vertreiben wollen, sondern dass sie nötig sind, eine auf neue Weise zerklüftete, konfliktreiche, vielfach ungerecht und unsolidarisch gewordene Gesellschaft wieder ein Stück weit auf den richtigen Weg zu bringen.

Kaum irgendwo sonst haben sich diese gesellschaftspolitischen Probleme in den vergangenen Jahren so deutlich gebündelt wie in dem großen Thema des Generationenverhältnisses, der Familien, der Kinder. Ob man an das Steuerrecht denkt oder an die Bildungspolitik, an die Rentenversicherung oder an die Integration von Migranten: Immer laufen die Debatten auf die Kernfrage zu, ob die Lasten zwischen den Generationen noch gerecht verteilt sind und welche Konsequenzen die Tatsache hat, dass immer mehr Erwachsene kinderlos bleiben, dass die Familie mit Kindern, wie manchmal schon befürchtet wird, zu einer exotischen Sonderform der sozialen Existenz wird. In den Medien, in der Publizistik, auch in der Politik hat die Familie eine unerwartete Konjunktur erfahren; von links bis rechts scheinen sich die Parteien in ihrer familien- und kinderfreundlichen Ausrichtung überbieten zu wollen. Vor einigen Jahren hätte man noch gesagt: Das sind konservative, nostalgische Reminiszenzen, die keinen realen Wert mehr haben; das sind Appelle an altbackene Werte wie das traute Familienglück, das es längst nicht mehr geben kann und das im Zweifelsfall die Selbstständigkeit der Frauen in Beruf und Karriere eingeengt hat. Inzwischen ist die Lage nicht nur komplizierter, sondern grundlegend anders geworden. Kulturelle Vernachlässigung von Kindern, mangelnde Sprachkompetenzen und Bildungsrückstände haben auch Linke daran erinnert, dass die Familie als sozialer Brutkasten unverzichtbar ist und dass ihre Förderung ein gesellschaftspolitisch «progressives» Ziel sein kann. Und was den Geschlechteraspekt betrifft, leben wir mit dem eigenartigen Paradox, dass es in Deutschland sowohl eine niedrige Geburtenrate als auch ein Defizit weiblicher Berufskarrieren gibt.

Irgendetwas ist also schief gelaufen. Aber wo steuern wir hin? Es scheint, als sei der Klassenkampf der älteren, der klassischen Industriegesellschaft – der Konflikt zwischen Unternehmern und Arbeitern, zwischen Reich und Arm – von neuen tiefen Konfliktlinien abgelöst worden, die vielleicht das 21. Jahrhundert prägen werden wie der Klassenkampf die Zeit davor. Statt Klassen stehen sich dann Alterskohorten und Generationen gegenüber: die Jungen kämpfen gegen die Alten, die sie für faul halten und deren Renten sie bezahlen; die Alten wehren sich gegen ihre eigenen Kinder, die die Aufbauleistung der Eltern gering schätzen und sie in Altersarmut, prekäre Gesundheitsversorgung und kulturelle Marginalität stürzen möchten. Und ein mindestens ebenso tiefer Graben tut sich in diesem Szenario zwischen Gleichaltrigen auf: nämlich zwischen Eltern und Kinderlosen, deren Lebensformen und Alltagsprobleme sich immer weiter voneinander entfernt haben und die beide überzeugt sind, das Leben der jeweils anderen Gruppe zu finanzieren und zu subventionieren – sei es durch höhere Steuersätze, sei es durch die Sicherung der Rentenzukunft. Steuern wir unvermeidlich auf ein solches Szenario des Konfliktes, des nackten Interessenkampfes nicht der ökonomischen Klassen, sondern der unterschiedlichen privaten Lebenslagen zu?

Auf unvermutete Weise ist damit das Private wieder politisch geworden. Was lange Zeit als schicksalhafter Wandel oder eben als reine Privatsache erschien, sorgt jetzt für brisante Diskussionen. Ökonomen und Sozialwissenschaftler würden sagen: Die kollektiven, die Gemeinschaft betreffenden Folgen privater Entscheidungen, lange Zeit übersehen oder unterschätzt, treten jetzt in den Vordergrund. Verabschiedet sich die ältere Generation zu früh in einen wohlgenährten Ruhestand, der für die heute Jüngeren unerreichbar bleiben wird? Und müssten Kinderlose nicht einen größeren Beitrag in der Gesellschaft leisten, machen sie es sich auf Kosten von Eltern bequem, die sich zwischen Erziehung und Beruf zerreißen? Offenbar sind wir mit einem tiefen und grundsätzlichen Dilemma konfrontiert: Einerseits soll die individuelle Freiheit der Lebensführung, der Entscheidung für ein bestimmtes Lebensmodell, unantastbar sein und nicht «bestraft» werden. Andererseits können wir in reiner Individualität, ohne Solidarität, als Vielheit von Singles, nicht leben, und schon gar nicht dauerhaft, nachhaltig leben ohne Kinder und Familie. Vom Staat wird erwartet, dass er hier regulierend und umverteilend eingreift. Wer hat Recht, und wie lassen sich Vielfalt und Freiheit der Lebensgestaltung einerseits, Solidarität und Verantwortung andererseits in Zukunft noch vereinbaren?

II.

Zunächst: Die Fakten, zumal die demographischen Fakten sind bekannt. Deutschland hat eine der niedrigsten Geburtenraten der Welt, und das verstärkt den Alterungseffekt der Gesellschaft, der sich aus steigender Lebenserwartung ohnehin ergibt, und potenziert ihn in die Zukunft hinein. Aber Details dieser Basisdaten und Konsequenzen aus ihnen werden noch zu wenig zur Kenntnis genommen. Die ältere Befürchtung, die Deutschen seien ein «sterbendes Volk» und mehr oder minder zum Verschwinden verurteilt, steht mit Recht nicht mehr im Vordergrund der Debatte. Der «letzte Deutsche», vom «Spiegel» vor einiger Zeit provokativ auf die Titelseite gebracht, ist noch lange nicht geboren. Man muss genauer hinsehen. Einer niedrigen Geburtenrate in der einheimischen Bevölkerung steht eine relativ hohe in der Migrantenbevölkerung gegenüber. Und die Geburtenrate ist schichtenspezifisch verschieden. Besonders viele Akademiker bleiben kinderlos; Kinderreichtum findet sich tendenziell am unteren Ende der Gesellschaft, zum Teil dann auch wieder ganz oben. Das zu sagen und nach den Konsequenzen zum Beispiel für unser Bildungspotential insgesamt, aber auch für die Bildungschancen einzelner aus benachteiligten Familien zu fragen ist nicht mehr «politisch unkorrekt».

Trotzdem schüttelt man immer wieder den Kopf über eine seltsame Eigenart des deutschen Reformdiskurses, nämlich seine fein säuberliche Einzäunung in Gehege, die scheinbar nichts miteinander zu tun haben. Auf der einen Seite des Zauns tummelt sich die neue Familienpolitik, und irgendwo ganz anders diskutieren im Grunde ganz ähnliche Experten das zweite Großthema der letzten Jahre: die wachsende soziale Ungleichheit in unserem Lande, veränderte Erscheinungsformen von Armut und ihr Verfestigung in kulturell randständigen Milieus – all das, wofür das aktuelle Modewort der «Bildungsferne» noch ein Euphemismus ist. Gestern wird der zweite Armuts- und Reichtumsbericht vorgestellt, heute ein Familienatlas. Hat das denn nicht irgendwie miteinander zu tun; hören wir nicht, zum Beispiel, immer wieder, Kinder seien inzwischen das Armutsrisiko par excellence?

Tatsächlich hat Armut längst ihr Gesicht gewandelt; sie trägt nicht mehr das Gesicht des Alters. Die Zahl der Minderjährigen in der Sozialhilfe ist erschreckend; Kinder und allein erziehende, gar nicht oder nur marginal erwerbstätige Mütter machen vielerorts mehr als die Hälfte der Empfänger von «laufender Hilfe zum Lebensunterhalt» aus. Dennoch ist die griffige Formel von den Kindern als Armutsrisiko höchstens die halbe Wahrheit, jedenfalls dann, wenn sie sagen will: Eigentlich ginge es den Leuten ja ganz anständig, aber ein Kind zu bekommen, erst recht ein zweites zu wagen, drückt das Familieneinkommen unter die Armutsschwelle, macht transferabhängig, führt in die Sozialhilfespirale. Das kann passieren, ist aber keinesfalls unser soziales Kernproblem, und eine solche Sicht unterschätzt auch den Umfang der bisher schon bestehenden familienpolitischen Leistungen, vom Steuerrecht bis zu direkten Transfers.

Der Ursachenpfeil zeigt vielmehr in die andere Richtung: Kinder kommen in unserem Lande überproportional in solchen sozialen Schichten zur Welt, die ohnehin auf der Risikoschwelle stehen: in Familien von Zuwanderern sei es aus Russland oder der Türkei; da, wo Bildung und Chancen auf sichere Erwerbstätigkeit fehlen; da, wo Kompetenzen der selbstständigen Lebensführung und nicht zuletzt der verantwortlichen Erziehung verloren gegangen sind. Nicht Kinder machen arm, sondern Armut gebiert Kinder. Sie beginnt mit dem Fehlen materieller und kultureller Ressourcen, übersetzt sich in Frustration und Verlust an Bindungsfähigkeit, etwa in der Form der Verantwortungsverweigerung von Vätern, und damit schließt sich der Teufelskreis der Armut und Chancenlosigkeit für Kinder.

Doch das ist nur die eine Seite – auch andersherum wird ein Schuh daraus. Denn die jetzt so inbrünstig und doch nur halbherzig diskutierte Kinderlosigkeit von Akademikerinnen und (mehr noch: männlichen) Akademikern in Deutschland heißt ja zugleich nichts anderes als das: Die gut Gebildeten, die Chancenreichen, die überdurchschnittlich Verdienenden lassen die ohnehin Ärmeren auch noch zunehmend auf den Kindern und den Erziehungsaufgaben sitzen. Die akademischen Mittelschichten nehmen auf diese Weise Kinderlosigkeit als einen Schutzmechanismus für ihr Selbstverwirklichungsprivileg in Anspruch. Das ist ein zusätzlicher Grund, warum reale, materielle Lebensverhältnisse auseinander driften: Den Akademiker-«DINKS», den Single-Paaren mit zwei vollen Einkommen, stehen die transferbedürftigen Familien oder Familienbruchstücke der neuen Unterschichten gegenüber.

Natürlich können die Akademiker buchstäblich beredter als diese darüber klagen, dass es ihnen an Betreuungsmöglichkeiten fehle; dass sie doch erst ihre Karriere sichern müssten – als ob solche Risiken in anderen sozialen Schichten nicht viel erheblicher wären. Der Effekt dieses Kinderverzichts hat es den Eltern unter den Akademikern, den Fach- und Führungskräften in den letzten zehn, fünfzehn Jahren eher schwerer als leichter gemacht, sich mit familiärer und beruflicher Verantwortung an den Arbeitsplätzen zu behaupten, ohne als Sonderling dazustehen. Nicht zuletzt in diesen Milieus trifft eine Feststellung Renate Köchers, inzwischen lebten ganze Bevölkerungsgruppen ohne jeden Kontakt zu Minderjährigen, den Nagel auf den Kopf. Man kann es, in kalter Nüchternheit, auch so sehen: In den Mittelschichten sind Kinder in besonderem Maße funktionslos geworden, wenn sie nicht gar als kontraproduktiv für die eigenen Lebensziele empfunden werden. Dagegen erfüllen Kinder im unteren Drittel der Gesellschaft – erst recht in anderen kulturellen und religiösen Traditionen – noch eine vitale Funktion, ebenso übrigens wie am oberen Rand der Gesellschaft, wo Familien mit mehr als zwei Kindern wiederum überproportional häufig sind, weil die Weitergabe der Familientradition, des Geschäfts, des Vermögens hier weiterhin einen Wert an sich darstellt.

Im Klartext: Gerade die akademische Kinderlosigkeit vergeudet Bildungs- und Kulturreserven, indem sie diese nicht an eine nächste Generation weitergibt. Auch die Ursachen der Kinderlosigkeit sind nicht so leicht über einen Kamm zu scheren. Wo das Geld knapp ist, stehen ökonomische Gründe im Zentrum: Dem Facharbeiter und der Büroangestellten verheißt der Verzicht auf Kinder den Aufstieg in den Lebensstil der Mittelschicht. Anderswo sind kulturelle Gründe wichtiger: der Wunsch nach Unabhängigkeit und unbehinderter Selbstverwirklichung, das Streben nach einem Ideal totaler Autonomie. Aber auch so etwas wie das gerade Gegenteil dieses Ego-Bewusstseins hat um sich gegriffen: nämlich das Aufschieben der

Elternschaft aus Einsicht in die eigene persönliche Unreife. Das ist ein Symptom des immer späteren, inzwischen: zu späten, Erwachsenwerdens in unserer Gesellschaft, in der auch 30-jährige sich noch als Spät-Jugendliche, als «post-adoleszent» verstehen.

Auch der Generationenkonflikt ist nichts Naturgegebenes, sondern erst ein Resultat bestimmter Weichenstellungen und kultureller Präferenzen. Zum Beispiel haben wir zum falschen Zeitpunkt den vorzeitigen Abschied aus der Erwerbsarbeit propagiert und materiell gefördert – in einer unheiligen Allianz aus Unternehmer- und Gewerkschaftsinteressen, die noch dazu den staatlichen Segen erhielt. Dieser Fehler wird jetzt allmählich – viel zu langsam – korrigiert. Und wieder heißt es: genauer hinsehen. Denn wo sich einerseits Lebensräume und Freizeitchancen der Senioren ausgeweitet haben, nicht nur auf Kreuzfahrtschiffen, da hat andererseits die Solidarität der Generationen nicht gelitten. Im Gegenteil, es scheint so, als ob die Großeltern wieder wichtiger geworden wären. Sie sind es häufig genug, die eine Berufstätigkeit der Mutter angesichts fehlender Ganztagsbetreuung durch mehr oder minder regelmäßigen Einsatz erst ermöglichen.

Gerade dieses Beispiel ist wichtig, weil es den ganz engen Zusammenhang von Generationenproblem und Kinderfrage zeigt. Als Großeltern leisten die Älteren *erstens* materielle Unterstützung in erheblichem Ausmaß. Das neue Familienauto wird mitfinanziert, ein Sparkonto für die Enkel geführt: Auch das ist nur oberflächlich «Privatsache», in Wirklichkeit eine massive informelle (durch kein Sozialversicherungs- oder Steuergesetz erzwungene) Umverteilung, an der Kinderlose bzw. Enkellose nicht partizipieren. *Zweitens* leisten sie zeitliche Unterstützung, investieren also, wie schon angedeutet, aus ihrem eigenen Zeitbudget in das der jüngeren Familien. Und *drittens* ist die emotionale Unterstützung, auch die der Bildung und kognitiven Entwicklung, zwar schwer messbar, aber nicht zu unterschätzen. Wie viele Synapsen werden allabendlich durch großmütterliche Vorlesestunden vernetzt! Zu Ende gedacht heißt das aber Folgendes: Kinderlosigkeit betrifft nicht nur, wie heute häufig gedacht, die 30- bis 50-jährigen, sondern verdoppelt sich gewissermaßen in der folgenden Generation, da die Kinderlosen von heute auch die Enkellosen von morgen sind. Wie bringt diese rasch wachsende Gruppe, auch das ist eine legitime Frage, ihre freie Zeit und nicht zuletzt ihr Geld dann eigentlich, zum Beispiel im Jahre 2030, in die gesellschaftliche Solidarität ein?

Dass die Antwort hierauf jedenfalls nicht lautet: «Das geht niemanden etwas an!» ist ein weiteres Indiz für die neue «Politisierung des Privaten», in diesem Fall der Ökonomie des privaten Haushalts. Während der jüngsten Reformdebatten haben wir ja erstaunlich schnell gelernt, dass Wirtschaft nicht nur etwas mit Siemens und DaimlerChrysler zu tun hat, sondern auch mit dem Geld im eigenen Portemonnaie: wo kommt es her, wieviel steht mir zu, mit wem muss ich teilen? Ökonomen haben kürzlich berechnet, dass die Kosten eines Kindes – nicht nur für Nahrung und Kleidung, sondern inklusive dem kapitalisierten Zeit- und Betreuungsaufwand – sich auf 2800 Euro im Monat belaufen. Es gibt eine alte Debatte darüber, ob diese Kosten von der Gemeinschaft vollständig kompensiert werden können – oder überhaupt kompensiert werden sollen, denn hieße das nicht, Kinder und Familie zu einem rein ökonomischen Gut, zu einem rein ökonomischen Kalkül werden zu lassen? Dieses Schema, das in manchen Entwicklungsländern bis heute gilt: viele Kinder als zusätzliche Arbeitskräfte und eigene Altersvorsorge, haben wir ja zum Glück hinter uns gelassen. Und trotzdem besteht weithin Einigkeit darüber, dass der so genannte «Familienlastenausgleich» in der jetzigen Form nicht ausreicht und außerdem durch neue Komponenten des generationellen Ausgleichs – siehe das Großeltern-Beispiel! – ergänzt werden muss. Denn all unsere Sozialsysteme sind immer noch auf die Adenauer-Doktrin als Normalfall gebaut: «Kinder kriegen die Leute immer», sagte der erste Bundeskanzler vor fast fünfzig Jahren.

Das muss umso mehr im Auge behalten werden, als gleichzeitig ein Trend unverkennbar und auch politisch gewollt ist, soziale Lasten im Sinne des Gedankens der «Subsidiarität», der erstrangigen Hilfe von unten, vom «Staat» oder abstrakten Transfersystemen wieder auf Familien und kleinere Gemeinschaften zurückzuverlagern. In Fällen der Not, Armut, Pflegebedürftigkeit soll die Unterstützung durch Familienangehörige, sei sie materieller oder unmittelbar praktischer Art, wieder vorrangig werden. Die Erwartung, man könne auf diese Form der Grundsicherung verzichten und dazu übergehen, atomisierte Individuen nur noch durch öffentliche Transfersysteme zu unterstützen, hat sich in der Tat als Illusion erwiesen. Das hat die Hartz IV-Reform deutlich gezeigt: Ihr eigentliches gesellschaftspolitisches Defizit ist nicht die Zusammenlegung von Arbeitslosen- und Sozialhilfe, nicht die Gleichbehandlung von vorher Ungleichem. Ihr Fehler liegt vielmehr in der Konstruktion der berüchtigten «Bedarfsgemeinschaften», die einen Verzicht auf primäre Solidarität und Verantwortung nicht nur hinnehmen, sondern sogar noch staatlich prämieren. Sogar kaum erwachsene Kinder können eine staatliche Transferleistung erwarten, anstatt sich an ihre eigenen Eltern zu wenden. Es bleibt ein Rätsel, warum dies noch zu einem Zeitpunkt beschlossen worden ist, als die Einsicht in die prekären Folgen der Hyper-Individualisierung allgemein geworden war.

III.

Kein Gemeinwesen kann für die finanziellen Kosten aufkommen, wenn primäre soziale Netzwerke nicht mehr greifen. Aber es geht nicht nur um Geld. Das Motto «Jeder Mensch seine Bedarfsgemeinschaft» ist auch moralisch fragwürdig, weil es Verantwortungslosigkeit nährt. Doch an dieser Stelle wird es kompliziert. Denn die dringend notwendige Rückverlagerung von Verantwortung in die Familien – gleich ob verheiratet oder nicht, konventionell oder nicht, vollständig oder unvollständig – darf nicht auf dem Rücken derer ausgetragen werden, die noch über Familie verfügen, nach dem Motto: Wer so dumm ist, Kinder zu haben, muss diese zahlen lassen; den Schlaueren zahlt's der Staat. Erneut unterstreicht das die enge Verzahnung von Generationenkonflikt und Kinderfrage.

Aber wie kann die Politik hier steuernd eingreifen, welche politischen Reaktionen sind angesichts dieser neuen Kultur- und Verteilungskonflikte möglich, welche sind sinnvoll? Jenseits des konkreten Streits um Aufschläge in der Renten- oder Pflegeversicherung lassen sich drei große Strategien unterscheiden. Die erste ist eine staatliche Prämierung des Kinderkriegens, also eine «pronatalistische» Bevölkerungspolitik. Seit dem Missbrauch durch den Nationalsozialismus tun wir uns damit schwer, und das Mutterkreuz muss im 21. Jahrhundert nicht mehr verliehen werden. Aber es gibt auch keinen Grund für ein falsches Tabu. Aus der Einsicht in die generationelle Nachhaltigkeit einer Gesellschaft müssen Konsequenzen gezogen werden; das geschieht auch bereits auf vielfältige Weise und ist kein neuer deutscher Sonderweg – der deutsche Sonderweg ist eher die Vernachlässigung einer kindgerechten Gesellschaft.

Trotzdem wäre eine Gesellschaft gleichförmiger Zwei- oder Dreikindfamilien eine schreckliche Vorstellung. Die Entscheidung für oder gegen Kinder bleibt selbstverständlich Privatsache – aber ebenso selbstverständlich müssen die Konsequenzen kollektiv berücksichtigt und ausgeglichen werden. Die zweite Strategie ist also die gute alte «Umverteilung». Man spricht in letzter Zeit viel davon, dass die Umverteilungsgerechtigkeit an ihre Grenzen gestoßen sei und zum Beispiel durch eine Gerechtigkeit der «Teilhabe» – an Bildung, an Kultur – abgelöst werden müsse. Daran ist viel Wahres, aber die Familien- und Generationenpolitik ist ein Beispiel für die fortdauernde Berechtigung, ja Notwendigkeit der Umverteilung. In diese Richtung werden sich die Reformen in Zukunft noch mehr bewegen müssen. Mit einer «Bestrafung» der Kinderlosen, vor der jetzt gelegentlich gewarnt wird, hat das gar nichts zu tun. Auch die progressive Einkommensteuer ist ja keine «Strafe», sondern eine Anerkennung relativer Leistungsfähigkeit in der Gemeinschaft und für sie. Die zwei wichtigsten Hebel für diese Umverteilung sind das Steuersystem: erhöhte Freibeträge oder das jetzt viel diskutierte Familiensplitting und die Sozialversicherungen.

Schließlich gibt es eine dritte Strategie. Sie setzt bei der schon erwähnten Überlegung an, dass Kindererziehung nicht nur eine ökonomische, sondern auch eine erhebliche Zeitinvestition zu Gunsten der Gemeinschaft darstellt. Wie wäre es nun, wenn Kinderlose einen entsprechenden Beitrag, eine entsprechende Betreuungszeit leisten würden? In Kindergärten oder Ganztagsschulen würden sie ein- oder zweimal wöchentlich ihren konkreten Beitrag dazu leisten, dass Eltern, nicht zuletzt Mütter, Familie und Beruf besser vereinbaren können. Mit diesem auf den ersten Blick überraschenden Vorschlag ist es manchen Sozialwissenschaftlern, die darüber nachgedacht haben, sehr ernst. Er stützt sich auf die neueren Debatten über bürgerschaftliches Engagement und freiwillige Bürgerarbeit in einem postklassischen Sozialstaat. Aber hier werden, bei allem guten Willen, die Grenzen schnell erreicht sein. Mit Zwang kommt man nicht weit, und auf die freiwillige Kinderbetreuung durch die vielbeschäftigten Singles wird man wohl lange warten können.

Eine Patentlösung, das zeigt dieser kleine Katalog möglicher Strategien bereits, kann es bei der Familien- und Generationengerechtigkeit nicht geben. Wenn der Klassenkonflikt nicht im Paradies des Kommunismus aufgelöst worden ist, sollten wir Ähnliches von den neuen Konflikten erst recht nicht mehr erwarten. Es ist schon viel gewonnen, wenn wir die Probleme erkennen und mit offenem Visier darüber streiten. Einen wichtigen Minimalkonsens wird man dabei wohl erzielen können: Die Entscheidung über die Form der eigenen Lebensführung wird individuell getroffen und bleibt Privatsache. Die Konsequenzen aber können nicht privatisiert werden, sondern müssen sich der gemeinschaftlichen Verantwortung stellen – der Tatsache, dass Kinder und Kindererziehung einen längst nicht nur ökonomischen «Mehrwert» für eine Gesellschaft bilden. Und einen ganz simplen Zusammenhang zwischen privatem Lebensstil und Portemonnaie wird man damit nie ganz auflösen können: Mit Kindern lebt man, ceteris paribus, materiell knapper als ohne. Diese Wahrheit muss eine Gesellschaft neu lernen, in der es anscheinend zum sozialen Standardanspruch geworden ist, ein volles Erwerbseinkommen nur für eine einzige erwachsene Person zu konsumieren.

9.
MÄNNER, FRAUEN, KINDER. DAS SCHEITERN DER EMANZIPATION UND DIE NEUE GESCHLECHTERDIFFERENZ

Eigentlich sollten wir darüber gar nicht reden müssen, am Anfang des 21. Jahrhunderts: welche Aufgaben Männer und Frauen in der Erziehung von Kindern, nicht nur der eigenen, wahrnehmen. Dass Jungen und männliche Heranwachsende zu einem neuen Problemfall unserer Gesellschaft geworden sind. Warum Männer sich schwertun, überhaupt Väter zu sein und daraus einen Teil ihres Selbstbewusstseins zu gewinnen statt nur aus dem Beruf. Und dass den Kindern, egal ob Jungen oder Mädchen, die männlichen Vorbilder fehlen, um im späteren Leben selber einmal Vorbild zu sein und mehrere Rollen zugleich spielen zu können.

I.

Eigentlich sollten wir darüber gar nicht reden müssen, denn gemessen an den privaten Erwartungen und politischen Zielen vor wenigen Jahrzehnten, in den 60er bis 80er Jahren des vergangenen Jahrhunderts, müssten wir längst in einer Gesellschaft der Geschlechtergerechtigkeit, sogar einer «geschlechterblinden» Gesellschaft leben. Frauen haben die Emanzipation, von der man damals allenthalben sprach, erreicht und in Familie und Beruf, in Privatleben und Öffentlichkeit mit den Männern gleichgezogen. Frauen machen gleichermaßen gutverdienende Karrieren, wie Männer sich auf partnerschaftliche Arrangements eingelassen haben, um diese Karrieren zu ermöglichen und sie im gemeinsamen Leben mit Familie und Kindern zu vereinbaren.

Doch so ist es nicht gekommen, der vermeintlich sicher geglaubte Fortschritt ist nicht eingetreten. Oder war das ganze Projekt, wie man jetzt leicht sagen könnte, nur eine ideologische Chimäre? Dagegen spricht schon die Vielzahl der ernüchternden Vergleichsbefunde, die den Deutschen in den letzten Monaten und Jahren immer wieder präsentiert werden. Denn andere westliche Länder, in Europa und Nordamerika, sind auf diesem Wege zwar auch nicht im Paradies angekommen, aber doch ein gutes Stück weiter gelangt: was das Rollenbild von Männern und Vätern betrifft, oder die weibliche Erwerbstätigkeit bis in Spitzenpositionen hinein, oder die berühmt-berüchtigte Vereinbarkeit von Familie und Beruf. Deutschland ist hier längst nicht mehr Pionier, sondern in einen Rückstand geraten – in einen Rückstand, der im Intimraum der Familie, in den Beziehungen von Eltern und Kindern beginnt, aber sich darauf nicht begrenzen lässt, sondern auf die gesamte ökonomische und kulturelle Verfassung ausstrahlt. Denn auch in dieser Hinsicht gilt: Das Private ist ungemein politisch – nur auf andere Weise, als man in den 60er Jahren geglaubt hatte. Jetzt haben wir die klassische «Frauenfrage» von einst nicht gelöst, dafür aber ein Männer-, ein Jungen- und Väterproblem obendrein.

Man kann diesen gescheiterten Fortschritt als das Versagen einer Generation beschreiben. Die 68er und die, die nach ihnen kamen, hatten es in der Hand. Sie wollten den Aufstand gegen die patriarchalische Gesellschaft nicht nur als politische Systemfrage, sondern auch in den privaten Lebensentwürfen betreiben. Im Rückblick gesehen, fiel das den Initiatoren der Bewegung nicht gerade leicht. Der Gestus der revolutionären Emanzipation blieb häufig ein Macho-Gestus. Im Zweifelsfall machten die Männer den Aufstand, und sie waren es auch vor allem, die später den siegreichen Marsch durch die Institutionen antraten, während die Frauen einkauften, wuschen und Windeln wechselten. Nein, es dauerte etwas länger, bis die Nachgeborenen der 68er die Chance erhielten, das große Programm der geschlechterpolitischen Emanzipation umzusetzen und in der eigenen Lebensgestaltung zur Realität zu machen.

Zwischen der Mitte der 70er und der Mitte der 80er Jahre – nicht viel früher, nicht viel länger – tat sich für die damals Jugendlichen und jungen Erwachsenen in der Bundesrepublik ein Fenster zur Zukunft auf. Die großen Parolen waren verklungen, die roten Fahnen eingerollt, aber der auch moralische Anspruch, es anders zu machen, noch nicht verloren. Wohl nie zuvor in der Geschichte, und vielleicht auch nicht mehr seitdem, war Kinder- und Jugendkultur durch so viel Gleichheit zwischen Jungen und Mädchen geprägt, bis tief in Alltagsrituale des Verhaltens und der Kleidung, des Spielzeugs und der Freizeitinteressen hinein. Das war auch die Zeit, in der die Mädchen die Jungen hinsichtlich des schulischen Bildungsniveaus schließlich eingeholt hatten, so dass es als eine Zwangsläufigkeit weiterer Karriere erschien, bis sich das auch in der Erwerbswelt spiegelte. Es war die Zeit, in der Jungen auch weinen durften, Väter sich mit Kinderwagen nicht nur am Sonntagnachmittag zeigten und überhaupt Männer als *Softies* erstrebenswert waren.

Doch kurz danach, wohl noch im Laufe der 80er Jahre, muss der Faden gerissen sein. Das Bild von einer auch äußeren und verhaltensmäßigen Angleichung der Geschlechter verblasste – sicher nicht nur eine deutsche Erscheinung, sondern ein breiterer Zeitgeistwandel –, Mädchen wurden wieder rosa, Jungen blau. Die Jugendlichen von 1980 stellten fest, dass sich in Ausbildung und Studium, Beruf und Familie die partnerschaftliche Egalität doch nicht so leicht verwirklichen ließ, und im Zweifelsfall zog man sich, unmerklich zunächst und Schritt für Schritt, auf ein recht konventionelles Leben zurück, das gegenüber dem Lebensstil der eigenen Eltern, wenn man ehrlich war, keine sensationellen Veränderungen aufwies. Die moderne Geschlechteridentität kapselte sich in einer Milieunische ein: bei Akademikern, vor allem denen einer bestimmten Sorte, bei den pädagogischen Berufen und im Universitätsmilieu.

In diesen Kreisen konnte man auch in den 90er Jahren die wenigen Männer antreffen, die sich trauten, selber den Erziehungsurlaub zu nehmen und über das Selbstbewusstsein verfügten, die merkwürdige Peinlichkeit zu ertragen, die damit inzwischen verbunden war. Doch selbst in liberalen Akademikerkreisen funktionierte dieses Lebensmodell meist eher schlecht als recht. Gerade hier nämlich wurde die Chancengleichheit von Frauen und Männern immer häufiger nur unter einer einschneidenden Prämisse erreicht: nämlich der des Verzichts auf Kinder. Mit der Ausklammerung dieses «Problems» fiel es beiden Geschlechtern erheblich leichter, ihren egalitären Lebensentwurf zu verwirklichen, auf den man abends, wenn man sich nach beruflich erfülltem Tag beim Edel-Italiener traf, anstoßen konnte: Wie haben wir doch die Gleichberechtigung gut verwirklicht! Die Erziehungsprobleme hatten gleichzeitig andere, meist auch in anderen sozialen Schichten.

Dieses Versagen, auf die vergleichsweise billige Lösung eines Fundamentalkonflikts der Moderne ausgewichen zu sein, muss sich die Generation der jetzt 40-, 50-jährigen vorwerfen lassen – wie gesagt, in Deutschland mehr als in vielen vergleichbaren westlichen Nationen. Die Kinderlosigkeit war dabei nur eine Variante der billigen Lösung; die andere war der Rückfall in das konventionelle Rollenmodell des eigenen Lebens und oft auch der Erziehung der Kinder. Seit drei Jahrzehnten ist es in der Bundesrepublik nur sehr unzureichend gelungen, die privaten und romantischen Vorstellungen von Geschlechteridentität, Erziehung und Karriere in tragfähige institutionelle Strukturen zu verwandeln, in einen strukturellen Wandel der Gesellschaft, des Bildungssystems, der Arbeitswelt. Man kann das verstehen als Teil eines größeren Syndroms der zunehmenden Verweigerung gegenüber der Moderne, der möglichst weitgehenden Ausklammerung des Risikos auch aus der privaten Lebensführung.

Hinzu kamen, wiederum vermehrt seit den 80er Jahren, krisenhafte soziale und ökonomische Entwicklungen, welche die Erwartung einer linearen Emanzipation in Geschlechterverhältnis, Familie und Erziehung zusätzlich unterhöhlt haben. Die stetig wachsende Zahl von Ehescheidungen bzw. Trennungen von Paaren und Eltern kann als eine Folge des gestiegenen Erwartungsdrucks an eine kaum zu erreichende Perfektion des privaten Lebens verstanden werden, in der Mann und Frau gleichermaßen ihre Karriere verfolgen können, partnerschaftlich den Haushalt regeln und gemeinsam die Kinder erziehen, und das natürlich weder autoritär noch im *laisser faire*-Stil, sondern demokratisch, also mit größtmöglichem Zeit- und Emotionsaufwand. Umgekehrt erschwerte es die Instabilität von Familien zunehmend, solche Modelle überhaupt ins Auge fassen zu können, nicht zuletzt deshalb, weil sich die Erziehungsarbeit damit tendenziell stärker auf die Frauen verlagerte, denen zugleich die Ausübung einer Erwerbstätigkeit erschwert war.

Der klarste (und gewiss extreme) sozialpolitische Ausdruck dieser Konstellation ist die neue vaterlose Familie der allein erziehenden, nicht erwerbstätigen, sozialhilfeabhängigen Mutter geworden. Im Lichte solcher Strukturen, die von der romantisierten Freiheit in Patchworkverhältnissen meist weit entfernt sind, erscheint die klassische Familie dann doch als ein Raum, in dem bei aller Mühe und allem Risiko die Chancen auf die Verwirklichung jenes «magischen Dreiecks» am größten sind: nämlich der Gleichzeitigkeit von Fairness im Geschlechterverhältnis, partnerschaftlich geteilter Erziehung von Kindern und der Erwerbstätigkeit von Mann und Frau. Das gilt trotz der Erfahrung, dass es (je höher der soziale Status, desto mehr) häufig gerade die «Scheidungsväter» sind, die in der neuen Konstellation lernen, sich in der Erziehung mehr, selbstständiger und mit größerem Zeitaufwand zu engagieren, als das vor der Trennung vielleicht der Fall gewesen ist. Denn auch als ein «Ressourcensparmodell» ist die klassische Familie unerreicht.

Andere, äußere Faktoren sind ebenso zu nennen, darunter an erster Stelle wohl der Problemdruck eines erheblich enger werdenden Arbeitsmarktes. Auf diese Situation traf seit dem Anfang der 80er Jahre gerade jene Generation zum ersten Mal mit voller Wucht und ziemlich unvorbereitet, die eben noch als Jugendliche voller Idealismus der neuen Gleichberechtigung der Geschlechter, überhaupt einer sinnhaften Balance von beruflichem und privatem Engagement, von Karriere und Familie entgegengelebt hatte. Jetzt sah die Realität anders aus, und nicht zuletzt die Männer schreckten zurück und hatten das Gefühl, vor dem Vater-Werden erst noch diese oder jene berufliche Sicherheit unter Dach und Fach bringen zu müssen oder, wenn sie schon Vater waren, die Gewichte doch wieder zugunsten der Karriere zu verschieben, denn mehr als früher kam es jetzt auf jeden kleinen Vorsprung, auf die Wahrnehmung jeder Chance, auf das Ausstechen der Konkurrenz an, und eine Blöße nach dem Muster «Ich schlage einen anderen Termin für das Meeting vor, denn ich muss meine Tochter von der Kita abholen» glaubte sich keiner leisten zu können. Manches spricht auch dafür, dass der prekäre Arbeitsmarkt für Männer wie Frauen die Besetzung konventioneller, geschlechtsspezifisch vorgeprägter Berufsfelder und Karrieren befördert hat. Warum sollte ein Mädchen Kfz-Mechanikerin werden, wenn der Arbeitgeber nicht expandierte, sondern irgendwann die vermeintlich Schwächsten entlassen würde?

II.

Fast unmerklich und doch ganz erheblich haben sich auf diese Weise in den letzten zwei, drei Jahrzehnten die Rahmenbedingungen für das Leben als Eltern ebenso wie für das Leben von Kindern verändert, und auf beiden Seiten des Generationenverhältnisses hat die Geschlechterdifferenz ein neues, oft unerwartetes Gepräge erhalten – ein Gepräge zudem, das den damaligen Erwartungen oft diametral zuwiderläuft. Das gilt in erster Linie für Kinder als Jungen und als Mädchen. Vor einer Generation galt noch jenes Ziel, das überhaupt dem säkularen historischen Emanzipationsprozess der Neuzeit entsprach, ganz ungebrochen: Die Jungen hatten alle Chancen, sie waren der Standardfall, an dem gemessen die Situation der Mädchen defizitär war. Also kam es darauf an, die Mädchen in ihrem Rollenverhalten und in ihren gesellschaftlichen Chancen an die Jungen heranzuführen. Mädchen mussten nicht mehr mit Puppen spielen, und sie bekamen gesagt, dass sie sich ruhig wehren dürften. Die Bildungsbenachteiligung schmolz zusehends dahin, bald stellten sie die Hälfte aller Abiturienten und sogar der Studierenden.

Ein stabiler Ausgleich jedoch ist damit nicht eingetreten, im Gegenteil: Die Situation hat sich auf dramatische – und historisch beispiellose – Weise umgekehrt. Inzwischen sind Mädchen der Normalfall und Jungen der defizitäre Sonderfall der Erziehung geworden. In vielen Schulfächern hinken sie hinterher, obendrein noch in ihrer körperlichen Entwicklung, und nicht zuletzt in ihren sozialen Kompetenzen: also in jenen *soft skills*, die schon die alte Emanzipationsbewegung den nachwachsenden Männern abverlangen wollte, aber mehr aus grundsätzlichen, moralischen und ideologischen Erwägungen, während dieses Defizit inzwischen in handfeste Nachteile auf dem Arbeitsmarkt und überhaupt in der erwachsenen Lebensführung ausschlägt. Das gilt zumal in jenen sozialen Schichten, wo solche Kompetenzen mehr denn je gefragt sind, um sich angesichts knapperer Ressourcen und erweiterter Qualifikationsprofile ökonomisch behaupten zu können. Die Frustration über die ausbleibenden Erfolge und über das Scheitern in der eigenen Unzulänglichkeit entlädt sich dann in neuen Spiralen des Rückzugs oder auch der Gewaltbereitschaft.

Gleichzeitig ist die Anpassung der Jungen an die Mädchen, ihr Lernen von diesen, jedoch schwieriger geworden, weil die Grenzen der Geschlechteridentität nicht mehr so leicht in Frage gestellt werden können wie in den 70er Jahren. In der *peer group* sind die Barrieren des geschlechtsspezifischen Verhaltens eher höher geworden, seit Jungen wieder maskuliner und Mädchen wieder femininer sein sollen – erneut: bis in die alltägliche Stilisierung von Haartracht und Kleidung, Sprache und Freizeitverhalten hinein. Väter und andere männliche Rollenvorbilder, die alternative Modelle des Selbstbewusstseins, der Selbstbehauptung und der Konfliktlösung vorleben könnten, stehen – manche Gründe dafür sind schon erörtert worden – ebenfalls weniger als früher zur Verfügung. Die Väter haben sich aus der zeitweisen Verunsicherung ihrer Männerrolle befreit und ziehen sich auf jene Räume und Verhaltensformen zurück, in denen sie sich sicher und «unter sich» fühlen können. Wer hätte 1980 geglaubt, dass es im Jahre 2005 immer noch schwierig sein würde, Väter für eine Schulklassenaktion jenseits des männlichkeitsbestärkenden Würstchengrills oder des Schleppens schwerer Bierzeltgarnituren zu gewinnen? Das gilt freilich auch umgekehrt: Wer hätte damals für möglich gehalten, dass sich Mütter auch am Beginn des 21. Jahrhunderts noch vor allem darin gegenseitig überbieten, selbstgebackene Kuchen zur Verfügung zu stellen?

Die Grenzen werden nicht mehr ausgesprochen, und doch sind sie, sobald Väter und Mütter ihr Eltern-Sein in die Öffentlichkeit tragen – und das ist zuerst der Raum des Kindergartens, dann der Schule –, oft schneidend scharf markiert. Ein Vater kann sich schon seltsam beobachtet fühlen, wenn er sein Kind mittags von der Schule abholt – die anderen mögen denken, man hätte nichts zu tun, und würden damit ausgerechnet jenes berufliche Selbstwertgefühl treffen, über das Männer sich fast ausschließlich definieren. Und dabei handelt es sich, um daran noch einmal zu erinnern, um dieselben

Erwachsenen, die vor zwanzig, dreißig Jahren den größten Spielraum für geschlechterpolitischen Fortschritt besaßen, den es wohl jemals gab. Der einzig praktikable Ausweg aus diesem Dilemma scheint dann zu sein, lieber erst gar nicht Vater zu werden. Deshalb ist es im Grunde nicht überraschend, dass es in Deutschland mehr kinderlose Männer als kinderlose Frauen gibt.

Dass dies nicht ohne Auswirkungen auf die Kinder, besonders auf die Jungen bleiben kann, ist nicht verwunderlich. Sie brauchen Männer und finden sie zu wenig; sie bräuchten zudem Männer, die traditionelle männliche Identität, erst recht Männlichkeitsrituale durch ihr eigenes Leben in Frage stellen, und begegnen ihnen kaum. Was im privaten Raum der Erziehung prekär geworden ist, setzt sich in ihrem öffentlichen Sektor erst recht fort. Hier hat sich die Feminisierung der pädagogischen Berufe in einer Radikalität durchgesetzt, zumal im Vorschul- und im Primarstufenbereich, angesichts dessen die ersten Verfechterinnen des weiblichen Lehramtsstudiums vor rund hundert Jahren sehr staunen würden. Diese Feminisierung der öffentlichen Erziehung ist zu einem der größten Nachteile des Bildungssystems und der Erwerbsgesellschaft zugleich geworden. Im Kindergarten-, Krippen-, Tagesstättenbereich der bis Sechsjährigen kommen Männer als Ansprechpartner, als betreuende, als sorgende, als herausfordernde Menschen ohnehin so gut wie überhaupt nicht vor. Aber auch in vielen Grundschulen kann man sich glücklich schätzen, über einen einzigen männlichen Pädagogen im ganzen Kollegium zu verfügen.

So haben die meisten Kinder in den ersten zehn Lebensjahren kaum eine Chance, außerhalb der Familie einem Mann zu begegnen, der ihnen als Lehrer und Erzieher gegenübertritt. Und für viele Jungen aus sozial schwachen Familien muss man noch schärfer formulieren: Sie erhalten keine Chance, männliches Verhalten zu erleben, das dem Verhalten ihres eigenen Vaters einen Alternativentwurf entgegensetzen könnte: Da hört ein Mann zu, da argumentiert einer, da nimmt ein Mann in den Arm und ist zugleich konsequent in seinen Prinzipien. Das ist auch so ein Dilemma weiblicher Karrieren in Deutschland: Früher waren die Grundschulrektoren noch regelmäßig männlich – diese Schieflage ist inzwischen beseitigt, diese

Führungspositionen sind von den Frauen erobert, aber um den Preis einer de facto weiblichen Sonderzone von Erwerb und Erziehung. So ist es denn auch vielerorts eine stillschweigende Übereinkunft, dass nur Mütter, nicht Väter die Elternabende und Elternsprechtage der Grundschulen besuchen, um die rein weibliche Erziehungsharmonie nicht zu gefährden.

Der enge Zusammenhang zwischen Erziehungsbild und Berufskarrieren wird sich nicht leugnen lassen. Dabei hat sich in Deutschland auf hartnäckige Weise wieder eine Arbeitsteilung verfestigt, die schon in Auflösung begriffen zu sein schien. Männer sind für das Harte zuständig, Frauen für das Weiche; und in ihrem Beruf haben Männer mit «Sachen» zu tun – mit Technik, mit Produkten, mit Profit – und Frauen mit «Menschen». Dies ständig von eigenen Eltern und professionellen Pädagogen vorgelebt zu bekommen ist ein Faktor jener gehemmten Sozialität von Jungen und jungen Männern geworden, die immer häufiger beklagt wird und zumal männliche Jugendliche aus Unterschichten in eine Sackgasse führt. Gerade unter den Bedingungen des Strukturwandels der alten Industriegesellschaft, den wir im Moment beschleunigt erleben, ist das fatal. Denn als struktureller Nachteil in Sprachkompetenz, Empathie und sozialer Flexibilität erschwert sie es den Männern von morgen, sich in modernen Dienstleistungsberufen zu behaupten. Damit schließt sich ein Teufelskreis der Benachteiligung, die in absehbarer Zeit an die nächste Generation von Kindern, von Jungen weitergegeben wird.

Was ist nun die Quintessenz von all dem? Ein Traum hat sich nicht erfüllt, und neue Visionen gibt es noch nicht. Wir sind erst einmal damit beschäftigt, die Schadensbilanz zu erstellen. Eine Rückkehr zu den alten Vorstellungen von der Emanzipation als einer Annäherung der Geschlechter, ja als einer Aufhebung sozialer Geschlechteridentitäten ist nicht möglich. Es geht nicht um Gleichmachung, und doch ist der Erkenntnis schwer zu entkommen, dass wir immer noch, oder erneut, lernen müssen traditionelle Rollen in Frage zu stellen. Kinder brauchen Männer und Frauen als Erzieher, und paradoxerweise haben sie im Moment zu viel und zu wenig männliche Erziehung zugleich. Zu wenig, weil sie überwiegend von Frauen betreut und erzogen werden und die Männer als Väter,

Erzieher, Lehrer einen zu kleinen Part übernehmen. Den Schaden haben nicht nur die Jungen, sondern auch die Mädchen, denen die Folien von reflektierter Männlichkeit fehlen, die sie bei der späteren Partnerwahl ebenso wie bei der Berufswahl außerhalb des Ghettos der «Frauenberufe» gut brauchen können. – Zu viel, weil die Männlichkeit ihrerseits in einem Ghetto gefangen ist, in einem Ghetto der Klischees und Konventionen, das den Kindern falsche Vorbilder suggeriert.

Um diese Herausforderung anzunehmen, gibt es kein Patentrezept. Der Katalog der klassischen familienpolitischen Leistungen, wie er jetzt auch aus anderen Gründen wieder vermehrt diskutiert wird, hat seine Berechtigung – von den materiellen Anreizen für zeitweise reduzierte Erwerbsarbeit auch der Väter bis zu einer Verbesserung von Betreuungsinfrastruktur. Aber er hat schon zu lange zu wenig bewirkt. In den Vordergrund rücken Maßnahmen an der Schnittstelle von Familie und Arbeitsplatz, von Erziehung und Erwerbsgesellschaft: Veränderungen am Arbeitsplatz und in der Unternehmenskultur, die es Männern und Frauen ermöglichen, Verantwortung für Familie zu tragen und Zeit dafür zu haben. Und statt den Jungen am *Girls' Day* normalen Unterricht zu geben, müssen sie dringend auf einen *Boys' Day* geschickt werden und in Kindergärten, Grundschulen oder Altenpflegeheimen hospitieren. Männliche Schulabgänger können ermuntert und prämiert werden, wenn sie sich für den Erzieher- oder Grundschullehrerberuf entscheiden. Aber bei allen institutionellen Hilfestellungen wird es ohne ein Stück Bewusstseinswandel wohl nicht klappen. Ein solches Umdenken ist nicht nur eine Frage von moralischer Sehnsucht nach Gerechtigkeit wie vor dreißig Jahren. An ihm entscheidet sich immer mehr auch die Zukunftsfähigkeit einer rückständig gewordenen Gesellschaft.

10.
ABSCHIED VON DER ARBEIT? DIE KRISE DER DEUTSCHEN ERWERBSGESELLSCHAFT

Seit fast drei Jahrzehnten ist millionenfache Arbeitslosigkeit das größte ökonomische und gesellschaftliche Problem in Deutschland: zunächst in der «alten» Bundesrepublik, nach der Wiedervereinigung erst recht in der ehemaligen DDR. Seit fast drei Jahrzehnten bestimmt dieses Thema die politischen Debatten und die öffentlichen Schlagzeilen, aber die Fähigkeit zur Problembearbeitung steht in einem krassen Missverhältnis zur allgegenwärtigen Problembeschwörung. Seit fast drei Jahrzehnten wechseln sich immer neue Zyklen der Erwartung und der Enttäuschung auf inzwischen längst vorhersehbare Weise ab. Der nächste wirtschaftliche Aufschwung, die nächste konjunkturelle Erholung werde ein spürbares Sinken der Arbeitslosenzahlen zur Folge haben – oder in der politischen Variante: Die nächste Legislaturperiode, der nächste Regierungswechsel werde die Wende auf dem Arbeitsmarkt bringen, möglicherweise bis zu einer Halbierung der allmonatlich aus Nürnberg verkündeten Zahlen.

Stattdessen tritt seit drei Jahrzehnten regelmäßig das Gegenteil ein. In Phasen der konjunkturellen Stärke und des Wachstums geht die Erwerbslosenquote nicht zurück, sondern stagniert allenfalls, während sich in Zeiten wirtschaftlicher Schwäche und Rezession die Zahl der Arbeitslosen oft ruckartig vermehrt und auf diese Weise immer neue Millionenwerte übersprungen hat – zuletzt, Anfang 2005, die fünfte Million, in der verschiedene Formen «verdeckter» Erwerbslosigkeit noch gar nicht enthalten sind. Gewiss sind die regionalen Unterschiede enorm groß, und grob gesprochen zeichnet sich auf der Landkarte das Bild dreier Zonen ab, mit einem Gefälle von Süddeutschland über den Nordwesten zum Nordosten. Hier und in einzelnen Gebieten des alten industriellen Westens wie dem Ruhrgebiet pendelt die Arbeitslosenquote inzwischen bei rund 20 %, auch in der oberflächlich von Tourismus und Regierungshektik brummenden Hauptstadt Berlin.

Damit ist längst eine Grenze überschritten, jenseits derer die Erwerbslosigkeit nicht nur eine ökonomische Herausforderung bildet, sondern auch gesellschaftliche Strukturen prägt – genauer: funktionierende, stabile, tragfähige soziale Milieus aushöhlt und zerstört. Das Fehlen von Erwerbsarbeit nagt inzwischen selber an den Grundlagen der Erwerbsgesellschaft. Diesen Strudel-Effekt zu stoppen und umzukehren ist die zentrale politische Aufgabe angesichts der immer wieder fehlschlagenden Hoffnung, durch ein paar Zehntelprozente mehr Wachstum des Bruttoinlandsprodukts Arbeitsplätze zu generieren. Denn wo neues Wachstum entstehen, wie Produktivität und Dynamik generiert werden kann, und in welchen Bereichen zukünftig gearbeitet und gewirtschaftet, investiert und verdient werden soll, darüber wird erstaunlicherweise kaum eine Debatte geführt. Zwei oder drei Prozent Wachstumsziel als politische Vorgabe oder als rituelle Beschwörung der Wirtschaftsweisen – das unterstellt, eine Volkswirtschaft müsse nur einfach und linear, in der einmal gegebenen Struktur, an allen Stellen ein wenig zulegen, und am besten und einfachsten durch die Entfachung von etwas mehr Binnenkaufkraft und Konsum. Eine ernsthafte Debatte über die Schwachpunkte und Schwerpunkte zukünftigen Wirtschaftens und zukünftiger Beschäftigung findet kaum statt.

So ist es kein Zufall, dass die bisher in Deutschland eingeschlagenen Strategien zur Bekämpfung der Arbeitslosigkeit immer wieder von relativ statischen Modellen ausgehen: von einer gegebenen industriellen Produktionsstruktur, die möglichst konserviert werden sollte; von einer konstanten Menge an verbleibender Erwerbsarbeitszeit, die durch Arbeitszeitverkürzungen möglichst gerecht aufzuteilen wäre. Weithin sind diese Strategien gescheitert, denn es fällt auf, dass die beiden westeuropäischen Länder, die am längsten und mit dem größten Nachdruck auf solche Instrumente gesetzt haben, mit die höchsten Arbeitslosenquoten aufweisen: nämlich Deutschland und Frankreich. In beiden Ländern brechen zudem die Konsequenzen in brisanten sozialen Problemen auf, auch wenn das nicht immer so offen der Fall ist wie bei den brennenden französischen Vorstädten im Herbst 2005. Und noch eine Gemeinsamkeit, die vielleicht seltener beobachtet wird, ist bemerkenswert. Wohl nirgendwo sonst sitzt die kulturelle Enttäuschung über das einstige Erfolgsmodell «Erwerbsarbeit» so tief wie in Deutschland und Frankreich. Es sind an führender Stelle, ja fast ausschließlich deutsche und französische Sozialwissenschaftler und Intellektuelle, die tiefste Zweifel an der Zukunftsfähigkeit der Erwerbsgesellschaft formulieren und empfehlen, stattdessen lieber den geordneten Rückzug anzutreten: an der Ideal der Erwerbsarbeit nicht länger festzuhalten, sondern alternative Modelle der Lebensgestaltung außerhalb der Erwerbsarbeit zu erproben.

Spätestens an dieser Stelle wird deutlich, wie die Frage nach der Zukunft der Arbeit an die Grundfesten nicht nur der Ökonomie, sondern auch der sozialen Beziehungen, ja der Mentalitäten, des kulturellen Selbstverständnisses einer Gesellschaft rührt. Diesen oft vernachlässigten Aspekten soll im Folgenden etwas genauer nachgegangen werden: zunächst mit einer Erinnerung an die schöne Epoche der Vollbeschäftigung und Vollzeitbeschäftigung in der klassischen Industriegesellschaft. Seit den 70er, 80er Jahren des 20. Jahrhunderts ist es damit vorbei. Aber nicht der Welt insgesamt geht die Arbeit aus, noch nicht einmal den entwickelten Ländern des Westens. Wie also ist die Erwerbsarbeit in Deutschland auf eine abschüssige Bahn geraten, deren Fluchtpunkt ein nicht nur ökonomischer, sondern auch kultureller «Verlust der Arbeit» zu sein scheint? Doch muss man unterscheiden. Die Grenzen von Erwerbsarbeit haben sich in mehrfacher Hinsicht verschoben, und von ihrem Schwinden kann man nicht pauschal, sondern nur für bestimmte Sektoren, auch: für bestimmte Teile der Gesellschaft, sprechen – anderswo hat sich Erwerbsarbeit sogar vermehrt. Und gibt es nicht vielfältige Formen der «Arbeit», der sinnvollen und produktiven Beschäftigung, jenseits der klassischen, kapitalistischen Erwerbsarbeit für Lohn oder Gehalt, Honorar oder Gewinn? Das Spektrum könnte von der ehrenamtlichen Bürgerarbeit bis zur Erziehungs- und Familienarbeit reichen. Ist es nicht sinnvoll, dafür neue zeitliche Freiräume zu schaffen? Am Ende jedoch steht die Erkenntnis, dass die Aussichten auf eine Alternative zur Erwerbsgesellschaft alles andere als rosig sind – oder: rosig nur in den romantischen Träumen einer solchen bequemen Welt des Heute-dies-und-morgen-jenes-Tuns. Eine Gesellschaft des Wohlstands und der sozialen Sicherheit außerhalb der Erwerbsarbeit bleibt eine Illusion.

I.

Die Erwerbsarbeit, an deren Zukunft heute viele zweifeln, ist in mancher Hinsicht ein relativ junges Phänomen. Historisch verknüpft es sich mit dem Aufstieg der klassischen Industriegesellschaft im 19. Jahrhundert, mit der industriellen oder pointiert: der fabrikmäßigen Normierung der Lebensführung.[22] Doch erschöpft sich die Logik der Erwerbsarbeit nicht in dieser Quelle – sonst könnte man in der Tat leicht argumentieren, das Ende der Industrieproduktion bringe auch die Erwerbsarbeit wieder zum Verschwinden. Eine zweite Wurzel reicht historisch noch tiefer, jedenfalls vor den Beginn der Industrialisierung zurück. Das ist das bürgerliche Ideal des Fortschritts durch zielgerichtete Arbeit und Anstrengung. Die Welt lässt sich aktiv gestalten, sie lässt sich «besser» machen, freier und wohlhabender, doch bedarf es dazu ihrer «Bearbeitung», und dafür wiederum der Disziplinierung der Gesellschaft und ihrer Individuen. Unübersehbar und enorm einflussreich sind die religiösen, die jüdisch-christlich-protestantischen Komponenten dieses Erwerbsideals: von der alttestamentlichen Bestimmung des Menschen, nach der Vertreibung aus dem Paradies sein Brot «im Schweiße des Angesichts» zu essen, bis zu jener protestantischen Ethik der Askese und der Leistung, an der sich möglicherweise die Gottgefälligkeit des Individuums erweisen sollte. Max Weber hat das in seinen Studien über den Zusammenhang von protestantischer Ethik und «Geist» des Kapitalismus klassisch analysiert.

Inzwischen neigt man gerne dazu, diesen Aspekt der Disziplinierung und Reglementierung durch Arbeit in einem Projekt der Moderne, dessen Überzeugungskraft für viele geschwunden ist, ganz groß zu schreiben. Denn so gesehen haben wir uns eine Last auferlegt, einen furchtbaren Zwang, von dem endlich loszukommen nur begrüßenswert sein kann. Hat nicht die Unterwerfung des Lebens unter die Zwänge der Arbeit, angefangen von ihrem unerbittlichen Zeitregime, Freiheiten geraubt und die Menschen in jenem «stahlharten Gehäuse der Hörigkeit» gefangen, von dem schon Weber düster sprach? Das mag die eine Seite sein. Doch steht die Disziplinierung durch Arbeit andererseits in einem unauflöslichen Zusammenhang mit dem Anspruch auf Freiheit, Emanzipation und Wohlstand und der historisch beispiellos erfolgreichen Einlösung dieser Ideale zumal in den «goldenen Jahren» der zweiten Hälfte des 20. Jahrhunderts. Der Zusammenhang von Arbeit und Emanzipation ist nicht nur eine Reminiszenz aus der Vergangenheit eines aufklärerischen 18. Jahrhunderts, sondern gilt offensichtlich bis heute fort: Der Verlust der Arbeit mag im Einzelfall und oberflächlich gesehen von Zwängen befreien. Doch führt er in Wirklichkeit in Abhängigkeit, Unmündigkeit und den Verlust von privatem und öffentlichem Wohlstand hinein.

Etwas anderes kommt hinzu. «In mancher Hinsicht», so hieß es gerade, ist die Erwerbsarbeit ein neues Prinzip, eine neue Organisationsform moderner Industriegesellschaften gewesen. Arbeitszeit wurde, besonders seit der Mitte des 19. Jahrhunderts, zunehmend strukturiert. Sie hob sich aus der allgemeinen Lebensführung, aus dem gleichmäßigen Fluss der Lebens- und Tageszeit heraus, von der sie in der ländlichen und vorindustriellen Gesellschaft meist gar nicht zu trennen war. Der Gegensatz zur Arbeitszeit ist hier allenfalls «Festzeit» gewesen, nicht jedoch eine «Freizeit», über die wir erst seit einem guten Jahrhundert verfügen. Erwerbsarbeit und Arbeitszeit konturierten sich im Übergang vom Land in die Stadt, vom Feld in die Fabrik allmählich schärfer heraus: als eine gemessene und begrenzte Zeit, wie lang auch immer der Arbeitstag, die «Schicht» gedauert haben mag; und meist auch als ein eigenständiger Ort: mit der überwiegenden Trennung von Wohnstätte und Arbeitsplatz, mit jener Trennung von Erwerbssphäre und Privatsphäre, welche die ländliche Gesellschaft, aber auch das alte Gewerbe in Handwerk und Handel nicht kannte. Auch die rechtliche und soziale Organisation der Arbeit änderte sich mit dem Übergang in kapitalistische Formen der Lohnarbeit. Das war neu, oft geradezu revolutionär. Die Arbeit selber jedoch war es nicht. Höchstens für eine ganz winzige, überwiegend adlige Oberschicht ist das vormoderne Leben frei von Arbeit und Anstrengung gewesen. An dem harten Alltag der Masse der Bevölkerung, für die endlose Plackerei oft dennoch nur für Hunger und Not ausreichte, gibt es im Rückblick nichts zu idealisieren, was sich vorteilhaft von dem modernen Arbeitsregime abhöbe.

In der frühen Arbeiterbewegung zeigte sich bereits die ganze Ambivalenz der Erwerbsarbeit, das Spannungsverhältnis zwischen Wohlstandsmaschine und Zwangsregime. Einerseits forderte sie das «Recht auf Arbeit», andererseits entwickelte sie Utopien von der arbeitsfreien, entökonomisierten Gesellschaft, von einer Gesellschaft individuell selbstbestimmter Tätigkeit in Raum und Zeit. In klassischer und viel zitierter Weise brachte der junge Karl Marx diese Utopie in seiner Schrift über die «Deutsche Ideologie» 1845 zum Ausdruck. Er schwärmte von einer ursprünglichen «kommunistischen Gesellschaft», in der jeder Einzelne nicht auf eine ausschließliche Berufstätigkeit festgelegt ist und frei ist von der Fremdbestimmung des eigenen Lebensrhythmus, sondern in der «die Gesellschaft die allgemeine Produktion regelt» – was immer das heißen mochte – «und mir eben dadurch möglich macht, heute dies, morgen jenes zu tun, morgens zu jagen, nachmittags zu fischen, abends Viehzucht zu treiben, nach dem Essen zu kritisieren, wie ich gerade Lust habe, ohne je Jäger, Fischer, Hirt oder Kritiker zu werden».[23] Diese romantische Utopie ist, das muss man der Fairness halber sagen, keineswegs zur politischen Richtschnur der deutschen Arbeiterbewegung geworden. Heillos romantisch ist sie schon deshalb, weil sie an der beruflichen Realität der modernen Gesellschaft vorbeigeht, in der nur noch marginale Prozente der Bevölkerung jagen, fischen oder Vieh züchten. Es dürfte etwas schwieriger sein, morgens französische Grammatik zu unterrichten, nachmittags Prozessabläufe in der Spritzgussfertigung zu optimieren und abends einen Schriftsatz in einem Zivilverfahren auszuarbeiten. Dennoch hat sich diese Vision des jungen Marx in den Köpfen vieler Intellektueller festgesetzt und erlebt angesichts der Krise der Arbeitsgesellschaft seit dem späten 20. Jahrhundert eine geradezu erstaunliche Renaissance.

Der «Vollzeiterwerb», dieses Leitbild von Arbeits- und Lebenszeit, das wir heute, grob gesprochen, mit der Fünftagewoche und dem

Achtstundentag, mit fachlicher Ausbildung und spezifischer Berufstätigkeit verbinden, war freilich in den vergangenen zwei Jahrhunderten erheblichen Veränderungen unterworfen. In der klassischen Industriegesellschaft galt ein Muster der Verteilung von Arbeitszeit, das nach der Grundregel funktionierte: Je höher der soziale Status, desto geringer und desto flexibler die Arbeitszeit. Für die Lohnarbeiterschaft, für das industrielle Proletariat, aber auch für Land- oder Heimarbeiter galten extrem lange Arbeitszeiten, mit nicht selten 12 oder 14 Stunden am Tag, an sechs Tagen in der Woche, ohne den Anspruch auf Erholungsurlaub. In den gesellschaftlichen Führungsschichten, nicht zuletzt im Wirtschaftsbürgertum, ging es, der protestantischen Ethik zum Trotz, lange Zeit etwas behäbiger und ruhiger zu. Morgens erschien man im Kontor, um mittags zu einer ausgedehnten Mahlzeit und einer Ruhestunde bei der Familie zu sein, danach stand noch einmal das Geschäft auf dem Arbeitsplan, und die Geselligkeit, zum Beispiel in den Räumen des bürgerlichen Vereins, kam nicht zu kurz. Gleichzeitig kann man generell sagen, dass die Erwerbsarbeit in allen sozialen Schichten lange Zeit – sicher noch um 1900, auch noch um 1950 – einen größeren Teil des Tages in Anspruch nahm, sie zugleich aber weniger verdichtet war. Man fing morgens früh an und hörte erst abends auf, doch waren Pausen und Unterbrechungen nicht im Minutentakt angelegt. Für Angestellte im Berliner «Kaufhaus des Westens» begann die Arbeit im Jahre 1908 um halb neun Uhr morgens und endete um acht Uhr abends, doch darin war außer einer Frühstückspause eine zweistündige Mittagspause eingeschlossen.[24]

Erst im Verlauf des 20. Jahrhunderts hat die Ausdifferenzierung von Arbeitszeit: ihre Standardisierung, ihre Komprimierung, ihre Unterscheidung von der arbeitsfreien Zeit, jenen Höhepunkt erreicht, an dem sich unsere kulturellen Maßstäbe und politischen Ziele bis heute häufig orientieren. Dafür waren Impulse der kapitalistischen Rationalisierung (wem nützen zwei Stunden Mittagspause, in der Kapital brach liegt?) ebenso verantwortlich wie der Kampf der Beschäftigten für eine Verkürzung der Arbeitszeit zugunsten des «Feierabends». Der Achtstundentag galt dabei schon früh als ein Fluchtpunkt, dessen Überzeugungskraft sich aus der Idee einer vernünftigen Drittelung des Tages ableitete: acht Stunden arbeiten in körperlicher Anstrengung und fremder Verfügung, acht Stunden schlafen und acht Stunden eigene, selbstbestimmte Zeit. «Eight hours for what we will» lautete deshalb eine Parole der amerikanischen Arbeiterbewegung für den Achtstundentag.[25] In Deutschland galt er als allgemeine Norm seit 1918. Aus Gesichtspunkten der betrieblichen Effizienz war das für die Unternehmer auch deshalb akzeptabel, weil nach ihrer Rechnung drei Achtstundenschichten den Tag vollständig ausfüllten, ohne dass die Produktionsbänder jemals stillzustehen brauchten. Bekanntlich galt dieses Modell zunächst für sechs Tage in der Woche, erst viel später wurde der Samstag davon ausgenommen, als die Gewerkschaften Kinder von Plakaten fordern ließen, «Samstags gehört Papi mir!» Doch die Zeit, in der die Norm auch Realität war, erscheint aus heutiger Sicht als erstaunlich kurz. Nur ein bis zwei Jahrzehnte später liegen die Anfänge der heutigen Massenarbeitslosigkeit. Der Kampf um die 35-Stunden-Woche begann und stand weniger unter dem Vorzeichen humanerer Arbeitsbedingungen als vielmehr einer gerechteren Verteilung der Erwerbsarbeit. Zugleich durchbrach die Flexibilisierung von Arbeitszeit immer häufiger die klassische Formel des «fünf mal acht» auf der festen täglichen Zeitschiene dessen, was auf Englisch «nine till five» heißt.

II.

In den 70er Jahren liefen die «Goldenen Jahre» der westlichen Gesellschaften und ihrer Nachkriegsprosperität aus. In der Bundesrepublik kam die stürmische Expansionsphase des «Wirtschaftswunders», die schon 1966/67 eine erste Delle erfahren hatte, zum Abschluss. Die Zeit der Vollbeschäftigung, gar des Mangels an Arbeitskräften war vorbei; die Deutschen mussten die «Arbeitslosigkeit» wieder in ihren politischen und persönlichen Wortschatz aufnehmen. Gegen die Erwartung, es handle sich dabei um eine vorübergehende Störung der Entwicklung, um ein konjunkturelles Phänomen oder um die Folge externer Störfaktoren wie höherer Rohstoffpreise, stabilisierte sich die Erwerbslosigkeit und wurde zum Symbol einer Strukturkrise der westlichen Ökonomien – nicht zuletzt einer Bundesrepublik, die einen großen Teil auch ihrer kulturellen Identität auf Wohlstand, Wachstum und Sicherheit gebaut hatte. Aber anders als in der Weltwirtschaftskrise der 30er Jahre, anders auch als in der unmittelbaren Nachkriegszeit war die neue Erwerbskrise eingebettet in das inzwischen gut ausgepolsterte Gerüst einer Wohlstandsgesellschaft mit ihrer Fülle von sozialen Sicherungsmechanismen, die massenhafte Not und unmittelbares Elend in aller Regel ausschlossen. Der Sozialstaat erlebte insofern einen Praxistest – und bestand ihn auch. Aber die materielle Auspolsterung der Krise entlastete offenbar ein Stück weit von dem Druck, einschneidende Gegenmaßnahmen einzuleiten.

Im Gegenteil überlagerten sich seit den 70er, spätestens seit den 80er Jahren verschiedene gesellschaftliche und kulturelle Trends – zunächst in der alten Bundesrepublik, dann auch im vereinten Deutschland –, die einer zunehmenden Verdrängung der Erwerbsarbeit aus dem Zentrum der Gesellschaft Vorschub leisteten. Innerhalb der erstaunlich kurzen Zeit von etwa zwei Jahrzehnten erodierte die Arbeitsgesellschaft nicht nur hinsichtlich ihrer ökonomischen Substanz, sondern auch als gesellschaftliche Praxis und kulturelle Norm, und zwar in beiden Teilen Deutschlands, West wie Ost, die sich in der Nachkriegszeit trotz der Systemdifferenz auf nicht unähnliche Weise durch Erwerbsarbeit definiert hatten.

Im ökonomischen Umgang mit der Erwerbsarbeit und der zunehmenden Arbeitslosigkeit setzte sich spätestens zu Beginn der 80er Jahre weithin die Auffassung durch, dass in einer technologisch hochentwickelten Gesellschaft, die zugleich ökologisch an die «Grenzen des Wachstums» stieß, die Menge der vorhandenen Erwerbsarbeit höchstens konstant sei, langfristig aber eher schrumpfen müsse. Die Konsequenz daraus konnte nur sein, das vermeintlich fixe Erwerbsarbeitsvolumen dann wenigstens gerechter zu verteilen, also durch Arbeitszeitverkürzung die Erwerbslosen wieder in den Arbeitsmarkt zu ziehen. In der Sicht der Gewerkschaften, die für dieses Konzept politisch und tarifpolitisch eintraten, war das die logische Synthese aus dem langfristigen Streben nach einer Vermehrung von Freizeit und dem Versuch einer Reaktion auf die Erwerbskrise. Es wird noch genauer zu erforschen sein, wie sich in dieser Übergangszeit

Reste eines durchaus traditionellen Glaubens an die Verbindung von technischem und sozialem Fortschritt (nach der Formel: mehr Maschinen gleich höhere Produktivität gleich mehr allgemeiner Wohlstand bei verringerter Arbeit) mit der neuen Fundamentalskepsis gegenüber Wachstum und Innovation verbanden. Dass veränderte europäische und globale Wettbewerbsbedingungen die deutsche Wirtschaft und ihre Arbeitsmärkte herausforderten und eine Antwort nötig machten, wurde lange Zeit hinter der Überzeugung verdrängt, Menschen würden deshalb arbeitslos, weil wir so gut, so produktiv, so modern seien – gewissermaßen die weltweiten Pioniere auf dem allgemeinen Marsch in die arbeitsfreie Wohlstandsgesellschaft.

Inzwischen ist leicht erkennbar, dass die Schrumpfungs- und Verteilungstheorie der Erwerbsarbeit einen Sonderweg markiert, der eher tiefer in die Krise der Erwerbsarbeit hineingeführt hat, statt stabilisierend zu wirken. Die Vorstellung, Wirtschaft und Arbeitsmarkt seien statische Größen, weswegen man die bestehenden Arbeitsplätze um beinahe jeden Preis erhalten müsse – nicht zuletzt um den Preis enormer öffentlicher Subventionen – hat die Fähigkeit zu Innovation und wirtschaftlichem Strukturwandel gehemmt. Das gilt nicht zuletzt für den Wandel der Industriegesellschaft in eine Dienstleistungsgesellschaft. Die Bundesrepublik wie die DDR hatten ihr Selbstverständnis als produzierende Ökonomien gefunden – die Schlote mussten rauchen und die Fließbänder laufen, dann waren Wachstum und Produktivität gesichert. Dem wirtschaftlichen Ergebnis und dem Produktivitätszuwachs durch hochspezialisierte Dienstleistungen traute man dagegen nicht so recht. So verfestigte sich eine ökonomische Kultur, deren Leitmotiv die Verwaltung des Bestehenden ist – der bestehenden Unternehmen, der bestehenden Arbeitsplätze, sogar der bestehenden Arbeitslosigkeit. Alle Partner im Konsens-Dreieck von Unternehmen, Gewerkschaften und Politik konnten damit etwa zwei Jahrzehnte lang gut fahren.

Dabei blieb gleichfalls zu lange unbeachtet, dass die Präsenz von Erwerbsarbeit auch durch andere Faktoren, nicht zuletzt auch durch die demographische Entwicklung und durch den Wandel von Lebens- und Karriereverläufen, immer stärker gefährdet wurde. Kaum irgendwo sonst ist die Erwerbsarbeitsphase im Lebenszyklus so verkürzt worden wie in Deutschland seit 25 Jahren. Einerseits erfolgt der Eintritt ins Berufsleben hier vergleichsweise spät, zumal im Bereich der akademischen Ausbildung, wo die Phase der Erwerbstätigkeit eher im Alter von 30 Jahren statt fünf Jahre früher wie in vielen anderen Ländern beginnt. Den Arbeitsmarkt hat das aber offensichtlich ebenso wenig nachhaltig entlastet wie, am «anderen Ende» des Lebenszyklus, der immer weiter vorgezogene Ruhestand. Die politisch viel zu lange begünstigte, ja geförderte Aussteuerung von Menschen aus der Erwerbsarbeit im Alter von 58 oder 55 Jahren, teilweise noch früher; die massenhafte Frühpensionierung von Beamten, zum Beispiel Lehrern – all das hat die Erwerbsphase, etwas überspitzt gesagt, zu einer Zwischenstation des Lebens werden lassen: Auf drei Jahrzehnte Kindheit und Adoleszenz folgen drei Jahrzehnte Erwerbstätigkeit, darauf wiederum drei Jahrzehnte des Ruhestandes.

Nur etwas überspitzt, denn der deutliche Anstieg der Lebenserwartung hat diese «Drittelrechnung» fast schon zur Realität werden lassen; für die heute Jüngeren, die mit einer Lebenserwartung von 90 Jahren und mehr rechnen können, wird das eine Selbstverständlichkeit sein. Da außerdem wegen des Geburtenrückgangs der Anteil der Älteren an der Gesamtbevölkerung steigt, schrumpft das Segment der potentiell oder tatsächlich erwerbstätigen Bevölkerung weiter zusammen. Und wer noch erwerbstätig ist, verfügt in Deutschland, manchen Einschränkungen der letzten Zeit zum Trotz, nach wie vor über eine im internationalen Vergleich besonders niedrige Wochenarbeitszeit und zahlreiche Urlaubstage. Nach alldem kann man leicht überschlagen, dass die circa 1500 jährlichen Arbeitsstunden des deutschen Normbeschäftigten etwa vier Stunden Erwerbsarbeit am Tag entsprechen, oder, gerechnet auf die gesamte Bevölkerung, jeder Deutsche im Schnitt gerade mal zwei Stunden pro Tag erwerbstätig ist. Dass eine solche Entwicklung nicht ohne dramatische Konsequenzen bleiben kann, kommt uns erst allmählich zu Bewusstsein. Das sind keineswegs nur ökonomische Konsequenzen, etwa hinsichtlich der Finanzierung eines Ruhestandes, der genauso lange dauert wie die «Ansparzeit» der Erwerbsphase. Mindestens ebenso gewichtig sind sozialkulturelle Folgen: für den Alltag einer Gesellschaft, in der Erwerbstätigkeit zum Minderheitenphänomen wird; in der

Erwerbsarbeit nicht mehr typischerweise das Leben oder den größten Teil der Lebenszeit strukturiert.

Dazu haben, auf der «Gegenseite» der Arbeit, auch neue kulturelle Standards, neue Lebensformen und Verhaltensmöglichkeiten beigetragen, die der arbeitsfreien Zeit einen anderen Stellenwert gegeben haben. Besonders seit den 80er Jahren hat sich Freizeit nicht nur dem Umfange nach ausgeweitet, sondern auch ihre Formen gewandelt und neue symbolische Bedeutung erfahren. Der Formwandel der Freizeit verknüpft sich mit einem Schub der Kommerzialisierung: Sonntags geht man nicht mehr einfach spazieren, sondern vergnügt sich in einem Freizeitpark. Die Medienrevolution des ausgehenden 20. Jahrhunderts, nicht zuletzt der Siegeszug des Privatfernsehens, hat diese Tendenz auch in die Wohnungen hinein getragen. Neue symbolische Bedeutung, das heißt zum Beispiel: Freizeit war nicht mehr in erster Linie unmittelbares Pendant zur Erwerbsarbeitszeit, auf die sie ursprünglich als Ruhe- und Rekreationszeit bezogen war, sondern sie war sich selbst Zweck genug. Freizeit wurde, konsequent gedacht, zu dem «eigentlichen» Leben, zum Ort der Erfüllung von individuellen Lebenszielen; sie wurde zur biographischen «Hauptzeit», die durch die Arbeitszeit unterbrochen wird.

Dieser Wandel hat alle westlichen Gesellschaften im letzten Viertel des 20. Jahrhunderts erfasst, nicht zuletzt auch die USA, wo die meisten Erfindungen im Schnittfeld von Kultur, Kommerz und Freizeit ihren Ursprung hatten. Dennoch scheint er in Deutschland weiter gegangen zu sein als in vielen anderen Ländern. Die Ursachen dafür – im Allgemeinen und für einen möglichen deutschen «Sonderweg» – sind äußerst vielschichtig. Der Abschied von der Wiederaufbaumentalität der Nachkriegszeit wäre zu nennen. Die große Anstrengung war geschafft, man war im Massenwohlstand endgültig – so schien es – angekommen, und jüngere Generationen kannten die Not und die Anstrengung nur noch vom Hörensagen. Die 68er-Bewegung, prinzipiell keine (west-) deutsche Besonderheit, entwickelte dennoch in der Bundesrepublik anders als in den USA eine prinzipielle Skepsis gegenüber Leistungsstandards und einer Ethik der Anstrengung. Die Ursachen dafür reichen wiederum in die

Geschichte des Nationalsozialismus zurück. Die Zweifel an der Selbstdisziplinierung durch Arbeit und Leistung waren ein Reflex auf ihren totalitären, massenmörderischen Missbrauch im «Dritten Reich»: im Verhalten der Täter ebenso wie in der tödlich zynischen Zuschreibung auf die Opfer der «Arbeit», die am KZ-Eingangstor «frei» machen sollte. Bis heute fällt es den Deutschen schwer, eine demokratische Leistungs- und Wettbewerbsethik zu akzeptieren und zu verinnerlichen.

Auch in anderer Hinsicht verlor die Arbeit den Wertbezug, den sie in der klassischen bürgerlichen Gesellschaft innehatte. Die religiösen Konnotationen des Eigenwertes der Arbeit, etwa im Sinne der protestantischen Arbeitsethik, waren schon vom Bildungsbürgertum des 19. Jahrhunderts in mehr oder minder säkulare Kategorien der innerweltlichen Leistung überführt worden, doch auch diese Dimension verblasste im ausgehenden 20. Jahrhundert zusehends. Die Arbeit wurde zum «Job» und bekam dadurch etwas Beliebiges, Fluktuierendes; einen dem Menschen äußerlichen Charakter. Auch unter Freunden begann man darüber mit einer ironischen Distanz zu sprechen, damit niemand auf die Idee käme, man gehöre zu den Verrückten, die ihre Arbeit, bei aller Anstrengung und allem gelegentlichen Überdruss, wirklich gerne machen, sich vielleicht sogar im Innersten mit ihr identifizierten. Man kann diese innere Distanz bereits für einen Reflex auf tatsächlich unsicherer werdende Karriereaussichten und Beschäftigungsverhältnisse halten, als eine Art psychologischen Schutzwall gegen die Gefahr, mit der Arbeit auch die Identität zu verlieren. Für die «Generation Praktikum» spielt das in der Tat eine wichtige Rolle, doch scheint es so, als sei der kulturelle «Verlust der Arbeit» den Entwicklungen des Arbeitsmarktes durchaus vorausgeeilt.

Inzwischen ist die Arbeitsmarktlage so prekär, die Gefahr des Verlusts des eigenen Arbeitsplatzes so omnipräsent, die soziale Krise der Unterbeschäftigung so offensichtlich geworden, dass wir uns notgedrungen wieder an die Erwerbsarbeit klammern. Der leichtfertige, der vollkommen ironische Umgang mit der Arbeit, der vor einigen Jahren alltagskulturell noch gang und gäbe war, bleibt uns immer öfter im Halse stecken. Die Zeiten, in denen populäre Radiosender die Sendewoche mit «I don't like Mondays» begannen und den Moderator tröstend verkünden ließen, inzwischen – wohlgemerkt, am Montag mittag – seien es ja «nur noch vier Tage bis zum Wochenende», werden wohl bald der Vergangenheit angehören. Aber dann werden wir das Paradox erklären müssen, warum sich ausgerechnet in jener Zeit, in der die Erwerbsgesellschaft in eine ihrer tiefsten Krisen geriet – grob gesprochen, seit dem Ende der 70er Jahre –, das alltägliche Leiden an der Arbeit kulturell so tief eingefressen hat. Das ist umso merkwürdiger, als Erwerbsarbeit in den vergangenen fünfzig oder auch hundert Jahren im Durchschnitt weniger physisch anstrengend, weniger gefährlich, auch weniger fremdbestimmt geworden ist. Vor der Arbeit am Hochofen kann man als Schreibtischarbeiter oder Dienstwagenfahrer immer noch nur den größten Respekt haben. Aber die meisten Erleider der Arbeit sitzen längst auf bequem gepolsterten Bürostühlen, an Computerarbeitsplätzen, im klimatisierten PKW. Vielleicht heißt es nicht zu Unrecht, dass man den Deutschen den Missmut bei der Arbeit besonders deutlich ansehe.

III.

Aber ist, so wird man an dieser Stelle einwenden wollen, das Bild von der Arbeit nicht doch komplizierter, differenzierter, auch: vielfältiger im positiven Sinne geworden? Zum einen fällt der Blick auf eine Vielzahl von Tätigkeitsformen jenseits der klassischen Erwerbsarbeit, angefangen von der Haus- und Familienarbeit bis zum ehrenamtlichen Engagement: keineswegs neue Formen der sei es sinnvollen, sei es schlicht notwendigen Beschäftigung, die aber doch in der Krise herkömmlicher Arbeit in neuem Licht erscheinen; möglicherweise schon deshalb, weil das Schwinden von Erwerbsarbeit zeitliche Freiräume für anderes Tun eröffnet. Zum anderen ist an die Flexibilisierung von Erwerbsarbeit und Arbeitszeit zu denken, die aus starren Zeitrastern im Tageslauf («morgens bis spätnachmittags»), im Wochenrhythmus («montags bis freitags») und sogar im Lebenszyklus («erst Arbeit, dann Ruhestand») hinausführt. Und wiederum, wie bei den Formen der Tätigkeit, verschränkt sich dabei der Druck der ökonomischen Transformation mit gesellschaftspolitischen und individuellen Chancen: Man kann zur Samstagsarbeit gezwungen sein, aber man kann auch von ihr profitieren, weil dadurch der Montag, oder der Donnerstag, für die Betreuung der Kinder oder für Arztbesuche frei wird.

Mit der flexibilisierten, entstrukturierten Arbeitszeit tun wir uns jedoch schwer, und die gesellschaftspolitischen Konsequenzen der Verkürzung, Verlängerung, Verschiebung von Erwerbsarbeitszeiten werden häufig nur oberflächlich diskutiert. Dabei soll gar nicht davon die Rede sein, dass Deutschland sich schwerer als viele andere Länder tut, in der Flexibilisierung von Arbeitszeit auch die Chancen und neuen Freiheiten zu sehen. Wir hören uns gerne die Klagen über Samstags- und Sonntagsarbeit an und vergessen dann, dass die «Betroffenen» damit dann möglicherweise auch die Hälfte ihrer wöchentlichen Arbeitszeit absolviert haben, meist auch nicht zu ungünstigen tariflichen und steuerlichen Bedingungen, und zeitlichen Freiraum anderswo gewinnen. Prekärer und komplizierter sind andere Formen der Flexibilisierung, die sich schon vollzogen haben oder gegenwärtig gerne propagiert werden. Zu Letzteren gehört die Idee von Lebensarbeitszeitkonten. Sie sollen eine flexible Schichtung der Lebensarbeitszeit dergestalt ermöglichen, dass sich der Übergang in den Ruhestand gleitend vollzieht statt mit einem abrupten Ende. In jungen Jahren wird, der körperlichen Leistungsfähigkeit entsprechend, mehr gearbeitet, mit 45 oder 50 dann wieder reduziert. Das ist ein Modell, das den Historiker auffällig an vor- und frühindustrielle Muster der Verteilung von Lebensarbeitszeit erinnert.

Mit der Realität einer modernen Gesellschaft gerät es dagegen in mehrfacher Hinsicht in Konflikt. *Erstens* verläuft die Kurve körperlicher und geistiger Leistungsfähigkeit inzwischen – zum Glück! – ganz anders, so dass es in Verbindung mit dem Wandel von Erwerbstätigkeit kaum einen Grund mehr gibt, warum ein Sechzigjähriger nicht genauso lange arbeiten sollte wie ein Vierzigjähriger – wie gesagt, der inzwischen zur Ausnahme gewordene Hochofenarbeiter ist damit nicht gemeint. *Zweitens* werden wir uns einen solchen Lebensarbeitsverlauf angesichts der demographischen Entwicklung, bei der die Jüngeren zur Minderheit werden, kaum leisten können. Und *drittens* schließlich steht dieses Modell der gesamten familien- und gesellschaftspolitischen Diskussion entgegen: Nicht die Fünfzig- oder Sechzigjährigen brauchen dringend zeitliche Spielräume in der Erwerbsarbeit, sondern die Dreißig- und Vierzigjährigen, von denen wir den Mut zur Familiengründung erwarten, die dafür aber auch eine Chance in ihrer Zeitökonomie sehen müssen. Wenn also schon flexibilisieren, dann weniger Wochenarbeitszeit, mehr Urlaubstage für Eltern, und längere Arbeitszeit, ein paar Urlaubstage weniger in der Lebensphase danach.

Eine andere Verschiebung von Erwerbsarbeitszeiten hat sich in den letzten Jahrzehnten bereits auf breiter Front vollzogen, ohne dass sie jemals eine breitere Diskussion ausgelöst hätte. Die Rede ist von der stark beschleunigten sozialen Spaltung der Arbeitszeit entlang der Linien der «neuen Klassengesellschaft». Ganz vereinfacht gesagt, hat sich das oben beschriebene Muster des «oben wenig, unten viel»-Arbeitens der klassischen bürgerlichen Gesellschaft inzwischen umgekehrt. In den höheren sozialen Schichten, bei den Bestqualifizierten und Gutverdienenden, hat sich Arbeitszeit ausgedehnt – im Tages- und Jahreszyklus wie im Lebensverlauf. In den unteren sozialen Schichten, bei den Geringqualifizierten und Geringverdienern, ist sie verkürzt worden. Das begann, Stichwort 35-Stunden-Woche, als Interessenpolitik; inzwischen wird geringere Arbeitszeit gerne auch gegen den Willen der Betroffenen verordnet. Nicht nur Erwerbsarbeit an sich (haben oder nicht haben?), sondern auch der Umfang der Arbeitszeit ist auf diese Weise zum Merkmal sozialer Distinktion geworden. Wer früh wegfährt und spät abends nach Hause kommt, ist nicht der bemitleidenswert Ausgebeutete wie früher, sondern zeigt seinen Nachbarn den beruflichen Erfolg und den höheren sozialen Status an.

Dieser eigenartige, zumal in historischer Perspektive verblüffende Trend hält seit mehreren Jahrzehnten an und wird auch durch bewusste politische und unternehmerische Entscheidungen forciert, ohne dass man sich dabei über die kulturellen und gesellschaftspolitischen Konsequenzen einer solchen Spaltung der Arbeitszeit hinreichend klar zu sein scheint. Dafür lassen sich viele Beispiele der letzten Jahre aus Großunternehmen wie auch aus dem öffentlichen Dienst in Deutschland anführen. Die im November 2003 bei Opel in

Rüsselsheim erreichte Arbeitszeitvereinbarung war dafür ein Signal. Angesichts der Absatzprobleme der Autos mit dem Blitz und um Entlassungen zu vermeiden, verzichteten die Mitarbeiter des Unternehmens auf Arbeitszeit und auf einen Teil des Lohnausgleichs. Die Wochenarbeitszeit sank von 35 auf nur noch 30 Stunden, bezahlt werden 32,6 Stunden. Doch wohlgemerkt galt dies nur für die Beschäftigten in der Produktion. Die Mitarbeiter in der Verwaltung und in anderen Schreibtischabteilungen bei Opel, die Ingenieure, die Designer, das Management, leisteten ihren «solidarischen Beitrag» nämlich auf andere, auf die umgekehrte Art und Weise: Sie willigten in eine verlängerte Arbeitszeit ein (zehn Minuten am Tag oder etwa drei Stunden im Monat), ohne dafür Geld oder Freizeitausgleich zu erhalten. Die 750 Führungskräfte des Unternehmens verzichteten ohne Ausgleich auf zwei Urlaubstage. Sie arbeiten also seitdem mehr, nicht weniger.

Ähnliche Vereinbarungen sind bei der Deutschen Telekom und anderen Großunternehmen getroffen worden. Und auch der Staat nutzt dieses Modell inzwischen für seine Beschäftigten der verschiedenen Kategorien aus und verstärkt damit soziale Differenzierung entlang von Arbeitszeit. Beamte arbeiten länger, Arbeiter kürzer. An der Hochschule wird – wie etwa im Land Berlin – die Arbeitszeit einer Vollzeitsekretärin auf gut 34 Stunden pro Woche reduziert, während Professoren ein höheres Lehrdeputat erhalten. Die Wirkung ist offensichtlich: Die Schere zwischen denen, die viel arbeiten, und denen, die wenig arbeiten, geht weiter auseinander, und zwar entlang einer Trennlinie zwischen dem gesellschaftlichen «Oben» und «Unten», zwischen der Ober- und Mittelschicht der Gesellschaft einerseits, der Arbeiter- und Unterschicht andererseits, zwischen spezialisierten *Professionals* und Geringqualifizierten. Wer zur «besseren» Gesellschaft gehören will, kann das bei uns zunehmend dadurch demonstrieren, dass er viel arbeitet und wenig Freizeit hat – in einer Gesellschaft, der angeblich die Arbeit ausgeht.

Diese Entwicklung ist gefährlich und weist auf schwere Fehler, mindestens auf eine Kurzsichtigkeit der beteiligten Entscheider, ob in der Politik oder in den Unternehmen, hin. Ökonomisch führt ein solches Modell, das Geringqualifizierte von Erwerbsarbeit freistellt, eher noch tiefer in den Teufelskreis der Verdrängung von Erwerbsarbeit hinein, weil es unproduktive Strukturen konserviert, Arbeitsmärkte langfristig entdynamisiert und von Innovationsdruck entlastet. Sozialpolitisch verstärkt es eine Spaltung der Gesellschaft, die sich ohnehin vollzieht, nämlich in der Differenzierung von Einkommen, von Lebenslagen, von Bildungschancen, von kulturellen Stilen, und fügt ihr eine zusätzliche Dimension hinzu. Kulturell und symbolisch forciert diese Spaltung eine weitere Marginalisierung der Erwerbsarbeit in jenen Teilen der Gesellschaft, die ohnehin schon vom Verlust an Erwerbsarbeit am meisten betroffen sind. Die hochqualifizierte Beschäftigung hebt sich von der niedrig qualifizierten auch in der Zeitökonomie des Alltags, die ein wesentlicher Faktor des Lebensstils und der sozialen Realität einer Gesellschaft ist, deutlicher ab, während die Grenzen zwischen Beschäftigungslosigkeit, marginaler Beschäftigung und niedrig qualifizierter Erwerbsarbeit tendenziell flüssiger werden. – Und man könnte noch hinzufügen: Auch geschlechter- und familienpolitisch ist dieses Modell fragwürdig, wenn man an die jetzt so häufig beklagte Kinderlosigkeit der akademischen «Vielarbeiter» denkt: Auch hier gibt es einen direkten Zusammenhang zwischen Erwerbsarbeit, Zeitökonomie und Lebensstil.

IV.

Wenn man über den veränderten Kontext von Erwerbsarbeit spricht, sind veränderte Zeitbudgets die eine Seite; die andere, noch wichtigere wird durch alternative oder rivalisierende Formen der Beschäftigung, der Tätigkeit, der Arbeit – alle Begriffe jetzt in einem weiten Sinne verstanden – markiert. Trotz der beispiellosen Expansion von freier Zeit und kommerzialisierter Freizeit sind wir in den letzten zwei, drei Jahrzehnten in vieler Hinsicht nicht untätiger, nicht fauler geworden, auch viele derjenigen nicht, deren Erwerbsarbeitszeit im Laufe der letzten Jahre und Jahrzehnte gesunken ist. In vielen Bereichen der Gesellschaft ist die «Schwarzarbeit» expandiert, worunter ein weiter Fächer von Tätigkeiten und Organisationsformen verstanden werden kann, in einem mindestens ebenso breiten Spektrum der sozialen Schichten, die sich daran, Schwarzarbeit anbietend oder kaufend, beteiligen. Offenbar vermag diese Art der Arbeit «auf eigene Rechnung» und in eigener Verantwortung teils erheblich mehr zu motivieren als die «normale» Erwerbstätigkeit. Das ist eine Frage der Belastung von Arbeit mit Steuern und Sozialabgaben, doch von deren konkreter Höhe offenbar nur sehr indirekt abhängig. Es ist auch eine Frage des geschwundenen Vertrauens in den Staat und in die Solidaritätsfähigkeit der großen Umlagesysteme. An die Schwarzarbeit teilweise angrenzend, teilweise auch systematisch von ihr unterschieden sind diverse Formen des *do it yourself*, der Nachbarschaftshilfe und der Eigenarbeit, die in den letzten Jahrzehnten gleichfalls expandiert sind. Schließlich gibt es «immer etwas zu tun», wie der Slogan einer großen Baumarktkette verkündet, immer etwas zu besorgen, zu reparieren, zu verschönern im Haus, im Garten und am Auto. Es scheint so, als hätten besonders Männer einen erheblichen Teil der durch geschrumpfte Erwerbsarbeit gewonnenen Freizeit – arbeitsfreie Werktage, früherer Feierabend, Vorruhestand – in diesem Sektor gewissermaßen reinvestiert.

Als nächstes ist die Haus(halts)arbeit und Familienarbeit zu nennen. Theoretiker und Theoretikerinnen der Arbeit haben seit langem gefordert, nicht nur einseitig auf die Erwerbsarbeit zu schauen, wenn es um eine Bilanz gesellschaftlich sinnvoller und notwendiger Tätigkeit geht. Dabei hatten sie vor allem die im Haus geleistete so genannte «Reproduktionsarbeit» (im Gegensatz zur «Produktionsarbeit» in der Fabrik) im Auge: das Einkaufen und Putzen, das Wäschewaschen und Geschirrspülen und nicht zuletzt die vielfältigen Aufgaben, die sich aus der Rundumversorgung und Erziehung minderjähriger Kinder ergeben. Man muss nicht so weit gehen, die «Reproduktion» nur als kapitalistische Logik der systematisch unbezahlten Regeneration von Ausbeutungsfähigkeit zu verstehen, um die prinzipielle Berechtigung des Hinweises auf die privatisierte Haushaltsarbeit anzuerkennen.

Diese Arbeit ist in der bürgerlichen Gesellschaft (aber übrigens auch in der realsozialistischen) traditionell von Frauen geleistet worden, und daran hat sich zwar einiges geändert, aber weniger, als vor drei Jahrzehnten möglich und wahrscheinlich erschien. In der Rentenanrechnung von Kindererziehungszeiten und überhaupt der Berücksichtigung spezifischer Erwerbsbiographien (oder eben gerade: Nichterwerbsbiographien) von Frauen steht dieses Problem heute auf der politischen Tagesordnung. *Eine* Vision, die dabei eine Zeit lang eine wichtige Rolle spielte, ist jedenfalls nicht Realität geworden: die Vision einer Sozialisierung dieser Tätigkeiten. Wir essen nicht in der Volksküche und geben unsere Wäsche nicht in die genossenschaftliche Großwäscherei. Die Reproduktionsarbeit ist im Bereich der privaten Haushalte verblieben, teilweise sogar dorthin zurückgewandert. Umso mehr liegt es nahe zu argumentieren: Wir brauchen Entlastung von der Erwerbsarbeit, um das Verhältnis zwischen «Produktion» und «Reproduktion» in eine bessere Balance zu bekommen und um dieses Verhältnis auch zwischen den Geschlechtern gerechter zu gestalten.

Schließlich ein letzter Bereich der alternativen Tätigkeit – derjenige, über den in den letzten Jahren am meisten diskutiert worden ist. Jenseits der bezahlten Erwerbsarbeit ebenso wie jenseits der privaten Hausarbeit öffnet sich das große Feld des ehrenamtlichen, des bürgerschaftlichen Engagements. Sofern damit eine mehr oder weniger kontinuierliche, nachhaltige Tätigkeit verbunden ist, die nicht eher der Pflege eines persönlichen Steckenpferdes ähnelt, kann man dafür, wie das in letzter Zeit geschehen ist, auch den Begriff der «Bürgerarbeit» verwenden, auch wenn die Nähe zur «Erwerbsarbeit», die dieser Parallelbegriff suggeriert, in mancher Hinsicht trügerisch ist. Dennoch gibt es gegenwärtig wohl kaum einen breiteren Konsens als denjenigen, das bürgerschaftliche Engagement angesichts freier Zeitressourcen einerseits, sozialer Vernachlässigung andererseits zu fördern und auszubauen. Nicht immer verknüpft sich das Projekt von «Zivilgesellschaft» und bürgerschaftlichem Engagement mit der Krise der Erwerbsarbeit. Aber es ist vor deren Hintergrund mindestens eine zusätzliche Verlockung zu prüfen, ob in der Erwerbsarbeit frei werdende Zeit in solches Engagement investiert werden könnte. Dann könnten wir ein mehr «selbstbestimmtes» Leben führen, von dem zugleich die Gemeinschaft profitiert. Um beim Fehlen von Erwerbsarbeit Lebensunterhalt zu sichern und bürgerschaftliches Engagement öffentlich zu honorieren, könnte ein Teil dieser Bürgerarbeit auch als bezahlte Bürgerarbeit organisiert werden.

Von solchen Beobachtungen aus ist es für manche offenbar nur noch ein kurzer Schritt bis zu einem Szenario, in dem die lange Dominanz der Erwerbsgesellschaft endgültig zu Ende geht. Das ist dann, wohlgemerkt, kein Krisen- oder gar Schreckensszenario, sondern die Utopie einer «freieren» Gesellschaft, die sich von den Zwängen der profitorientierten Arbeit gelöst hat. Die Krise der Erwerbsarbeit in Ländern wie Deutschland und Frankreich wird zum allgemeinen Modell erklärt, aus rückständigen Ländern, die ihre gesellschaftlichen und ökonomischen Defizite aufarbeiten müssten, werden in dieser Sichtweise die Pioniere einer neuen postmateriellen Ordnung. Die restliche Erwerbsarbeitszeit wird gleichmäßig umverteilt und damit für den Einzelnen radikal verkürzt, an die Stelle des Lebens unter dem Joch der 40- oder 35-Stundenwoche tritt die Realisierung des Marxschen Entwurfes, heute dies und morgen jenes zu tun, ganz wie es im Moment beliebt. Solche Theorien sind seit den 80er Jahren als Reaktion auf die sich verfestigende Massenarbeitslosigkeit entwickelt worden und stoßen in Kreisen der romantisch-intellektuellen Linken, teils auch in unorthodoxen Gewerkschaftskreisen, auf eine erstaunliche Resonanz. Noch erstaunlicher ist, dass es kaum Intellektuelle gibt, die diesen Ausstiegsphantasien öffentlich und deutlich widersprechen. So kann sogar ein sich für unorthodox haltendes Wirtschaftsmagazin den Eindruck erwecken, als stehe das endgültige Ende der Erwerbsarbeit kurz bevor, als seien es nur noch einige starrköpfige «Neo-Stalinisten», die «die Arbeitslüge» propagierten, während längst auch die Mehrheit der Ökonomen erkannt habe, dass – mal wieder – die Automation uns in eine arbeitsfreie und doch wohlstandsverwöhnte Gesellschaft führen wird.[26] Ökonomen als Kronzeugen wird man für eine solche These, die frisch aus der Automations-Euphorie der 50er Jahre importiert ist, wohl kaum finden.[27] Aber Soziologen und Philosophen auf beiden Seiten des Rheins hängen dieser Theorie in der Tat gerne an.

So macht der französische Philosoph und Soziologe André Gorz sich zum Anwalt einer Gesellschaft der «Multiaktivität» und fordert den «Mut, den Exodus aus der ‹Arbeitsgesellschaft› zu wagen. Sie besteht nicht mehr und kehrt auch nicht wieder zurück.»[28] Man fragt sich unwillkürlich, in welchem Umfeld Gorz sich wohl bewegt, denn trotz aller gravierenden Krisen ist die weit überwiegende Mehrheit erwerbsfähiger Menschen auch erwerbstätig, auch in seinem eigenen Land. Arbeitsplätze, die in Deutschland oder Frankreich verloren gehen, tauchen in Ungarn oder China wieder auf. Der Berliner Soziologe Wolfgang Engler, ein hervorragender Kenner der ostdeutschen Gesellschaft, zieht aus der Transformationskrise in der ehemaligen DDR ähnliche Konsequenzen des kompletten Ausstiegs aus der Arbeitsgesellschaft und erweitert sie zu einem allgemeinen Modell – auf diese Weise zeigt die DDR wenigstens vom Totenbett aus noch einmal der Welt die richtige Richtung.[29] Bürgeridentität müsse auch ohne Erwerbsarbeit möglich sein, etwa in der sinnerfüllenden sozialen Tätigkeit. Dagegen ist überhaupt nichts einzuwenden, doch bleibt der blanke Hass auf die Erwerbstätigkeit und das schreckliche «Diktat», dem sie uns unterwirft, rätselhaft.

Bei seinem Münchner Kollegen Ulrich Beck heißt ein ähnliches Konzept «plurale Tätigkeitsgesellschaft»; es schließt für ihn Erwerbsarbeit, wenn auch in deutlich vermindertem Umfang, ebenso ein wie Kindererziehung und Altenpflege, Kulturgenuss und Bürgerarbeit, dazu einen Schuss «Guck-in-die-Luft-leben».[30] Sicher, ein solches Leben ist erstrebenswert, und vielen gelingt es auch heute schon: Sie sind berufstätig, erziehen auch ihre Kinder, gehen ab und zu ins Theater, und idealerweise engagieren sie sich, wenn nicht in einer politischen Partei, so doch in einer Bürgerinitiative. Sonntags bleibt man gerne länger im Bett liegen und ist einfach faul.

Es ist, mit einem Wort, die klassische Lebensführung der bürgerlichen Erwerbsgesellschaft und der Rolle des gebildeten Bürgers in ihr. Ohne den Kern der Erwerbsarbeit sind die anderen schönen Elemente aber nichts wert oder werden doch zumindest erstaunlich schnell brüchig. Arbeitslose Akademiker mögen das noch auffangen können, anderen sozialen Schichten gelingt das nicht. Wer keine oder nur marginale Arbeit hat, dem fällt häufig auch die Erziehung der Kinder schwerer. Er zieht sich aus der Öffentlichkeit, aus dem Engagement zurück. Das Faulsein verliert seinen Wert, wenn es beherrschend wird und den Alltag tötet. Die bittere gesellschaftliche und kulturelle Realität hinter dem dauerhaften Verlust von Erwerbsarbeit in gering qualifizierten und «bildungsfernen» Schichten der

Bevölkerung ist ein Hauptthema der politischen und öffentlichen Debatten geworden: Verwahrlosung von Kindern, politische Apathie, unkontrollierter Fernsehkonsum. Nur einige deutsche und französische Professoren können daraus das Leitbild einer Gesellschaft der Zukunft schmieden, die sich endlich vom Joch der Erwerbsarbeit – welcher unerträglichen Last eigentlich? – befreit hat. Angesichts dieser deprimierenden Bilanz linksromantischer Intellektuellenphantasien, die den Nexus von Erwerbsarbeit und Wohlstand, von Erwerbsarbeit und persönlicher Freiheit, von Erwerbsarbeit und Demokratie nicht sehen können oder nicht mehr sehen wollen, ist man geradezu erleichtert, wenn der marxistische Soziologe Oskar Negt nicht die Arbeit, sondern die Arbeitslosigkeit als einen «Gewaltakt» beschreibt, als «Raub und Enteignung der Eigenschaften und Fähigkeiten, die ... in einem mühsamen und aufwendigen Bildungsprozess erworben wurden» und nun in Gefahr sind, zu «verrotten».[31]

Aber sehen wir, um das Potential der Alternativen zur klassischen Erwerbsarbeit zu prüfen, noch einmal genauer hin: Jede der möglichen Alternativen hat fraglos ihre Vorzüge, doch werden auch die Fallstricke und Sackgassen schnell sichtbar. Das gilt etwa für die Schwarzarbeit als real existierende Alternative zur regulären Erwerbsarbeit. Man könnte die Achseln zucken und sagen: Die Schwarzarbeiter nehmen sich doch nur, was sie – als ansonsten meist Benachteiligte, die mit eher geringem Erwerbseinkommen ausgestattet sind – nicht bekommen. Dann steht einem der kleine Handwerker vor Augen, der ohne Rechnung Fliesen verlegt, oder die Friseurin, die auch «nebenher» ihre Dienste anbietet. Lasst sie nur machen, dann entgehen dem Staat zwar ein paar Steuern und Sozialabgaben, doch immerhin hat sich damit zugleich ein selbstregulierender Sektor prosperierender Ökonomie etabliert. Wenn man dies zu Ende denkt, landet man jedoch sofort in einem völlig «neoliberal» entfesselten Paradies einer vollständig deregulierten Erwerbsökonomie, in der jeder nur noch auf eigene Rechnung arbeitet, in der soziale Sicherung und Vorsorge, Solidarität und Arbeitsschutz vollkommene Fremdwörter sind. Dann steuert man auf die moderne Variante einer vorindustriellen Tagelöhnergesellschaft zu. Da der Staat aber ohne Steuern und Abgaben nicht auskommt, werden diese zunehmend über indirekte Steuern wie die Mehrwertsteuer abgeschöpft werden müssen; wenn auch diese umgangen wird, bleibt noch der Rückgriff auf einkommens- und umsatzunabhängige «Kopfsteuern». Man kann sich das theoretisch vorstellen, aber nicht systematisch und politisch wünschen, weil das sehr schnell zu Lasten der sozial Schwächeren gehen würde. Mit anderen Worten: Die klassische Erwerbsarbeit ist, wegen der Kopplung der Steuern an Einkommen und geschäftliche Umsätze, der stärkste Anker verteilungspolitischer Solidarität, und schon deshalb sollte man sie nicht leichtfertig in Frage stellen.

Wie steht es aber mit bloßer «Nachbarschaftshilfe» und Eigenarbeit? Selbst wenn man davon ausgeht, dass es sich dabei nicht bloß um Tarnwörter für Schwarzarbeit und Steuerhinterziehung handelt, liegen Probleme auf der Hand. Der Trend zu Eigenarbeit und *do-it-yourself*, der sich in den letzten zwei, drei Jahrzehnten erheblich verstärkt hat, hat zu einer Entprofessionalisierung weiter Tätigkeitsfelder geführt, unter denen vor allem das etablierte Handwerk leidet. Es wird selber tapeziert, installiert, repariert, frisiert. Man muss das nicht kritisieren, aber doch nüchtern die ökonomischen Folgen sehen. Erwerbsarbeit in diesen Bereichen wird marginalisiert; Erwerbschancen für Spezialisten, die ihren Beruf gelernt haben, gehen verloren. Das gilt auch jenseits des privaten Haushalts, in dem expandierenden Bereich bürgerschaftlicher Eigenarbeit. Wenn die öffentlichen Mittel für eine professionelle Renovierung von Klassenzimmern nicht mehr vorhanden sind, greifen die Eltern am Wochenende selber zu Farbe und Pinsel: ein Gewinn für das bürgerschaftliche Engagement – und doch ein Schaden für eine erfolgreich kommerzialisierte Ökonomie.

Ist dann nicht wenigstens die Haus- und Familienarbeit ein gutes Beispiel dafür, dass wir einen Ausgleich, eine vernünftigere Balance zwischen der Erwerbsarbeit und anderen Formen der Aktivität finden können, mit der zugleich noch ein gesellschaftspolitischer Fortschritt verbunden sein könnte? Diese Erwartung richtete sich im Falle der Haus- und Familienarbeit vor allem auf die Chancen von Frauen: Indem die Erwerbsarbeitszeit reduziert würde, würden nicht nur die erwerbstätigen Frauen von einer 70- oder 80-Stunden-Woche verschont bleiben, sondern vor allem die Männer Zeit und

Anreiz finden, sich vermehrt in Hausarbeit und Kindererziehung zu engagieren. Dieser Effekt ist aber anscheinend nicht oder nur in sehr geringem Ausmaß (und wiederum: beschränkt auf bestimmte soziale Schichten) eingetreten. Die Hauptlast der «Reproduktionsarbeit» tragen weiterhin die Frauen und Mütter; und wenn Männer sich heute mehr als früher hier betätigen, dann nicht in erster Linie als Folge von Arbeitszeitverkürzungen. Es gibt jedenfalls kaum Indizien dafür, dass Gesellschaften mit kürzerer Erwerbsarbeitszeit ein höheres Maß an Geschlechtergerechtigkeit vorweisen können. Teilzeitarbeit könnte eine Alternative sein, doch funktioniert sie kaum oberhalb einer bestimmten Qualifikationsschwelle.

Es bleibt noch das bürgerschaftliche Engagement, das Ehrenamt, vielleicht auch die Perspektive öffentlich bezahlter «Bürgerarbeit» (die aber nur schwer von einer staatlichen Alimentation mit gemeinnütziger Arbeitsverpflichtung zu unterscheiden wäre). Die Vorstellung, erwerbsarbeitsfreie Zeit würde in freiwilliges Bürgerengagement konvertiert, hat sich bisher jedenfalls überwiegend als eine Illusion erwiesen. Am ehesten geht diese Gleichung vielleicht in einer aktiven Ruhestandsphase *nach* dem Erwerbsleben auf; Bürgerengagement als Erwerbs*ersatz* ist dagegen eher die Ausnahme. Die Erfahrung zeigt vielmehr, dass sich aus gesellschaftlicher Aktivität zurückzieht, wer keine oder nur marginale Beschäftigung hat. Längere Erwerbslosigkeit führt zum Abbau sozialer Kontakte, zum Verlust von «sozialem Kapital», nicht zu seinem Aufbau. Wer dagegen in der Mitte der Erwerbsgesellschaft steht, in ihr elementare Sicherheit und auch soziale Bestätigung findet, der engagiert sich, obwohl er eigentlich doch weniger Zeit dafür hat. Diese Tatsache bestätigt sich in der sozialen Hierarchie, im überdurchschnittlichen Engagement der erwerbstätigen Facharbeiter- und Mittelschichten. Sie bestätigt sich aber auch in der familiären Konstellation: Trotz ihrer erheblich größeren Zeitknappheit gelingt es Eltern leichter und häufiger als Kinderlosen, die Schwelle zu bürgerschaftlichem Engagement und Ehrenamt zu überschreiten, das typisch mit dem Würstchengrillen im Kindergarten und der Mitgliedschaft im Schulverein beginnt. Solche zentralen Erfahrungen lassen alle Nullsummen- und Kompensationstheorien der Zeitökonomie gründlich scheitern, nach denen «gesparte» Erwerbsarbeitszeit wie in einem System kommunizierender Röhren prompt an anderer, «sinnvollerer» Stelle wieder auftaucht. Anders formuliert: Die Erwerbsgesellschaft ist auch die Voraussetzung und keineswegs das Hindernis einer aktiven, engagierten Bürgergesellschaft.

V.

Die Massenarbeitslosigkeit ist nicht nur ein deutsches Problem. Sollte man deshalb die Erwerbsarbeit gering schätzen, ihr Schrumpfen begrüßen? Das wäre wie die Kapitulation vor einer Krankheit. Denn es gibt genügend Beispiele entwickelter Industrie- und Dienstleistungsgesellschaften, die eine ganz erheblich niedrigere Erwerbslosigkeit, eine erheblich höhere Beschäftigtenquote aufweisen als Deutschland – manche dieser Beispiele finden sich sogar in unserem eigenen Land. Anders gesagt: Es gibt genügend Gesellschaften und Marktökonomien, die die Krankheit erfolgreich bekämpft haben – durch bessere Bildung, durch höhere Mobilität, durch die Bereitschaft zu Innovation und Strukturwandel. Wir sollten aufhören, von einem romantischen Sonderweg zu träumen, in dem Deutschland erneut der Welt zeigt, wo es lang geht: diesmal auf dem Weg zum vermeintlichen Paradies einer erwerbsfreien Gesellschaft idealistischer Bürgerarbeiter. In Wirklichkeit sind wir nicht Pionier, sondern rückständig; wir hinken hinterher.

Es gibt keinerlei Indizien dafür, dass das Gesamtarbeitsvolumen eine fixe Größe sei, die allenfalls durch Automatisierung schrumpfen würde, so dass der «Rest» nur noch gerecht umverteilt werden müsste. Wenn das so wäre, hätten die meisten Menschen schon vor hundert Jahren keine Arbeit mehr gehabt, oder vor zweihundert Jahren, als die landwirtschaftliche Überschussbevölkerung auf der Suche nach Arbeit in die Städte strömte. Oder wir säßen noch alle auf den Bauernhöfen und hätten die landwirtschaftliche Arbeit so verteilt, dass jeder nur fünf Stunden pro Woche aufs Feld und in den Stall muss. Doch eine Gesellschaft des Wohlstands, der Sicherheit, der persönlichen Freiheit wäre das nicht – im Übrigen wäre es auch eine Gesellschaft der Langeweile, denn es gäbe in ihr keine Bücher, keine

Lehrer, keine Kinofilme; es gäbe nicht einmal Freizeit, denn Freizeit entsteht erst als Gegenraum zur Erwerbsarbeit; und mit Sicherheit gäbe es kein bürgerschaftliches Engagement.

In Wirklichkeit ist es so: Menschen haben in Fabriken Arbeit gefunden, später in Büros, in Universitäten, in Flugzeugen, als Anbieter komplexer Dienstleistungen. Der Fortschritt der Technik hat die Höherqualifizierung der Gesellschaft erst ermöglicht, wirtschaftlicher Strukturwandel hat neue Erwerbsarbeit generiert. Wenn wir uns dem Strukturwandel entgegenstellen – und das tun wir in Deutschland seit einiger Zeit –, dann gewinnen wir auch keine neue Arbeit. Überall auf der Welt arbeiten die Menschen, und sie zweifeln nicht an der Zukunft der Arbeit. Wollen die Deutschen, vielleicht noch im Bündnis mit den Franzosen, sich davon abkoppeln?

Doch der wichtigste Grund, die Erwerbsarbeit zu verteidigen, ist kein ökonomischer, sondern ein gesellschaftspolitischer, ja ein moralischer. Der Umstieg von der Erwerbsarbeit in eine Gesellschaft alternativer Sinnstiftung – durch das «heute dies, morgen jenes tun», wie es Marx emphatisch beschrieben hat; durch ein Netz von Bürgerarbeit und Bürgergeld – ist eine schöne Phantasie von Intellektuellen. Für die Mehrzahl der Menschen führt der Ausstieg aus der Erwerbsarbeit nicht in die Freiheit, «endlich» etwas «Sinnvolles» zu tun, sondern in eine soziale Sackgasse: in persönliche Vernachlässigung, in den Verlust von Kontakten, in Frustration. Gerade den Millionen Erwerbslosen und Unterbeschäftigten sind wir es schuldig, alles für eine Sicherung, für einen Ausbau der Erwerbsarbeit zu tun. Nur eine Gesellschaft, die sich Ziele setzt, die sich anstrengt – und Arbeit bleibt Anstrengung –, die Werte für die Zukunft schafft, ob als Lebensmittel für morgen oder als Bildung oder als medizinische Versorgung im Alter, ist eine nachhaltige Gesellschaft. Eine Gesellschaft, die auf Erwerbsarbeit verzichten will, gibt sich selber und ihre Zukunft preis.

11.
ANGST VOR DEM MARKT? DAS SCHWIERIGE VERHÄLTNIS DER DEUTSCHEN ZUM KAPITALISMUS

Irgendwie haben wir uns das anders vorgestellt mit der Marktwirtschaft. War der Kapitalismus, am besten in der abgefederten und eingehegten deutschen Variante einer «sozialen Marktwirtschaft», nicht ursprünglich ein großes Versprechen auf Wohlstand und Sicherheit? Jetzt wird der Wohlstand an allen Ecken und Enden prekär, und das Lebensgefühl der Sicherheit, das sich aus langfristiger ökonomischer Berechenbarkeit speiste, löst sich bei immer mehr Menschen auf. Sollte das Versprechen des Marktes nicht für die ganze Gesellschaft gelten, für alle sozialen Schichten und Einkommensklassen – eben als «Wohlstand für alle», wie es Ludwig Erhard einst klassisch und wirkungsvoll proklamiert hatte? Jetzt sieht es so aus, als stünden einigen Mega-Profiteuren eines hemmungslos entfesselten Kapitalismus die Massen der Verlierer, ja der Betrogenen gegenüber, die aus diesem einst so gelobten Wirtschaftssystem keinerlei eigenen Vorteil mehr beziehen können.

Die Liste der Probleme, mit denen die Wirtschaft uns ebenso grundsätzlich wie konkret und existentiell konfrontiert, ist wahrlich lang. Sie reicht von der millionenfachen Erwerbslosigkeit, die sich einer politischen Steuerung immer wieder verweigert, bis zur Abwanderung von traditionsreichen Unternehmen, die auf einmal keine Tradition mehr zu kennen scheinen und unter rein rationalen Gesichtspunkten neue Produktions- und Profitchancen im billigeren Ausland suchen. Sie reicht von der Umstrukturierung von Firmen, bei der eine Fusion ebenso riskant ist wie das Gegenteil, die Aufspaltung in verschiedene Teile, bis zu den Prämien und Anerkennungsgeldern, die Manager, Unternehmens- und Geldhändler für ihre «Erfolge» bei solcher Umstrukturierung erhalten – Erfolge, die oft tausende von

Arbeitsplätzen kosten. Die Globalisierung scheint ganz neue Spielregeln aufzustellen, bei denen von sozialen und ethischen Kriterien des Wirtschaftens keine Rede mehr ist. Sie erzeugt seit einigen Jahren – und wenn nicht alles täuscht, dann in Deutschland mehr als in vielen anderen, durchaus vergleichbaren Ländern – Gefühle der Hilflosigkeit, der Überforderung der eigenen, auch der ganz persönlichen Existenz; Gefühle des bedingungslosen Ausgeliefert-Seins an einen neuen Imperativ der Flexibilität. Der Markt ist undurchschaubar, in ihm wirkt, wie Adam Smith das vor mehr als zweihundert Jahren schon beschrieben hat, eine *invisible hand*. Das Verborgene ängstigt die Menschen, als ob der Markt ein Bösewicht wäre, der sein Geheimnis mit Absicht verbirgt, um andere über's Ohr zu hauen.

Seit einigen Jahren artikuliert sich das Unbehagen am Kapitalismus, das häufig ein allgemeines Unbehagen an «der» Wirtschaft einschließt, wieder deutlicher als zuvor. Die Phase des rhetorisch übersteigerten, des prinzipiellen und ideologischen Antikapitalismus, von der 68er-Bewegung und ihren Nachläufern getragen, war vorbei; aus der großen ost-westlichen Systemkonkurrenz war 1990 der Westen mit seinem Marktmodell als Sieger hervorgegangen. Die einzige real existierende Alternative zum Kapitalismus galt nicht nur als diskreditiert; es gab sie schlichtweg nicht mehr. Aber erstaunlich schnell hat der Wind wieder gedreht. Die prosperierenden 90er Jahre mit ihrer *New economy* sind vorbei. In den letzten fünf Jahren sagen immer weniger Deutsche, die Soziale Marktwirtschaft habe sich bisher bewährt: inzwischen gerade mal noch die Mehrheit, während das Urteil «nicht bewährt» schon bei einer knappen Hälfte der Bevölkerung auf Zustimmung trifft. Die von dem damaligen SPD-Vorsitzenden Franz Müntefering ausgelöste Debatte über die «Heuschrecken» und ihren Plünderer-Kapitalismus hat diese Stimmung extrem zugespitzt auf den Punkt gebracht; zugleich wohl auch neue Vorbehalte geweckt. Das Unterfutter der Debatte kommt von den Intellektuellen, bei denen eine neue, post-sozialistische Kapitalismuskritik den Ton angibt. Sie handelt davon, wie der Markt im Gewande des Neoliberalismus auch die Köpfe erobert und unser ganzes Leben durchdringen will; wie die Wirtschaft krakenhaft auch von denjenigen geschützten Bereichen Besitz ergreifen will, in die sie nicht hineingehört.

Man kann in dieses Unbehagen an der Wirtschaft im Allgemeinen, an Markt und Kapitalismus im Besonderen einstimmen. Man kann aber auch versuchen, etwas Abstand zu gewinnen, Klischees und Vorurteile zurückzulassen und die Sachverhalte genauer zu prüfen. Wie passt es zum Beispiel zusammen, dass in Deutschland beredter als anderswo über die Zumutungen eines freien Marktes geklagt wird, der Kapitalismus in diesem Land aber vergleichsweise zahm, reguliert, eingehegt geblieben ist, also kaum jenem Bild des Raubtierkapitalismus entspricht, das die Kritiker gerne entwerfen? So gesehen, müsste man das Pferd von der anderen Seite aufzäumen. Das Problem der Deutschen ist nicht zu viel, sondern zu wenig Markt. Wir leiden nicht unter einem überbordenden Kapitalismus, sondern haben in vieler Hinsicht immer noch nicht gelernt, marktwirtschaftliche Prinzipien überhaupt zu akzeptieren; wir tun uns sogar schwer, sie zu verstehen. Diese Distanz aber produziert erst recht Ängste und setzt damit eine Spirale in Gang, die uns in den Schutz vermeintlicher Schonräume führen will, in Nischen des Lebens, in denen wir vor dem «kalten» Kapitalismus, vor den nüchtern zugreifenden Marktmechanismen sicher sind. Immer noch haben die Deutschen mehr als viele andere Völker Schwierigkeiten, den Kapitalismus mental und institutionell zu bewältigen, sich mit ihm auseinanderzusetzen, ihn für ihre Zwecke zu nutzen, statt ihn aus dem Leben zu verdrängen. Dabei ist eines klar: Am Kapitalismus in seiner globalen Phase am Beginn des 21. Jahrhunderts gibt es so wenig zu beschönigen wie an den Zuständen der frühen Industrialisierung vor anderthalb Jahrhunderten. Eine Romantik des Marktes ist so fehl am Platze wie ihr Gegenteil, die romantisch-antikapitalistische Sehnsucht. Der Markt ist Risiko, das man bearbeiten kann, aus dem man aber nicht aussteigen kann, weil er Teil unserer riskanten Moderne ist.

I.

Sehen wir also genauer hin. «Immer noch», so hieß es vorhin, haben die Deutschen ihre besonderen Schwierigkeiten mit einer marktförmig, mit einer wettbewerblich verfassten Wirtschaft. Denn die tiefe Skepsis gegenüber der Marktwirtschaft ist nicht neu, sondern historisch tief verwurzelt, und immer wieder ging sie auch ein Stück weit parallel mit dem antidemokratischen Denken. Ob nun mit Absicht oder nicht, das Bild vom Kapitalisten als Heuschrecke, als gefährlichem Ungeziefer, knüpft unmittelbar an Ängste und Vorurteile des späten 19. und frühen 20. Jahrhunderts an, als die Menschen sich schon einmal, in vielem ganz ähnlich wie heute, durch einen Kapitalismus neuer Dimension herausgefordert fühlten. Die weltweite Vernetzung von Produktion und Handel war schon damals weit fortgeschritten, wirtschaftliche Macht ballte sich in ungekannter Größenordnung zusammen, die überschaubaren Verhältnisse von Kleinproduzenten und Kleinhändlern gerieten ins Wanken. So meinte man vor hundert Jahren im Deutschen Reich, gegen die großen Warenhäuser vorgehen zu müssen, und nicht viel später war es das «jüdische Finanzkapital», das sich angeblich zur Zerstörung traditioneller Lebensverhältnisse verschworen hatte.

Mit der Gründung der Bundesrepublik schienen diese Ängste überwunden zu sein, in dreierlei Hinsicht. Die Konservativen, die zu den erbittertsten Feinden des liberalen Marktes gehörten, machten ihren Frieden mit ihm und mit der Demokratie. Die demokratische Linke schwor den Resten des Antikapitalismus ab – dafür steht in Deutschland das Godesberger Programm der SPD. Und vor allem: Die Soziale Marktwirtschaft, die seit 1948 in der Bundesrepublik galt, entwickelte sich unter ungewöhnlich günstigen weltwirtschaftlichen Bedingungen zu einem Erfolgsmodell. Sie versöhnte die Westdeutschen mit dem Kapitalismus, weil in der Zeit von Boom und Expansion im Wirtschaftswunder fast jeder seinen Vorteil in dieser Ordnung erkennen konnte. Man hat die Geschichte der Bundesrepublik nach NS-Diktatur und Zweitem Weltkrieg oft als einen «Weg nach Westen» beschrieben. Das von Ludwig Erhard auch in der Öffentlichkeit sehr effektiv vertretene Konzept der Sozialen Marktwirtschaft war die Brücke, über die dieser Weg zu unseren westlichen Nachbarn in der Wirtschaft führen konnte; sie war die deutsche Brücke in die Anerkennung des Kapitalismus.

Andererseits war diese Brücke eben genau das: eine spezifisch deutsche Variante des Umgangs mit Problemen der modernen Ökonomie in ihrem Verhältnis zu Gesellschaft und Politik. Die Soziale

Marktwirtschaft der frühen Bundesrepublik setzte insofern auch eine lange Kontinuität von Denken und Institutionen fort, die auf Regulierung des Marktes, auf seine sittliche und staatliche Einhegung mehr als auf das freie Spiel der Kräfte gesetzt hatten. Um das zu verstehen, muss man erneut ein bisschen zurückgreifen. In der Durchbruchzeit des Industriekapitalismus seit den 1830er, verstärkt dann seit den 1850er Jahren prägten sich die drei Ecken eines «deutschen Dreiecks» aus: die Pole nämlich eines dynamischen, durch Großunternehmen und Basisindustrien geprägten Kapitalismus; eines relativ starken, im Zweifelsfall regulierend eingreifenden Staates; sowie einer fürsorgenden und sozialen Komponente. Letztere trug das charakteristische Doppelgesicht obrigkeitlicher Sozialverantwortung einerseits, sozialer Selbstorganisierung und politischer Formierung der Benachteiligten des Industriekapitalismus andererseits. In der Phase der Hochindustrialisierung vor dem Ersten Weltkrieg und bis in die Weimarer Republik hinein nahm dieses Dreieck zunehmend korporatistische Züge an. Die Ordnung der Wirtschaft regulierte sich mit Hilfe starker Verbandsakteure als ein Konglomerat von Interessen, das die ursprünglichen Akteure repräsentierte und ihnen eine eigene Arena schuf: Wirtschaftsverbände, Gewerkschaften und Sozialversicherungen bildeten das «deutsche Dreieck» ab und gestalteten es politisch aus. Damit verbunden war die Weichenstellung zugunsten einer Produzentenökonomie, in der der Staat, aber auch die Verbraucher keinen zentralen Platz einnahmen.

Die große Herausforderung und Erschütterung dieses Systems erfolgte – nicht nur in Deutschland, sondern in der gesamten westlichen Welt – mit der Weltwirtschaftskrise der 30er Jahre, und nicht zufällig reichen die institutionellen, vor allem aber die intellektuellen, die geistigen Wurzeln der Sozialen Marktwirtschaft sehr dezidiert in dieses Jahrzehnt zurück. Die Zweifel am liberalen, ökonomisch möglichst zurückhaltenden Staat waren allgemein. Die bedeutendste internationale Innovation angesichts der Krise stellte der Keynesianismus dar, der die Marktwirtschaft mit einer aktiven staatlichen «Globalsteuerung» zu verbinden suchte und gleichzeitig die Rolle der Konsumenten, der Staatsbürger als Endverbraucher, mit seinem Nachfrageprimat erheblich aufwertete. Deutschland jedoch bildete, so hat es der Wirtschaftshistoriker Werner Abelshauser beschrieben, im zweiten Drittel des 20. Jahrhunderts eine ordnungspolitische Ausnahme gegen den Keynesianismus.[32] Zwar adaptierte die Wirtschaftspolitik im «Dritten Reich», bis 1939 ebenso wie im Zweiten Weltkrieg, Elemente von Keynes oder nahm sie sogar in einer Art pragmatischer Pionierleistung intuitiv vorweg. Aber das Ergebnis war eine ganz eigene Mischung von staatlicher Lenkung und unternehmerischer Autonomie, von Produktionsprimat und Konsumorientierung; nicht zuletzt auch: von quasi-korporativer staatlicher Sozialpolitik im Rahmen von «Arbeitsfront» oder «Kraft durch Freude» und pseudoliberalem Darwinismus, der sich immer mehr an der Rassen- und Vernichtungspolitik auszurichten hatte.

In dieser Grenzzone einer deutschen Alternative zu Keynes entstand in den 30er Jahren auch das intellektuelle Grundgerüst der späteren bundesrepublikanischen Ordnung – in einem zwischen Kooperation, Reform und Opposition vielschichtig-kompliziert schillernden Verhältnis zur nationalsozialistischen Wirtschaft. Alexander von Rüstow, Walter Eucken und Franz Böhm, etwas später auch Ludwig Erhard selber umrissen eine Ordnungspolitik, in der sich marktwirtschaftliche Freiheit und regulierender Staat jenseits des keynesianischen Interventionismus begegnen sollten. Ausgeprägter als bei Keynes war jedoch der moralische Impuls staatlicher Regulation konzipiert, einer Regulation, die im Zeitalter der Massen das Individuum nicht nur ökonomisch, sondern auch ethisch retten wollte. Darin kam, unter anderem, eine Kontinuität zur deutschen Variante einer ethischen Nationalökonomie in der Zeit des Kaiserreichs zum Ausdruck. Der Staat sollte also gerade nicht Agent des Kollektivismus sein, sondern umgekehrt Wirtschaft und Gesellschaft vor jener darwinistischen Nivellierung (ja, das klingt paradox!) schützen, die der fortgeschrittene, ungezügelte Kapitalismus begünstigte. Es ging sogar um den Schutz des Staates selber vor dieser Gefahr, die Ludwig Erhard noch in den 50er Jahren gerne in die Metapher vom «Termitenstaat», seiner Schreckensvision der Verameisung des Gemeinwesens, kleidete.

So speisten sich die Erfahrungen der Weltwirtschaftskrise vor dem Hintergrund des «deutschen Dreiecks», wie sie der Ordoliberalismus und die Freiburger Schule gewonnen hatten, in die Gründungskonstellation der Bundesrepublik und ihren Entwurf der Sozialen Marktwirtschaft ein. Erst vor diesem Hintergrund wird deutlich, wie vielschichtig die Bedeutung des «Sozialen» in einer Begriffsbildung gewesen ist, die wir heute üblicherweise lesen als Verpflichtung des Staates zu sozialem Engagement, zu dichtem wohlfahrtsstaatlichem Netz, zu sozialpolitischer Aktivität. Auch das war gemeint, aber anderes ursprünglich viel mehr: an erster Stelle die regulatorische Funktion des Staates, so dass man statt von sozialer auch von regulierter Marktwirtschaft sprechen könnte. An zweiter Stelle meinte «sozial», so paradox das erneut klingt, die Betonung des Individuums gegen den gefürchteten Kollektivismus und damit zugleich eine «sittliche» Grundierung des Kapitalismus. Und drittens klang in dem Adjektiv auch ein Akzent auf dem Solidarischen an, auf einer staatlich regulierten Gemeinschaft der Wirtschaftssubjekte – eine Art moralisch-solidarische Nationalökonomie.

II.

Wie belastbar diese Brücke ist und wie vollständig dieser Weg aus den alten Vorbehalten in den vergangenen Jahrzehnten wirklich gewesen ist: Diese Frage gewinnt unvermutete Aktualität angesichts der Vehemenz und der Formen, mit denen Grundprinzipien der Marktwirtschaft wieder in Zweifel gezogen werden. Ist die «Ankunft im Westen» nur eine Illusion gewesen, nur ein oberflächlicher Wandel, hinter dem in schwierigeren Zeiten wieder die alten Denkweisen hervor kommen? Das wäre ein zu einfaches Bild, und die Vorstellung von einem unveränderlichen Nationalcharakter führt in die Irre. Viel wichtiger ist der Hinweis, dass die Soziale Marktwirtschaft selber Vorbehalte gegenüber dem westlichen Kapitalismus aufbewahrt hat. Dazu gehört der Anspruch auf eine moralische Regulierung der Wirtschaft, in letzter Instanz also: das Festhalten an Maßstäben von «gut» und «böse» gegenüber wirtschaftlichem Handeln. Dazu gehört ganz besonders der Anspruch auf staatliche Regulierung da, wo moralische und soziale Kriterien in Gefahr schienen, oder wo Interessengruppen eine solche Gefahr geltend machen konnten.

Dann musste der Staat eingreifen und die Gesetze des Marktes außer Kraft setzen – oft unter dem bezeichnenden Vorwand, wie zum Beispiel im Kartellrecht, dem Wettbewerb dadurch erst auf die Sprünge zu helfen.

Und angesichts einer globalisierten Ökonomie darf man nicht vergessen: Diese «regulierte Marktwirtschaft» ging von dem Modell eines geschützten nationalen Marktes aus, von einer klar abgrenzbaren Volkswirtschaft. An diesem Denkmodell haben wir in Deutschland wohl zu lange, und gegen die Realität, festgehalten. Der «neue» Kapitalismus ist insofern so neu nicht. Seine Arena hat sich nochmals erweitert; und er hat die nationalen Protektionszonen gesprengt, mit denen die westeuropäischen Länder und zumal die Bundesrepublik in der Nachkriegszeit sehr bequem gelebt haben. Man kann das schlecht kritisieren, wenn man gleichzeitig die Auflockerung, die Überwindung borniert nationalstaatlicher Politik begrüßt; man kann darüber eigentlich auch kaum verwundert sein, wenn man jahrzehntelang wusste, dass diese Sonderbedingungen mit einem extremen Gefälle gegenüber den Ländern der so genannten «Dritten Welt» erkauft waren.

Kein Wunder, dass in dieser vielfach nach innen und außen abgesicherten Schutzzone die Bereitschaft gering war, sich dem Markt zu stellen – und auch die Fähigkeit, das zu tun, unterentwickelt blieb. Kapitalismus, das war etwas für «die Wirtschaft». Wenn man klug war, hielt man sich davon lieber fern und ging in den Staatsdienst. So steigerte sich eine vornehme Distanz gegenüber der Ökonomie zu einem ökonomischen Analphabetismus, zu Ignoranz statt Kompetenz in wirtschaftlichen Fragen. Eine ähnliche, und ähnlich verhängnisvolle, Unkenntnis galt in der alten Bundesrepublik für den Sozialstaat, für die sozialen Sicherungssysteme und öffentlichen Solidarleistungen. Auch hier bedurfte es erst des krisenhaften Schocks, um zu lernen, dass die eigenen Rentenbeiträge nicht für den späteren Ruhestand angespart werden, oder um zu verstehen, dass seit langem nur steigende Verschuldung die Schere zwischen Einnahmen und Ausgaben des Staates schließen kann. Dieser Zustand des Augenverschließens vor der Realität ist zu Ende, die Ökonomie der öffentlichen Leistungen wird erkennbar – das ist ein Stück Aufklärung und kein Grund, sich über eine unzumutbare Ökonomisierung des Soziallebens zu beschweren.

So ist es auch mit der Wirtschaft. Dabei entspricht der Unfähigkeit, Unternehmensentscheidungen oder Marktlogiken im Großen nachvollziehen zu können, häufig ein mangelnder ökonomischer Sachverstand im Alltag. Man könnte auch sagen: Die Deutschen sind im Allgemeinen schlechte Alltagskapitalisten. Sie können nicht verstehen, dass eine Tasse Kaffee im Restaurant zwei oder drei Euro kostet, wo doch, wie man sich schnell ausrechnen kann, das Kaffeepulver schon für fünf Cent zu haben und das Wasser praktisch umsonst ist. Welche Leistungen drumherum zu erbringen sind, was allein die Miete für das Lokal, die Abzahlung des Mobiliars und der Kücheneinrichtung kostet, fällt unter den Tisch, vom Gehalt für die Bedienung mal ganz zu schweigen – im Übrigen ist man natürlich gegen Niedriglöhne im Dienstleistungsbereich!

Kein Zufall, dass hier von Dienstleistungen die Rede ist. Denn es fällt in Deutschland offenbar schwerer als anderswo, Dienstleistungsökonomie zu verstehen, die Produktivität von Dienstleistungen anzuerkennen und überhaupt in der Dienstleistungsgesellschaft anzukommen. Unsere Mentalität ist die einer Produktionsökonomie geblieben, was sich in den wirtschaftlichen Strukturen bis heute widerspiegelt. Auch das hat historische Ursachen, zum Beispiel in der Nachkriegssituation beider deutscher Staaten, aber es ist heute nicht mehr unbedingt ein Vorteil. Wie die Physiokraten im 18. Jahrhundert meinten, eigentlich sei wirtschaftliche Wertschöpfung nur dem Boden und der Ausbeutung seiner Schätze in Landwirtschaft und Bergbau zu verdanken, so hängen wir an der Produktivität der mit Händen und Maschinen hergestellten Dinge; alles andere bleibt geheimnisvoll.

Am besten ist es, wenn diese Dinge gleichzeitig Konsumgüter sind, die für den eigenen Haushalt angeschafft werden können. Denn man könnte sagen, dass die Marktwirtschaft in Deutschland – und auch hier gleichen sich westliche und östliche Prägungen – inzwischen vor allem als eine große Konsummaschine akzeptiert wird, allenfalls noch als eine Maschine zur Bereitstellung von Arbeitsplätzen. Was darüber hinaus geht oder dem nicht unmittelbar dient, ist dagegen eher suspekt: Der als «Profit» verachtete Gewinn ebenso wie Innovation und Investition, der Handel mit Unternehmen, erst recht der Handel mit wirtschaftlichen Zukunftschancen und Zukunftsversprechen, also zum Beispiel mit *Futures* und Optionen: Das fällt hierzulande immer noch schnell unter das klassische Verdikt der «Spekulation». Bei dieser privatisierten Aneignung des Kapitalismus als privater Konsumfabrik gibt es übrigens eine auffällige Parallele zur Demokratie: Sie hat mit öffentlichen Angelegenheiten für die meisten Menschen nur noch wenig zu tun und findet Zustimmung eher als dasjenige Regime, das es am besten gewährleistet, privat in Ruhe gelassen zu werden.

So kann man sich angesichts der vielfach schrillen Töne im neuen Kampf um den Kapitalismus manchmal schon fragen, ob da nicht ein Stück Realitätsverlust eingetreten ist – auch bei vielen Gebildeten und Intellektuellen, die es wahrhaftig besser wissen müssten. Wer den Kapitalismus für einen furchtbaren Irrweg der Geschichte hält, müsste sich konsequenterweise in die Tonne des Diogenes zurückziehen oder als Einsiedler in den Wald flüchten. Denn man muss gar nicht die Börse oder die Geschäfte internationaler Fondsmanager verstehen, um zu begreifen, wieviel für ganz selbstverständlich gehaltene Marktwirtschaft im eigenen Alltag nötig ist, um eben diesen Alltag nicht zusammenbrechen zu lassen oder doch sehr, sehr anstrengend zu machen. Das fängt mit so etwas scheinbar Trivialem wie den stets gut gefüllten Regalen im Supermarkt an und hört mit der Chance, sich selber eine Wohnung zu suchen statt sie vom Staat zugewiesen zu bekommen, noch nicht auf.

Passend zu dieser Mentalität, zu dieser oft durchaus schizophrenen Alltagsökonomie – noch ein Beispiel: jeder rennt zum Discountmarkt und schimpft gleichzeitig darüber, dass die großen Konzerne den kleinen Laden an der Ecke kaputt gemacht haben –, passend dazu also ist ein Geflecht von Institutionen entstanden, das die Bürger, wenn sie denn so unwissend und unmündig sind, vor den Zumutungen, den Tricks und heimtückischen Nachstellungen «der» Wirtschaft schützen soll. Es gibt genügend Zeitgenossen, die ökonomische Interessen gar nicht mehr anders interpretieren können als in der zwanghaften Vorstellung, alles geschehe nur, damit sie über's Ohr gehauen werden. Wer sich selber als hilfloses Objekt der Manipulation eines anonymen Marktes versteht, der wird auch nicht zum selbstbewussten Akteur im Markt werden können und braucht deshalb den Schutz von anderen, meist also: des Staates.

Beim Verbraucherschutz etwa denkt man in Deutschland nicht so sehr an Konsumenten, die sich selber organisieren und ihre Interessen vertreten, sondern an staatliche Institutionen, die stellvertretend handeln und am besten mit Hilfe von Verboten die schlimmen Auswüchse des Marktes, die bösen Profitinteressen, notdürftig im Zaume halten. Denn die Verbraucher können sich noch so dumm anstellen, sie trifft nie wirklich die Schuld. Wenn Jugendlichen ihre Handynutzung außer Kontrolle gerät, müssen den Diensteanbietern neue Vorschriften gemacht werden – von Dummheit, mangelnder Medienkompetenz oder vernachlässigter elterlicher Erziehung dagegen spricht man selten. Und vor allem führt auf diese Weise kein Weg aus der Falle der Marktignoranz heraus. Nur wer den Markt durchschaut und nicht immer auf die Hilfe von außen rechnet, kann sich auch souverän im Markt und überhaupt in der modernen Welt behaupten.

Die deutsche Sehnsucht nach einer stetigen und lückenlosen Regulierung des Marktes hat zahlreiche weitere Facetten. Vordergründig schaffen sie im Namen des Gemeinwohls einen Ausgleich zu egoistischen Privatinteressen, doch ob das langfristig eine vernünftige Strategie ist, wird auch angesichts gewandelter Rahmenbedingungen jenseits der nationalen Ökonomien immer mehr zweifelhaft. Der eigentlich paradoxe Versuch des deutschen Kartellamts, durch staatliche Eingriffe in die Freiheit des Marktes eben diese Freiheit in vermeintlich höherer Form zu retten, läuft immer häufiger in die Sackgasse. Kürzlich durfte ein Berliner Zeitungsverlag nicht von einem lokalen Konkurrenten erworben werden. Die Blauäugigkeit über mögliche Alternativen muss wohl sehr groß gewesen sein, denn wie groß war das allgemeine Klagen, in das auch Politiker ebenso wohlfeil wie heuchlerisch einstimmten, als der Verlag daraufhin an einen internationalen Investor, sprich: an eine Heuschrecke, ging. Und immer schon hat der Versuch, die Dynamik von Märkten staatlich einzuhegen und abzubremsen, strukturkonservierend gewirkt und damit auch Wachstumsdynamik gebremst. Wo alte Branchen gegen die Tendenz des Marktes festsubventioniert worden sind, da sind neue Branchen kaum entstanden. Damit ist ein deutsches Wachstums- und Strukturproblem bezeichnet, das wohl gravierender ist als die Eigendynamik von Märkten, die ihre alte nationale Heimat plötzlich im Stich lassen.

III.

Ein dritter Aspekt schließlich muss angesprochen werden, neben der ökonomischen Mentalität und der staatlichen Regulierung, wenn man sich dem besonders spannungsreichen Verhältnis der Deutschen zu «ihrem» Kapitalismus annähern will: Das ist die Frage nach der Durchsetzung von Märkten und Marktprinzipien in der Gesellschaft; anders gesagt: die Frage danach, welche Bereiche der Gesellschaft marktförmig organisiert sind. Der vordergründige Eindruck würde wohl sagen: Märkte haben sich im Laufe der Zeit immer weiter ausgebreitet, sind in immer mehr Bereiche eingedrungen, wo früher andere Prinzipien das Sagen hatten. Dazu passt dann die viel gehörte Klage darüber, dass in der modernen Welt alles immer kommerzieller werde, wenn nicht schon völlig kommerzialisiert worden sei. Das zeitgemäße Schlagwort aus der gegenwärtigen Kapitalismuskritik ist die gefürchtete «Ökonomisierung aller Lebensbereiche», die es abzuwenden gelte.

Zunächst einmal: Der Eindruck, dass alles immer kommerzieller werde, der Markt unaufhaltsam auf dem Vormarsch sei, ist schlichtweg falsch. Es gibt viele Beispiele ganz unterschiedlicher Art für das Gegenteil. Private Beziehung, Partnerschaft, Liebe zum Beispiel ist von Marktregeln befreit und im Laufe mehrerer Jahrhunderte im Westen zunehmend autonom gestellt worden. Oder es gibt Wellenbewegungen: Stadtplanung und Wohnungsbau sind in Deutschland wieder marktförmiger organisiert als noch vor einigen Jahrzehnten, aber der Siegeszug des öffentlichen Wohnungsbaus folgte auf eine Periode, in der – etwa vor hundert Jahren – die Marktgesetze viel unbestrittener galten als heute. Daraus folgt eine zweite Erkenntnis: Trotz der «Privatisierung», besser müsste man sagen: der Kommerzialisierung, mancher Staatsaufgaben und Staatsunternehmen in der Bundesrepublik seit den 80er Jahren haben die marktfreien Zonen immer noch eine ganz beträchtliche Ausdehnung.

In vielen Lebensbereichen hat der Markt bisher nicht wirklich Einzug gehalten, vielen Warnungen zum Trotz. Das gilt zumal für den Bildungssektor mit nach wie vor ganz schwachen kommerziellen und wettbewerblichen Impulsen; es gilt auch für einen großen Teil der Verkehrsinfrastrukturen. Wieder andere Bereiche wie das Gesundheitswesen erfahren Privatisierung, zum Beispiel im Betrieb von Kliniken, gleichzeitig aber an anderer Stelle zunehmende staatliche Regulierung mit der Folge der Außerkraftsetzung von Märkten. Und da, wo Markt und Wettbewerb staatliche Monopole abgelöst haben, würden wohl nur die allerwenigsten wieder darauf verzichten wollen: Die Vielzahl von Mobilfunkanbietern ist genauso selbstverständlich wie die Vielzahl von Automarken geworden. Vor diesem Hintergrund wirkt die Beschwörung der «Ökonomisierung aller Lebensbereiche» eher wirklichkeitsfern, und mehr noch: Es gibt Grund zu fragen, ob nicht eher das Gegenteil in Deutschland ein Problem sein könnte, nämlich das Fehlen von Märkten. Wachstum und Dynamik, Vielfalt und Wettbewerb, ja sogar soziale Gerechtigkeit könnte besser gedeihen, wenn Märkte eine größere Chance hätten. Deutschland hat nicht zu viel Ökonomie, sondern ist strukturell unterkommerzialisiert. Zu wenig marktfähige Leistungen werden angeboten und nachgefragt. Davon sind Waren- ebenso betroffen wie Dienstleistungsmärkte, der Bildungsmarkt ebenso wie der Arbeitsmarkt. Denn auch die Flucht in die Schwarzarbeit ist ein Anzeichen für unterentwickelte Märkte, für die Flucht in den privaten Tausch, in die private Nische. Marktwirtschaft dagegen führt aus den Nischen heraus, macht Leistungen vergleichbar und transparent, und im Gegensatz zur Schwarzarbeit eben auch: sozial gerecht, weil sie mit Steuerzahlungen und mit der kollektiven Solidarität von sozialer Sicherung verknüpft ist.

Was folgt aber aus alldem? Es geht ja nicht um eine billige Verteidigung des Kapitalismus, um ein billiges Schönreden von Problemen, die uns heute auf den Nägeln brennen. Auf das Niveau mancher Kapitalismuskritik, die vor allem aus Ressentiment besteht, sollte man sich nicht herabbegeben. Es geht nur um eine bescheidene Korrektur. Wenn die Deutschen ein Volk von naiven Kapitalismus-Verehrern, von Götzendienern des Marktes wären, dann gäbe es allen Grund zu warnen: Bremst eure Euphorie; nicht alles ist gut, was die Marktwirtschaft produziert und verheißt; prüft die Alternativen! Da sie aber im Gegenteil in ihrer Mehrheit vom Markt verängstigt scheinen und den Kapitalismus im Zeitalter der Globalisierung zu einem Schreckgespenst gemacht haben, das es ganz und gar zu verjagen gilt, ist es auch nötig, auf manche Vorzüge des Kapitalismus hinzuweisen.

Um eine Alternative zu finden, müsste man sich ohnehin auf eine mühsame Suche machen. Es ist richtig: Wir haben keinen Grund zu einer selbstzufriedenen Nabelschau, als ob unsere eigenen Entdeckungen und institutionellen Erfindungen das allein selig machende Rezept für die Zukunft des Globus seien. Moderne Lebensformen nehmen unterschiedliche Gestalt an – in Europa oder Nordamerika, in Ostasien und zunehmend wohl auch im islamisch geprägten Gürtel Afrikas und Westasiens. Aber sehr viele Optionen, eine leistungsfähige Ökonomie in großem Maßstab zu organisieren, die ein hohes Maß an Freiheit mit einem hohen Maß an Wohlstand verbindet, sind daraus nicht entstanden. Sehr viele Optionen für ein Wirtschaftssystem, das – trotz manchem heftigen Knirschen – mit der Demokratie so vereinbar ist wie der Kapitalismus, sind auch bei weltweiter Suche nicht aufzufinden; wenn man ehrlich ist: keine einzige. Und das ist nicht die Schuld irgendwelcher finsterer Mächte des Großkapitals, die sich in der Wall Street die Ausbeutung der Welt vorgenommen haben – die alten Verschwörungstheorien lassen grüßen. So ist die diffus gemeinte «Alternative» entweder ein berechtigter Appell zur Selbstkritik, wo nötig auch: zur politischen und moralischen Einhegung von Marktmechanismen. Oder sie begnügt sich mit der sozialromantischen Vision einer hoch moralisierten und hoch regulierten Wirtschaft, die Marktmechanismen außer Kraft setzen will, ohne die zerstörerischen Konsequenzen im Mindesten zu überblicken. Bestenfalls droht dann ein weiterer Verlust wirtschaftlicher Dynamik, ein weiteres Einschrumpfen der Erwerbsarbeit, schließlich der Übergang in ein neues Versorgungs- und

Bedarfsdeckungsprinzip, das Vorzüge wie Wohlstand, Sicherheit und Freiheit gefährdet.

Man muss diese Vorzüge gar nicht naiv in den Himmel heben und darf auch ihre Schattenseiten sehen, um den Rückzug in marktferne Nischen, der aus der Angst vor dem Kapitalismus folgt, für schlecht zu befinden. Kapitalismus ist Risiko. Um den Kapitalismus zu zähmen, muss man sich in ihn hineinbegeben.

POLITISCHE PERSPEKTIVEN:
WEGE IN DER RISKANTEN MODERNE

12. «LINKE» OPTIONEN: SOZIALDEMOKRATISCHES PROGRAMM IN NEUEN SPANNUNGSFELDERN

I. HERAUSFORDERUNGEN

In den letzten dreißig Jahren hat sich die deutsche Gesellschaft, wie alle westlichen Industriegesellschaften, grundlegend gewandelt, und dieser Wandel hält an. Er begann längst vor der Wende von 1989/90, nämlich schon im krisenhaften Abschluss der ersten Nachkriegsjahrzehnte. Die Wiedervereinigung schuf dann zusätzliche Brennpunkte, verstärkte aber vor allem die Sichtbarkeit solcher Probleme, die schon im Schoß der «alten» Bundesrepublik gewachsen waren. Das gilt für ökonomische Strukturkrise und Massenarbeitslosigkeit ebenso wie für öffentliche Verschuldung und für jenen kulturellen Wandel, den man polemisch als neue Proletarisierung bezeichnet hat. Die klassische Moderne der Industriegesellschaft, die für ein gutes Jahrhundert unser ökonomisches, kulturelles und politisches Paradigma gewesen ist, löst sich auf. Es geht nicht nur um Weiterentwicklung, um kleinere Anpassungen (erst recht nicht um eine bloße konjunkturelle Schwäche oder fiskalische Krise) – es handelt sich um einen Wandel von historischem Ausmaß. Er betrifft nicht nur «materielle» Grundlagen der Gesellschaft (Globalisierung, Demographie usw.), sondern auch fundamentale Wertorientierungen in der Moderne. Wer diesen Wandel zuerst begreift und daraus Handlungskonsequenzen zieht, ist auch strategisch im Vorteil.

Als die SPD das bis jetzt gültige «Berliner Programm» vorbereitete und 1989 verabschiedete, war dieser Wandel erst in Ansätzen erkennbar. Deshalb stellt dieses Programm, aus heutiger Sicht, eine Mischung der Fortschreibung klassisch-sozialdemokratischer Visionen mit den skeptischen Impulsen z. B. der Ökologiebewegung dar – eine Mischung, die einer Romantisierung politischer Ziele Vorschub geleistet und von den Herausforderungen des 21. Jahrhunderts eher weggeführt hat. Die SPD braucht mehr als ein neues Programm; sie braucht ein neues Menschenbild, ein neues Koordinatensystem im Gesellschaftsbild – erst dann lassen sich die alten Werte der Sozialdemokratie wie Freiheit, Gerechtigkeit, Solidarität neu definieren und auf diese Weise Kontinuität und Glaubwürdigkeit erzeugen.

Nicht nur die SPD muss eine Antwort darauf finden, dass die vergleichsweise eindimensionalen Koordinaten der politischen Orientierung komplizierter geworden sind – aber wegen ihrer langen Bindung an ein hegelianisch-marxianisches Fortschrittsmodell fällt ihr das vielleicht schwerer als anderen Parteien. Der «Fortschritt» ist doppelt fragwürdig geworden: Er hat keine eindeutige Richtung mehr; und seine vielfältigen Zielpunkte haben sich als Zielkonflikte ausdifferenziert. Das ist nicht nur ein kurzfristiges Übergangsphänomen (so dass man abwarten könnte, bis sich neue Koordinaten stabilisiert haben), sondern ein genuines Merkmal der Moderne des 21. Jahrhunderts. Die Herausforderung lautet: Politik in neuen Spannungsfeldern. Das darf nicht mit Pragmatismus in der Regierungspraxis verwechselt werden. Es gilt vielmehr, diese neuen Spannungsfelder schon programmatisch zu reflektieren und zu verankern. Um welche Spannungsfelder handelt es sich?

Erstens: Die Spannung zwischen technisch-ökonomischem Fortschritt und Fortschrittsskepsis, zwischen Dynamisierung und Entschleunigung. Lange Zeit stand die SPD ganz auf der ersten Seite; seit den 80er Jahren hat sie dann teilweise geglaubt, die Entwicklung der Moderne werde ganz der zweiten Seite gehören: Verzicht auf Wachstum, Umverteilung des Vorhandenen, allgemeine Verlangsamung. Das ist inzwischen zur Illusion geworden. Wir brauchen Wachstum und Dynamik, wir brauchen die Mobilisierungskräfte der «ersten Moderne», aber sie stehen in einem Spannungsverhältnis zu den «Grenzen des Wachstums», hinter die wir gleichfalls nicht mehr zurück können. Es gibt gewissermaßen kein «Drittes» außerhalb dieses Zielkonflikts, das sich als neue, homogene Utopie anvisieren ließe – genau das ist mit «Politik in Spannungsfeldern» gemeint.

Zweitens: Die Spannung zwischen sozialökonomischer Dynamisierung und sozialer Sicherung / sozialer Gerechtigkeit. Deutschland braucht einen Aufbruch, eine neue Dynamik nicht nur in den nächsten paar Jahren, sondern in den nächsten Jahrzehnten – zum Wohle der Menschen, zur Sicherung von Wohlstand, zur Vermehrung von Arbeit. Aber dieser notwendige Aufbruch steht in einem prinzipiellen Spannungsverhältnis zu Ansprüchen und Gewohnheiten großer Bevölkerungsgruppen; er wird in mancher Hinsicht sogar Ungleichheit verstärken. Auch aus dieser Spannung kann man nicht «aussteigen»; sie muss politisch gestaltet und an neuen Kriterien einer nachhaltigen Gerechtigkeit gemessen werden.

Drittens: Die Spannung zwischen Staatsintervention und Entstaatlichung. Trotz einer ambivalenten Herkunft (kaiserlicher Obrigkeitsstaat, Sozialistengesetz, auch: Marxsche Utopie der Staatsauflösung, etc.) ist die deutsche Sozialdemokratie primär eine Partei des Staates gewesen. Inzwischen ist die Perspektive, Fortschritt als die immer umfassendere Verstaatlichung von Lebensbereichen zu definieren, gescheitert – aber auch eine radikale «Entstaatlichung» (als Entbürokratisierung, Privatisierung, «Kommunitarisierung», usw.) ist kein Modell für die Zukunft. Der Staat ist ebenso prekär wie unverzichtbar: Eine solche Aussage ist nicht billiges Lavieren, sondern ein Merkmal unserer Moderne, das man auch (partei-) programmatisch formulieren können muss.

Viertens: Die Spannung in den Lebensformen: Zwischen Pluralisierung / Individualisierung und Familie. Nicht nur «harte» Bereiche der Ökonomie und des Staates sind von der neuen Politik in Spannungsverhältnissen betroffen, sondern auch «weiche» Zonen von Kultur und Gesellschaft. Einerseits hat sich seit den 70er Jahren eine Pluralisierung von Lebensentwürfen und Modellen privater Lebensführung durchgesetzt, hinter der die Schubkraft einer radikalen Individualisierung steht. Sozialdemokraten haben das begrüßt und befördert und werden das auch weiterhin tun. Aber die Spannung zu der Tatsache, dass eine Gesellschaft Kinder braucht, dass soziale Verantwortung am unmittelbarsten in der Elternschaft getragen wird und dass Kinder einen Anspruch auf stabile Primärbeziehungen haben, lässt sich immer weniger leugnen. Auch hier gilt: Es gibt keinen außerhalb liegenden Referenzpunkt mehr, der eine glatte Lösung dieses Konflikts versprechen würde. (Früher war das für die SPD vielleicht die Vorstellung von verstaatlichter Erziehung, von genossenschaftlichem Leben und «Volksküchen».) Auch diese Spannung muss deshalb programmatisch formuliert und politisch gestaltet werden können.

Fünftens: Die Spannung zwischen kultureller Pluralität und kulturellem Leitbild. Über gut einhundert Jahre war die SPD es gewohnt, einem im Grunde klaren und homogenen kulturellen Leitbild zu folgen: Es war das Leitbild der Verbürgerlichung, der bürgerlichen Gesellschaft. Das galt in einem weiten Spektrum, von der Arbeiterbildung bis zu verbürgerlichten Wohnformen. Dieses Leitbild ist brüchig geworden, und kulturelle Pluralität ist an seine Stelle getreten. «Fortschritt» schien in der immer weiteren Ausdifferenzierung unterschiedlicher Lebensstile, auch unterschiedlicher Kulturen im ethnischen Feld, zu bestehen, und die politische Antwort darauf hieß dann: «Anerkennung» (– ein Begriff, der ja auch sozialphilosophisch Karriere gemacht hat –) des Anderen, Anerkennung der Pluralität. In letzter Zeit wird jedoch zunehmend erkennbar, dass die Pluralität das Leitbild nicht ersetzen kann, sondern dass auch hier ein fundamentales Spannungsverhältnis bleibt. Das Modell «Pluralität/Anerkennung» hat mindestens zwei Probleme vernachlässigt, die auch, vielleicht insbesondere für Sozialdemokraten wichtig sind: Erstens sind in der Massenkultur Zonen entstanden, die mit den Grundwerten einer zivilen Gesellschaft kollidieren. Zweitens kann die Anerkennung von Pluralität auch zu einer Verfestigung von Marginalisierung führen. Dagegen steht dann die Forderung nach Teilhabe und Inklusion, die für die Betroffenen jedoch nicht gratis, sondern nur um den Preis der Zumutung bestimmter Werte (wie «Leistung») zu haben ist. Auch das ist kein peripherer Konflikt, sondern eine fundamentale Spannung der neuen Moderne, aus der kein einfacher Weg herausführt.

II. SOZIALDEMOKRATISCHE GRUNDWERTE IN NEUEN SPANNUNGSFELDERN

Die Gesellschaft wandelt sich nicht nur für die SPD – insofern stellen die neuen Spannungsfelder eine Herausforderung für jedes politische Programm, für jede politische Gestaltung dar. Damit werden alte Grenzziehungen brüchiger, diffuser – man könnte auch sagen, dass das lange verkündete «Ende des ideologischen Zeitalters» erst jetzt in vollem Sinne wirksam wird. Dass in der gegenwärtigen Reformdebatte, besonders der Sozialstaatsreform, oft nicht so sehr feste Parteilager einander gegenüberstehen, sondern eine Spaltung zwischen «Traditionalisten» und «Neuerern» quer durch alle Parteien (jedenfalls die SPD, die CDU, die Grünen) geht, ist ein Indiz dafür. Doch bedeutet das nicht das Ende bisheriger Parteibildungen oder gar ein «jenseits von rechts und links». Verschiedene Grundwerte und Grundorientierungen bleiben bedeutsam. Je nach eigenem Selbstverständnis, nach Herkunft und Tradition müssen sich die Volksparteien auf je eigene Weise auf eine Politik in den neuen Spannungsfeldern einstellen.

Für die traditionelle Zielperspektive der SPD gilt dabei: Die aus dem 19. Jahrhundert kommende «Utopie der Konfliktüberwindung», die das Berliner noch mindestens ebenso sehr geprägt hat wie das Godesberger Programm, ist im 21. Jahrhundert nicht mehr zeitgemäß. Schön wäre es – aber eine Zukunftsgesellschaft, in der bestimmte Grundkonflikte – sei es zwischen Kapital und Arbeit, sei es in der Geschlechterordnung, sei es zwischen Ökonomie und Ökologie – harmonisch aufgelöst sind, lässt sich auch programmatisch nicht mehr ernsthaft anpeilen. Die bisherigen Grundwerte müssen auf eine Politik in den Spannungsverhältnissen der neuen Moderne hin umdefiniert werden, weil die romantische Sehnsucht einer Auflösung dieser Spannungsfelder unrealistisch geworden ist. Es geht um Freiheit, Gerechtigkeit, Solidarität in einer widersprüchlichen Welt, nicht jenseits von ihr.

Dieser Einschnitt ist historisch – ganz allgemein und für die SPD – wichtig genug, um von alten Leitbildern und Feindbildern Abschied zu nehmen. Auf den Begriff des «demokratischen Sozialismus» sollte die Partei besser verzichten – nicht so sehr, weil er durch den realen Sozialismus kontaminiert wäre, sondern weil er die romantischen Sehnsüchte einer Überwindung von Gegenwartsproblemen bündelt und damit die Einsicht in die realen politischen Aufgaben in diesen Problemen blockiert. – Was die Feindbilder betrifft, führt der «Neoliberalismus», viel zitierter Lieblingsgegner der Sozialdemokratie seit fast zwei Jahrzehnten, in die Irre. Das Gespenst des Neoliberalismus dient zunehmend als Klischee, als Barriere, als Denkverbot, das von der Einsicht in den gesellschaftlichen Wandel und in die unüberbrückbare Widersprüchlichkeit von Wertorientierungen abhält.

Wie könnte eine charakteristisch sozialdemokratische Orientierung in den oben skizzierten Spannungsfeldern aussehen, eine Grundorientierung, die sich von dem Wertehorizont und der Programmatik anderer Parteien unterscheidet?

Dynamisierung statt Stillstand: Die SPD ist immer eine Partei der Veränderung, der Reform, des Mitgehen mit der Zeit gewesen. Es wäre die falsche Reaktion auf die gegenwärtige Krise, sich im status quo einzubunkern – sei es in dem der eigenen Tradition, sei es in dem einer strukturkonservativ und immobil gewordenen Gesellschaft.

Anspruch auf soziale Egalisierung: Es kann nicht mehr darum gehen, alle Unterschiede der Leistung, der Qualifikation, des Einkommens einzuebnen. Aber die SPD wird sich auch in Zukunft von anderen Parteien dadurch unterscheiden können, dass sie einer Politik der Gleichheit im Zweifelsfall ein größeres Gewicht gibt. Das schließt Mechanismen der materiellen Umverteilung nach wie vor ein, auch wenn sich die Kriterien dafür teilweise verändern werden.

Politik der regulierten Staatlichkeit: Der Glaube an staatliche Intervention als Allheilmittel der politischen und gesellschaftlichen Steuerung ist längst gebrochen. Aber ein Element der Kontinuität für die Sozialdemokratie könnte darin bestehen, Funktionen des Staates auch jenseits der inneren und äußeren Sicherheit zu verteidigen und einem Primat der Deregulierung eine Politik der regulierten Staatlichkeit entgegenzusetzen: Nicht alles muss der Staat machen, aber auch nicht alles kann der private Sektor besser, auch nicht unbedingt die autonome «Bürgergesellschaft».

Wenn man sich auf den Paradigmawechsel zu einer «Politik in Spannungsfeldern» einlässt und in ihr sozialdemokratisches Selbstverständnis neu justiert, dann können auch die traditionellen Grundwerte der Sozialdemokratie – Freiheit, Gerechtigkeit und Solidarität – verteidigt und mit zukunftsfähiger Bedeutung gefüllt werden. Sie bleiben flexibel genug auch angesichts der neuen Herausforderungen und Spannungsfelder; ja, es eröffnen sich ihnen, richtig verstanden, geradezu neue Chancen.

Freiheit gewinnt ihren Sinn nicht mehr allein aus der Befreiung von den Fesseln traditioneller Mächte – der Kapitalmacht, des Patriarchats, usw. Ihr Wert erfüllt sich auch nicht in der postmodernen Utopie der 80er Jahre, der völligen Freisetzung des Individuums in eine radikalisierte Bindungslosigkeit. Freiheit zielt auch auf die Ermöglichung von gelungener Lebensführung, auf die individuelle und kollektive Wahrnehmung von Chancen. Sie behält ihren partizipatorischen Charakter, gewinnt aber in der Dimension der sozialen Verpflichtung und Verantwortung dazu.

Gerechtigkeit gewinnt ihren Sinn nicht mehr alleine aus einer Politik der materiellen Umverteilung. Ebenso wenig jedoch reicht es aus, sie im postmodernen Sinne als Gerechtigkeit der Anerkennung (des Anderen und seiner Verschiedenheit) zu definieren. Eine neue Politik der Gerechtigkeit muss diese falsche Alternative überwinden. Sie zielt auf eine Politik der Teilhabe an der Gesellschaft. Teilhabefähigkeit beruht auf einer materiellen Mindestausstattung, auf der Stärkung und Anerkennung von Identitäten, aber auch und nicht zuletzt auf der moralischen und bildungsmäßigen Stärkung von Individuen und Gruppen. Gerechtigkeit wird damit zu einem umfassenderen Leitbegriff, der einen ganzen Fächer politischer Einzelmaßnahmen erschließt.

Solidarität war ursprünglich ein Wert der Selbsthilfe und kollektiven Stärkung der Arbeiterschaft gegen die Mehrheitsgesellschaft. Im «sozialdemokratischen Zeitalter» des 20. Jahrhunderts ist sie als allgemeine Verpflichtung der Starken zur Unterstützung der Schwachen verallgemeinert, zugleich aber immer mehr auf Institutionen des Staates (oder quasi-staatliche Mechanismen, z.B. in der Sozialpolitik) umgelenkt worden. Das Prinzip der Stärkung der

Schwachen behält seine Bedeutung, aber Solidarität kann nicht mehr allein die Einbahnstraße der Inanspruchnahme gemeinschaftlicher bzw. staatlicher Leistungen sein; sie ist ein Austauschprozess, in den alle Seiten (nicht allein materiell) «investieren» müssen. Solidarität muss erweitert werden als Solidarität des Individuums mit der Gemeinschaft; sie muss alle Menschen – die Starken ebenso wie die Schwachen – ermutigen und befähigen, selber zum aktiven Partner einer solidarischen Bürgergesellschaft zu werden.

III. PROGRAMMATISCHE AUFGABEN: DAS BERLINER PROGRAMM VON 1989 – EIN WIDERSPRUCH

Was bedeutet das für eine zukünftige Revision des sozialdemokratischen Parteiprogramms? Die gesellschaftliche Vision der 80er Jahre mit ihrer charakteristischen Mischung von radikalisierter Wachstumsskepsis und utopischem Harmonismus hat 1989 im Berliner Programm der SPD sehr deutlich ihren Niederschlag gefunden – nicht nur im einleitenden Teil, in der Beschreibung von «Grunderfahrungen und Grundwerten», sondern auch in der Definition konkreter Aufgabenfelder in der Wirtschafts- und Sozialpolitik, Bildungs- und Kulturpolitik. Es lohnt also genauer zu fragen, welche Leitbilder gesellschaftlicher Entwicklung dem Berliner Programm in solchen Kernbereichen sozialdemokratischer Politik zugrunde liegen und warum diese Leitbilder inzwischen möglicherweise nicht mehr zeitgemäß, teilweise auch empirisch widerlegt worden sind. Zusammen genommen kann damit eine Richtung skizziert werden, in die sich ein neues Programm der Sozialdemokratie bewegen müsste.

Arbeit. Das Berliner Programm entstand als Reaktion auf die Krise der Arbeitsgesellschaft und die Erfahrung der Massenarbeitslosigkeit in den 80er Jahren. Es brachte die damals weithin vorherrschende Überzeugung zum Ausdruck, den westlichen Gesellschaften gehe in langer Perspektive die Arbeit – jedenfalls die Erwerbsarbeit – aus, so dass die noch vorhandene Arbeit unter den Erwerbspersonen gerechter umverteilt werden müsse. Während die klassische Sozialdemokratie immer eine Partei der Erwerbsarbeit gewesen ist, lief das Berliner Programm auf ihre relative Abwertung hinaus. Inzwischen hat sich die Vorstellung von einer kontinuierlich schrumpfenden Arbeitszeit (sowohl als Wochenarbeitszeit als auch als Lebensarbeitszeit) zwar vielfach als Realität bestätigt, doch als eine bittere Realität, nicht als jene positiv anzustrebende Utopie, von der das Berliner Programm ausging. Das gilt in doppeltem Sinne: Gesamtgesellschaftlich und volkswirtschaftlich hat die Vorstellung prinzipiell begrenzter Arbeitsmengen in die Sackgasse einer Entdynamisierung, in eine Spirale aus Arbeitszeitverkürzung und ökonomischer Stagnation geführt. Und unter der Perspektive sozialer Differenzierung hat verkürzte Arbeitszeit weniger neue Chancen eröffnet (Stichwort: «Zeitsouveränität», freie Lebensgestaltung) als Marginalisierung verstärkt: Wenig zu arbeiten ist inzwischen, pointiert gesagt, zu einem sozialen Stigma, zu einem Merkmal relativ niedrigen sozialen Status geworden; längere (Wochen-, Lebens-) Arbeitszeit umgekehrt zu einem Ausweis hohen Sozialprestiges.

Die Vision des Berliner Programms, Erwerbsarbeit tendenziell mit anderen Formen der Arbeit gleichzustellen – mit Familienarbeit einerseits, Bürgerarbeit und ehrenamtlichem Engagement andererseits – und Erwerbsarbeitszeit auf diese beiden anderen Bereiche gleichsam umzuschichten, hat sich empirisch nicht bestätigt – ganz im Gegenteil: Erst die sichere Verankerung in der (Voll-) Erwerbsarbeit ist die Basis für ehrenamtliche «Bürgerarbeit»; oder noch pointierter gesagt: Wer viel arbeitet, investiert zusätzlich Zeit in Ehrenamt und Kindererziehung, während Ausgrenzung aus der Erwerbsarbeit auch zu einem Rückzug aus anderen Feldern des sozialen Engagements und überhaupt zu einer Verminderung statt zu einer Vermehrung kultureller Teilhabe führt. Diese Zusammenhänge muss ein neues Programm berücksichtigen. Die Geschichte der Arbeitsgesellschaft ist noch nicht zu Ende; Verkürzung der Arbeitszeit kann, ökonomisch ebenso wie gesellschaftspolitisch, nicht mehr per se ein erstrebenswertes Ziel sein.

Sozialpolitik. Insofern ist bereits deutlich geworden: Wirtschaftspolitik und Politik für Arbeitsplätze ist zugleich Sozialpolitik in einem umfassenden Sinne, der über die materielle Unterstützung in Notlagen hinausgeht. Dieser Zusammenhang muss auch programmatisch deutlicher zum Ausdruck gebracht werden, als das im Berliner Programm von 1989 der Fall war. Die herkömmliche «Solidarität» reicht als Maßstab der Sozialpolitik nicht mehr aus. «Solidarität ersetzt nicht Eigenverantwortung», stellt das Berliner Programm fest, doch es greift den Begriff der Eigenverantwortung dann nicht mehr auf. In den 80er Jahren war noch die Vorstellung dominierend, die sozialen Sicherungssysteme in der Bundesrepublik seien dauerhaft belastbar, nachhaltig konstruiert und weiter ausbaufähig. Inzwischen sind die demographischen, ökonomischen und sozialen Grenzen des Systems deutlich geworden; und die Einsicht ist gewachsen, dass die in ihrem Kern aus dem späten 19. Jahrhundert stammende Sozialversicherung, selbst wenn sie bezahlbar bliebe, «Gerechtigkeit» und «Solidarität» nicht mehr zu garantieren vermag.

Die demographische Krise lag zwar bereits im Horizont des Berliner Programms, doch die Antwort: die Lasten «auf Beitragszahler, Rentner und den Staat» gerecht zu verteilen, weicht aus heutiger Sicht den Kernproblemen aus. Zumal der Hinweis auf den «Staat» verrät ein Staats- und Fiskalverständnis, von dem sich auch Sozialdemokraten in Wirklichkeit längst verabschiedet haben: Denn alle Lasten, die «der Staat» übernimmt, fallen als Lasten auf die Steuer- und Beitragszahler zurück; auch in der Form von Staatsschulden spätestens in den Folgegenerationen. Was die Grundformen der sozialen Sicherung betrifft, schwankt das Berliner Programm zwischen einem Bekenntnis zu dem etablierten, «Bismarckschen» System mit seinen gestuften Leistungen und Ansprüchen und seiner Kopplung an Einkommen aus abhängiger Arbeit einerseits, dem Ruf nach sozialer Grundsicherung, die aus Steuermitteln zu finanzieren wäre, andererseits. Die Vorstellung, beides durch Addition zu verbinden, war eine Verlegenheitslösung, deren Realisierung inzwischen ohnehin illusionär geworden ist.

Demokratie. Der Aufruf Willy Brandts, mehr Demokratie zu wagen, hat in der Geschichte der Sozialdemokratie eine tiefe Spur hinterlassen. Brandts Appell erfüllte in einer Zeit, in der die Deutschen erst noch lernen mussten, dass Demokratie sich nicht auf die Bonner Politik und den gelegentlichen Urnengang reduzieren lässt, eine wichtige Funktion. Das Berliner Programm hat diese Vision mit der Forderung, die Demokratie müsse «allgemeine Lebensform» in allen gesellschaftlichen Teilbereichen werden, noch einmal fortgeschrieben. Schon damals war jedoch die Demokratisierung von Institutionen ebenso wie von Mentalitäten gegenüber 1969 ein weites Stück vorangekommen, und es zeichnete sich ab, dass die Demokratie vor neuen Herausforderungen stand, die sich nicht mehr in dem alten progressistischen Paradigma der Übertragung politischer Demokratie auf Schule, Hochschule, Betrieb, Medien, Vereine usw. würden bewältigen lassen können.

Diese Herausforderungen haben sich zugespitzt; das Demokratieproblem stellt sich auf neue Weise. Es begegnet als zunehmende Entpolitisierung der Gesellschaft, nicht zuletzt auch in marginalisierten Milieus, also in oder nahe der sozialdemokratischen Klientel; es begegnet als tief greifender Verlust von Vertrauen in das politische System und die politische Klasse; es begegnet als Gefahr der «Mediendemokratie» oder als Legitimitätsdefizit der Europäischen Union. Ein neues sozialdemokratisches Programm muss Abschied von jener Utopie nehmen, die dem Berliner Programm noch implizit zugrunde lag: dass nämlich eine vollkommene, harmonische Demokratie möglich werde, wenn nur alle Lebensbereiche hinreichend durchdemokratisiert, durch Mitbestimmung oder paritätische Gremienbesetzung verfasst wären. Die Demokratie bleibt ein Gebäude, das nie vollendet sein wird und an dem Reparaturbedarf immer wieder an unerwarteten Stellen auftritt.

Kulturen. Die 80er Jahre waren von der Überzeugung, ja von dem «Lebensgefühl» erfüllt, dass die westlichen Gesellschaften einer unaufhaltsamen Individualisierung und Pluralisierung von Kulturen und Lebensformen zustrebten. Die Vision einer multikulturellen Gesellschaft schlug sich auch im Berliner Programm sehr deutlich nieder, ohne dass jedoch die Ambivalenzen und möglichen Grenzen dieses Modells reflektiert worden wären. Es schien zu unterstellen, dass im Verhältnis der Kulturen – konkret gesprochen vor allem: im Zusammenleben von Deutschen und Ausländern in der Bundesrepublik – gegenseitige Achtung und Anerkennung, oder zugespitzt formuliert: ein erhöhtes Maß an allgemeiner Menschenfreundlichkeit ausreiche, um eine Balance von Anerkennung und Integration zu erreichen. Seitdem hat sich die Kluft zwischen deutscher Mehrheitsgesellschaft und Migrantengesellschaft jedoch in weiten Bereichen vertieft und in Strukturen z. B. der Bildungsbenachteiligung verfestigt. Die Strategie der «Anerkennung» von Verschiedenheit ist offensichtlich nicht ausreichend, denn es ist gesellschaftspolitisch kontraproduktiv, Benachteiligung und fehlende Integration, Segregation oder gar Gewaltmilieus «anzuerkennen».

Integration und Teilhabe auch als Herausforderung an ethnisch-kulturelle Minoritäten muss gegen das Pluralitäts- und Liberalitätsprinzip abgewogen werden. Bildungsförderung und Wertevermittlung können in einem Spannungsverhältnis zur modernen Massenkultur stehen, doch ist die Weise, in der das Berliner Programm dem Problem der Massenkultur begegnet, problematisch. Die Menschen sind nicht einfach Opfer der Massenkultur und der Medienindustrie, sondern bestimmen sie als Konsumenten maßgeblich mit. Die Aufgabe müsste lauten, Freiheit und Autonomie in der Massenkultur, nicht gegen sie zu erstreben. Der Weg der klassischen Kulturkritik, den das Berliner Programm auch semantisch eingeschlagen hat (z. B. mit der Kritik am «industriell normierten Freizeitverbrauch»), müsste also revidiert werden – er ist auch gar nicht konsistent mit einer sozialdemokratischen Tradition, die sich neuen Kulturformen offensiv und selbstbewusst gestellt hat, statt sich konservativ zu verschanzen.

Wenn man diese kurzen Skizzen überblickt, treten bestimmte Grundzüge deutlich hervor, die sich in einem doppelten Fazit zusammenfassen lassen.

Erstens ist das Berliner Programm in einem erstaunlichen Maße (und trotz der in anderer Hinsicht spürbaren Einflüsse der Ökologiebewegung, der Herausforderung durch die «Grünen» usw.) von einem naiven Verständnis von Nachhaltigkeit und gesellschaftlichen

Ressourcen geprägt. Das alte, marxistische Bild eines immer währenden Fortschritts der Produktivkräfte und daraus resultierender unbegrenzter Wohlstands- und Freizeitvermehrung gewann noch einmal die Oberhand und schob die Risse und Spannungsverhältnisse zur Seite, die in diesem Bild längst erkennbar waren. Das Prinzip der generationellen Nachhaltigkeit spielte nur eine geringe Rolle; das Zusammenspiel von Produktivkräften und Staat sollte das hervorbringen, was man heute nur noch als eine Illusion des Wohlstands aus dem Nichts bezeichnen kann.

Zweitens liegt dem Berliner Programm auf sehr deutliche Weise ein Menschenbild, eine Anthropologie zugrunde, die nicht nur aus heutiger Sicht in die Irre führt, sondern wiederum inkonsistent mit der gesamten sozialdemokratischen Tradition ist. Die Menschen in der modernen Gesellschaft erscheinen in ihm nämlich überwiegend als Opfer, als klientelisierte Subjekt-Bürger, die von abstrakten Systemen unmündig gemacht werden. Ihre «Überforderung» in Arbeitswelt, Freizeit und Familie durch die systemhaften Zwänge der Moderne steht im Vordergrund eines pessimistisch-passiven Menschenbildes. Es ist erstaunlich, wie auf diese Weise in den 80er Jahren ein klassischer Topos des intellektuellen Neokonservatismus in nur leicht abgewandelter Form Eingang in ein sozialdemokratisches Parteiprogramm gefunden hat. Die SPD sollte in einem neuen Programm also zurückfinden zu jenem optimistischen und aktivistischen Menschenbild, das ihre Geschichte überwiegend geprägt hat. Sie sollte sich zu einer Kultur des *achievement* bekennen, zu einem Entwurf mündiger und befähigter Bürger, die sich möglichst souverän in den Spannungsfeldern der neuen Moderne bewegen können.

IV.
REFORMPOLITIK IM ÜBERGANG: DER ETAPPENSIEG EINER NEUEN ZÖGERLICHKEIT

Wie das Profil der Sozialdemokraten in zwei, in fünf, in zehn Jahren aussehen wird, das ist beim Übergang in die Große Koalition eine offene Frage. Diese Offenheit ist durchaus nicht selbstverständlich. Denn vor gar nicht langer Zeit zeichneten sich die Umrisse einer

Antwort recht deutlich ab. Im Anschluss an europäische Vorbilder (besonders im Westen und Norden, von England bis Skandinavien) begann die SPD sich als eine deutsche *New Labour* zu positionieren, die den Herausforderungen von Globalisierung, demographischem Wandel und Umbau des Wohlfahrtsstaates selbstbewusst und optimistisch, nicht defensiv und verzagt, gegenübertrat. Der Schwung des Wahlsieges von 1998 verband sich mit dem symbolischen Wechsel von der Bonner in die Berliner Republik – das erleichterte es, in neuen Kategorien experimentierfreudig zu denken, die eingefahrene Schemata der alten Bundesrepublik, ein Jahrzehnt nach der Wiedervereinigung, endgültig hinter sich ließen.

Man musste sich nicht mehr den konventionellen «linken» und «rechten» Schemata in der Partei oder ihrer Bundestagsfraktion zuordnen, sondern dachte selbstbewusst geradeaus. Dafür stand die Gruppe jüngerer Abgeordneter, die sich «Netzwerk» nannte, ein Netzwerk der Kommunikation und der neuen Ideen bildete und zeitweise mit Recht von sich behaupten konnte, die eigentliche Truppe der Schröderschen Politik zu sein. Die «Neue Mitte» bestimmte die strategische Positionierung, während gleichzeitig die Grundwerte der Sozialdemokratie, mit der Gerechtigkeit im Zentrum der Debatte, neu ausgerichtet wurden. Familie und Kinder, Bildung und Chancen, Sozialpolitik der Bedürftigkeit statt der etablierten Ansprüche: Diese und ähnliche Koordinaten entwarfen ein intellektuell überzeugendes Bild einer modernen Gesellschaft in Deutschland, die wieder den internationalen Anschluss finden konnte, ohne soziale Sicherheit und Chancen für weniger Privilegierte preiszugeben.

Inzwischen reibt sich mancher verwundert die Augen, was aus all dem innerhalb kürzester Zeit geworden ist. Vorboten der Schwierigkeit gab es schon länger. Die Zeit, in der das «Netzwerk» seine programmatischen Impulse meinungsführend in ein neues Grundsatzprogramm – als Ablösung des Berliner Programms von 1989 – einzubringen schien, war schnell vorbei. Im Zugang zur Macht wurden die Jüngeren nicht nur von dem damals neuen Parteivorsitzenden Franz Müntefering, sondern auch von ihrem Bundeskanzler immer wieder enttäuscht. Und dann wurden die innerparteilichen Reformer auch noch von ihrer eigenen Enttäuschung überrollt und wieder unsicher in ihren Positionen. Dass die SPD sich weiter links positionieren solle, teils auch in einem sehr konventionellen Sinne des Begriffes (mehr Staat, mehr Umverteilung, höhere Steuern), scheint die neue Linie auch bei den Modernisierern geworden zu sein. Stattdessen sind wieder klare Feindbilder angesagt: der «Victory-Kapitalismus». Die böse Wirtschaft, die uns terrorisiert, und das gute Soziale, das wir dagegen setzen müssen. Und fast am deprimierendsten: Statt wie bisher den tief greifenden Wandel (und, warum nicht: die deutsche Krise) ernst zu nehmen und als Herausforderung zu akzeptieren, ist das Jammern und Schlechtreden, ist die Aufforderung zum Wandel jetzt eine perfide Strategie der Neoliberalen, ein Komplott, auf das man keinesfalls hereinfallen sollte.[33] Das passt jedenfalls zu der neuen populistischen Stimmungslage – aber um den Preis der intellektuellen Redlichkeit, wenn nicht gar der eigenen Zukunftsfähigkeit. Die Reichensteuer wird zum neuen Symbol. Was ist da eigentlich passiert?

Man könnte einfach sagen: Angesichts der sozialen Krise, die sich weiter verschärft, angesichts des Hartz IV-Debakels ist kein Platz mehr für neue Entwürfe, und das Pendel schwingt wieder zurück. Die Akzentuierung der Grundwerte ist dafür ein Indiz. Die Debatte der Reformer versuchte, der Freiheit einen besonderen Stellenwert zu geben: der Mündigkeit von Menschen, ihrer Fähigkeit zur gesellschaftlichen Teilhabe, zur Übernahme von Verantwortung.[34] Jürgen Kocka, Sozialhistoriker und genauer Kenner der Arbeiterbewegung, riet dazu, Freiheit in der Tradition Willy Brandts mehr in den Mittelpunkt zu rücken und die «Freiheit zu etwas» neben der «Freiheit von etwas» deutlicher zu sehen.[35] Inzwischen ist die Freiheit in einer frustrierten SPD eher auf dem Weg zu einem Schimpfwort, das in das Arsenal des politischen Gegners verwiesen wird. Allenfalls sagt man neuerdings in der SPD gerne: Freiheit, ja – aber Menschen brauchen doch erst einmal die nötige materielle Ausstattung, um die Chancen der Freiheit überhaupt wahrnehmen zu können. Sicher, aber der Rekurs auf Subsistenz und Konsum ist eine etwas magere Instrumentalisierung der Freiheit und auch an der eigenen sozialdemokratischen Tradition gemessen eine Schrumpfform, die Willy Brandt kaum überzeugt hätte. Freiheit ist mehr als die Sicherung materieller Ausstattung auf dem Niveau der unteren Mittelschicht, zumal darin keine Gewähr für die Wahrnehmung von Freiheit durch immer mehr soziokulturell desintegrierte Bürgerinnen und Bürger liegt.

Also führt der aktuelle Weg vom Vorrang der Freiheit zurück zu einem Primat der Gerechtigkeit. Um so besser, könnte man sagen, denn gerade auf diesem Feld haben sich die Reformer in der SPD als Vordenker betätigt und Weichen für ein neues, zeitgemäßes Gerechtigkeitsverständnis gestellt. Damit sind zugleich Maßstäbe für den Umbau des Sozialstaates in die Debatte gebracht worden. Drei Kernpunkte lassen sich folgendermaßen zusammenfassen.

Erstens, die klassische «Verteilungsgerechtigkeit» behält aus sozialdemokratischer Sicht einen besonderen Wert, gerade angesichts neuer Krisen und Ungleichheiten. Aber die herkömmlichen Kategorien, vertraut aus der Geschichte der Arbeiterbewegung, taugen weniger als früher. Neue Trennlinien müssen berücksichtigt werden: zwischen den Generationen, zwischen Familien und Kinderlosen, oder auch: zwischen gut situierten Arbeitnehmerhaushalten und dauerhaft Erwerbslosen und Marginalisierten. «Die Arbeitnehmerinnen und Arbeitnehmer» sind keine auch nur halbwegs homogene Gruppe mehr, der Umverteilung wegen ihrer vermeintlichen Schwäche vor allem zugeführt werden muss.

Zweitens, Instrumente der Verteilungspolitik stoßen an Grenzen, wo Transfer nicht mehr bewirkt, dass Marginalität überwunden, Aufstiegschancen genutzt werden können. Deshalb hat das Konzept der Chancen- oder Teilhabegerechtigkeit eine so große Bedeutung gewonnen – übrigens in einem weithin überparteilichen Konsens, dessen intellektuelle Urheberschaft jedoch überwiegend in linken, sozialdemokratischen Traditionen zu suchen ist. Der Sozialstaat, so ist immer wieder argumentiert worden, muss sich von einem «konsumtiven» in einen «investiven» verwandeln: in einen Sozialstaat, der einen höheren Anteil von Ressourcen in Chancenpolitik investiert, statt sie im Konsumtransfer verpuffen zu lassen.[36] Dabei stehen Bildung und Schule im Mittelpunkt, aber es geht auch um elementare Fähigkeiten der Lebensführung und der Behauptung in der modernen Erwerbsgesellschaft – von der Sprach- bis zur Ernährungs- und Erziehungskompetenz.

Drittens schließlich: Gerechtigkeit im modernen Sozialstaat sollte sich am Prinzip der Egalität, der grundlegenden Gleichheit von sozialen *entitlements* orientieren statt an jenem Maßstab der Statuskonservierung und der erworbenen Ansprüche, der in Deutschland seit dem späten 19.Jahrhundert immer wieder im Vordergrund stand. Auch hier übten, wie bei der Idee des investiven Sozialstaats, Kritik und Anregungen skandinavischer Nachbarn einen großen Einfluss aus.

Bleibt all das nicht überzeugend? Oder ist diese Reform der Gerechtigkeit innerhalb kurzer Zeit so fundamental gescheitert, dass als Aushängeschild sozialdemokratischer Gerechtigkeitspolitik eine Reichensteuer herhalten muss? Tatsächlich müssen die Verfechter der neuen Gerechtigkeit derzeit wohl selbstkritisch einräumen, dass ihre Vorschläge bisher nicht so funktioniert haben wie beabsichtigt; und man kann auch schärfer sagen: von weiten Teilen der Bevölkerung nicht so akzeptiert worden sind, wie die innere Plausibilität der Argumente das vorgesehen hatte. Die Verteilungsgerechtigkeit wird wieder vom traditionellen Klassenkampfdenken beherrscht, bei dem fast jeder sich zu den Betrogenen zählen darf, auch das gut verdienende, kinderlose Paar mit zwei Einkommen, auch der Rentner mit mehr als 100 % des letzten Nettoeinkommens dank Betriebsrente und Zusatzversorgung. Die Sicherung des materiellen status quo gewinnt im individuellen Kalkül immer den Vorrang, und neue Populisten machen das Gefühl zur Gewissheit, selber unzumutbar ausgequetscht zu werden.

Sicherung des eigenen materiellen status quo: Das könnte auch das Stichwort für die Schwierigkeiten sein, soziale Leistungen vom Primat des Transfers auf den der Chanceninvestition umzustellen, den «konsumtiven» in einen «investiven» Sozialstaat zu verwandeln. Zudem entsteht eine zeitliche Glaubwürdigkeitslücke in doppelter Hinsicht: Soziale Investitionen wie zum Beispiel eine Ganztagsschule brauchen Zeit, um aufgebaut zu werden und zu funktionieren – unendlich viel länger als einen Hartz IV-Antrag zur Auszahlung zu bringen. Und dann braucht es eine nochmals längere Zeitspanne, um die Wirkungen dieser Investition zu sehen, die Früchte in Gestalt neuer Chancen zu ernten: Häufig wird das erst im Übergang der Generationen der Fall sein, nämlich dann, wenn sechsjährige Kinder zehn Jahre später den Schulabschluss schaffen, einen qualifizierten Beruf lernen und ausüben und ihre eigene Lebens- und Erziehungskompetenz den Kindern so zur Verfügung stellen, wie deren Großeltern das nicht gekonnt haben.

Mit dieser Langzeitperspektive, das mag ein schwacher Trost sein, hat es nicht nur die SPD schwer. Dass mehr Gerechtigkeit ein Wechsel auf die Zukunft ist, in den wir heute investieren müssen, dürfte allen politischen Lagern gleichermaßen schwer fallen zu erklären. Und dabei ist von einem zusätzlichen Problem noch gar nicht die Rede gewesen. Was ist, wenn Menschen die Angebote und Chancen des neuen Sozialstaates gar nicht wahrnehmen wollen? Eltern von Migranten mögen es für überflüssig, ja für schädlich (weil ihrer eigenen Identität abträglich) halten, ihre Kinder ganztags in die Schule zu schicken. Eltern mögen gehört haben, dass Dauerfernsehen und Dauersüßigkeiten schädlich sind, und trotzdem nicht darauf verzichten. Was ist dann die nächste Option: die staatliche Kontrolle des Alltagsverhaltens, die verordnete Lebensführung? Diesem Dilemma haben sich die Verfechter der Teilhabegerechtigkeit bisher kaum gestellt.

Der geradezu klassische Fall eines *mismatch* zwischen Gerechtigkeitsidee und Wirklichkeit jedoch ist die Hartz IV-Reform geworden, die sehr konsequent nicht nur dem Grundsatz der Teilhabe («Fördern und Fordern»; Heranführung an Erwerbsarbeit statt Alimentierung in Sozialhilfe) folgte, sondern vor allem dem des egalitären statt statusbewahrenden Sozialstaates: Ein Jahr greift die Arbeitslosenversicherung, dann sind alle Bedürftigkeitsfälle dem Staat gleich viel wert – ob alt oder jung, ob Mann oder Frau, ob Ingenieur oder Verkäuferin. Dieses Prinzip der Gerechtigkeit ist gegenüber den Betroffenen selber nicht durchsetzungsfähig gewesen – das ist mehr als ein «Kommunikationsproblem». Der «konservative», statusbewahrende und Ansprüche kumulierende Sozialstaat deutschen Typs ist offensichtlich nicht nur eine institutionelle Eigenart, auf deren Begradigung das Gerechtigkeitsempfinden der Menschen nur gewartet hat; er ist tief in den Mentalitäten verankert. Anders kann man sich Vorwürfe, die Hartz IV-Reform «enteigne» Menschen, die doch Geld erhalten, nicht erklären.

Der erwerbslose Ingenieur beschwert sich über «Armut per Gesetz», weil er – immer noch nach einer längeren Übergangszeit! – genauso viel Sozialgeld erhält wie die erwerbslose Halbtagsverkäuferin, gleiche Lebensumstände und familiäre Bedingungen vorausgesetzt. Das gibt übrigens eine Ahnung davon, welchen Anerkennungsschwierigkeiten sich eine andere, in der Theorie manchmal faszinierende Reformidee ausgesetzt sehen würde: die Einführung eines Bürgergeldes oder Grundeinkommens (zu der das «Arbeitslosengeld II» in Wirklichkeit schon ein erster Schritt ist). Auch die Entscheidung, ein neues «Elterngeld» einkommensabhängig zu gestalten, also Akademikern die Entscheidung zum Kind staatlicherseits höher zu vergüten als jener Verkäuferin oder Krankenschwester, die im letzten Wahlkampf eine so emblematische Bedeutung für Gerechtigkeitspolitik gewonnen hatte, ist eine fatale Abkehr vom eigentlich schon als richtig erkannten Weg des egalitären Sozialstaates – eine Rückkehr in den Sozialstaat der Statusprivilegien. Fast könnte man zynisch sagen: Die Deutschen streben stets nach der Gleichheit der Markteinkommen, aber die Gleichheit der Transfereinkommen können sie nicht ertragen.

Die Reformen sind in der Wirklichkeit angekommen – und eine sperrige Wirklichkeit hat die Reformer eingeholt, hat sie zu früh wieder skeptisch und verzagt gemacht. Auf dem Höhepunkt der programmatischen Reformdebatten im Umfeld des «Netzwerks», vor etwa zwei Jahren, konnte man noch eine Ahnung von dem selbstbewussten Kampf um die aktive Mitte der Gesellschaft bekommen. Die SPD sei nie eine Partei des «Lumpenproletariats» gewesen, hieß es da, sondern eine Bewegung der Menschen «who work hard and play by the rules» – Tony Blair und Bill Clinton ließen damals noch grüßen. Die SPD sei immer eine Partei der Moderne, der Dynamik, des Selbstbewusstseins gewesen – nicht eine Partei der Angst vor der Moderne, der Unmündigkeit, der Hilflosigkeit. Das «Berliner Programm» von 1989 hatte die Menschen weithin als überforderte Opfer einer unkontrollierbaren Moderne stilisiert, die von außen geschützt und stabilisiert werden müssten. Jetzt schienen die Jüngeren in der Sozialdemokratie ein Unbehagen am Unbehagen in der Moderne zu verspüren.

Doch der Versuch, die Moderne wiederzugewinnen, kann mittlerweile als abgebrochen bezeichnet werden. Die Reflexe der Angst, der Schutzsuche vor den Zumutungen einer dynamisch und gewiss in mancher Hinsicht bedrohlich sich wandelnden Welt haben wieder die Oberhand gewonnen. Statt Politik mit der gesellschaftlichen Mitte zu machen, was Zumutungen an diese Schichten gar nicht ausschließt, verengte sich die Perspektive der SPD auf einen Kampf um die Befriedigung der Klienten des Sozialstaats. Am Ende wollte sie niemandem zu nahe treten, weder den Transferschichten noch den sozial und kulturell selbstständigen Mittelschichten, weder den Kinderlosen noch gar den Familien, weder den Jungen noch gar den Alten. Zuvor war viel die Rede von einer Stärkung der Eigenverantwortung. «Keine Rechte ohne Verpflichtungen», hat Anthony Giddens ein zentrales Motto neuer sozialdemokratischer Politik formuliert.[37] Im Effekt scheint es eher so, als seien in den letzten Jahren die Erwartungen nicht nur an die Zuständigkeit, sondern sogar an die Zahlungsfähigkeit des Staates eher noch gestiegen. Ob die SPD diesen Erwartungen nachgibt oder auf einen Weg der Reform zurückfindet, das ist noch immer eine offene Frage.

13. «RECHTE» OPTIONEN: KONSERVATIVISMUS ALS VERTEIDIGUNG DER MODERNE

I. PROGRAMMATISCHE GRUNDLAGEN: VON DER ABWEHR ZUR NORMALITÄT DER MODERNE

Warum soll man am Anfang des 21. Jahrhunderts noch die Frage nach Profil und Zukunft des Konservativismus beantworten? Eine klare Antwort lässt sich nicht mehr finden, ebenso wenig wie für die beiden anderen Geschwister der ideologisch-politischen «Großen Drei»: den Liberalismus und den demokratischen Sozialismus. Der Verdacht liegt nahe, dass eine solche Frage nur noch aus der Tradition heraus gestellt wird. Weil es das immer schon gab, muss es irgendwie weiterbetrieben werden. Die Selbstbezeichnung als «konservativ» ist in Deutschland, aber auch anderswo weitgehend obsolet geworden und selbst als Kampf- und Spottbegriff politischer Gegner eher selten zu hören. In der flapsigen Sprache des «Spiegel» firmieren die Unionsparteien zwar in den letzten Jahren wieder häufiger stereotypisch als «die Konservativen», doch das bleibt flach und etikettenhaft.

Sollte man nicht das seit Jahrzehnten viel beschworene «Ende des ideologischen Zeitalters» endlich, erst recht nach dem Zusammenbruch des Kommunismus, ernst nehmen? Seitdem gibt es pragmatische Politik in unterschiedlichen Schattierungen, mit breiten Überlappungszonen, aber keine konsistenten Denksysteme mehr, über die jeweils ein Chefideologe wacht. Zuletzt ist das Bild ja vollends unübersichtlich geworden. Denn im großen Reformstreit der Bundesrepublik erweisen sich klassische Vertreter der Linken, zum Beispiel in Gewerkschaften und PDS, als die wahren Konservativen, als die orthodoxen Beharrer gegen durchgreifende Veränderung, während den früher Konservativen der Wandel kaum schnell genug gehen, die Modernisierung nicht radikal genug sein kann.

Möglicherweise sollte man sich besser auf eine alltagspraktische Definition einlassen. Konservative wären dann allenfalls noch an einem bestimmten Habitus, an äußerer Erscheinung und Verhaltensformen, zu erkennen: an der Tendenz zu Anzug und Krawatte, an mangelnder *Coolness* und an gelegentlichen abfälligen Bemerkungen über das Chaos der Roten, vielleicht auch noch am eher konventionellen Kultur- und Freizeitverhalten. Aber was heißt das schon, wenn auch Jeans und Piercings, Bioladen und Fahrradfahren längst konventionell geworden sind?

Das Diffuse des Konservativismus könnte ja mit seinem überragenden Erfolg zusammenhängen. Wenn es vor einiger Zeit hieß, liberal seien inzwischen alle und ein ganzes Zeitalter sozialdemokratisch, dann erleben wir in den letzten Jahren, blickt man auf das allgemeine Klima und die gesellschaftlichen Debatten, eine Renaissance und Verallgemeinerung des Konservativen. Während man vor kurzem noch die Augenbrauen hochzog und der Geruch des 19. Jahrhunderts in der Luft zu liegen schien, wenn ein Politiker das Wort «Familie» in den Mund nahm, hat dieses Thema, hat die Wertschätzung der Familie, der Elternschaft und Kindererziehung im Nu einen ganz neuen Klang bekommen. Sozialdemokraten und Grüne, eben noch eher als Fürsprecher der bindungslosen Singlegesellschaft bekannt, eignen sich diesen Tonfall geschwind an. Während wir lange Zeit einer völlig säkularisierten, von religiösen Traditionen entleerten Kultur entgegenstrebten, in der ganz allgemein die Verbindlichkeit von Normen erodierte, haben Ethik und Moral ihre Unentbehrlichkeit nicht nur für die Orientierung von Individuen wieder bewiesen. Auch große politische Streitfragen wie die Debatte um die Grenzen der Reproduktionsmedizin bleiben auf ein solches Fundament, vielleicht sogar auf einen Transzendenzbezug angewiesen. Und überhaupt erweist sich Religion, jener heimliche Generalbass klassischer konservativer Ideologie, als robuster als noch gestern vermutet.

Nicht zu vergessen ist der neue Stellenwert, den wir der Bildung beimessen. Dabei ist die Einsicht gewachsen und nahezu verallgemeinert worden, dass es nicht egal ist, was und wie man lernt. Vordergründig sieht das nach der Wiederbelebung eines bloß formalistisch erstarrten Kanons aus, aber richtig verstanden geht es um Unterschiede in einer scheinbar unterschiedslos gewordenen Massenkultur. Wer wollte noch bestreiten, dass Lesen besser ist als Fernsehen?

Vor zehn Jahren wurde man für eine solche Feststellung bestenfalls als konservativer Moralapostel verhöhnt. Also – sind wir alle Konservative geworden, und der Konservativismus hat sich nun ebenfalls, wie seine geschwisterlichen Konkurrenten, zu Tode gesiegt?

Diese Überlegung ist mehr als ein Bonmot, schon weil wir die Dimension des Wandels, den wir gegenwärtig erleben, nicht unterschätzen sollten. Aber sie reicht auch nicht weit genug. Um eine kurze historische Vergewisserung kommt man nicht herum, und sei es um festzustellen, wie radikal sich auch die Musterideologie des Bewahrens und Verteidigens gewandelt hat. Der Ausgangspunkt bleiben die modernen Revolutionen, vor allem die Französische Revolution, gegen deren Fortschrittsbewusstsein, Freiheits- und Gleichheitsstreben sich konservatives Denken erst formiert und von bloßem Traditionalismus abgrenzt: Das ist eine berühmte Unterscheidung, die Karl Mannheim einmal getroffen hat. Konservativismus ist also Reflexion und nicht nur Instinkt; ist Reaktion auf einen Gegner, der Revolution und Liberalismus hieß; ist nicht außerhalb der modernen Welt, sondern in ihr, wenngleich unter der Moderne leidend, sie oft bekämpfend.

Im 19. Jahrhundert stand der Konservativismus in Deutschland wie in vielen anderen Teilen Europas für Monarchie, für Ständegesellschaft und Patriarchalismus, ohne dabei völlig auf der Stelle zu stehen. Er fand sich mit einer Verfassung, mit parlamentarischer Einhegung der fürstlichen Herrschaft ab und verteidigte diese konstitutionelle Monarchie schließlich gegen weitergehende Ansprüche des Liberalismus und der Arbeiterbewegung. Er löste sich von seinen regionalen, partikularstaatlichen Wurzeln und adaptierte, zumal seit der Bismarckschen Reichsgründung, die «Nation» und den Nationalstaat als primären Bezugsrahmen. Er verfügte, oft christlich motiviert, über soziale Konzepte und verbreiterte auf diese Weise seine Anhängerschaft. Doch im Übergang zum 20. Jahrhundert, erst recht in der Weimarer Republik, war die Radikalisierung des Konservativismus sein hervorstechendes Kennzeichen. Eine junge Generation begriff völkisches Denken und Antisemitismus sowie die Vorliebe für autoritäre Herrschaft auch jenseits der Monarchie sogar als spezifisch modern, als zeitgemäße Antwort auf die Herausforderungen einer komplexen Gesellschaft. Die Linien, die von hier aus in den Nationalsozialismus und das «Dritte Reich» führen, haben dem Konservativismus in Deutschland eine Schuld aufgeladen, die ebenso nachwirkt wie aus ihr Konsequenzen gezogen wurden.

Die wichtigste Konsequenz hieß seit 1945: sich mit der Demokratie und einer liberalen Staats- und Gesellschaftsordnung nicht nur zu arrangieren, sondern sich fest auf deren Boden zu stellen. Es hieß auch, den alten Antikapitalismus endgültig abzulegen und die kommerziell-kapitalistische Gesellschaft zu akzeptieren, wenn sie sozial und staatlich reguliert war – nämlich als «soziale Marktwirtschaft». Das konservative Potential wurde von den christdemokratischen Parteigründungen bis Ende der 50er Jahre fast vollständig aufgesaugt und dadurch zusätzlich domestiziert.

In internationaler Perspektive markierte dann die «neokonservative» Wende der 70er Jahre eine kaum zu überschätzende Zäsur. Mit Margaret Thatcher und Ronald Reagan gelangte sie an die Macht. Seitdem prägt den Konservativismus eine radikalliberale Ökonomisierung und eine Präferenz für den schwachen statt den starken Staat – beides wäre zuvor nicht denkbar gewesen. Doch ebenso markant ist der vergleichsweise geringe Einfluss dieser Strömung in Deutschland. «Geistig-moralische Wende» hin oder her – Helmut Kohl war kein Revolutionär, sondern fungierte eher als der letzte Testamentsvollstrecker des klassischen Konservativismus, im doppelten Sinne: Er brachte dessen Auftrag ein letztes Mal zur Geltung, einschließlich der letztmaligen Expansion des Bismarckschen Sozialstaates. Er löste ihn aber auch weiter auf: in gesellschaftspolitische Liberalität, in den Vorrang Europas vor dem Nationalstaat, sogar in kulturelles *laissez faire*. Das Klagen über «soziale Hängematte» und Freizeitgesellschaft klang konservativ, richtete sich in Wirklichkeit aber gegen Kinder vom eigenen Fleisch.

Man könnte also sagen, dass der Konservativismus nicht nur der Dynamik der Moderne gefolgt ist, sondern auch den Abstand zu ihr beständig verkürzt hat. Jedenfalls hat sich sein klassisches ideologisches Arsenal mehr und mehr entleert; was früher einmal unverzichtbar konservativ war, ist es schon jetzt nicht mehr oder kann es in Zukunft nicht sein. Das gilt sogar für den ins Private greifenden

Kernbestand gesellschaftspolitischer Grundüberzeugung, den man auf den Begriff des «Patriarchalismus» bringen könnte. Natürlich gibt es noch Inseln solcher Einstellungen, Reste konservativer Milieus in ländlichen Regionen, in denen ein traditionelles Frauen- und Männerbild gepflegt wird und wo die Freiheit privater Lebensformen höchstens in engen Grenzen akzeptiert ist. Aber der Abschmelzungsprozess ist in vollem Gange, zumal viele andere Länder hier weiter sind als Deutschland.

Der Nationalismus steht als Integrationsideologie ebenfalls nicht mehr zur Verfügung, zumal die Konservativen bei uns ganz und gar nicht europaskeptisch sind. Eher ist es die Betonung des Föderalen, des Lokalen und Subsidiären, was sie auszeichnet. Von der Erosion des «starken Staates» war schon die Rede, und Angst vor Freiheit und Demokratie kann der Kitt gleichfalls nicht mehr sein. Gelegentlich schimmert freilich das Insistieren darauf durch, dass die Demokratie fundamental in ihren repräsentativen Verfahrensregeln konstituiert wird und hier geschützt werden muss – darauf bezieht sich der linke und liberale Vorwurf eines formalen oder «dezisionistischen» Demokratiebegriffs. Etwas heikler ist die Frage nach dem scheinbar exorzierten konservativen Antikapitalismus, der in Formeln wie der vom Widerstand gegen die Ökonomisierung aller Lebensbereiche weiterlebt. Sehr zukunftsträchtig scheint dieser Widerstand nicht, gerade in einer chronisch «unterkommerzialisierten» Kultur wie der deutschen. Der Antikapitalismus gehört, wenn überhaupt, immer noch auf die politische Linke.

Aber die Situation ist komplizierter, als es dieses Bild der historischen Anpassung an moderne Institutionen und Lebensformen suggeriert. Welche Moderne, welcher Fortschritt gilt dabei eigentlich noch als Kompass? Der klassische Fortschritt aus dem Geiste von Aufklärung und Französischer Revolution ist seit den 70er Jahren nicht zuletzt auf der Linken in eine tiefe Krise geraten, und im Rückblick tritt die historische Bedeutung dieses Einschnitts in der Geschichte der Moderne immer mehr hervor. In Deutschland ist die mentalitätsgeschichtliche und kulturpolitische Zäsur besonders markant. Welche der klassischen Fortschrittsversprechen sind eigentlich noch übrig geblieben, so lautet die eine Kernfrage. Brauchen wir noch mehr Liberalität? Noch mehr materielle Wohlfahrt, noch mehr Demokratie? Und hat uns, das ist die andere Kernfrage, der Fortschritt nicht mehr beschädigt als genutzt; sind in seinem Namen nicht Rassismus und Krieg betrieben, Umweltzerstörung und Risikotechniken propagiert worden?

Was man für konservative Fragen halten könnte, ist seit den 70er Jahren zur hauptsächlichen Agenda der Linken geworden und hat die Grünen als soziale Bewegung und politische Partei genährt – als eine in Wahrheit konservative Partei? Die Fronten, so scheint es häufig, haben sich völlig verkehrt, denn jetzt heißt «konservativ», im Zweifel für Kernenergie zu sein, für Marktliberalismus, für Innovation und Veränderung, während die früheren Anhänger des Fortschritts sich in ängstlicher Starre eingemauert haben. – Nein, es ist noch einmal komplizierter, denn eine neue kulturelle Spaltung durchzieht die Gesellschaft, die quer steht zu «rechts» und «links». Da sind Konservative und Linke für und gegen eine Liberalisierung des Ladenschlusses, für und gegen größere Spielräume des biowissenschaftlichen Fortschritts, für und gegen eine Revision des Sozialstaates. In dieser Konstellation ergibt übrigens auch die zeitweilig populäre Unterscheidung von «Wert»- und «Struktur»-Konservativen keinen Sinn mehr.

Vor allem in den 80er Jahren haben profilierte intellektuelle Vordenker wie Odo Marquard und Hermann Lübbe versucht, klassische Modernisierungskritik an die neuen Krisenerfahrungen anzukoppeln; das verstand man damals in Deutschland (völlig anders als in den USA!) unter «Neokonservativismus». Die Stimmungslage richtete sich auf «Entschleunigung», auf die Mobilisierung kultureller Kompensation von Modernisierungsschäden. Die Parole hieß: Wer verändern will, trägt die Beweislast. Was lange Zeit wie eine etwas skurrile, von konservativen Politikern kaum explizit aufgegriffene Analyse wirkte, hat bei genauerem Hinsehen fast einen grandiosen Sieg davongetragen. Oder warum klagen wir jetzt über Immobilität, Reformstau und Innovationsunfähigkeit? Die Annahme, die Modernisierung sei ein Selbstläufer, weswegen man auf die kulturelle Bremse treten müsse, hat ironischerweise gerade Konservative in die Irre geführt. Denn inzwischen stellen wir fest, dass sich

Modernisierung sehr wohl blockieren lässt. Die «Beweislastverteilungsregel» macht handlungsunfähig; als retardierendes Element funktioniert der Konservativismus nicht mehr.

Was also könnte jetzt und in Zukunft noch konservativ sein? Die Antwort darauf wird schwieriger, weil sie abstrakter wird. Sie führt aber zugleich, und das ist die Chance, auf fundamentale Prinzipien zurück. In drei Aspekten lässt sich das bündeln.

Erstens: Einheit in der Vielfalt. Angesichts der zunehmenden Erfahrung von Fragmentierung und Pluralisierung würden Konservative versuchen, die (ehemals eher linke) Einheit zur Geltung zu bringen. Pluralismus wird nicht geleugnet oder gar bekämpft, aber auf die Auszeichnung bestimmter Standpunkte, Werte, Kulturpräferenzen kann man nicht verzichten. Die Universalisierung westlicher Werte etwa ist weder ein Zufall noch ein Grund für interkulturelle Scham. Im weitesten Sinne wäre das ein Bekenntnis gegen die «Postmoderne» und gegen einen Pluralismus des laissez-faire. Wie sich ein solches Bekenntnis von Arroganz ebenso wie von Ängsten im Verhältnis zu anderen Kulturen freimachen kann, darin besteht eine noch ungelöste Aufgabe.

Zweitens: Selbstverantwortung des Individuums in gebundener Freiheit. Konservativ wäre es, dem Einzelnen mehr Verantwortung für die eigene Lebensführung zu geben – doch nicht einfach, weil jeder seines Glückes Schmied ist und sehen muss, wie er zurechtkommt; das wäre die klassisch liberale Position. Selbstverantwortung verbindet sich vielmehr mit einer skeptischen Anthropologie – der Mensch ist nicht nur gut; er kann auch scheitern – und mit sozialer Abstützung. Hier ist ein Defizit klar erkennbar: Eine neue konservative Soziallehre für das 21. Jahrhundert ist noch nicht gefunden. Selbstverantwortung jedenfalls heißt nicht nur individuelle Chancenvermehrung, geschweige denn Einkommensmaximierung. Konservativ ist die Feststellung, dass nicht jede individuelle Freiheit auch ein gesellschaftspolitischer Fortschritt ist, auch gemeinschaftlich wünschbare Konsequenzen hat.

Drittens: Verteidigung der Moderne. Seit vor allem die kulturalistische Linke die moderne Welt als ein Zwangssystem gewaltsamer Ordnungsstiftung interpretiert und dieses System anhalten oder aus ihm aussteigen will, fällt dem Konservativismus zunehmend die Aufgabe zu, die westliche Moderne zu verteidigen und weiterzuführen. Vor einem naiven Modernitätsfetischismus müsste er dabei durch seine eigene Geschichte gefeit sein. Die Moderne hat Spannungsverhältnisse und Konflikte hervorgebracht, die sich nicht einfach wegharmonisieren lassen, sondern die man aushalten, bestenfalls sogar produktiv machen muss. Auch hier liegt ein Defizit auf der Hand: Ein vernünftiges Verhältnis zur ökologischen Bewegung hat der Konservativismus bis heute nicht gefunden.

Vielleicht führt all das, zusammengenommen, sogar zu einem neuen konservativen Fortschrittsbewusstsein – aber jenseits des Fortschritts von Robespierre, Hegel und Marx. Fortschritt kann nicht erzwungen werden, nicht als Beglückung von oben wider Willen verordnet und zwangsweise durchgesetzt werden. Fortschritt ist kein Selbstläufer, keine den Menschen entzogene, geheimnisvolle Kraft des Weltgeistes. Fortschritt steuert nicht auf ein Endziel zu, nicht auf ein paradiesisches Utopia am Ende der Geschichte. Konservativer Fortschritt arbeitet mit Augenmaß an humanen Verhältnissen in einer dynamischen Welt.

II.
POLITISCHE PERSPEKTIVEN: REFORMPOLITIK UND BÜRGERGESELLSCHAFT

Die Große Koalition, das Zweckbündnis mit der SPD, ist allenfalls die Hälfte von dem, was die Unionsparteien sich einen Sommer lang als grundlegenden politischen Wechsel nach den sieben Jahren von Rot-Grün vorgestellt haben. Einen selbstbewussten, demonstrativen Neuanfang wie mit Helmut Kohl im Jahre 1982 gibt es nicht. Gerade wegen der regierungspraktisch notwendigen Kompromisse in der neuen Koalition werden die Fragen an das programmatische Selbstverständnis der CDU in den nächsten Jahren eher noch zunehmen, innerhalb wie außerhalb der Partei. Ist das Konzept einer Partei des

Aufbruchs und der Reformen, wie es zumal Angela Merkel so nachdrücklich betrieben hat, an der Realität des Wahlergebnisses vom 18. September 2005 gescheitert? Oder beginnt dieser Aufbruch jetzt erst recht und verlangt nach weiterer programmatischer Schärfung, der sich, wie bei der anderen großen Volkspartei, in der Arbeit an einem neuen Parteiprogramm widerspiegeln könnte?

Die Situation ist ganz anders, und dennoch lohnt der Vergleich mit 1982. Damals kamen noch ganz klassische konservative Bedürfnisse zur Geltung wie der Wunsch, abzubremsen, zu stabilisieren, sich nicht dauernd auf etwas Neues einlassen zu müssen. Der Trend einer historisierten Kultur, seit Mitte der 70er Jahre als Gegenbewegung zur radikal-utopischen Moderne spürbar, erreichte seinen Höhepunkt und wurde von Helmut Kohl auch geschichtspolitisch konsequent genutzt. Konservative Intellektuelle wie Lübbe und Marquard sagten, auf eine einfache Formel gebracht: Um uns herum ist zu viel Veränderung, zu viel Moderne, wir dürfen deshalb nicht noch zusätzlich Gas geben, sondern müssen entschleunigen, müssen Anker der Werte und der Tradition werfen: Familie und Religion gegen Mobilität und Kapitalismus – ja, in der Tat: gegen das, was inzwischen auf der Linken als «Ökonomisierung aller Lebensbereiche» beklagt wird. Diese Ausrichtung des Konservativen ist passé. Entschleunigt haben wir uns schon viel zu lange. Jetzt geht es darum, Mobilität, Markt und Risiko wiederzugewinnen.

Ein zweites Motiv war 1982 wichtig. Man könnte es die Bekräftigung von Grundentscheidungen nennen. Anderthalb Jahrzehnte sozialer Bewegungen vom Studentenprotest bis zur Ökologie- und Friedensbewegung hatten die Bundesrepublik geöffnet und dynamisiert, aber auch manche Zweifel genährt: Konnte eine jüngere Generation noch anders als mit ironisch hoch gezogenen Augenbrauen über die Verteidigung der freiheitlichen Demokratie sprechen? Was war die Bindung an den Westen, die Verbindung mit Amerika noch wert? Ganz ähnlich wie heute war dies kein Problem des damaligen sozialdemokratischen Kanzlers, sondern eines Klimas und gesellschaftlichen Umfeldes, weit über die eigene Partei hinaus, das ihn und diese Entscheidungen nicht mehr vorbehaltlos trug. Nicht auf die befürchtete aggressive, sondern auf durchaus unauffällige Weise hat Kohl hier manches zurechtgerückt und normalisiert, nach innen wie nach außen. Die kollektive Paranoia: das Gefühl, vom Bonner Staat verfolgt zu werden und einem Untergang in Atomkrieg und Waldsterben zugleich unmittelbar entgegenzugehen, flaute ab.

Hier zeichnet sich allerdings eine Parallele zur Situation von 1982 deutlich ab. Denn eine ähnliche Bekräftigung von Grundentscheidungen müssten die Unionsparteien jetzt ins Visier nehmen. Das gilt wiederum nach außen im Blick auf das transatlantische Verhältnis; und mehr noch nach innen: als Bekräftigung der Option für Kapitalismus und Marktgesellschaft gegen die neue Legende, Erhards soziale Marktwirtschaft sei so etwas wie ein Dritter Weg gewesen, auf gleicher Distanz zu Sozialismus und Kapitalismus. Die Paranoia von damals trägt jetzt den Namen «Neoliberalismus», wobei das «neo» inzwischen auch schon mal entfallen kann in dem suggestiven Credo, lieber sozial als liberal sein zu wollen. Verschwörungstheorien wie die von Hartz IV als absichtlich betriebener Massenverarmung stehen hoch im Kurs, und weder ein Kanzler Schröder noch ein Parteivorsitzender Müntefering schienen am Ende ein Mittel dagegen zu kennen. Es wäre dann eine «konservative» Aufgabe, Maßstäbe zurechtzurücken und das «L-Wort» nicht wie zeitweise in den USA (nur unter umgekehrtem Vorzeichen) zu einem Schimpfwort werden zu lassen, sondern als Grundlage unserer politischen Kultur, von Grün bis Schwarz, zu erhalten.

Die bei der Ablösung Helmut Schmidts vollmundig proklamierte «geistig-moralische Wende» jedoch, daran kann kein Zweifel bestehen, ist schnell stecken geblieben und hat sich sogar in ihr Gegenteil verkehrt. Darüber konnte auch manche vordergründige Polemik des Pfälzers gegen soziale Hängematten und den Freizeitpark Deutschland nicht hinwegtäuschen. In Wirklichkeit sind Warnzeichen missachtet worden, von der Demographie bis zur Staatsverschuldung, vom Arbeitsmarkt bis zur Rente. Die Leistungen des Sozialstaats wurden weiter ausgebaut, 35-Stunden-Woche und Frühverrentungen betrieben den Rückzug aus der Erwerbsgesellschaft, neue Massenkultur und hedonistischer Individualismus erreichten einen Höhepunkt. All das hat die 80er Jahre, weithin auch noch das nächste Jahrzehnt zu einer Epoche des komfortablen Konservatismus gemacht. Die rheinischen Instinkte behielten die Oberhand. Manche in der CDU geben es immer noch nur hinter vorgehaltener Hand zu, aber alle wissen ganz genau: Das war ein Fehler, der sich nicht wiederholen darf. In die Falle dieses Paradoxes der Kohl-Ära darf eine Kanzlerin Merkel nicht gehen. Mit der Proklamierung einer neuen geistig-moralischen Wende wird sie schon deshalb sehr vorsichtig sein.

Es gibt ja auch kaum mehr jemanden, der das in schneidigem Ton oder auch nur in bräsiger Selbstgewissheit vortragen könnte. Schon bis 1998, erst recht danach sind die programmatischen und ideologischen Reste eines klassischen Konservatismus aufs Abstellgleis gelaufen. Etwaige Befürchtungen eines klassischen konservativen *backlash* werden deshalb eher noch mehr als schon vor 23 Jahren ins Leere gehen. Das gilt auch für das Familienbild, die Geschlechterpolitik, die privaten Lebensentwürfe. Hier ist nicht nur das Programm der CDU weiter als ihr Image, sondern auch die Realität der Partei, zumal an ihrer Spitze, weiter als ihr Programm – allerdings auch: die Spitze der Partei viel weiter als erhebliche Teile ihrer Basis. In der gesellschaftspolitischen Neupositionierung ist die CDU seit dem Gang in die Opposition, erst recht unter der Vorsitzenden Merkel, ein ganzes Stück vorangekommen, und es gibt große Schnittmengen mit der neuen familienpolitischen Orientierung der Linken, wie sie zumal Renate Schmidt für die SPD verkörpert: Förderung weiblicher Erwerbstätigkeit statt Verschwendung von Bildungsressourcen; Ausbau von Betreuung und Stärkung von Familie nicht als Gegensatz, sondern als zwei Seiten derselben Medaille.

Eine Kernfrage wird freilich sein, ob dieser neue gesellschaftspolitische Entwurf schon hinreichend gefestigt ist, um sich auch unter dem vermeintlichen Sachzwang der Ökonomie, unter dem alles überragenden Primat von Arbeit und Wachstum behaupten zu können. Eigentlich sollte das kein Widerspruch mehr sein, weil die Querverbindungen inzwischen offen zutage liegen: etwa im Dreieck von demographischem Wachstum, wirtschaftlichem Wachstum und Nachhaltigkeit der Sozialsysteme; oder im Strukturwandel der Arbeit von der Facharbeiter- zur Dienstleistungsgesellschaft, der den Männern in mancher Hinsicht mehr abverlangt als den Frauen. Dennoch sollte es zu denken geben, dass das rot-grüne Projekt auch an diesem Spannungsverhältnis gescheitert ist. Die gesellschaftspolitische Vision vor allem der ersten Legislaturperiode – Minderheitenrechte, Emanzipation, multikulturelle Gesellschaft – geriet so idealistisch, wie sie formuliert war, immer mehr in ein Unverhältnis zu den Imperativen von Arbeitsmarktkrise, Sozialumbau und Wachstumsförderung. Ein letztes Zeugnis davon legte das Antidiskriminierungsgesetz ab. Schadenfreude ist unangebracht, weil eine neue Regierung erst noch unter Beweis stellen muss, dass sich mehr Markt, Wachstum und Risiko mit gesellschaftlicher Modernität nicht nur auf dem Papier, sondern auch praktisch synchron schalten lassen. Diese ungelöste Aufgabe markiert eine der größten Herausforderungen für eine neue bürgerliche Koalition überhaupt.

Bekräftigung bundesrepublikanischer Grundentscheidungen; mehr Markt; gesellschaftspolitische Agenda: Findet sich darin der Kern eines neuen Projektes, vielleicht gar der Kern des Denkens einer Kanzlerin Merkel? Man mag nach dem moralischen oder auch intellektuellen Antrieb eines Regierungswechsels fragen und würde eher enttäuscht sein, weil die starke moralische Emphase der beiden sozialdemokratisch geführten Regierungen von 1969 und 1998 sich nicht wieder einstellen wird. Im ersten Fall personifizierte sie sich in Willy Brandt; das war Schröder eher fremd, dafür waren zuletzt mehr die Grünen zuständig. Die Rechten sind im Zweifelsfall ohnehin weniger ideologisch, weniger idealistisch, weniger intellektuell als die Linken; Politik als angewandte Moral liegt ihnen nicht – ob man das begrüßt oder bedauert.

Zunächst läge die Vermutung nahe, dass es sich dabei gar nicht um ein konservatives Projekt, sondern um das eines radikalen Liberalismus handelt. Das ist ja auch die geheime Angst eines Teils der traditionellen Basis der CDU bezüglich ihrer Vorsitzenden. Der schon so oft bemühte Vergleich Angela Merkels mit Margaret Thatcher hat hier seine Berechtigung: Ob liberal oder konservativ, ist dabei nicht eigentlich die Frage. Vielmehr ist der radikale Liberalismus dann, auf der ökonomischen und gesellschaftspolitischen Linie Friedrich August von Hayeks, die zeitgemäß gewendete Ausdrucksform für einen ansonsten funktionslos gewordenen Konservatismus. Diese angelsächsische Option haben CDU und CSU mit Helmut Kohl seit

1982, als sie in England und Amerika in höchster Blüte stand, für Deutschland ausdrücklich ausgeschlossen. Die Vermutung, eine solche Option komme jetzt, mit zwei Jahrzehnten Verspätung und weil jede Alternative ausgereizt ist, doch noch im vorsichtigen Mitteleuropa an, ist durch das Ergebnis der vorgezogenen Bundestagswahl widerlegt worden. So leicht lassen sich die Deutschen von ihrem Pfad der Entwicklung nicht abbringen.

Zwar gibt es durchaus Gemeinsamkeiten nicht nur in der krisenhaften Situation Großbritanniens damals und Deutschlands heute, sondern auch im Menschen- und Gesellschaftsbild von Thatcher und Merkel. Die emphatische Betonung der Freiheit und der individuellen Chancen von Menschen gehört dazu. Aber niemand in der Union, auch nicht Angela Merkel, würde den Individualismus zu jenem antisozialen Solipsismus steigern, der die britische Premierministerin einst sagen ließ, eine «Gesellschaft» gebe es überhaupt nicht außer als Hirngespinst der Sozialisten. Es ist vielmehr ein Brückenschlag zwischen Individuum und Gemeinschaft, auf den das Gesellschaftsbild der Merkel-CDU zielt. Damit ist kein perfekter Kompromiss gemeint. Es knirscht und reißt zwischen den beiden Polen ganz gewaltig. Und die Lösung wird dadurch nicht einfacher, dass das Fundament beider Brückenpfeiler auf jenen «Werten» aufgebaut sein soll, von deren Renaissance sich die Union viel verspricht. Auch das übrigens: eine werteorientierte Politik, die irgendwie mit Freiheit und Individualismus in Konflikt hätte geraten können, wäre Maggie Thatcher nicht in den Sinn gekommen.

Wieviel Wertkonservatismus, und welcher Art, haben wir also von der CDU zu erwarten? Es ist schwer zu bestreiten, dass die Suche nach Werten, nach Orientierung, nach neuen Verbindlichkeiten eine mächtige Stimmung intoniert, die sich von der des Jahres 1998 unterscheidet. Dazu gehört auch die öffentliche Präsenz von Religion in immer neuen Facetten – die europäische Säkularitätserwartung ist in den letzten Jahren endgültig zerbrochen. Man muss Joseph Ratzinger nicht als Wegbereiter Angela Merkels bezeichnen, um hier dennoch einen tieferen Zusammenhang zu erkennen. Und doch segelte die nüchterne Protestantin gewiss nicht auf einer Welle der Massenfrömmigkeit ins Kanzleramt. Wie weit die Unterschiede auch in der eigenen Partei und Fraktion gehen, was die unmittelbare Politikfähigkeit religiös vermittelter Ethik angeht, haben die Debatten über die Gentechnik schon zur Genüge gezeigt. Und es spricht viel dafür, dass gerade auf solchen Feldern beim Wechsel von der Opposition in die Regierung ein Konservatismus der Werte gegenüber den Zielen wirtschaftlicher Dynamisierung und wissenschaftlicher Wettbewerbsfähigkeit zurücktreten wird. Ein Wertefundamentalismus, wie er bei den letzten amerikanischen Präsidentschaftswahlen entscheidend gewesen ist, steht nicht ins deutsche Haus – da heißt es im Zweifelsfall doch eher: «It's the economy, stupid!»

Eine manchmal unterschätzte Rolle spielt dagegen die Vorstellung, den Individualismus der Selbstverwirklichung durch einen neuen Gemeinsinn, durch die Bindung an eine verantwortliche Bürgergesellschaft einfangen zu können. Man sollte das jedenfalls nicht als Floskel abtun. Gerade an ihrer lokalen und regionalen Basis haben CDU und CSU sich in den letzten Jahren intensiv mit dem bürgerschaftlichen Engagement auseinandergesetzt und nach konkreten Wegen für eine Rückverlagerung politischer Entscheidungen und sozialer Unterstützung in die Bürgergesellschaft gesucht. Im Prinzip gibt es gerade bei diesem Thema sogar einen großen, lagerübergreifenden Konsens, und zumal die Grünen schienen prädestiniert, eine Agenda der zivilgesellschaftlichen Entstaatlichung voranzutreiben. Doch haben sie dieses Feld als Regierungspartei schrittweise geräumt und sind nicht nur in machtpolitischer, sondern auch in programmatischer Hinsicht immer mehr zu einer Staatspartei geworden. So ist die Alternative zwischen rot-grünem Primat des Staates und schwarz-gelbem Primat des Bürgers keineswegs zwangsläufig. Auch die Unionsparteien schleppen ja einiges an etatistischem Erbgut mit sich herum. Und doch markiert die Bürgergesellschaft inzwischen einen wichtigen Fluchtpunkt für CDU und CSU, gerade bei ihrer mittleren und jüngeren Generation.

Was daraus politisch folgen kann, ist freilich noch weithin offen, und an dem Dilemma, wie man auch die Unbürgerlichen für die Bürgergesellschaft begeistern könne, haben sich schon andere die Zähne ausgebissen. Eine Bürgergesellschaft würde sich selber ad absurdum führen, wenn sie auf einem staatlich verordneten Mitwirkungszwang beruhte – dann schlägt sie in das Schreckbild einer betreuten, einer bevormundeten, einer klientelisierten Gesellschaft um. Im Zweifel für die Freiheit, würde Angela Merkel an dieser Stelle wohl sagen. So ist ihre gesellschaftspolitische Vision im klassischen Sinne durchaus anti-konservativ: Es ist die Vision einer offenen Gesellschaft, jenseits von ungerechtfertigter Hierarchie, jenseits der Fesselung von Individuen, von Verkrustung und Erstarrung. Auf subtile Weise mag man darin sogar eine Fortsetzung des rot-grünen Projektes sehen, das ebenfalls im Zeichen einer – gleichwohl ganz anders akzentuierten – offenen Gesellschaft angetreten ist. Die rot-grüne Regierung blieb die Antwort auf die Frage schuldig, wie eine Gesellschaft der Pluralität und der privaten Optionen moralisch und ökonomisch noch zur Verantwortung gezogen werden kann. Eine neue Regierung wird die spiegelverkehrte, aber gar nicht mal unähnliche Frage beantworten müssen, was eine ökonomisch offene Gesellschaft davor schützt, zur sozial porösen Gesellschaft zu werden. Doch eines wird sie nicht sein können, weil dieser Anspruch seit 1982 schon zweimal gescheitert ist: eine Regierung als Anstalt zur moralischen Erziehung der Nation.

14.
DIE RÜCKKEHR DER WERTE IN DER RISKANTEN MODERNE

I.

Auf einmal kann man sich vor lauter Werten nicht mehr retten. Eine geheimnisvolle Macht scheint sich da etabliert zu haben, die rund um den Globus ihre Wirksamkeit entfaltet. Sie klopft am Privatleben der Menschen zu Hause ebenso an wie sie Ansprüche an weltweites Handeln von Unternehmen stellt. Und sie entscheidet große politische Schlachten: Die amerikanische Präsidentenwahl im November 2004 hat vielfach wie ein Signal des Übergangs gewirkt, des Übergangs von einem Zeitalter der Wirtschaft mit ihren Interessen und materiellen Präferenzen zu einem Zeitalter der Werte. Schon ist auch in Europa, in Deutschland zumal, die Rede von einem neuen Kulturkampf, einer politischen Lagerbildung entlang fundamentaler Werthaltungen der Bürger, und man spekulierte, ob sich daran die nächste Bundestagswahl entscheiden könnte.

Damit hat sich die Annahme erledigt, die Rückkehr der Werte sei dem nüchternen, dem rationalen Europa, dem frei und ungebunden gewordenen Westen fremd. Sie vollziehe sich nur als ein Angriff von außen, aus anderen Kulturen, die nicht nur andere Werte als der Westen haben, sondern die überhaupt einem wertfreien Westen den ungeschminkten, kompromisslosen Primat einer Lebensführung entgegenhalten, die sich an normativen Grundoptionen bemisst. Natürlich, es war der neue politische Islam, vor allem in seinen fundamentalistischen, manchmal gewaltbereiten und terroristischen Strömungen, der den Europäern und Amerikanern diesen Schrecken eingejagt hat. Er hat ihnen aber zugleich einen Spiegel vorgehalten. Wir haben das Kopftuch – habt ihr auch etwas vorzuweisen, das Gültigkeit jenseits von Marktlogiken und dem hedonistischen Streben nach Selbstverwirklichung besitzt? Amerika tat sich mit einer Antwort auf diese Frage immer schon leichter, mit seinem missionarischen Pathos, mit seiner zivilreligiös gefärbten Überzeugung von der Überlegenheit der eigenen Werte. Als eine europäische Reaktion kann man die Wahl eines Mannes zum neuen Papst verstehen, der Bücher mit Titeln wie «Werte in Zeiten des Umbruchs» veröffentlicht hat und wie ein neuer Ritter ohne Furcht und Tadel gegen Werteverfall und Beliebigkeitskultur zu Felde zieht.

Werte haben offensichtlich etwas mit Religion zu tun; die gleichzeitige Prominenz von beidem am Beginn des 21. Jahrhunderts ist kein Zufall. Doch ist Religion häufig mehr ein Transportmedium, ist mehr der Container als sein Inhalt, und sie vermag auch keineswegs alles zu transportieren, was gegenwärtig die Suche nach Werten provoziert. Eine andere Spur kann man in den neuen Debatten über Erziehung und Bildung aufnehmen, bei denen es nur in einer ersten Runde, als spontane Reaktion auf den PISA-Schock, um Defizite des Wissens ging. Inzwischen hat sich die Aufmerksamkeit von der kognitiven Dimension zu der des Verhaltens und der Werte verlagert. Muss man Kindern und Jugendlichen, vielleicht sogar den Eltern, wieder deutlicher sagen, «wo es lang geht», was Maßstäbe der eigenen Lebensführung und des Umgangs mit Anderen sein sollen? Was als Sekundärtugend verlacht worden ist wie die berühmt-berüchtigte Disziplin, wird dadurch noch nicht selber zum Grundwert, aber doch zu einem Ausdruck der Reflexion über das Verhältnis von «Ich» und «Anderen». Erst dieses Spannungsfeld von Individuum und Gemeinschaft konstituiert Werte überhaupt. Tugendhaft mag man auch für sich alleine sein.

Gleichzeitig haben, auch das macht die neue Erziehungs- und Verhaltensdiskussion deutlich, Werte etwas mit Entscheidungen zu tun. Wohlgemerkt: Nicht nur mit dem Vorhandensein von Optionen, sondern auch mit der Fähigkeit, aus diesen auszuwählen und eine Entscheidung treffen zu können. Ob man sich und seine Kinder gesund oder ungesund ernährt, was man liest oder welche Fernsehprogramme man schaut – all das steht nicht mehr unter der Überschrift, jeder solle nach seiner Façon selig werden. Präferenzen werden festgelegt, Hierarchien unterstellt, ein «besser» und «schlechter» also, das sich aus Wertentscheidungen ableitet und in seinen Konsequenzen viel mit Risiken und Chancen zu tun hat. Welches Risiko bedeutet es, sich «falsch» zu verhalten, und wer kommt am Ende für die Kosten auf? Dabei steht keine Rücknahme von Toleranz zur Debatte. Wohl aber die Frage, ob die vorbehaltlose Anerkennung des Anderen nicht erst einer Prüfung an Werten bedarf. Anders gesagt: Nicht jedes Lebens- oder Gesellschaftsmodell verdient es, im Zeichen von Pluralität gleichermaßen respektiert zu werden.

Damit haben sich zunächst innerhalb der westlichen Kulturen der Freiheit die Akzente verschoben. Doch im Aufeinanderprall der Kulturen, im «*Clash of Civilizations*» (Samuel Huntington), sei es in einer europäischen Metropole oder sei es in globalen Konflikten, hat dieser Wertekonflikt in den letzten Jahren eine besondere Schärfe gewonnen. Hier betrifft er nicht nur die Spielregeln persönlicher Lebensgestaltung: Ist das Kopftuch in der Schule erlaubt? Dürfen Mädchen von ihren Familien verheiratet werden? Überschreitet das Computerspiel die Grenze zur exzessiven Gewalt? Es geht vielmehr auch um den Kernbereich der politischen Ordnung, um demokratische Institutionen und bürgerliche Freiheit. Vor wenigen Jahrzehnten war der Westen, jedenfalls in Europa, häufig zögerlich und bescheiden, sich zu den eigenen Werten zu bekennen. Seit die «dritte Welle» der Demokratisierung (erneut ein Begriff Samuel Huntingtons) in den 70er Jahren Südeuropa, dann Lateinamerika und Osteuropa erfasst hat und heute vor den Türen der arabischen Welt steht, sind Demokratie und Freiheit mit neuer Emphase als universelle Leitwerte entdeckt und verfochten worden. Das muss mit plumper Selbstzufriedenheit gar nicht einhergehen. Es gibt nämlich auch so etwas wie ein neues Gefährdungsbewusstsein, eine neue Skepsis. Eine freiheitliche Ordnung ist immer prekär, ihre Institutionen allein können ihre Stabilität nicht gewährleisten. Oder, mit dem berühmten Satz des Verfassungsrechtlers Ernst-Wolfgang Böckenförde: «Der freiheitliche, säkularisierte Staat lebt von Voraussetzungen, die er selbst nicht garantieren kann.»[38] Er ist das Risiko der Freiheit eingegangen – seine Versicherung sind die Wertüberzeugungen der Bürger, die diese Freiheit genießen.

II.

So weit, so gut. *Values are back* – nicht hier und dort, sondern im globalen Maßstab und unter teils sehr unterschiedlichen kulturellen Voraussetzungen. Nicht als abstrakte Parolen, nicht als Faustformeln der Sonntagsreden, sondern in ganz konkreten und ganz alltäglichen Konflikten, im Privaten wie im Politischen. Das erklärt aber noch nicht die Gründe. Hat sich der Zeitgeist einfach gedreht, so dass wir des wertelosen Lebens, der Leichtigkeit des Seins überdrüssig geworden sind? Eine immer wieder beliebte Erklärung lautet: Wir leben in einer Zeit des beschleunigten Wandels. Alles um uns herum verändert sich rasend schnell, da bedarf es in erhöhtem Maße der Koordinaten des Wandels, des archimedischen Punktes, in dem alles seinen Halt findet. Werte sind dann ein Gegenhalt, ein Anker gegen die Zumutungen der Veränderung. Das ist so zutreffend wie trivial. Vor allem ist diese These nicht präzise genug. Denn rasanten Wandel, grundstürzende Veränderung der Lebensverhältnisse im Zeitraum von nur einer Generation, manchmal von wenigen Jahren, das kennen die westlichen Gesellschaften bereits seit gut anderthalb Jahrhunderten, seit dem Übergang vom Agrar- ins Industriezeitalter, seit dem Anfang der technologischen und Kommunikationsrevolution, als Eisenbahn und Telegraph nicht weniger revolutionär wirkten als heute das Internet. Aber nicht zu jeder Zeit standen Werte gleich hoch im Kurs.

Man kann sogar sagen: Werte sind keineswegs etwas Altertümliches, sondern in der Geschichte eine vergleichsweise junge Erfindung. Die Entstehung von Werten ist erst ein Produkt der modernen Gesellschaft, der Zeit seit dem 18. Jahrhundert. Denn Werte setzen einen offenen Reflexionshorizont des Handelns voraus, der den Menschen früher überhaupt nicht zur Verfügung stand. Statt «Gefahren» von außen zu erleiden durch Unbilden der Natur, durch Missernte, Krankheit und Tod, musste nun mit «Risiken» kalkuliert werden, in die man sich durch eigenes Handeln hineinbegeben konnte. Dazu zählte das Risiko, den König, den traditionellen Herrscher, durch eine freie, republikanische Verfassung zu ersetzen, ebenso wie das Risiko neuer Technologien. An diesem historischen Wendepunkt vermitteln

Werte Sicherheit angesichts von struktureller Unsicherheit, angesichts neu entstandener Handlungsoptionen und -alternativen.

Solange alles feststeht, braucht man keine Werte, sondern nur Normen des Verhaltens, nach dem Motto: Du sollst das tun, und jenes nicht. Diese Normen waren früher auf bestimmte soziale Gruppen zugeschnitten, sie waren Normen der ständischen Lebensführung, eng verknüpft mit den Ehrenkodices von Adligen oder Kaufleuten, Handwerkern oder Bettlern. Werte dagegen zeichnen sich dadurch aus, expansiv zu sein, gruppenspezifische Vorschriften zu überschreiten. Sie drängen, könnte man sagen, auf universelle Geltung hin, auch wenn sie – selbstverständlich – umstritten bleiben, gegeneinander in Konflikt geraten, ja kulturelle Differenz markieren. All dies gilt übrigens auch für einen fundamentalistischen, «werteorientierten» Islam, der erst in der Konfrontation, in der Überlappung mit der Moderne möglich geworden ist.

Von der Geburtsstunde der Werte bis heute führt jedoch keineswegs eine gerade Linie durch die Jahrhunderte – in welchem Sinne auch immer: Weder lässt sich ein kontinuierlicher Siesgeszug von Werten beobachten, die immer allgemeinere Geltung beanspruchen können. Dann wäre es ja nur eine Frage der Zeit, bis die Welt perfekt frei und perfekt gerecht wäre. Umgekehrt gilt natürlich ebenso: Gegenüber allen Behauptungen eines steten Werteverfalls sollte man immer skeptisch sein. Nein, vielmehr hat der Bezug auf Werte in verschiedenen Phasen der Entwicklung moderner Gesellschaften auch unterschiedliche Funktionen erfüllt. Auf das Aufklärungszeitalter mit seiner Emphase der Werte, die als Freiheit, Gleichheit, Brüderlichkeit auf den Transparenten standen und in die Programme geschrieben wurden, folgte eine Zeit der technizistischen Moderne, in der die Zukunft scheinbar zum Selbstläufer geworden war und ein Kompass der Werte dementsprechend weniger wichtig. Dann wiederum – jetzt sprechen wir schon von der zweiten Hälfte des 20. Jahrhunderts – geriet die Dynamik der Moderne in eine Krise, bis hin zu jenem scheinbaren Stillstand, der eine Zeit lang unter dem Etikett der «Postmoderne» Furore machte. Das war die Zeit des viel diskutierten «Wertewandels»: Die Lebensorientierung in den Wohlstandsgesellschaften wandte sich anderen Dingen als Arbeit und ökonomischer Prosperität zu, «postmaterielle» Werte wie Selbstentfaltung und Selbstverwirklichung traten in den Vordergrund. Damit verknüpfte sich jedoch nicht unbedingt die Bereitschaft zu mehr Offenheit und Experimentierfreude; in vieler Hinsicht nahm das Sicherheitsdenken, nahm die Risikoaversität in diesen Jahrzehnten zu.

III.

Inzwischen sind wir dabei, die Schwelle zu einer vierten Phase zu überschreiten. Der postmaterielle, libertäre Wertewandel hat seine besten Zeiten längst hinter sich. Es gibt kein «Ende der Geschichte»; die Dynamik der Moderne geht weiter und stellt uns vor neue Entscheidungssituationen; sie macht Risiken wieder unausweichlich. Welche wissenschaftlichen Chancen der Gentechnik, der Atomenergie, der Verkehrstechnologie dürfen wir nutzen? Wo sind die Grenzen der Belastung natürlicher Lebensgrundlagen erreicht, wenn sie in Klimawandel und Naturkatastrophen auf uns zurückschlagen? Zu der naiven Selbstläufigkeit des Fortschritts führt kein Weg zurück. Die vierte Phase, der Beginn des 21. Jahrhunderts ist die Zeit einer Moderne, die an sich selber unsicher geworden ist, ohne sich doch jemals aufgeben zu können. Genau in diesem Kreuzfeuer gewinnt die Orientierung an Werten jene Bedeutung, von der eingangs schon die Rede war. Nicht jedoch im Sinne einer simplen Kompensation für erlittene Schäden. Die Forderung, sich in einer komplizierter gewordenen Welt und angesichts größerer Risiken auf Werte zu «besinnen», wie es oft so schön heißt – als gäbe es da den unerschöpflichen Bestand von früher, den wir nur reaktivieren müssten –, führt nicht sehr weit.

Denn Werte sind nicht einfach ein Traditionsgut, sondern müssen permanent neu erzeugt, neu erfunden werden, für größere Gruppen (bis zur universellen Weltgemeinschaft) ebenso wie individuell. Doch sperrt sich zumindest ein innerer Kern von Werten gegen die absichtsvolle Erzeugung, gegen die kalkulierte Erfindung zum Einsatz in Krisensituationen. Eine komplizierte Entscheidung? Welcher Wert hilft uns da rasch weiter? Wie können wir ihn effizient generieren? – Mit solchen Überlegungen sind wir rasch auf dem Holzweg.

Denn Werte enthalten, folgt man dem Soziologen Hans Joas, ein «passivisches Moment»: Man bindet sich nicht selber an sie, sondern fühlt sich gebunden.[39] Dieses Gefühl der Gebundenheit an Werte leitet sich aus einer Erfahrung der «Ergriffenheit» ab, die auf rationale Elemente nie ganz zurückzuführen ist. Es ist deshalb keine bloße Metaphorik, wenn wir im Hinblick auf Wertüberzeugungen sagen, dass uns etwas «heilig» sei. Damit wird nicht nur die sakrale, sondern auch die invidueIle Komponente klar, ohne die moderne Werte nicht denkbar sind. Die Spannung, die Dynamik von Wertkonflikten resultiert ja auch aus der Distanz, die zwischen individueller Ergriffenheit und universeller Geltung immer wieder überbrückt werden muss.

Wenn Werte als etwas «bloß» Traditionelles gelten, als eine Rückversicherung gegen die Herausforderung von Veränderung, dann liegt es in Deutschland immer besonders nahe, die Werte als sicheren Hafen gegen die Zumutungen und Unwägbarkeiten des wirtschaftlichen Lebens zu positionieren. Ökonomie oder Werte? Diese scheinbare Alternative ist historisch und politisch-philosophisch ebenso falsch, wie sie ein schlechter Ratgeber für politisches und privates Verhalten wäre. Mit der ökonomischen Alphabetisierung eines Volkes, das seinen über lange Generationen gewachsenen antikapitalistischen Instinkt gerade auch in der Krise wieder hartnäckig verteidigt, haben wir im Grunde erst begonnen. Immer noch, oder schon wieder, gilt der Sozialismus allzu vielen als eine gute Idee, die bisher bloß schlecht ausgeführt worden sei. Immer noch tun wir uns schwer damit, ein fundamentales Prinzip von Marktwirtschaften: die permanente Dynamik, den steten Strukturwandel, zu akzeptieren und betreiben statt dessen eine strukturkonservative Wirtschaftspolitik, die die Verhältnisse von gestern am liebsten einfrieren will – sei es im Einzelhandel, sei es in der Automobilindustrie, sei es in der Energieversorgung. Immer noch tun wir uns in Deutschland schwerer als anderswo – bis hinauf in Teile der politischen und wirtschaftlichen Eliten –, den Wert und die Produktivität anspruchsvoller Dienstleistungen anzuerkennen. Die Besinnung auf Werte gegen eine angeblich zu weit getriebene Ökonomisierung des Alltags – «alles nur noch Kommerz!» – streut nur Sand in die Augen. Denn in Wirklichkeit hat Deutschland im internationalen Vergleich ein Defizit der Kommerzialisierung. Das gilt in vieler Hinsicht, von der fehlenden Marktfähigkeit von Dienstleistungen bis zu jener eigentümlich furchtsamen Mentalität, die in jeder Plakatwand, in jedem neuen Gewerbegebiet immer nur die Verschandelung der Landschaft sieht und kaum noch das Vorzeichen des Wohlstands.

Die Herausforderung lautet also, auf den einfachsten Nenner gebracht: Ökonomie *und* Werte! Aus der falschen Frontstellung müssen wir herauskommen und stattdessen den Sinn, die «Moral» der notwendigen wirtschaftlichen Veränderungen begreifen wie auch umgekehrt den Wertebezug vom Sonntagsappell in die alltägliche Praxis überführen. Die Wertedebatte dürfen wir weiterführen und müssen es sogar – aber mit einem klaren Fokus auf «values in practice» – nicht nur in der Ökonomie: Wenn wir über Bildung diskutieren, über Lesefähigkeit und Literaturkenntnisse, geht es nicht um irgendeinen schönen Kanon für die Besinnungsstunde. Im Zentrum steht die Fähigkeit junger Menschen zur selbstständigen Lebensführung, zur Integration in die Chancen der Erwerbsgesellschaft, von denen im Moment gar zu viele, etwa weil sie nicht einmal bis zu einem Schulabschluss gelangen, ausgeschlossen sind. Auch der Patriotismus kann in diesem Sinne einen praktischen Wert haben, wenn er vermittelt, dass Anstrengung und Arbeit sich lohnen – nicht nur für mich selber, sondern damit das Land insgesamt vorankommt und Starke wie Schwache davon profitieren können.

Verbindung von Ökonomie und Werten – das heißt auch, aus der Wirtschaft, aus den Unternehmen heraus Fähigkeiten und praktische Tätigkeiten für die Zivilgesellschaft zu fördern. Langsam begreifen wir, dass für die Wohlfahrt, für soziale Bindung und Unterstützung nicht mehr allein der Staat verantwortlich sein kann. Auf die Verantwortung der Unternehmen und ihrer Arbeitskräfte kommt es in neuer Weise an, in Formen jenseits der Zwangsabgaben in die Sozialversicherungen. Auch hier, etwa im Bereich der «Corporate Social Responsibility», hat Deutschland einen Rückstand aufzuholen.

Also gilt es der Versuchung zu widerstehen, Werte als das Andere und Bessere einer rationalen und kalten Umwelt, zumal eines immer schwerer zu begreifenden globalen Kapitalismus in Stellung zu bringen. Von einem Krieg zwischen Ökonomie und Werten wird keine Seite profitieren. Ungeachtet ihres heiligen Kerns haben Werte selber sogar eine ökonomische Dimension. Es ist schließlich kein Zufall, auch keine sprachliche Absonderlichkeit, dass der «Wert» zugleich ein wirtschaftlicher und ein kultureller Kernbegriff ist. Wir fragen, was etwas wert ist – und meinen damit: Was bist du bereit, dafür zu zahlen? Wie weit willst du dich dafür engagieren? – mit der Zahlung eines Geldbetrags oder eben mit dem Einsatz der eigenen Persönlichkeit, mit der Wahl eines eigenen Verhaltens oder Lebensstils und nicht zuletzt auch mit dem *commitment* für andere.

Ökonomie und Werte – beides verbindet sich in der Idee des Investierens. Eine ängstliche, verharrende, sparende Gesellschaft muss wieder zu einer investierenden Gesellschaft werden. Das gilt für Unternehmen und Konsumenten gleichermaßen, und es gilt für das ökonomische Investment ebenso wie für die «Investition» in praktische Werte, in Moral und Gemeinschaftsfähigkeit, in Integration und Solidarität unserer Gesellschaft. Insofern kann man auch in kulturelle Werte «investieren»: gewissermaßen einen Vorschuss des eigenen Engagements leisten in der Erwartung, andere überzeugen zu können oder – einmal ganz idealistisch gesagt – die Welt besser zu machen. In einer gefährdeten, in einer riskanten Welt wären Werte dann nicht die warme Schutzhütte, in die man sich am Ende des Tages, nach der Rückkehr von der Jagd, zurückzieht. Sie wären vielmehr eine Projektion am hellen Horizont, ein Fluchtpunkt des eigenen Lebens und der Verständigung mit anderen in einer riskanten Moderne.

15.
PATRIOTISMUS ALS SELBSTVERBESSERUNG. GRUNDLAGEN EINES NEUEN REPUBLIKANISMUS

Haben wir noch Zeit und Gelegenheit, Deutschland zu denken? «Deutschland rechnen!», das scheint die passendere Überschrift für die Reformkämpfe der vergangenen zwei Jahre zu sein. Es ging darum, Realitäten wiederzugewinnen und knapper werdende Ressourcen zu verteilen. Harte Kalkulationen, nüchterne Ziffern und dramatische Kurven als bittere Pillen: Das ist der Stoff, aus dem der neue Deutschland-Diskurs gemacht ist. Mit der demographischen Entwicklung, mit der Einsicht in die potenzierten Effekte von höherer Lebenserwartung und zunehmender Kinderlosigkeit fängt dieser Diskurs regelmäßig an, er setzt sich fort in der Arithmetik der Erwerbsgesellschaft, von den Arbeitslosenziffern über die Arbeitszeit bis zum Vorruhestandsalter, und weil diese Zahlen nicht so sind, wie sie sein sollten, folgt daraus das neue Kalkül des Sozialstaates. Ihren bizarren Höhepunkt erreichte diese Denkweise in manchen Debatten über die Gesundheitspolitik, wo das Feilschen um vorläufig ohnehin unrealistische Euro-Beiträge den prinzipiellen Kern einer Sozialstaatsreform immer mehr in den Hintergrund drückte.

Kein Zweifel: Unter Schmerzen ist das Land in eine neue Phase der Ökonomisierung von Lebenschancen, sozialen Beziehungen und Solidaritäten eingetreten. Ein-Euro-Job, Praxisgebühr, Hartz IV-Sätze und ähnlich ernüchternde Begriffe füllen das Wörterbuch des kollektiven Selbstbewusstseins in Deutschland. Die Ursachen dafür liegen auf der Hand: Bei knapperen Ressourcen wird eben genauer gerechnet, und gerechte Verteilung wird wieder wichtiger als in Zeiten des Überflusses und der allgemeinen Zuwächse. Die neue Rechnungsart war längst überfällig und bitter notwendig. Denn offenbar war es Jahrzehnte lang gelungen, die Folgen demographischer Entwicklung zu verdrängen, die Kosten von Solidarität und Wohlfahrt zu verschleiern. Jetzt sind die Deutschen aus dem Status der ökonomischen Analphabeten halbwegs herausgetreten und beginnen sich eine Vorstellung davon zu machen, was öffentliche Leistungen kosten, wer davon profitiert und wer möglicherweise die Rechnung bezahlt.

Solidarität und Zusammenhalt hat viel mit dem Portemonnaie zu tun. Aber die zwischendurch immer wieder beschworene neue Gerechtigkeit bloß mit dem Rechenschieber herstellen – das konnte auch nicht gutgehen. Gegen die Kälte der Reformrechnerei sollte ein wärmendes Gegenmittel her. Und prompt war der Patriotismus in aller Munde. Statt «Deutschland rechnen» schien die Devise jetzt zu lauten: «Deutschland fühlen!» Doch die Substanz dieser Appelle hielt sich in engen Grenzen; die Debatten über Feiertage und Symbole, Leitkultur, Integration und Parallelgesellschaften offenbarten eher Hilflosigkeit und endeten als Rohrkrepierer. Es bedurfte einer großen Naturkatastrophe, um die Kluft zwischen Geld und Gesinnung, zwischen Portemonnaie und Patriotismus, einmal ansatzweise zu überwinden. Vielleicht hat es mit der eigenen Prägung durch eine katastrophische Geschichte zu tun, dass der Mechanismus der Notfall-Solidarität bei den Deutschen besonders gut funktioniert, während der Gemeingeist als stetiger und unpathetischer Normalfall, der sich auf die Mitte der eigenen Gesellschaft richtet, viel schwerer zu kultivieren ist. Zu rechnen und zu fühlen genügt dafür nicht.

I.
WOZU EIGENTLICH? DIE VERLORENE MITTE DES POLITISCHEN LEBENS

Eine Nation braucht eine Idee, einen Begriff von sich selber. Als bloße Gemeinschaft der Steuerzahler oder der Wohlfahrtsempfänger kann sie jedenfalls in schlechteren Zeiten keine innere Stärke entwickeln. Nach dem Zweiten Weltkrieg, nach dem von ihnen verschuldeten Krieg und Völkermord wollten die Deutschen vor allem wieder normal werden, sei es normal-westlich oder normal-sozialistisch. In der Bundesrepublik fiel das lange Zeit besonders leicht. Ökonomische

Prosperität, der Ausbau kollektiver Sicherungssysteme und die schnelle Stabilität liberal-demokratischer Institutionen schenkten den Einzelnen eine Freiheit, die über den Verlust eines Zentrums, einer Mitte der Gesellschaft lange hinwegtäuschte. Nein, nicht die «Mitte» im Sinne eines Mittelstandes, von breiten sozialen Mittelschichten war abhanden gekommen; auch nicht die «Mitte» im politischen Koordinatensystem von links und rechts, was bei der Furcht vor dem Rückfall in Extreme ohnehin ganz unwahrscheinlich war. Es mangelte eher an einem Zentrum dessen, was die Angelsachsen «politische Gesellschaft» nennen, und an ihrem kulturellen Fundament. Worauf arbeitete das Land eigentlich hin, was stand in der Mitte der Anstrengung seiner Bürgerinnen und Bürger – nicht jedes Einzelnen, sondern der bürgerlichen Gemeinschaft? Die Frage nach dem «Wozu» fand keine überzeugende Antwort mehr, und tiefe Leidenschaft war verpönt angesichts der noch frischen Erfahrung, leidenschaftlich falsch gelegen zu haben. Dabei hatten die Deutschen eine echte republikanische *passion* noch nie in ihrer Geschichte verspürt und gelebt.

Unter den Bedingungen der ostdeutschen Diktatur stand die Entwicklung eines Bürgergeistes ohnehin nicht zur Debatte. Im westlichen Teil Deutschlands wurden die Chancen nur unzureichend genutzt. In der ersten Nachkriegsphase ging es um Wohlstand und Normalität; bald darauf, in der Mitte der 70er Jahre, wusste man schon nicht mehr so genau, worum es überhaupt ging. Die allgemeine Krise des Fortschrittsbewusstseins erschütterte die Westdeutschen tiefer als ihre Nachbarn, und die Zukunftseuphorien einer technisch-rational geplanten Demokratie und Gesellschaft schlugen in ihr romantisch-ängstliches Gegenteil um. Da es keine vernünftigen Aussichten in der Zukunft mehr gab, wandte man sich umso intensiver der Vergangenheit zu und machte die Historisierung zum kulturellen Mega-Trend. Oder man lebte lieber ganz und gar in der Gegenwart und genoss ganz individuell die Chancen einer liberalisierten Gesellschaft. Die Hyper-Individualisierung erschien als letzte Erfüllung des westlichen Fortschrittsversprechens, das gemeinschaftliche Aufgaben nicht mehr zu kennen schien, während gleichzeitig die privatisierte Konsumgesellschaft ihrem Höhepunkt zustrebte.

Die Leerstelle eines politischen Ziels der Nation konnte einstweilen, solange es noch nicht Realität war, von der Rhetorik der «Wiedervereinigung» besetzt werden. Aber auch hier hatten die meisten Sonntagsreden die Frage nach dem Wozu unbeantwortet gelassen, und das rächte sich, als die Mauer gefallen war. Nach einer kurzen Euphorie wurde die Wiedervereinigung zur technischen Integrationsaufgabe, zum fiskalischen und ökonomischen Projekt. Was war es eigentlich, in das die neuen Bundesländer eingegliedert werden sollten? War die «Angleichung der Lebensverhältnisse» nicht eine Illusion? Und konnten die Verhältnisse im Westen noch als Leuchtturm der Orientierung dienen, waren sie selber noch zukunftsfähig? Die Enttäuschung konnte nicht ausbleiben, und mit den Folgen dieser Diskrepanz haben wir uns jetzt auseinanderzusetzen. Statt aus der Bürgerbewegung, aus der friedlichen Revolution von 1989 heraus Demokratie und Bürgergeist in ganz Deutschland zu stärken, drohen sie geschwächt zu werden oder sind es schon. Das ist, wenn es dabei bleibt, ein eigentümliches, vielleicht historisch einmaliges Ergebnis einer demokratischen Revolution.

Andererseits: Seit ein paar Jahren sind die Illusionen des selbstgefälligen Wohllebens immer gründlicher zerstört worden. Ein neuer Realitätssinn hat sich eingestellt, ein neues Krisenbewusstsein hat sich gebildet. Die Berliner Republik will die Normalität der Bonner dort gerade nicht fortsetzen, wo diese Normalität eine trügerische gewesen ist. Und die Krise erzeugt nicht nur Jammern – das freilich auch –, sondern eine neue Aufbruchstimmung. Die Suche nach einer neuen Mitte, nach einem deutschen Republikanismus kann beginnen.

II.
FREIES LEBEN: DIE VORZÜGE DES REPUBLIKANISMUS

Die Mitte, die elementare Zielbestimmung des republikanischen Gemeinwesens ist das freie Leben. Das ist, zugegeben, eine uralte Formel, die man bis zu Machiavelli oder noch weiter in die antike politische Theorie zurückführen kann.[40] Um eine «deutsche» Formel handelt es sich dabei also wahrhaftig nicht, sondern um eine der westlichen politischen Kultur. Sich diese Kultur anzueignen, war nach 1945 die entscheidende Herausforderung für die Bundesrepublik. Seit den 80er Jahren ist zumeist eine positive Bilanz gezogen worden: Keineswegs automatisch und sofort, sondern auf holprigen Wegen und durch zahllose Konflikte hindurch, war die Bundesrepublik in der politischen Kultur des Westens schließlich angekommen.[41] Ohne die fundamentalen Wandlungen aus Monarchie und Obrigkeitsstaat, Diktatur und Totalitarismus heraus im Geringsten leugnen zu wollen – vielleicht war diese Bilanz doch ein bisschen voreilig. In der Krise einer kulturellen Verunsicherung, ökonomischer Spannungen und sozialer Verteilungskämpfe offenbart sich vielerorts ein alter Reflex des Rückzugs in die Unmündigkeit. Die Vorzüge eines freien Lebens müssten gerade die Deutschen nach den Erfahrungen ihrer Geschichte würdigen können. Es scheint aber manchmal so, als hätten sie bisher nur Teile dieser Botschaft verstanden.

Wie lässt sich die republikanische Botschaft des freien Lebens heute ausbuchstabieren? Aus drei Stufen baut sie sich auf. Die *erste* Stufe heißt: *Sicherheit und Frieden*. Das bezeichnet die äußeren Voraussetzungen, die Bedingungen der Möglichkeit freier Lebensführung. Zu ihnen gehört die friedliche oder zivile Verfassung der Gesellschaft; nicht nur die Abwesenheit von Krieg, sondern auch die Sicherheit vor Verfolgung, Gewalt oder Willkür, ob sie von außen drohen, von der eigenen Regierung oder von Mitbürgern. Zu ihnen gehört weiter – auch dies unter der Überschrift «Sicherheit und Frieden» – die Abwesenheit von existenzieller materieller Not, ein Niveau der Versorgung und des Wohlstandes, das die Teilnahme und Teilhabe an der Gesellschaft ermöglicht. Für diese Stufe unserer Freiheit ist wahrscheinlich so gut gesorgt wie historisch noch niemals zuvor. Die Fähigkeit, diese Leistungen zu würdigen, hat gleichwohl nachgelassen, je mehr Generationen groß geworden sind, die Hunger oder Krieg oder politische Verfolgung kaum mehr vom Hörensagen kennen. Die neuen, globalen Katastrophen des beginnenden 21. Jahrhunderts, vom 11. September bis zur Flut in Südasien, sind eine Chance, jedenfalls ein Anlass, sich dieses Fundamentes der Freiheit wieder mehr bewusst zu werden.

Die *zweite* Stufe heißt: *persönliche Freiheit*. Das ist, kurz gefasst, die Grundbotschaft des klassischen Liberalismus. Die Menschen sollen frei sein von Bindungen, die sie gefangen oder unmündig halten. Sie sollen keinen Autoritäten folgen müssen außer den selbst gewählten. Sie können ihre Lebensform, ihre Lebensgestaltung frei wählen. Sie haben unveräußerliche individuelle Rechte. Auch diese Möglichkeiten eines freien Lebens sind riskanter, prekärer, als wir uns das inzwischen häufig vorstellen. Denn sie sind weltweit alles andere als unumstritten, auch wenn wir die westliche Freiheit gerne als «universale» sehen würden. Und sie bleiben von innen gefährdet und müssen an neue technische oder gesellschaftliche Bedingungen angepasst werden – das Recht auf «informationelle Selbstbestimmung» oder auf das eigene Erbgut sind Beispiele dafür. Und doch ist die Agenda des klassischen Liberalismus in den letzten Jahren an Grenzen gestoßen. Statt des puren Fortschritts der Freiheit werden auch ihre Dilemmata deutlich. Wie weit kann die freie Wahl und gesellschaftliche Anerkennung von Lebensformen gehen, wenn diese sich selber gegen Grundsätze der Freiheit richten? Wie weit kann die individuelle «Selbstverwirklichung» und Bindungsfreiheit gehen, wenn Dritte dabei Schaden erleiden, wenn soziale Brücken nicht mehr gebaut werden können?

Deshalb ist, das bezeichnet die *dritte* Stufe, freies Leben im republikanischen Sinne erst möglich, wenn die Freiheit sich zugleich in der *Beteiligung am öffentlichen Leben* in einem Gemeinwesen vollzieht. Man kann es auch so sagen: Die erste und die zweite Stufe bezeichnen die Möglichkeiten und Chancen der selbstständigen Lebensführung. Die dritte Stufe führt diese Selbstständigkeit in die Verantwortung und das praktische Engagement zurück. Wir können nicht frei sein und freier werden ohne Beteiligung am Staat, der sonst kein Staat der Bürger mehr wäre. Es geht inzwischen aber nicht mehr nur um die klassische Bürgerpartizipation, um die Verantwortung im öffentlichen Handeln als Gegenentwurf zur Freiheit im privaten Lebensvollzug. Gerade die Radikalität, mit der das Privatleben der westlichen Gesellschaften in den letzten Jahrzehnten «befreit» worden ist, zwingt zur Hereinnahme der republikanischen Verantwortung auch in den Bereich der nicht-öffentlichen Lebensführung. Denn ohne den Verzicht auf potentielle Freiheit des Individuums zugunsten der Sorge um Andere, der Verantwortung für Dritte lässt sich eine Gesellschaft überhaupt nicht realisieren, geschweige denn ein Gemeinwesen selbst regieren.[42]

Die republikanische Freiheit als aktive Bürgerfreiheit, als Einmischung in die inneren Angelegenheiten: Wer davon spricht, beruft sich oft auf jene vormoderne, vordemokratische Tradition des «klassischen Republikanismus», der bis zum 18. Jahrhundert ein Leitfaden des Freiheitsverständnisses in europäischen Stadtrepubliken gewesen ist.[43] Der Einwand, das sei inzwischen überlebt, bestenfalls wohlmeinende Nostalgie, liegt dann nahe. Aber so scharf, so abrupt ist der Bruch zum modernen Republikanismus und Freiheitsverständnis, als Ergebnis von Aufklärung, von Amerikanischer und Französischer Revolution, dann auch nicht. Die Revolutionen des späten 18. Jahrhunderts kamen mit dem Pathos des Neuen daher, sie definierten den Bürger neu als einen *citoyen*. Aber eine zentrale Botschaft blieb konstant – man könnte sie einfach so formulieren: «Wir können es selber!», nämlich uns vernünftig organisieren, uns gerecht regieren, ohne einen König oder Diktator in Anspruch zu nehmen, sogar besser, wenn auch nie perfekt. Auch noch in dem «Wir können es selber!» scheint die Idee des freien Lebens wieder auf. Und zugleich fragt man sich, ob Deutschland sich, an diesem Maßstab gemessen, je wirklich republikanisiert hat. Wären wir sonst internationale Spitzenreiter in der Verachtung unserer eigenen, selbstgewählten Repräsentanten und demokratischen Eliten? Müssten wir sonst eine erschreckend gewachsene, an vordemokratische Zustände erinnernde Kluft zwischen frustriertem Volk und nicht verstandenen, aber auch nicht genug verstehenden Eliten beklagen? Die Vorzüge des freien Lebens müssen immer noch gelernt werden.

III.
PATRIOTISMUS: RÄUME DER REPUBLIK

Patriotismus gehört in die Republik. Das ist in doppelter Weise, in beide Richtungen zu verstehen. Welchen Sinn sollte die praktisch werdende Leidenschaft für ein Gemeinwesen haben, wenn sie nicht in freie politische Betätigung und Selbstregierung mündet? Umgekehrt ist die Republik mehr als ein abstraktes Konzept. Sie konstituiert sich nur in einem konkreten Raum, in den politischen und sozialen Beziehungen einer Gemeinschaft des Zusammenlebens.

Auf solche Räume, welcher Dimension auch immer, bleibt die Republik auch in Zukunft angewiesen, und in diesem Sinne bleibt sie auf einen modernen Patriotismus angewiesen. Schnellere Verkehrsmittel und elektronische Kommunikationsmedien haben die starren Grenzen solcher Räume aufgebrochen und in osmotische Wechselbeziehungen von Regionen und Ländern, Kontinenten und Kulturen geführt. Aber es wäre eine Illusion der Globalisierung, die Zukunft politisch-sozialer Organisation in einem exterritorialen oder genauer: «a-territorialen» Kosmopolitismus zu sehen. Das Internet suggeriert gerade den Jüngeren eine solche Ortlosigkeit, doch ist es am Ende nur ein Medium, dessen Versprechen im konkreten Lebensvollzug, nicht in einer *virtual reality*, eingelöst werden muss. Ohnehin ist der vermeintlich universelle Kosmopolitismus sei es des Internets, sei es der um den Globus jagenden Flugzeuge viel mehr ein Minderheitenphänomen, eine Lebensform von Eliten geblieben, als eine vorschnelle Euphorie es häufig wahrhaben will. Diese «globale Klasse» muss sich vielmehr fragen lassen, wie sie buchstäblich die Bodenhaftung zu einer stationären Mehrheitsbevölkerung behalten kann, und welche Leistungen sie selber in konkreten Bezügen «vor Ort» erbringt.[44]

Orte des Patriotismus und der Republik: Das beginnt nicht bei der Nation, sondern im Horizont konkreter Lebens- und Erfahrungswelt von Menschen: in der Nachbarschaft oder im Stadtviertel, in der politischen Gemeinde, in der Region. Wenn diese Räume sich von sozial und politisch bedeutungsvollem Handeln entleeren – von Handeln, in dem Verantwortung sichtbar wird –, dann steht auch die Nation auf tönernen Füßen. Moderne Verkehrs- und Kommunikationsmittel einerseits, die Individualisierung von Lebensformen andererseits lassen die Gefahr einer solchen Entleerung zunehmend real werden. Dann kann soziales Kapital, das Brücken baut und politische Räume strukturiert, nicht mehr gebildet werden.[45]

Ebensowenig hört die Republik an den Grenzen der herkömmlichen Nationalstaaten auf. Jenseits der Nation liegt für die Deutschen nicht der ortlose Globus und Kosmos, sondern Europa. Nicht zuletzt aufgrund der Erfahrungen seiner eigenen Geschichte hat sich

Deutschland nach 1945 und erneut seit 1989 dem europäischen Projekt verschrieben. Das war stets mehr als eine Wirtschaftsunion, mehr als eine ökonomische Zweckbestimmung; gerade in Deutschland verdankt sich die politische Freiheit auch historisch gesehen der Einbindung in Europa. Der westeuropäisch-atlantische Kern der Nachkriegszeit bezeichnet die erste Stufe, die sich erweitert hat, aber in ihrer Substanz, auch in der Leitfunktion ihrer Werte, nicht überholt ist. Die Freiheitsbewegungen und Revolutionen im früher kommunistischen Ost- und Mitteleuropa markierten eine zweite historische Stufe – die republikanische Dynamik dieses «neuen Europa» hat uns die Ukraine gerade eindrucksvoll vorgeführt. Deshalb kann es auch einen europäischen Patriotismus geben, selbst wenn die institutionelle Gestalt einer europäischen Republik bisher unterentwickelt ist und noch der Aushandlung bedarf. Doch manchmal hat man den Eindruck, die Deutschen verweigerten sich ihrem doppelten europäischen Auftrag, als hätten sie immer noch innere Schwierigkeiten mit dem Westen und verleugneten zugleich die revolutionär-freiheitliche Botschaft von 1989.

Das mag wiederum zusammenhängen mit dem Problem, sich als Nation zu entwerfen und einen Auftrag für die Zukunft zu geben. Wenn der Republikanismus feststellt «Wir machen das selber!», dann fragt der Patriotismus zurück: Für wen und für was eigentlich? Der Entwurf eines sicheren, freien, selbstbestimmten Lebens und das praktische Engagement dafür können nicht nur auf individuelle Selbstbeglückung, auf die Maximierung eigenen Wohlstandes, auf Zufriedenheit «im Hier und Jetzt» gerichtet sein. Früher, in älteren Entwürfen der Republik, war das vielleicht noch eher so. Doch moderne Republiken müssen sich immer in die Zukunft entwerfen.[46] Das ist, erstens, ein Ergebnis der Aufklärung mit ihrem Fortschrittsgedanken und der «Verzeitlichung» politischer Erfahrung.[47] Es ergibt sich, zweitens, aber auch aus dem noch wesentlich jüngeren Konzept des verantwortungsvollen Umgangs mit knappen Ressourcen, also aus dem Gedanken der «Nachhaltigkeit» des eigenen Lebens im Hinblick auf die Chancen späterer Generationen. Für autoritäre Systeme, für Diktaturen ist dagegen typisch, dass sie einen solchen nachhaltigen Zukunftsentwurf nicht kennen.

Wenn wir die Anstrengung des freien Lebens nicht für uns selber betreiben und auch nicht nur für die Chancen der unmittelbaren biologischen Nachkommen, der eigenen Kinder, dann spricht viel dafür, dass das eigene Land, die eigene Nation eine primäre Projektionsfläche, ein vorrangiger Handlungsraum für diese Anstrengungen ist. Das folgt nicht aus irgendeinem Naturgesetz, nicht aus einem ontologischen Charakter der Nation. Vielmehr hat die Nation in einem langen, komplizierten und konfliktreichen Prozess historisch einen Primat der kulturellen und politischen Vergesellschaftung gewonnen. Trotz mancher Erosionsprozesse ist das bis heute so geblieben – nicht nur, aber auch, weil politische Identität wiederum historisch geprägt ist. Für die Identität der Deutschen nach Nazi-Diktatur und Holocaust gilt das eher noch mehr als für andere Völker.

Was moderner Patriotismus vor diesem Hintergrund heißen kann, hat der amerikanische Sozialphilosoph Richard Rorty vor einigen Jahren skizziert, und davon könnte die verkrampfte deutsche Debatte immer noch viel lernen.[48] «Achieving Our Country» lautet Rortys nur schwer übersetzbare Kurzformel für einen Patriotismus, der sich als gemeinschaftliche Anstrengung für eine Verbesserung des eigenen Landes begreift – man könnte ergänzen: Verbesserung auf allen drei Ebenen des «freien Lebens», wie sie vorhin skizziert wurden. Ein solcher Patriotismus ist Leiden und Leidenschaft: Er jubelt das eigene Land, die eigenen Zustände nicht hoch, sondern entzündet sich an den Fehlern der Vergangenheit ebenso wie an den Missständen der Gegenwart. Er verleugnet Emotionen nicht – manche würden von der Liebe zum eigenen Land sprechen –, aber gibt sich mit Gefühlen nicht zufrieden, sondern vollzieht sich erst im praktischen Handeln. Dieses Handeln schließlich versteht sich nicht als ein Wettlauf oder Konkurrenzkampf von Individuen, sondern als ein gemeinschaftliches Handeln, das auch einen Gewinn für andere, einen Mehrwert für Dritte abwirft.

Ein solcher Patriotismus der Zukunftsgestaltung und Selbstverbesserung beruht auf zwei grundlegenden Voraussetzungen. *Erstens* gehört dazu der Glaube an die individuelle wie kollektive Fähigkeit zur «Verbesserung». Eine bloße Zuschauerhaltung ist damit ebenso ausgeschlossen wie die Einkapselung in Ironie oder gar Zynismus, erst recht die Flucht in Verweigerung oder in lähmenden kulturellen Pessimismus. Das klassische, lineare Fortschrittsbewusstsein, das in vieler Hinsicht brüchig geworden ist, muss es gar nicht unbedingt sein. Vielleicht genügt eine Orientierung an jenem «Könnens-Bewusstsein», das Christian Meier als frühes Äquivalent des Fortschrittsgedankens in der athenischen Polis beschrieben hat.[49] – *Zweitens* setzt patriotische Selbstverbesserung den «Respekt» voraus, den man in Anknüpfung an Richard Sennett als sozialen Kitt moderner Gesellschaften bezeichnen könnte.[50] Damit ist die individuelle, aber auch die kollektive Haltung jener *Selbst*achtung gemeint, ohne die sich wiederum nur Frustration und Handlungsunfähigkeit einstellen würden. Damit ist ebenso der Respekt vor dem *Anderen* gemeint – eine fundamentale republikanische Tugend, die das Bauen sozialer Brücken und gemeinsames politisches Engagement ermöglicht, ohne Unterschiede einebnen zu wollen. Das schließt Konflikte um Gleichheit, Teilhabe und Anerkennung keineswegs aus.

IV.
KONFLIKTE UND REPUBLIKANISCHE ANTWORTEN

Sind republikanische Konzepte den komplizierten Realitäten der modernen Gesellschaft gewachsen? Häufig ziehen sie jedenfalls den Vorwurf auf sich, mehr vom nostalgischen Rückblick in die Vergangenheit zu zehren, in eine Vergangenheit räumlich eng begrenzter politischer Entscheidungen – der Demokratie auf dem Marktplatz – und homogener Gesellschaften, in denen der Egalitarismus politisch berechtigter Bürger womöglich sogar mit dem Ausschluss großer Bevölkerungsgruppen erst erkauft wird. Immer wieder ist eine solche Kritik auch berechtigt gewesen, etwa wenn der Republikanismus sich in einen allzu scharfen Gegensatz zum Liberalismus gestellt hat oder wenn er der Dynamik der Moderne zu entkommen suchte, statt sich mit ihr selbstbewusst weiterzuentwickeln.

In den vergangenen Jahren sind in allen westlichen Nationen neue Konflikte virulent geworden, in Deutschland sogar oft heftiger als anderswo. Denn zum einen brechen sie sich krass an dem Selbstentwurf einer homogenen und pazifizierten Gesellschaft, auf den die «alte» Bundesrepublik (auf andere Weise aber auch: die DDR) ihre Identität gestützt hatte. Zum anderen korrespondierte dieser Selbstentwurf mit Institutionen und Verhaltensmustern – zum Beispiel in den Wohlfahrtssystemen –, die auf Dauer ihre eigene Zukunftsfähigkeit untergraben mussten. Drittens schließlich hat die Wiedervereinigung beider deutscher Staaten ganz real Brüche und Disparitäten verstärkt, die in einer neuen Phase des globalen Kapitalismus schon für sich genommen belastend gewirkt haben. Mit drei Dimensionen dieser Konflikte haben wir es im Moment zu tun: mit einem verschärften Gefälle zwischen Regionen, vor allem zwischen West und Ost, aber auch zwischen Süd und Nord; mit sozialer Ungleichheit zwischen «Oben» und «Unten», die zugenommen hat und sich in neuen Verteilungskämpfen ausdrückt; und mit kulturellen Konflikten, besonders im Spannungsfeld von Zuwanderung, religiöser Identität und Integration.

Republikanismus und Patriotismus taugen nicht als ideologische Versatzstücke, um diese Konflikte möglichst zudecken zu können oder sie gar durch verordnete Bekenntnisse zur Gemeinsamkeit aus dem Blickfeld zu drängen. Aber sie werden, umgekehrt, auch nicht nur für den Republikanismus zum Problem. In einer grundlegend veränderten Konstellation müssen auch andere politische Theorien und Sozialphilosophien ihre herkömmlichen Antworten überdenken, nicht zuletzt auch der Liberalismus und die Sozialdemokratie (beide hier nicht im parteipolitischen Sinne verstanden). Klassische Lösungsansätze in der Frage der sozialen Ungleichheit ebenso wie des kulturellen Pluralismus sind an ihre Grenzen gestoßen. Sozialökonomische Umverteilung reicht nicht mehr aus oder kann sogar Ungleichheit verschärfen, wenn sie zur Einkapselung von Transfermilieus führt oder Konsummuster fördert, die sich negativ auf die Chancen zu Teilhabe und Leistungsfähigkeit auswirken. Die Anerkennung des kulturell Anderen genügt nicht mehr, wenn in ihr die Maßstäbe eines zivilen, gerechten, freien Gemeinwesens unscharf werden oder gar zur Disposition der Beliebigkeit stehen.[51] Deshalb werden gerade in dieser Situation republikanische Antworten auf die neuen Konfliktlagen aktuell.

Sozialer Ungleichheit muss mit Solidarität und Gerechtigkeit begegnet werden. Solidarität wächst aus einem Gefühl des aktiven «Mit-Leids», von *compassion*. Merkwürdig, wie schon gesagt, dass den Deutschen diese Haltung erst angesichts von Katastrophen und in der Wendung nach außen so recht gelingen will, statt ein dauerhaftes Gerüst im Innern zu errichten. Gerechtigkeit im republikanischen Sinne zielt auf die Mündigkeit des Schwächeren, auf seine keineswegs nur materielle Stärkung zur Teilhabe am Gemeinwesen, zur Entfaltung der eigenen bürgerlichen Fähigkeiten. – In kulturellen Konflikten steht die Vielfalt von Geschmackspräferenzen ebenso wenig zur Debatte wie die Freiheit der Religionsausübung, und erst recht geht es nicht um ethnische Homogenität. Aber ein republikanisches Gemeinwesen ist auf einen Kern kultureller Überzeugungen und Verhaltensweisen angewiesen, wenn es seine Freiheit verteidigen will. In einer absoluten Monarchie konnte man proklamieren, jeder solle nach seiner Façon selig werden: Damit war eine unabdingbare Freiheit des Privatlebens markiert, während die wichtigen öffentlichen Entscheidungen ohnehin nicht im Diskurs getroffen wurden. Der freiheitliche Staat aber, mit Ernst-Wolfgang Böckenförde, «lebt von Voraussetzungen, die er selbst nicht garantieren kann».[52] Die Republik ist bei aller Pluralität, die sie erst möglich macht, auf den Überlappungsbereich gemeinsamer Wertüberzeugungen und auf die Integration verschiedenster Gruppen in die Teilhabe an der bürgerlichen Selbstregierung angewiesen.

Für beide Konfliktdimensionen gleichermaßen gilt die Aufgabe, Unterschiede nicht mit Gewalt einzuebnen, sondern zum Brückenbau fähig zu bleiben. Diese Fähigkeit zum Brückenbau, so scheint es, ist in unserem Lande nicht genügend entwickelt. Wechselseitiges Unverständnis und Kommunikationsstörungen sind an der Tagesordnung. Die Sprachfähigkeit in Konflikten und zwischen verschiedenen sozialen und kulturellen Schichten und Milieus muss ebenso zurückerobert werden wie die gemeinsamen oder doch sich überschneidenden Lebensräume, in denen wechselseitiger Respekt überhaupt erst erlernt und praktisch ausgeübt werden kann. Wenn, um ein konkretes Beispiel zu geben, die Wehrpflicht durch ein allgemeines soziales Jahr für alle jungen Menschen ersetzt würde, die dauerhaft in diesem Land leben: unabhängig von Herkunft und Geschlecht, Religion und Kultur, wäre das kein schlechtes Fundament für eine republikanische politische Kultur wie für einen praktischen Patriotismus.

Denn Republikanismus, das erinnert an die Beteiligung am öffentlichen Leben, an die Übernahme von Verantwortung als elementare Voraussetzung der Freiheit und Selbstbestimmung. Die private Freiheit der Lebensführung, welche in den westlichen Wohlstandsgesellschaften zum scheinbar höchsten Gut geworden ist, lässt sich dagegen nicht ausspielen – sie wird sich auf Dauer nur sichern lassen, wenn wir die Vorzüge einer anderen Freiheit neu schätzen lernen. Das ist eine Aufgabe, mit der die Deutschen keineswegs alleine sind. Aber sie müssen, im Bewusstsein ihrer eigenen Geschichte, zunächst ihrer eigenen Republik eine neue Mitte geben, sie müssen an die Verbesserung ihrer eigenen Nation gehen.

16.
STAATSWEH. WARUM WIR AUF DEN ALTEN STAAT NICHT VERZICHTEN WOLLEN UND IHN DENNOCH NEU DENKEN MÜSSEN

I.

Ist der Staat mit seinem Latein am Ende? Wenn man auf die Debatten der letzten Jahre blickt und die Stimmung im Lande betrachtet, könnte man durchaus zu dieser Meinung kommen. Die Zielstrebigkeit der politischen Planung scheint den staatlichen Organen ebenso abhanden gekommen zu sein wie die Fähigkeit, Entscheidungen rational und effizient zu treffen und dann auch zielstrebig und konsequent zu implementieren. Während sich all dies stattdessen in Widersprüchen und Blockaden verheddert, sinkt das Vertrauen der Bürgerinnen und Bürger in die staatlichen Institutionen, in ihre Seriosität und Erneuerungsfähigkeit. Was kann der Staat überhaupt noch steuern, auf welche Aufgaben darf er nicht verzichten, und wovon sollte er sich besser trennen?

Doch zeigt sich, andererseits, sehr schnell eine eigentümliche Diskrepanz zwischen der Einsicht in die verringerte Steuerungsfähigkeit des Staates und den keineswegs verminderten Erwartungen, die dem Staat als Agentur der Bereitstellung von Leistungen für den Bürger, als *public services provider*, entgegengebracht werden – und kaum irgendwo ist diese Diskrepanz so groß wie in Deutschland. Überhaupt kann man sich relativ leicht darauf einigen, dass die Effizienz und Gerechtigkeit staatlicher Leistungen nüchterner Prüfung bedürfen, ja vielleicht sogar darauf, dass das Zeitalter des allzuständigen Staates seinem Ende entgegengeht. Doch im nächsten Moment geht ein heller Aufschrei durch das Land bei der Vorstellung, einige Brücken und Tunnel würden privatisiert und künftig eine Nutzungsgebühr erfordern. Und wieder eine Stunde später bucht man sich einen Billigflug in den Süden und entrichtet genau jene Gebühr für die Inanspruchnahme einer Infrastrukturleistung, die vorhin noch den

Untergang des Abendlandes heraufbeschwor, mindestens aber als unverschämte Abzocke und Baustein der perfiden «Ökonomisierung aller Lebensbereiche» galt.

Die Bürger sind anscheinend selber so rätselhafte Wesen wie der Staat, über den sie klagen und nach dem sie doch immer wieder rufen. Neuerdings ertönt dieser Ruf sogar wieder lauter, denn irgendjemand scheint ja die Verantwortung tragen zu müssen angesichts eines verschärften internationalen Wettbewerbs, angesichts enger werdender fiskalischer und sozialpolitischer Handlungsspielräume, angesichts der ökonomischen Strukturkrise. Sogar neue Felder, neue Aufgabengebiete staatlicher Intervention werden erschlossen, wo es um lange vernachlässigte gesellschaftliche Defizite geht: von der Bildung bis zur Kinderbetreuung, von der richtigen Ernährung und Lebensweise bis zum Konsumentenschutz. Denn Staatsverachtung hin, Klagen über die Bürokratie her: funktioniert er nicht immer noch leidlich gut, unser Staat: verlässlich und regelmäßig, überwiegend frei von Korruption, berechenbar auch in seinen kleineren Schwächen? Diese Feststellung muss man sogar ganz ohne Ironie treffen: Ein leidlich funktionierender Staat, eine leistungsfähige öffentliche Verwaltung – das sind fragile Errungenschaften, von denen nicht wenige Menschen rund um den Globus angesichts der Auflösung öffentlicher Ordnung, angesichts von *failing states* nur träumen können. Der moderne Staat, so hätte es Niklas Luhmann gesagt, ist eine evolutionäre Unwahrscheinlichkeit ersten Ranges.

In dieser Situation haben wir uns in den letzten Jahrzehnten recht bequem eingerichtet – seit die großen Utopien über die Zukunft des Staates nicht Realität geworden oder an der Realität gescheitert sind. Die eine Seite markiert die Utopie vom Verschwinden, vom Absterben des Staates, wie sie auf der Linie von Marx und Engels bis zu Lenin oder auf dem Weg von Frühsozialismus und Anarchismus verfolgt worden ist. Wenn überhaupt, dann sollte Staatlichkeit sich auf bloße Verwaltung von Dingen reduzieren und den Charakter der Herrschaft über Personen ablegen. Aber dabei hat die Herrschaft nur einen Formwandel erlebt, und die Verwaltung ist hypertrophiert. Die andere Seite bezeichnet die Anti-Utopie von der unaufhörlich ausgreifenden, am Ende alle individuellen Freiheitsspielräume erstickenden Staatsmacht – vom Staat als Orwellschem «*Big Brother*». Auch wenn es in der jüngeren Geschichte der Bundesrepublik manche paranoide Vorstellungen gab, die uns unmittelbar in solche Zustände eintreten sahen – etwa im Zusammenhang mit der letzten Volkszählung der 80er Jahre –, ist dieses Extrem doch ebenso wenig eingetreten wie sein Gegenteil. Und genau daher rührt auch unser ambivalentes Unbehagen gegenüber der Macht von Staat und Verwaltung. Die großen Hoffnungen und schlimmen Befürchtungen haben sich erledigt, der Staat ist stattdessen in einen schwer definierbaren Zwischenraum eingetreten, ist weder Fisch noch Fleisch.

II.

Die Geschichte des vergangenen Jahrhunderts ist, aus der Vogelperspektive und im Zeitraffer gesehen, eine Geschichte der Emanzipation des Individuums, der persönlichen Freiheitsgewinne gewesen. Und viele dieser Freiheiten sind nicht dem Staat, nicht der Obrigkeit, nicht einer allmächtigen Verwaltung abgerungen worden, sondern haben sich in eigentümlicher Symbiose mit einem expandierenden Staat entfaltet. Das gilt im kontinentalen Europa, und zumal in Deutschland, noch mehr als anderswo. Zwar hat der Staat seinen Bürgern in den Übergängen von Obrigkeitsstaat, Monarchie und Diktatur zur Demokratie immer auch etwas «zurückgegeben». Aber davon blieb der Ausbau staatlicher Regulierung, staatlicher Institutionen, staatlicher Kompetenzen in immer mehr Teilbereichen des Lebens unberührt. Aus bloßen Untertanen wurden Bürger, aber eben auch «Staats-Bürger» mit Wahlrecht und Partizipationschancen – und zugleich Steuerbürger, die dem Staat finanziell immer stärker verpflichtet wurden. Die Gegenleistung des Staates bestand und besteht in der Bereitstellung von kollektiven Gütern wie Sicherheit (physische wie soziale) oder Bildung oder Infrastruktur, und in staatlich gewährten Freiheitschancen der Bürger.

Aber die Symbiose von Freiheit und Staatlichkeit reichte noch weiter, und in ganz andere Bereiche hinein: nicht zuletzt auch in die Ökonomie, in Prosperität und Massenwohlstand des 20. Jahrhunderts. Ganz besonders nach 1945 erhöhte die Kombination von Massenwohlstand und Wohlfahrtsstaat die Glaubwürdigkeit von Demokratie und offener Gesellschaft; das Wirtschaftswunder bildete die Legitimationsgrundlage, wie Politikwissenschaftler sagen, des neuen Staates. Die Konsum- und Überflussgesellschaft des 20. Jahrhunderts ist nicht jenseits des Staates, nicht losgelöst von staatlichen Leistungen erfolgreich geworden, nicht in der klaren Abgrenzung der bürgerlichen Autonomie des Wirtschaftens vom Staat. Sondern sie florierte im Zusammenspiel mit dem Staat, ja sogar mit massiver staatlicher Unterstützung. Dazu zählte nicht nur der sozialstaatliche Ausbau, sondern auch der Versuch einer staatlichen Ordnung der Wirtschaft – in einem weiten Spektrum, das von der Setzung von Rahmenbedingungen bis zu direkter Intervention und Unternehmertätigkeit des Staates reichte. Hier zieht sich in der Bundesrepublik eine Linie vom «Ordoliberalismus» der frühen Begründer der sozialen Marktwirtschaft bis zum Keynesianismus seit den 60er und 70er Jahren. Denn dessen Instrumente wie das *deficit spending,* die Forcierung von Staatsausgaben auf Kredit in Zeiten der Krise, verfolgten nie bloß ökonomische Ziele. Im Vordergrund stand vielmehr das Bemühen, die Handlungsfähigkeit des Staates gegenüber seinen Bürgern zu unterstreichen und diese Bürger auch in schlechteren Zeiten durch staatliche Wohltaten bei Laune zu halten.

Und in einer weiteren, dritten Dimension sind individuelle Freiheitsspielräume und staatliche Durchdringung eine enge Verbindung eingegangen – wenn auch, wie inzwischen deutlich wird, auf eine durchaus trügerische Weise. Denn die staatliche (oder doch: kollektivierte, quasi-staatliche) Absicherung von Lebensrisiken ermöglichte erst jene beispiellose Individualisierung der Gesellschaft, die ebenso wie Demokratisierung und Massenkonsum zum Erkennungszeichen der Epoche geworden ist. Häufig gewährleistet der Staat mit seinen sozialen Leistungen diese Individualität materiell und ganz konkret: Menschen können in Notlagen ein eigenes Leben führen, statt sich in Abhängigkeit von anderen begeben zu müssen. (Paradoxerweise wird dann aber, Stichwort «Hartz IV», die Abhängigkeit vom Staat beklagt!) Generationelle Abhängigkeit, etwa in der Beziehung von Eltern und Kindern, hat den Charakter notwendig lebenslanger Verpflichtung ein Stück weit verloren. Trennungen von Paaren, von Eltern sind einfacher geworden, nicht nur wegen eines veränderten Scheidungsrechts, sondern auch weil der Staat in vielfältiger und komplizierter Weise für die finanziellen Konsequenzen solcher Entscheidungen mit eintritt, sie auffängt und abfedert.

Man muss diese Mechanismen verstehen, um erahnen zu können, warum wir uns mit der Wertschätzung der Freiheit – vielleicht auch: dem Risiko der Freiheit – außerhalb staatlicher Absicherung schwer tun, und in Deutschland schwerer als anderswo. Aber eine nüchterne Analyse dieser Mechanismen zeigt auch, dass sie das staatliche Handeln häufig an die Grenze seiner Leistungsfähigkeit und manchmal darüber hinaus geführt haben. Die Enttäuschungen über das «Versagen» des Staates, über Versprechen, die nicht mehr eingelöst werden können, sind dann nur die Kehrseite der eigenen, überzogenen Erwartungen von einst. Angesichts dieser Lage nach «mehr Staat» zu rufen, führt nur tiefer in einen Teufelskreis hinein.

III.

Die Sehnsucht nach der klaren, ordnenden und dabei stets sozial gerechten Hand des Staates – nach der *visible hand* außerhalb der diffusen Unsichtbarkeit von Marktmechanismen – produziert jedoch noch aus anderen Gründen immer mehr Enttäuschungen. Dabei soll von den Enttäuschungen des politischen Systems im engeren Sinne hier gar nicht die Rede sein, von Regierung und Parlamenten. Im alltäglichen Handeln des Staates, in der Tätigkeit der öffentlichen Verwaltung gegenüber dem Bürger, sammelt sich genügend Stoff an für lange Geschichten über gestörte Effizienz und wachsende Defizite in der Fähigkeit, kollektive Güter und *public services* bereitstellen zu können. Die geläufige Bezeichnung für diese prekäre Schnittstelle lautet: Bürokratieproblem. Und entsprechend zahlreich sind die Klagen über Inflexibilität, lange Entscheidungswege, über das nicht aufhören wollende Wuchern einer staatlichen Verwaltung, die einen immer größeren Teil ihrer Kapazität darauf zu verwenden scheint, sich selber in Betrieb zu halten. Entsprechend populär, aber auch populistisch sind die politischen Vorschläge zum «Bürokratieabbau». Denn erneut liegt das Problem tiefer, und erneut sollten wir so ehrlich sein einzugestehen, dass hier nicht einfach dunkle Mächte walten, über deren Herkunft wir nichts wissen. Wie im Falle der Konsumgesellschaft und des Sozialstaates haben sich die Bürger nämlich auch die Bürokratisierung und die Lähmung von öffentlichem Handeln zu einem guten Teil selber eingehandelt.

Bürokratische Verfahrensweisen entstehen immer da, wo der Staat auf komplexer werdende Ansprüche seiner Bürger reagiert oder sich gegen solche Ansprüche rückvergewissern muss. Ein klassisches Beispiel dafür sind Planungs- und Entscheidungsverfahren in der öffentlichen Verwaltung, die inzwischen häufig, wenn es sich auch nur um ein halbwegs komplexes Vorhaben handelt, Zeiträume in Anspruch nehmen, während derer am Markt agierende Unternehmen längst Insolvenz anmelden müssten. Wiederum muss man sagen: Das ist in ganz besonderer, in geradezu extremer Weise ein deutsches Problem geworden. Die Planung einer Straße oder einer Industrieansiedlung nimmt bis zum ersten Spatenstich nicht Monate, sondern Jahre in Anspruch, bei einer größeren Bahntrasse oder einem Flughafen muss man in Jahrzehnten rechnen, in denen kilometerweise Akten produziert werden. Mit der Schläfrigkeit irgendwelcher Beamter hat das rein gar nichts zu tun. Es ist vielmehr die Folge institutioneller Mechanismen, die die Rechte von Bürgern im Staat und gegen den Staat immer mehr aufgewertet und an Verwaltung und Justiz verwiesen haben, statt sie im originär politischen Raum zu bearbeiten.

Dieser Mechanismus kann auf eine lange und stolze deutsche, zumal preußische Tradition verweisen, wo man schon vor über hundert Jahren wissen wollte, dass Freiheit und Sicherheit des Bürgers sich eher in der Verwaltungsgerichtsbarkeit als in Parlament und Regierung manifestieren. Gerichte, Ämter und Behörden sind mit viel gutem Willen zu Agenturen der bürgerlichen Selbstbehauptung gegen den modernen Staat geworden, nicht selten auch zu Agenturen der Bearbeitung von St. Florians-Interessen. Das aber wirkt nicht nur auf die Handlungsfähigkeit des Staates zurück, sondern auch auf die Innovationsfähigkeit einer ganzen Gesellschaft. Und nicht zuletzt, wiederum paradox: Die Folgen der Sicherung individueller Bürgerinteressen tragen am Ende doch zur Enttäuschung der Bürger über staatliches Handeln bei, statt sie zufrieden zu stellen. So arbeitet sich die Glaubwürdigkeitskrise des Staates gegenüber den Bürgern in eine Abwärtsspirale hinein und verbindet sich mit einer Vertrauenskrise der Eliten, die angeblich immer mehr «machen, was sie wollen», obwohl die Handlungsspielräume dafür offensichtlich immer enger werden.

Naürlich ist das nicht die ganze Wahrheit, aber ein wichtiger Aspekt, weil er auf paradigmatische Weise zeigt: Die Leistungen und Fehlsteuerungen des Staates und seiner Verwaltung sind nichts, was den Bürgern fremd, äußerlich, gar feindlich gegenübersteht – sie sind mehr, als wir es häufig wahrhaben wollen, ein Korrelat der bürgerlichen Gesellschaft und damit der privaten Erwartungen und Interessenlagen. Das gilt auch für die wachsenden Schwierigkeiten zu definieren, was überhaupt «des Staates» sei; anders ausgedrückt: wo die Grenzen des öffentlichen Sektors verlaufen sollen, in welcher Form kollektive Güter bereitgestellt werden können und wie sich die Grenze zwischen öffentlich und privat, auch: zwischen Staat und Markt, dabei verschiebt. Der Erwartung einer, wie es scheint, immer noch überwiegenden Mehrheit von Bürgern an die möglichst umfassende staatliche Bereitstellung kollektiver Güter steht eine eingeschränkte Zahlungsbereitschaft der Bürger gegenüber.

Man kann es auch so sagen: Die Bereitstellung von Leistungen durch den Staat, sei es Bildung, sei es Gesundheit, sei es Mobilität, wird weithin mit ihrer Kostenfreiheit in eins gesetzt. Dabei geht es häufig nur darum, ein Abrechnungssystem – das der Steuern – durch ein anderes – zum Beispiel das von Gebühren – zu ersetzen oder, realistischer, zu ergänzen. (Ein drittes Abrechnungssystem öffentlicher Leistungen ist, das muss zumindest erwähnt werden, natürlich das der Kreditaufnahme, man kann auch sagen: der prolongierten Zinszahlung.) Eine Kommerzialisierung von *public goods* ist damit gar nicht notwendig verbunden, auch nicht die Einführung von Wettbewerb oder eine «Privatisierung» im strikten Sinne – das wäre erst ein nächster Schritt. Immer noch richten sich die Erwartungen der Bürger auf jene stabilen Trennwände zwischen Öffentlichkeit und Privatheit, zwischen Staat und Markt, die doch durch das Verhalten der Bürger selber porös werden. Wir sollten deshalb diese neuen Überlappungszonen lieber kreativ erkunden – durchaus im Bewusstsein für den Wert öffentlicher Güter – statt sie mit (schein-)heiligem Zorn weit von uns zu weisen.

IV.

Früher waren wir einmal stolz darauf: Beim Aufstieg der öffentlichen Verwaltung, des Berufsbeamtentums, der bürokratischen Organisation an der Schnittstelle von Politik und Gesellschaft hat das kontinentale West- und Mitteleuropa historisch eine führende, eine modellbildende Rolle gespielt. Wo andere Regeln galten, etwa im angelsächsischen Modell der Verwaltung durch Rechtsprechung, auch unter Heranziehung von Laien, da herrschte vermeintlich Rückständigkeit, und es schien nur eine Frage der Zeit, bis sich überall das deutsche Bürokratiemodell durchsetzte. In mancher Hinsicht ist diese Prognose durchaus zutreffend geworden, wie man an der Expansion und Professionalisierung des US-amerikanischen *civil service* im 20. Jahrhundert ablesen kann. Aber eine völlige Angleichung ist keineswegs eingetreten, und schon deshalb ist es immer noch nützlich, in Deutschland gelegentlich vom hohen Ross der Bürokratie herabzusteigen.

Georg Wilhelm Friedrich Hegel war besonders erfolgreich damit, der Verwaltung durch Beamte zugleich höhere philosophische Weihen zuteil werden zu lassen. Er entwarf zu Beginn des 19. Jahrhunderts das Bild von der Bürokratie als dem «allgemeinen Stand», also derjenigen Gesellschaftsklasse, die aufgrund ihrer Objektivität und Neutralität in besonderer Weise dazu berufen war, als Sachwalterin und Durchsetzungskraft des Gemeinwohls zu fungieren – eines Gemeinwohls, das praktischerweise auch gleich von ebendiesem Stand definiert wurde und das damit über den Ständen der bürgerlichen Gesellschaft schwebte: also über den partikularen und egoistischen Interessen von Markt und Kommerz. Das war die einflussreiche deutsche Antwort auf die Versuche des Revolutionszeitalters, das alte Ideal des homogenen *common good* als bloß empirisches Produkt vorhandener Interessen zu verstehen oder es gleich ganz aufzugeben. Mit manchen Resten dieser Vision schlagen wir uns bis heute herum, und dazu zählt auch jene besondere Spannung zwischen «dem» gesellschaftlichen Gesamtinteresse (gleich «gut») und ökonomischen Interessen (gleich «böse»), die im deutschen Diskurs immer wieder ihre Rolle spielt. Von der häufig ganz anders aussehenden Realität der Inanspruchnahme von Staat und Verwaltung durch Partikularinteressen war ja schon die Rede.

Im Laufe der letzten 150 Jahre ist die Staatsverwaltung immer wieder zum Vorbild der effizienten Verwaltung und der Steuerung komplexer Systeme geworden – sogar in den Unternehmen. Als sich im letzten Drittel des 19. Jahrhunderts in den Großunternehmen eigene Verwaltungsstäbe ausdifferenzierten und rasch wuchsen, hießen die dort tätigen Angestellten nicht zufällig oft «Privat-Beamte». Und als in den Unternehmen längst niemand mehr daran glaubte, öffentliche Verwaltung zum Maßstab eigener Personalorganisation und Problembearbeitung nehmen zu können, sollte wenigstens die Gesellschaft nach Maßgabe des Staates geformt werden: Jene kühnen Vorstellungen von politischer Planung und gesellschaftlicher Steuerung durch Administration, die in den 60er und 70er Jahren ihren Höhepunkt erreichten, waren so etwas wie die letzte Konsequenz aus der Hegelschen Sicht einer Verwaltungsavantgarde. Die öffentliche Verwaltung als höchste Ingenieursbehörde des Projektes Gesellschaft – das war damals eine übrigens gleichermaßen rechte wie linke Utopie, an die aber schon bald (Mitte, Ende der 70er Jahre liegt die Zäsur) niemand mehr glauben mochte. Seitdem fehlt der öffentlichen Verwaltung, so könnte man sagen, das *mission statement,* das sich die Unternehmen bald darauf selbstbewusst auf ihre Fahnen schrieben.

Mit einem Abstieg, mit einem Verfall, mit einer geschwächten Moral der Bürokratie und ihrer Beamten hat das höchstens nachrangig zu tun. Der Büroschlaf, das eher geruhsame Tempo, das Beharrungsvermögen nach dem Motto «Das war schon immer so – da könnte ja jeder kommen», all das sind schon viel früher Klischees der Beamtenwelt gewesen. In manchen Bereichen, wo die Arbeitswelt als Schonraum eingerichtet wurde, wo Laufbahn und Anciennität über der Leistung standen, mag die Mentalität des öffentlichen Dienstes in den letzten Jahrzehnten zusätzlich korrumpiert worden sein. Aber die Verwahrlosung der öffentlichen Verwaltung, wo es sie gibt, ist zumeist ein Spiegelbild jämmerlich verwahrloster äußerer Bedingungen. So fühlt man sich beim Betreten zahlloser Ämter beliebiger deutscher Großstädte spontan in die Mitte der 70er Jahre zurückversetzt und schaudert bei der Vorstellung eines Unternehmens am Markt, das seine Mitarbeiter so vorsintflutlich, und damit auch ineffizient, arbeiten ließe. Der Innovations- und Investitionsstau in der öffentlichen Verwaltung ist in letzter Zeit wohl eher noch gewachsen, weil sich die Auszehrung materieller Ressourcen, die allgemeine Vernachlässigung öffentlicher Infrastrukur, überschneidet mit dem rasanten Technologiewandel in Information und Kommunikation, der mit der Verwaltung Hase und Igel spielt. Auch kollidieren klassische Prinzipien der Bürokratie wie Fachkompetenz, Regelgebundenheit und Verfahrensorientierung zunehmend mit den neuen Formen der flexiblen Organisation und Anwendung von Wissen, mit der Bedeutung eines «kreativen Chaos», das sich auf solche Regeln nicht zurückführen lässt.

Dennoch gibt es keinen Anlass zur Legendenbildung über die so wunderbar funktionierende Staatsverwaltung von einst. Sie trat dem Bürger oft feindselig gegenüber, als eine gänzlich unzivile Autorität, als eine Obrigkeit, gegenüber der man duckenden Respekt zu bekunden hatte. Manchmal war sie nicht nur dem Stile nach der verlängerte Arm militärischer Befehlsgewalt. Und wer heute über ein mangelndes Ethos der öffentlichen Verwaltung klagt, der sollte die definitive Grenzüberschreitung des traditionellen bürokratischen Geistes in Deutschland nicht vergessen. Sie wird markiert durch die Rolle staatlich-administrativer Eliten als demokratiefeindliche Kräfte in der Weimarer Republik und durch die pervertierte Übersteigerung dieses Ethos in der radikalen Weltanschauungsbürokratie des Nationalsozialismus. Kein Wunder, dass die Bundesrepublik, aber auf ihre Weise auch die DDR auf dieses Trauma mit dem Konzept einer entschärften, ethisch anspruchslosen Verwaltung reagierten, die an sich selber unsicher, vielleicht sogar selbstironisch geworden war. Als die 68er ihren Marsch durch die Institutionen antraten und den öffentlichen Dienst für sich eroberten, erledigten sie nur noch die Reste dieser Arbeit und perfektionierten das Ergebnis.

V.

Seit geraumer Zeit schon erleben wir einen Staat, der sich und seinen Verwaltungsapparat permanent «verschlanken» will. Über die selbst verordnete Diät hinaus geht es zugleich um einen Organisations- und Mentalitätswandel: um den Weg zu einer Verwaltung als Service- und Dienstleistungsagentur für den Bürger. Die Rathäuser und Ämter werden zu Bürgerserviceagenturen, neuerdings auch die Arbeitsämter zu Arbeitsagenturen. All das ist löblich, aber die Probleme des Staates reichen tiefer als bis zu der Frage, ob mit dem Etikettenwechsel auch ein Wandel der Realität verbunden ist. Den Bürger als Kunden zu begreifen und zu behandeln statt als lästigen Bittsteller an die Obrigkeit, führt gewiss nicht in die falsche Richtung, aber doch nicht weit genug. Was ist, wenn der Bürger seine Rolle als «Kunde» gar nicht spielen möchte; was ist, wenn sich die auch in dem neuen Modell suggerierte Einheit eines «Anbieters Staat» mehr und mehr auflöst?

Insofern stehen wir erst ganz am Anfang einer tief greifenden Veränderung. Sie wird den Staat und seine Verwaltung nicht abschaffen und auch nicht einfach in ein Unternehmen verwandeln, das sein ohnehin durch *outsourcing* geschrumpftes Tätigkeitsfeld nach den Regeln einer Behauptung am Markt bestellt. Ebenso wenig wird die Infusion eines neuen, diesmal weltumspannenden Ethos unter so schönen Bezeichnungen wie *«good governance»* die Probleme einer heterogener werdenden Staatlichkeit lösen, und sicher nicht: jenseits des Marktes. Welchen Vertrag erwarten die Bürger überhaupt von «ihrem» Staat, und unter welchen Bedingungen sind sie bereit, einen öffentlichen Sektor mit Loyalität und mit materiellen Zuwendungen – also: mit Steuern und Gebühren – zu unterstützen? Kann die Bürgergesellschaft staatliche Leistungen ersetzen und kollektive Güter neu definieren: als zwar noch gemeinschaftliche, aber nicht mehr unbedingt staatliche Angelegenheit? Oder verschieben sich die Grenzen zwischen öffentlichem und privatem Raum so, dass nur ein innerster Bereich unbedingter Staatlichkeit übrig bleibt – etwa mit der Gewährung physischer Sicherheit, des von Max Weber klassisch definierten «Monopols legitimer Gewaltsamkeit» –, während die anderen Funktionen individualisiert oder an Wettbewerbsmärkten bereitgestellt werden können? Vieles ist jedenfalls komplizierter, als Gemeinplätze der Debatte über den Rückzug des Staates es wahrhaben wollen. Die Diskussion hat gerade erst begonnen.

17.
ZWISCHEN STAAT UND BÜRGERGESELLSCHAFT. DIE ZUKUNFT VON PARTEIEN UND DEMOKRATIE

Im ersten Jahrgang seiner «Frankfurter Hefte» gab Walter Dirks 1946 ein vehementes Plädoyer für politische Parteien als zeitgemäße Verbände gesellschaftlicher Interessenformierung ab. Ein Jahr nach dem Ende von Krieg und NS-Diktatur war der Adressat solcher Argumente noch das alte deutsche Misstrauen gegenüber dem Parteiwesen, an dem man sich nicht die Hände schmutzig machen sollte, die Sehnsucht nach Harmonie und völkischer Gemeinschaft. In geradezu idealtypischer Weise skizzierte Dirks die Funktionen von Parteien als konkurrierenden Mittlern zwischen Gesellschaft und Staat in der Epoche der klassischen repräsentativen Demokratie: «sie bilden sich in und aus der Gesellschaft und richten sich auf den Staat, ja, *sie* sind es wesentlich, die nach dem Absterben der alten ständischen Mächte den Staat tragen. Die alten und neuen Gruppierungen innerhalb des Volkes und der Gesellschaft (Stände, Klassen und Interessengruppen; Konfessionen) sind immer mehr auf die Bildung oder Beeinflussung einer Partei angewiesen, wenn sie im Staat handeln wollen».[53] Die Zukunft gehörte 1946 unzweifelhaft den Parteien, auch wenn der hellsichtige Publizist hinzufügte: «Parteien waren nicht immer und werden vielleicht einmal nicht mehr sein.»

Treten wir, fast sechzig Jahre später, in eine politische Epoche nach den Parteien ein? Die Konstellation jedenfalls, die Dirks beschrieb, hat sich mehrfach gründlich gewandelt. Die Stoßrichtung gegen Romantik und Volksgemeinschaft scheint uns heute, zum Glück, vollkommen fremd. Waren damals die Eliten, das deutsche Bildungsbürgertum der ausdrückliche Adressat der Ermahnung, ist mittlerweile die Auszehrung politischer Organisierung und demokratischer Legitimität am unteren Rand der Gesellschaft viel größer, weshalb die Erben der Arbeiterbewegung, SPD und Gewerkschaften, in eine Organisationskrise geraten sind, die viel tiefere Wurzeln hat als die Unzufriedenheit mit einer bestimmten Regierungspolitik. Stimmt die Prämisse von Dirks überhaupt noch, dass soziale Verbände und *interests* auf parteiförmige Organisation hindrängen? Ältere soziale Gruppen verlieren ihre Kohäsion, aber die neuen sozialen Konfliktlinien, Interessen und Verbände sind nicht mehr organisierbar wie einst. Schon wird die These vertreten, «die Zeiten der Massenpolitisierung und der ‹Partizipationsrevolution›» seien «endgültig vorbei».[54]

Daran ist zumindest so viel richtig, dass die Demokratie der zweiten Hälfte des 20. Jahrhunderts nicht einen gewissermaßen zeitlosen Endzustand politischer Entwicklung verkörpert – die Illusion vom «Ende der Geschichte» lässt grüßen. Die durchgreifende Politisierung ganzer Nationalgesellschaften und (– was nicht dasselbe ist –) ihre Überführung in ein relativ straff gezurrtes Ensemble von Mitgliederverbänden wird immer mehr als ein historischer Sonderfall erkennbar, welcher der Epoche der «Klassischen Moderne» seit dem späten 19. Jahrhundert seinen Stempel aufgedrückt hat. Das gilt zumal für die zweite Komponente, für die Massenorganisierung, die in Deutschland bekanntlich stärker ausgeprägt war als in vielen anderen Industriegesellschaften, gerade was die politischen Parteien als Massenorganisationen und lebensgestaltende Milieuverbände betrifft. Entsprechend tiefer ist dann auch der Absturz. Ein zentrales Merkmal dieses historischen Sonderfalls war die symbiotische Verbindung von bürgerlicher Demokratie und Massenpolitisierung der Unterschichten. Die Demokratie befreite sich aus den Grenzen von Elite- und Honoratiorenzirkeln, während die Politisierung der Unterschichten die ursprünglich weithin bürgerlichen Formen der Partizipation und Organisierung übernahm und für sich nutzbar machte – eines der ganz großen Verdienste der klassischen, nichtkommunistischen Arbeiterbewegung.

Die gesellschaftlichen Gründe für die nachlassende Integrationskraft politischer Organisationen sind weithin bekannt. Ein allgemein geringeres Interesse steht dabei nicht an vorderster Stelle, was die These vom Ende der Massenpolitisierung bereits ein Stück weit relativiert. Die viel beklagte Medienrevolution hat der Aufmerksamkeit für Politik wahrscheinlich sogar eher genutzt als geschadet; vom Politbarometer bis zur Wahlberichterstattung geht von politischen Präferenzen und Entscheidungen eine enorme Faszinationskraft aus. Vielmehr hat, worunter außer Parteien und Gewerkschaften auch Kirchen ebenso wie Vereine zu leiden haben, die Bereitschaft der Menschen nachgelassen, sich dauerhaft in Organisationen zu binden, die im Prinzip (nämlich ihrem Selbstverständnis nach) ein regelmäßiges und öffentlich sichtbares Bekenntnis und eine ebenso regelmäßige wie sichtbare gemeinschaftliche Aktivität (Gottesdienst, Ortsvereinssitzung) verlangen. Ein ganzes Bündel von sozialen Wandlungsprozessen, die in diese Richtung wirken, wird oft unter dem Etikett der «Individualisierung» zusammengefasst.

Aber man muss genauer hinsehen und unterscheiden, was sich dahinter verbirgt. Die jüngeren Generationen der «Nach-68er» zum Beispiel, die so schwer zu binden und herkömmlich zu organisieren sind, kann man nicht pauschal als unpolitisch bezeichnen. Sie kennzeichnet eher eine «Privatisierung von Politik», also ein Phänomen, das man in Analogie zu religiösen Säkularisierungsprozessen verstehen kann.[55] Man hat eine politische Meinung, bekennt sich aber selbst im Freundeskreis immer weniger dazu. Die Buttons sind abgeschafft, und die Luftballons der Parteien werden höchstens an Kinderwagen befestigt. Wie die «Privatisierung religiösen Entscheidens» die gesellschaftsstrukturelle Relevanz, die kommunikative und vergemeinschaftende Kraft von Religion empfindlich getroffen hat, entzieht auch die Privatisierung des politischen Bekenntnisses der politischen Handlungsfähigkeit einer Gesellschaft die Grundlagen. Doch ist das nur ein Faktor unter vielen, für deren Entfaltung hier der Platz fehlt. So hat etwa die Rolle des politischen Partizipationsbürgers seit der zweiten Hälfte des 20. Jahrhunderts durch andere, aber nicht analog organisierbare bürgerliche Rollen Konkurrenz bekommen, zum Beispiel die des «Konsumentenbürgers» (*«citizen consumer»*) und des «Medienbürgers» im elektronischen Zeitalter (*«netizen»*).[56]

Die zunehmenden Schwierigkeiten gesellschaftlicher Organisationsbildung in der nachklassischen Moderne überlagern sich außerdem mit neuen Symptomen einer Krise der Staatlichkeit, der staatlichen Steuerungskompetenz und ihrer Akzeptanz in der Gesellschaft. Im Prinzip ist das eine andere Problemlage, doch praktisch überlappt sie sich mit dem Bedeutungsschwund von Mitgliederparteien oder Gewerkschaften. In mindestens drei Dimensionen lässt sich diese Krise bzw. – neutraler – Transformation staatlichen Handelns verfolgen.

Erstens verliert der *Nationalstaat* seine ehemals klaren Grenzen, ohne dass sich dem Bürger eine alternative Institutionalität von ähnlicher Konturiertheit präsentieren würde. Gerade im Hinblick auf die europäische Einigung, aber auch auf das globale «Regieren jenseits des Nationalstaats»[57] sind die politischen und intellektuellen Eliten dabei in den letzten Jahren dem Bewusstsein, und vielleicht auch den Bedürfnissen, einer breiten Bevölkerung zunehmend vorausgeeilt.

Zweitens stößt der klassische *Steuerstaat* auf Legitimationsprobleme neuer Art. Die fiskalische Autorität des Staates erodiert, die Balance von bürgerlicher Leistung und staatlicher Gegenleistung erscheint gestört, Steuerzahlungen werden auf allen Ebenen der Gesellschaft und der Wirtschaft, mit legalen und zunehmend mit illegalen Mitteln, zu umgehen versucht. Darunter leidet die Steuergerechtigkeit, was den Steuerstaat nicht glaubwürdiger macht – ein Teufelskreis.[58]

Drittens schließlich ist auch der etablierte *Wohlfahrtsstaat* von dieser Krise betroffen, wovon die heftigen Debatten um eine Reform der sozialen Sicherungssysteme in Deutschland Zeugnis ablegen. Die in Zeiten des wirtschaftlichen Wohlstandes und der demographischen Expansion etablierten Umverteilungsmuster funktionieren nicht mehr (und sind schon damals nur mit keynesianischen Mitteln, durch wachsende Staatsverschuldung, finanzierbar gewesen). Ein Konsens über die gesellschaftspolitischen Spielregeln für einen neuen Wohlfahrtsstaat ist bisher noch nicht erzielt worden. Denn der Streit geht gewissermaßen um die «Meta-Regeln»: Während Traditionalisten für den Umbau an der klassischen Staatlichkeit festhalten wollen, plädieren Reformer (von links bis rechts, von grün bis konservativ) für ein neues, eher bürgergesellschaftliches Wohlfahrtsregime.[59] Kaum bestreitbar ist jedoch der gemeinsame Kern dieser drei Dimensionen der Krise: Ehemals monolithische Staatlichkeit wird heterogener, diffuser, auch institutionell schwächer, und damit werden Ängste besonders in jenen Bevölkerungsgruppen und geographischen Regionen geweckt, die am meisten von staatlicher «Fürsorge» (den Begriff hier ganz weit verstanden) abhängig sind.

Welche Optionen gibt es vor diesem Hintergrund, produktiv mit dem Organisationsproblem offener Gesellschaften im 21. Jahrhundert umzugehen? Wer verkündet, als Antwort auf diese Frage einen schlüssigen Masterplan zu präsentieren, hat sich bereits als großer Täuscher entlarvt. Weder gibt es einen Weg zurück zur hochgradig organisierten, zur «formierten» Demokratie des 20. Jahrhunderts, noch ist die *eine* klare Alternative erkennbar. Es wird nichts anderes übrig bleiben, als auf mehreren Baustellen gleichzeitig tätig zu werden. Fünf solcher Baustellen möchte ich vorschlagen.

Erstens: Konsolidierung im Kern der Demokratie. Das zumal in der Bundesrepublik so einflussreiche Projekt der 70er Jahre, die Prinzipien der politischen Demokratie und des Parlamentarismus auch auf andere gesellschaftliche Funktionsbereiche auszudehnen, von der paritätischen Mitbestimmung in der Wirtschaft bis zur Hochschuldemokratie, ist an seine Grenzen gestoßen. Gleichzeitig leidet das demokratische Regieren unter Auszehrungsproblemen. Mit anderen Worten: Den Kern der Demokratie zu konsolidieren, ihn vor einer fortschreitenden Entpolitisierung zumal an den Rändern der Gesellschaft zu schützen, ist wieder wichtiger geworden als die Utopie einer vollständigen Demokratisierung aller Lebensbereiche. Noch ist die Ausgangssituation dafür nicht schlecht. Wahlkämpfe faszinieren die Menschen auch weiterhin und in ihrer medialen Vermittlung erst recht; trotz gesunkener Wahlbeteiligung bildet die Stimmabgabe, das manchmal verschmähte «bloß vierjährliche Ankreuzen» einen Kern des Selbstverständnisses demokratischer Bürger. Konsolidierung heißt dabei nicht, alles beim Alten zu lassen. Gerade angesichts des Bedeutungsgewinns der Massenmedien, die als kommunikative Brücke zwischen Gesellschaft und Staat teilweise an die Stelle intermediärer Organisationen (wie Parteien) getreten sind, erscheinen Schritte zu einer Stärkung direkt-demokratischer oder plebiszitärer Elemente plausibel.

Zweitens: Netzwerk und neue Agenda – Öffnung der bestehenden Organisationen. Die großen gesellschaftlichen und politischen Interessenverbände haben ihre historische Rolle noch nicht zu Ende gespielt, und man sollte sich diesbezüglich vor billigem Defaitismus hüten. Ein Stück weit geht, wie schon angedeutet, ein «deutscher Sonderweg» besonders dichter und weit ausgreifender Verbandsorganisierung zu Ende. Aber die Organisationen müssen die Herausforderung des Wandels annehmen – und sie sind, mit freilich noch unsicherem Ausgang, dabei das zu tun. Wenn den Bürgern der Schritt in die langfristige Bindung einer Mitgliederorganisation schwer fällt, kann man die Grenzen zwischen «außen» und «innen», zwischen Exklusion und Partizipation durchlässiger machen. In diese Richtung zielen die beiden größten Volksparteien mit ihren Überlegungen und Projekten zu einer «Netzwerkpartei» (SPD) bzw. einer «Bürgerpartei» (CDU). Die notwendige Öffnung hat also einen formalen, organisatorischen Aspekt, aber auch eine inhaltliche Seite. Dafür könnten die Gewerkschaften ein Beispiel sein. Angesichts des Wandels von Arbeitsmarkt, Gesellschaft und Alltagskultur werden sie Attraktivität für ihre Mitglieder weit jenseits der Tarifpolitik suchen müssen. Sie werden von einem Produzentenverband (auch) zu einem Konsumentenverband werden müssen, ohne sich deshalb gleich als Ersatz-ADAC – so eine weit verbreitete Befürchtung – zu präsentieren. Sie könnten die Menschen auch jenseits des Arbeitsplatzes in einer umfassenden Rolle als «Sozialbürger» ansprechen, ja bei der Neudefinition dieser Rolle, die uns bevorsteht, ein entscheidendes Wort mitreden.

Drittens: Die Organisierung neuer Interessen und Konfliktlinien. Damit ist bereits deutlich: Trotz einer weit umgreifenden Individualisierung, trotz der zunehmenden Pluralisierung von Lebensläufen und Lebensentwürfen sind gemeinsame soziale Merkmale und Lebensschicksale nicht verloren gegangen. Sie kristallisieren sich aber an anderen Stellen, auf andere Weise heraus als in der klassischen Industrie- und Nationalgesellschaft. Viele dieser neuen kollektiven Interessen und Konfliktlinien haben sich bisher als organisationsunfähig erwiesen, sie sind es jedoch nicht prinzipiell. Wiederum könnte man sagen: So stark Deutschland in der traditionellen Interessenorganisation gewesen ist, so groß ist sein Rückstand in der schlagkräftigen Bündelung neuer Interessen. In anderen Ländern jedenfalls ist, um nur zwei ganz wichtige Beispiele zu nennen, die Organisation von Konsumenten ebenso wie diejenige von Migranten, von ethnischen oder religiösen Minderheiten viel weiter vorangekommen. Dass es keinen schlagkräftigen und artikulationsfähigen Mitglieder- und Lobbyverband türkischer Deutscher gibt, der sowohl lokal organisiert als auch zentral politikfähig ist, wirkt sich als gravierendes Manko der politischen Kultur für unser Land aus. Schwieriger ist naturgemäß die Organisierung der generationell-familiären Konfliktlinien, die eine immer größere Bedeutung für unterschiedliche Lebensstile, aber auch für die großen Verteilungskonflikte spielen: Junge gegen Alte, Eltern gegen Kinderlose. Denn diese Rollen sind zu einem guten Teil transitorische Phasen im Lebenslauf. – Und unbestreitbar wiederholt sich die Geschichte nicht in dem Sinne, dass neue Interessen denselben Organisationszyklus durchlaufen wie etwa die Arbeiterbewegung seit dem späten 19. Jahrhundert. Aber insgesamt gilt: Das gesellschaftliche Potential der Interessenorganisation ist derzeit noch nicht ausgeschöpft.

Viertens: Chancen elektronischer Demokratie. Die Medienrevolution des 20. Jahrhunderts, einschließlich des Fernsehens, ist oft als Gefährdung, als Entleerung der Demokratie beschrieben worden. Ihre Wirkungen lassen sich insofern unter den Stichworten «Vereinzelung» (statt Vergemeinschaftung) und «passive Rezeption» (statt aktive Gestaltung und Einflussnahme) beschreiben. Beide Aspekte gingen auf Kosten der traditionellen Organisationspartizipation – der Fernsehabend zu Hause, und sei es bei «Tagesthemen» und «Auslandsjournal», hat den Gang zur Ortsvereinssitzung abgelöst. Seit der «interaktiven Wende» der elektronischen Kommunikation jedoch sind die Chancen sprunghaft gestiegen, dass Massenmedien und politische Partizipation im 21. Jahrhundert wieder an einem Strang ziehen.[60] Das Internet hat die Rückkopplungsfähigkeit zuvor einseitiger Kommunikation hergestellt und damit auch neue Chancen für quasi-persönliche Kontakte und Netzwerkbildungen eröffnet. Der

Chat mit einem Politiker tritt an die Stelle des Besuchs einer Parteiversammlung. Unbestreitbar werden dadurch bisherige Formen der Organisation und Teilnahme durch neue, losere Formen, durch mehr akzidentielle Kommunikation ersetzt. Doch auch klassische Organisationen wie Volksparteien können in ihrer Binnenstruktur von den neuen Möglichkeiten profitieren, Mitglieder und Interessenten miteinander ins Gespräch zu bringen und projektbezogen arbeiten zu lassen.

Fünftens: Bürgergesellschaftliche Organisierung. Dass die traditionellen, oft in hohem Maße zentral gesteuerten, manchmal quasistaatlich verfassten und jedenfalls korporativ eingebundenen Großverbände die Dinosaurier sind, die von flexibleren, mehr dezentralen und «entstaatlichten» Formen einer organisierten Bürgergesellschaft abgelöst werden, diese Einsicht ist mittlerweile fast zum Gemeinplatz geworden. Die Diskussion über Neue Soziale Bewegungen und bürgerschaftliches Engagement hat inzwischen einen Höhepunkt überschritten. Aber das Argument ist dadurch nicht falsch, die Entwicklungsrichtung deshalb nicht umgekehrt worden. Die Organisierung von Bürgern in ihrem heimatlichen, nachbarschaftlichen, regionalen Umfeld für *issues* der unmittelbaren eigenen «Betroffenheit» wird ein Wachstumsmarkt der Organisierung und Partizipation bleiben. Die Vermittlung von «lokaler Agenda» und übergeordneter Politik, von St. Florians-Prinzip und mehr altruistischem Engagement stellt dabei eine wichtige Herausforderung dar. Vor allzu weit reichenden Utopien, wie sie im Zuge mancher Zivilgesellschaftsdebatten gekeimt sind, wird man sich dabei hüten müssen.

So ist etwa in den letzten Jahren die Gefahr schärfer hervorgetreten, dass die doch universalistisch gemeinte Bürgergesellschaft sich, überspitzt gesagt, von ihrem bürgerlichen Klassencharakter nur schwer befreien kann. Die akademischen und pädagogischen Mittelschichten, die Kirchennahen, die ohnehin ehrenamtlich Engagierten spricht ein solches Programm an, doch es stößt offensichtlich bisher an Grenzen, wenn es um eine aktive (nicht bloß klientenorientierte) Integration von Randgruppen, sozialen Unterschichten, Zuwanderern geht. Das ist zugleich, weit über die bürgergesellschaftliche

Thematik hinaus, ein allgemeines Problem von Organisierung und Politikfähigkeit in einer vielfach gespaltenen Gesellschaft. Unter ihm leiden die Organisationen im Umfeld der alten Arbeiterbewegung, also Sozialdemokratische Partei und Gewerkschaften, in weit größerem Maße als das «bürgerliche Lager»; in der Resignation und mangelnden Politikfähigkeit der neuen Unterschichten liegt sogar eine Hauptursache für deren rapiden Mitgliederschwund. Doch sie verfügen, andererseits, über Ressourcen und Erfahrungen politischer Arbeit in solchen Milieus, die in Zukunft vermehrt und offensiv genutzt werden sollten.

«Das Mißvergnügen am Organisationsmechanismus der Parteien schlägt leicht um zu einem Unbehagen an der Demokratie» – so aktuell formulierte Otto Stammer 1955 im zweiten Jahrgang der «Neuen Gesellschaft».[61] Und im Horizont der Erfahrungen in der Mitte des 20. Jahrhunderts warnte er, dass «die totalitäre Superorganisation des gesellschaftlichen Zusammenlebens für uns die einzige Alternative des Verbändepluralismus der Massendemokratie» sei. So gesehen ist unsere Lage gar nicht so schlecht. Die Alternative der totalitären Organisation ist keine reale Gefahr mehr, und neue Chancen der Teilhabe und Organisierung, die Stammer noch nicht ahnte, haben sich eröffnet. Gerade vor diesem Hintergrund wäre es gefährlich, der Empfehlung mancher Politikwissenschaftler zu folgen und die Menschen durch einen neuen Rousseauismus in die Demokratie hinein*zwingen* zu wollen.[62] Immerhin sollte man auch nicht übersehen, dass das Zeitalter der Massenpolitisierung und Massenpartizipation mindestens ambivalente Wirkungen gehabt hat: Auf seinem Boden ist auch die anti-zivile, anti-demokratische Kollektivierung und Zwangsformierung des 20. Jahrhunderts gewachsen und der politische «Rausch der Masse». Und selbst innerhalb des demokratischen Sektors konnten sich die straff strukturierten Mitgliederverbände kaum dem entziehen, was Robert Michels schon sehr früh als das «eherne Gesetz der Oligarchie» beschrieb.

Den Herausforderungen an die Zukunft politischer Organisationen sollten wir also durchaus mit Selbstbewusstsein und Vertrauen begegnen. Wenn Mitglieder schwinden, schwindet noch nicht unbedingt die Systembedeutung von Organisationen – eine Partei mit 500 000 Mitgliedern muss nicht weniger erfolgreich oder weniger wichtig sein als eine jenseits der Million. Das Parteiensystem ist innovationsfähig, wie die Erfolgsgeschichte der «Grünen» seit den 80er Jahren unterstreicht. Und es gilt festzuhalten: Alle ernsthaften Anstöße für eine Reform, Innovation, Erneuerung von politischer Organisierung und Partizipation sind bisher «von innen» produziert worden, aus der Tradition und den kulturellen Ressourcen der westlichen Demokratien und liberalen Gesellschaften heraus. Man mag es bedauern oder für bornierten Kolonialismus halten, aber seriöse «multikulturelle» Vorbilder etwa einer chinesisch-konfuzianischen oder einer arabisch-islamischen Demokratie, die uns Erneuerung «von außen» vermitteln könnten, gibt es schlechterdings nicht. Es gibt allerdings auch keine eindeutige Zielvision für die Zukunft. Die Vielfalt und Überlagerung verschiedener Handlungsmuster und Organisationsformen wird die Demokratie im 21. Jahrhundert prägen.

18.
JENSEITS DES KONSUMS. UMRISSE EINER INVESTIVEN GESELLSCHAFT

I.

Schlechte Zeiten für die Bürgergesellschaft? Die andauernde wirtschaftliche Strukturkrise, heimische Massenarbeitslosigkeit und globale Konkurrenz hat in den letzten zwei, drei Jahren das Selbstbewusstsein der Deutschen nicht unbedingt gestärkt, das Vertrauen in die wirksame Mobilisierung eigener Kräfte nicht wachsen lassen. Das Werben um mehr Eigenverantwortung, mehr Initiative, mehr Engagement klingt manchmal zynisch, jedenfalls in den Ohren derer, die über die dafür nötigen Ressourcen nicht mehr verfügen. Dass es dabei nicht nur um das Geld in den Portemonnaies geht, sondern auch um die Ausstattung mit Bildung oder anderen immateriellen Gütern, die als Luftkissen der selbstständigen Lebensführung dienen können, macht die Sache nicht besser. Denn um diese Kräfte zu stärken, um Selbstverantwortung zu ermöglichen, bedarf es zunächst einmal wieder der führenden Hand des Staates: in den Anstrengungen für Bildungschancen ebenso wie in der Regulierung alltäglichen Verhaltens, die ja zuletzt auf seltsame Weise politikfähig geworden ist. Dass ein Bundesministerium den Bürgerinnen und Bürgern – nicht zuletzt den Kindern – sagt, wie sie sich ernähren und bewegen sollen, und mutmaßliches Fehlverhalten durch striktere Gesetzesnormen zu bekämpfen versucht wie im Falle des Tabakkonsums, all das lag eigentlich nicht auf der Linie der Vorstellungen, die wir uns noch vor wenigen Jahren von einer mündigen, der Staatsbetreuung und Klientelisierung entwachsenden Bürgergesellschaft gemacht haben.

Auch im größeren Maßstab der Volkswirtschaft, ihrer internationalen Vernetzung und nationalpolitischen Steuerung, scheint das Pendel wieder zurückzuschwingen. Die Rufe nach mehr Staat werden wieder lauter: nach der Regulierung und Einhegung einer scheinbar wild gewordenen neoliberalen Ökonomie, nach staatlicher Grenzziehung gegen den grenzüberschreitenden Wettbewerb um Standorte, Arbeitskräfte und Lohnkosten, auch nach der direkten Intervention, nach dem Eingriff des Staates in wirtschaftliche Abläufe zum Beispiel durch größere Konjunktur- oder Investitionsprogramme. Die von dem ehemaligen SPD-Parteivorsitzenden Franz Müntefering ausgelöste Debatte über den Kapitalismus ist nur ein weiteres Indiz, ein Ventil für das Unbehagen, das eine Mehrheit der Deutschen in riskanter gewordenen Verhältnissen spürt. Es gibt ein Bedürfnis nach Gemeinschaft, eine Sehnsucht nach Verbindlichkeiten, doch müsste die neue Sicherheit außerhalb des Marktes zu finden sein, entweder in persönlich abgesteckten Nischen oder unter der hütenden und sorgenden, Gefahren abwehrenden Hand des Staates. Auch dies sind keine guten Voraussetzungen für eine Bürgergesellschaft, die in Nische und Nachbarschaft anfangen mag, doch an deren Grenzen nicht enden kann. Der Abstand zwischen den harten, kalten Realitäten der Wirtschaft und den warmen Werten der Sicherheit und Zufriedenheit scheint denkbar groß geworden zu sein.

Schlechte Zeiten für die Bürgergesellschaft? Jedenfalls muss man die Krisenzeichen ernst nehmen und die Spannungen, denen dieser Entwurf auch am Beginn des 21. Jahrhunderts ausgesetzt ist, kennen, anstatt nur frohgemut mit den Sonntagsreden über bürgerschaftliches Engagement und Zivilgesellschaft fortzufahren, denen die Wirklichkeit am Ende abhanden kommt. Es lohnt sich, das ist die These dieses Beitrags, am Entwurf einer aktiven Bürgergesellschaft festzuhalten. Aber er muss angepasst, weiterentwickelt und neu gedacht werden. Das muss keineswegs heißen, ihn angesichts der eben skizzierten Herausforderungen kleiner, bescheidener zu denken. Im Gegenteil – wir können nicht zurück zu den (oft ohnehin nur trügerischen) Sicherheiten der 60er oder 70er Jahre. Die Idee der Bürgergesellschaft muss deshalb erweitert und auf eine neue Stufe gehoben werden. Sie hat zu lange als ein Gegenbild oder Randbereich der «wirklichen Welt», sei es des Staates, sei es des Marktes, gedient, gewissermaßen als der Erholungs- und Entlastungsbereich für den Feierabend oder die nicht berufstätige Gattin. Jetzt geht es darum, die Bürgergesellschaft in das Zentrum des «Gesellschaftsvertrages» zu holen. Sie muss sich listig mit Staat und Markt verbinden, jenen beiden Kräften der Moderne, die zu besiegen ohnehin illusorisch ist, abgesehen davon, dass wir beide für ein freies und sicheres Leben dringend brauchen.

II.

Die Bürgergesellschaft ist keine fixe Idee, sondern immer ein historisch flexibles Konzept gewesen. Um das zu sehen, muss man nicht bis ins antike Griechenland oder ins 18. Jahrhundert von westlicher Kommerzialisierung und Aufklärung zurückgehen. Allein in den letzten zwei bis drei Jahrzehnten haben sich die Akzente mehrfach auf charakteristische Weise verschoben – also innerhalb einer Phase, die insgesamt von einer auffälligen Renaissance der Bürgergesellschaft gekennzeichnet ist, wenn man es mit den vorangegangenen Jahrzehnten vergleicht. In den 80er Jahren kam die Idee der «Zivilgesellschaft» nicht zuletzt auf dem Umweg über die Bürgerbewegungen in den damals noch kommunistischen Ländern Mitteleuropas in den Westen zurück. Hier ging es im Kern um die politische (aber durchaus auch private) Autonomie einer vom Staat, von staatlichen Strukturen unter totalitären Bedingungen übermächtigten Gesellschaft. Eine korrespondierende Strömung im Westen propagierte unter libertären, kommunitaristischen Vorzeichen eine «Entstaatlichung», eine bürgerschaftliche Selbstorganisation von Herrschaft. Der revolutionäre Elan der selbstorganisierenden Gesellschaft gegen den Staat geriet in den postkommunistischen Ländern schon bald – Protagonisten wie Bronislaw Geremek in Polen haben das früh und selbstkritisch beschrieben – in eine Krise, als der Staat nicht mehr Gegner war, sondern als freiheitlicher Staat aufgebaut und gesichert werden musste.

In den 90er Jahren stand darum – diesmal mehr vom Westen, vor allem den Vereinigten Staaten ausgehend – das bürgerschaftliche Engagement als aktives Handeln des Einzelnen in sozialen Netzwerken im Vordergrund, mit seiner Fähigkeit zur Bildung von Bindungskräften, von «Sozialkapital» (Robert Putnam) in einer von individualistischer Auszehrung bedrohten Gesellschaft. Die Enquete-Kommission des Deutschen Bundestages zur Zukunft des bürgerschaftlichen

Engagements verschaffte dieser Vision von Bürgergesellschaft hierzulande auch politische Aufmerksamkeit. Der Scheinwerfer richtete sich auf die Tätigkeit von Bürgerinnen und Bürgern in Vereinen und Ehrenämtern, auf die vielfältigen Potentiale des Miteinander, des Helfens und Unterstützens «nach Feierabend». Hier schien sich eine lange verkannte, vielleicht gar als Vereinsmeierei gering geschätzte Sphäre zu behaupten, im günstigsten Falle auch wieder zu wachsen, die gegen die Dynamik und Eigenlogik anonymer Kräfte von Staat und Markt personale Ressourcen stärkte oder überhaupt erst hervorbrachte.

Deshalb wurde und wird dieser Bereich in der sozialwissenschaftlichen Forschung häufig als ein «Dritter Sektor» beschrieben, der eine bürgerschaftlich orientierte Politik neben dem Staat, und wichtiger noch: eine bürgerschaftliche Ökonomie neben dem Markt zur Verfügung stellen könne. So gesehen, geht es dann nicht mehr nur um Freizeit und Feierabend, sondern letztlich um den umfassenden Entwurf einer alternativen Sinnhaftigkeit menschlichen Tuns überhaupt, das sich der Profitlogik des Marktes widersetzt. Das wichtigste Beispiel dafür sind Konzepte der «Bürgerarbeit», die angesichts der Krise klassischer Erwerbsarbeit, angesichts von Erwerbslosigkeit am Markt, rasch eine zusätzliche und konkrete Attraktivität entfalteten. Weil diese Bürgerarbeit nicht strikt ehrenamtlich geleistet werden soll (und kann: denn sie soll anderweitig fehlenden Lebensunterhalt sichern), kommen spätestens an dieser Stelle staatliche Instanzen der Regulierung und Alimentation ins Spiel; das Einkommen aus Bürgerarbeit soll in der Regel aus dem Steueraufkommen finanziert werden.

In einer anderen Variante lässt sich dieses Konzept der Bürgergesellschaft auch radikal entökonomisieren: nämlich wenn man davon ausgeht, dass auch die sinnvolle Bürgerarbeit, sei es in der Spielplatzpflege, sei es in einer Schule oder sozialen Einrichtung, den Zwangscharakter jeder Form von Arbeit nicht abstreifen kann und die Bürgeridentität an Bedingungen, an Vorleistungen des Einzelnen – «Du musst Dich engagieren!» – knüpft. Dann gelangt man, wie jüngst wieder Wolfgang Engler in seinem Buch «Bürger ohne Arbeit», zu dem Entwurf einer gleichsam voraussetzungslosen Bürgerschaft. Doch bleibt bei einem solchen auf den ersten Blick fraglos faszinierenden Modell nicht nur offen, wie es organisiert und finanziert werden kann. Viel grundsätzlicher stellt sich die Frage, ob es überhaupt ein erstrebenswertes Leitbild von Bürgergesellschaft sein soll, ihre Mitglieder primär abzusichern und freizustellen (für was? für ein individuell auskömmliches, selbstgenügsames Leben?), anstatt das Engagement, die «vita activa», in einem weiten Sinne deshalb auch: die Arbeit, ins Zentrum der Bürgerexistenz zu stellen. Daran kranken letztlich auch die Konzepte der Bürgerarbeit jenseits des Marktes. Und empirisch hat sich immer wieder erwiesen, dass der Ausschluss aus der Erwerbsgesellschaft keineswegs mehr Kräfte für das bürgerschaftliche Engagement freisetzt – eher im Gegenteil. Doch andererseits springt der Appell an dieses Engagement alleine zu kurz, weil er auf andere Weise gleichfalls dazu neigt, die aktive Bürgergesellschaft von den Regeln von Markt und Staat abzukoppeln. Es ist also Zeit, auf die Suche nach einem neuen Konzept von Bürgergesellschaft zu gehen.

III.

Dabei genügt es nicht, mögliche Defizite früherer Visionen von bürgerlichem Engagement und Zivilgesellschaft beheben zu wollen. Man muss vielmehr mit einer grundsätzlichen Analyse über Bürger und Staat beginnen: Das Selbstverständnis des Bürgers und die Funktionen des Staates stehen dabei ebenso zur Debatte wie der «Vertrag» zwischen Bürgern und Staat, und zwar nicht zuletzt im Lichte der jeweiligen ökonomischen Fähigkeiten und Präferenzen und damit auch der Fähigkeit, Solidarität zu leisten und Gerechtigkeit zu produzieren. Auf der Seite des Bürgers steht damit die *Krise einer Konsumgesellschaft* zur Debatte, wie sie am Ende des 20. Jahrhunderts in Deutschland noch einmal einen Höhepunkt erreicht hat. Seitdem wird häufig über die Kaufzurückhaltung der Bürger als Konsumenten geklagt. Der Einzelhandel kann an frühere Erfolge nicht mehr anknüpfen, und selbst das Auto, der Deutschen liebstes Kind, bleibt oft genug in den Showrooms stehen. Die meist rituell geäußerte Erwartung, die Konjunktur müsse nur wieder anspringen, die Menschen müssten nur wieder mehr im Portemonnaie haben, dann werde auch der Konsum wieder zunehmen und an seine frühere Rolle als Wachstumsmotor anknüpfen, könnte sich jedoch als trügerisch erweisen.

Manches spricht dafür, dass die Konsumgesellschaft in hoch entwickelten Gesellschaften wie denen Westeuropas tatsächlich einen historischen Höhepunkt überschritten hat – weil sie auf spezifischen Bedingungen beruhte, die sich kaum wiederherstellen lassen. Man muss dabei gar nicht auf eine «moralische» Kritik des Konsums zurückgreifen nach dem Motto: «Wieviele Dinge brauchen wir denn noch, um trotzdem nicht glücklicher zu werden?» Man muss auch nicht an die prekären Effekte eines Massenkonsums denken, dessen Ursprung und Wertschöpfung (und Arbeitsplatzeffekte) immer mehr außerhalb des eigenen Landes liegen. Brüchig geworden ist vielmehr zu allererst das Versprechen der Nachkriegszeit, nach dem Wohlfahrtsstaat und Massenkonsum nur zwei Seiten derselben Medaille waren. Die Bürger gaben einen nicht geringen Teil ihres Einkommens, ohne dass sie es zuvor zu Gesicht bekamen, für Steuern und Sozialabgaben her, dafür erhielten sie umfassende Versorgung und Absicherung sowie die Aussicht, das verbleibende Nettoeinkommen für den unmittelbaren Konsum verwenden zu können. Inzwischen steht jedoch eine Umsteuerung von Präferenzen auf der Tagesordnung. Sparen und Vorsorge, Bildungsaufwendungen und Risikoabsicherung treten als immer wichtigere Posten in die Ökonomie der Privathaushalte ein. Daran wird sich auch mit wieder günstigeren Wachstumsraten nicht mehr prinzipiell etwas ändern.

Damit ändert sich offensichtlich auch das Verhältnis zwischen Staat und Bürgern. Das geschieht in vielfacher Weise, etwa als ein rapider Vertrauensverlust politischer Parteien und der politischen Klasse. Es betrifft jedoch wiederum auch die ökonomischen Aspekte des «Gesellschaftsvertrages», und damit rückt die *Krise des klassischen Steuerstaates* in den Blickpunkt. Hinter zurückgehenden Steuereinnahmen des Staates und damit der wachsenden Unfähigkeit, die klassischen öffentlichen Güter noch aus Steuermitteln zur Verfügung stellen zu können, steht erneut mehr als eine konjunkturelle Schwäche, vermutlich sogar mehr als ein Strukturwandel der Wirtschaft im

Zeichen von Globalisierung und Postindustrialisierung. Während einerseits die Steuersätze und die Steuerbelastung der Bürger ebenso wie der Unternehmen historische Tiefstände erreichen, hat sich andererseits die subjektive Einschätzung verdichtet, dass «die Steuern zu hoch» seien und man dem Staat ihre Zahlung höchstens mit verkniffenem Gesicht zugestehen könne. In allen gesellschaftlichen Gruppen hat das zu einer Abwanderung aus der Steuerehrlichkeit geführt, die teilweise an die Grenzen einer Kündigung des Gesellschaftsvertrages heranführt. Aus der Perpektive der staatlich und durch Steuern finanzierten öffentlichen Leistungen bedeutet das ein schwindendes Bewusstsein für die Kosten der öffentlichen Güter, welche die Bürger gerne nach wie vor in Anspruch nehmen.

Das führt bereits auf den dritten Aspekt dieser großen Transformation hin, auf die *Krise des Wohlfahrtsstaates* und «Daseinsvorsorgestaates», wie man in deutscher Tradition auch sagen könnte. Seine Versprechen, von denen vorhin schon die Rede war, konnten seit langem, spätestens seit den 70er Jahren, ohnehin nur noch durch eine ständig wachsende Neuverschuldung eingehalten werden. Lange Zeit galten in der «alten» Bundesrepublik die Leistungen des Sozialstaates als vorrangiges Bindemittel der Demokratie, als Loyalitätsgrund der Bürger. Inzwischen ist dieser Mechanismus fragwürdig geworden; vielleicht hat er sich auch nur erschöpft. Jedenfalls reicht die Skepsis der Bürger über die Leistungs- und Zahlungsfähigkeit des Staates weit vor die Zeiten der Agenda 2010 zurück und ist nicht erst eine Folge eines Abbaus von Sozialleistungen, sofern von dieser bei nüchterner Prüfung überhaupt die Rede sein kann, denn seit den 80er Jahren haben sich Kürzung und Expansion von Sozialleistungen – bis hin zum enormen finanziellen Mehraufwand von Hartz IV! – mindestens die Waage gehalten. Dennoch können die Erwartungen der Bürger immer schwerer erfüllt werden, weil bei den meisten offensichtlich der Eindruck entsteht, in einem komplizierten und undurchschaubaren System von Transferzahlungen mehr zu geben als zurückzuerhalten, mehr Solidarität zu leisten als in Anspruch zu nehmen. Der herkömmliche Wohlfahrtsstaat hat Berechtigungen geschaffen, dafür aber die Bürger aus der Verpflichtung entlassen.

IV.

Diese Veränderungen können hier nur angerissen werden; viel mehr wäre zu ihnen zu sagen, und andere Faktoren müsste man hinzufügen, von der demographischen Entwicklung bis zu Globalisierung und EU-Integration. Was aber hat all das mit der Bürgergesellschaft zu tun? In ihren verschiedenen Facetten weist die gegenwärtige Krise immer wieder darauf hin, die Rolle des aktiven Bürgers nicht nur am Rande, sondern im Zentrum des «Gesellschaftsvertrages» zu stärken: in der Mitte der Erwerbsgesellschaft, im Kern der kollektiven Sicherungs- und Solidaritätssysteme. Bürger sein heißt, Verantwortung zu übernehmen – nicht nur am Wochenende in der Kirchengemeinde oder im Sportverein, sondern so weit es geht, Verantwortung zu übernehmen für die eigene Lebensführung, einschließlich der ökonomischen Präferenzen. Diese auch ökonomische Selbstverantwortung bemisst sich aber nicht primär an der individuellen Gewinnmaximierung, sondern an den Prinzipien einer solidarischen Gesellschaft. Sie stellt Fragen wie: Wie kann ich durch meine Anstrengung auch einen Nutzen für andere bewirken? Was kann ich heute investieren, um Chancen in der Zukunft zu verbessern?

In diesem Sinne lässt sich die neue Bürgergesellschaft als eine *«Investive Gesellschaft»* beschreiben, weil sie vom Leitbild der Anspruchsberechtigung, des Konsums von Ressourcen und der Selbstverwirklichung abrückt und ein Leitbild der Solidaritätsverpflichtung, der Investition von Ressourcen und der Selbstverantwortung dagegen setzt. Der Grundgedanke des Investierens hat dabei viele und sehr grundsätzliche Dimensionen. Einen Begriff aus der Ökonomie zu übernehmen bedeutet, bürgerliches Engagement nicht auf einer reinen Moraldimension zu konstituieren oder in einem primär außerökonomischen Bereich wirksam werden zu lassen. Doch geht es um die Investition von Ressourcen ganz verschiedener Art: nämlich von allen Kompetenzen und Fähigkeiten, die Bürger für ihr eigenes Leben und für das einer kleineren oder größeren Gemeinschaft zur Verfügung stellen können. Dazu gehörten sicherlich materielle Ressourcen, aber auch der Einsatz von Zeit (zum Beispiel in der Familie, im Ehrenamt), von moralischem und sozialem Kapital; gegebenenfalls auch kognitive Ressourcen des Wissens. Investieren, das bedeutet in der Regel auch die Erwartung eines *return on investment*, die Erwartung also, am Ende mehr zurückzugewinnen als man ursprünglich gegeben hat. Das kann wiederum in der Geldwährung gelten, aber auch in andere bürgerschaftliche Währungen konvertiert werden: Ich investiere Zeit und soziale Energie in einen Elternabend – und daraus mag sich ein größeres Schul- oder Nachbarschaftsprojekt entwickeln. Ich investiere Geld in Bildung und fahre kürzer in Urlaub – und gewinne dadurch Wissen und Lebensqualität für mich selber, für die eigenen Kinder oder für Dritte.

Investition als Leitbild der Bürgergesellschaft verweist also zugleich auf eine zeitliche Achse, auf die Überschreitung der Gegenwart und den Entwurf einer Zukunft. Die Investive Gesellschaft ist deshalb eine Gesellschaft der sozialen Nachhaltigkeit, nicht zuletzt in intergenerationeller Perspektive. Früher sagte man häufig, «meine Kinder sollen es einmal besser haben», und meinte im Grunde etwas Ähnliches: Lieber schränken wir uns jetzt etwas ein, dann gewinnen wir später Chancen – wenn auch erst in der nächsten Generation. Die Investive Gesellschaft ist keine Gesellschaft des Glücklich-sein-im-Hier-und-Jetzt, sondern eine Gesellschaft des größeren Glücks von morgen. Sie muss sich an dem Kriterium messen lassen, in der Bilanz mehr Ressourcen neu zu generieren statt zu verbrauchen. Auch in diesem Sinne ist die gewachsene öffentliche Verschuldung mit ihren Lasten für die kommenden Generationen ein zutiefst unbürgerliches Projekt. Investieren bedeutet ja, eine Vorleistung zu erbringen; nicht, eine Vorleistung zu erhalten.

Darin liegt übrigens ein sehr prinzipieller Unterschied zu anderen Konzepten der letzten Zeit, der Bürgergesellschaft ein ökonomisches Fundament zu geben. So macht Bruce Ackermans «Stakeholder Society» den Vorschlag, der Staat solle jeden Bürger bei Geburt oder bei Volljährigkeit mit einem bestimmten gleichen Startkapital ausstatten, also zum Beispiel einmalig 80 000 Euro überweisen.[63] Dann könne und müsse jeder nach eigener Präferenz sein Leben und seine soziale Sicherheit daraus gestalten: Gründung eines Geschäftes oder drei Studienjahre in Harvard, Festgeldanlage oder Verjubeln auf sofortiger Weltreise. Dem stehen nicht nur Probleme der Finanzierung und realen Praktikabilität entgegen: Soll, wer sein Geld verfeiert hat oder auch unverschuldet wieder in Not gerät, gar keinen Unterstützungsanspruch mehr haben? Es ist auch fraglich, ob diejenigen einen solchen Bonus erhalten sollen, die ihn für ihre bürgerliche Selbstständigkeit überhaupt nicht brauchen, weil in der Familie genügend Vermögen oder Bildungsressourcen vorhanden sind. Am schwersten wiegt jedoch der Einwand, dass dieses auf den ersten Blick bestechende Prinzip am Ende doch ein Prinzip ist, dessen Anker eine staatliche Vorleistung, ein staatlicher Versorgungsanspruch ist, anstatt zunächst den Bürger in seiner eigenen Leistungsfähigkeit für sich selber und für andere zu fordern. Die Investive Gesellschaft kehrt insofern das Prinzip der «stakeholder society» um.

Und worum geht es dabei konkret – kann das mehr als ein intellektuelles Luftschloss, als ein diffuses Begriffsgebilde ohne politische Wirkungsmöglichkeit sein? Bei näherem Hinsehen bündelt das Konzept einer Investiven Bürgergesellschaft sogar viele Vorschläge, die in letzter Zeit aus ganz unterschiedlichen Richtungen, auf ganz unterschiedlichen Politikfeldern gemacht worden sind. Zunächst ist die Sache mit dem Investieren ja sehr konkret gemeint. Sie hat eine private ebenso wie eine öffentliche Seite. Einerseits geht es um die Eigenverantwortung des Bürgers, um seine eigene Ausgabenpräferenz, seine Investition in die nachhaltigen Perspektiven des eigenen Lebens und dessen der Nachkommen. Andererseits lässt sich Investition nicht privatisieren, sondern bleibt eine öffentliche Aufgabe – eine Aufgabe, mit der die Bundesrepublik zumal in ihrem Westteil immer mehr in Rückstand zu geraten droht. Die öffentlichen Infrastrukturen aus der Hochphase der Nachkriegszeit, den 60er bis 80er Jahren, altern und werden nicht mehr genügend erneuert, von Schulen über Straßen bis zu Krankenhäusern. Das Prinzip der Nachhaltigkeit fordert auch hier, im Interesse der kommenden Generationen rechtzeitig zu investieren und dafür Ressourcen der Bürger zu mobilisieren.

Diese Ressourcenmobilisierung ist selber ein wesentlicher Bestandteil von Investiver Gesellschaft, zumal angesichts der schwindenden Legitimität des Steuerstaates. Zu abstrakter Steuerzahlung für einen Zweck, den der Staat bestimmt und dessen individuellen

Nutzen man nicht kontrollieren kann, sind die Bürger offenbar immer weniger bereit. Deswegen werden Steuererhöhungen neuerdings mit einer Zweckbindung verknüpft wie im Falle der Öko- oder der Tabaksteuer. Noch konsequenter ist, auf derselben Linie, der Übergang von Steuer- zu Gebührensystemen. Ob Straßenmaut oder Bildungsgebühren – dahinter steht eben nicht nur die Not knapper Kassen, die anders als durch Wegelagerei nicht mehr zu füllen sind. Dahinter steht vielmehr ein fundamentaler Wandel im Gerechtigkeitsverständnis des Zugangs zu öffentlichen Gütern. Früher galt es als Optimum der Gerechtigkeit, diese Leistungen unabhängig von ihrer individuellen Inanspruchnahme aus Steuermitteln (nach der Leistungskraft der Bürger) zu finanzieren und dann kostenfrei zur Verfügung zu stellen. Inzwischen empfinden wir es aber als ungerecht, wenn jemand von solchen Gütern mehr Gebrauch macht als andere, größeren Nutzen zieht als andere, ohne dafür auch mehr zu bezahlen. Das gilt für die Straßenbenutzung ebenso wie für das kostenlose Studium, das auch weiterhin überdurchschnittliche Verdienstchancen und Lebensqualität ermöglicht.

Deshalb kann ein Übergang vom «Steuerstaat» zur «Gebührengesellschaft» Teil eines neuen Gesellschaftsvertrages sein, unter dem veränderten Maßstäben der Gerechtigkeit und Fairness Rechnung getragen wird: Welche öffentlichen Güter nehme ich in Anspruch, die ja von meinen Mitbürgern finanziert worden sind, und wie weit bin ich bereit, mich daran zu beteiligen? Neben der Gerechtigkeit geht es auch um die Stärkung der Souveränität des Bürgers über seine eigene Ökonomie. Bei geringerer Steuerlast ist der Spielraum größer, Entscheidungen über Präferenzen zu treffen: Wieviel ist mir der Opernbesuch, oder der Ausflug über die Autobahn, oder ein bestimmtes Studium vergleichsweise, in der Abwägung zu anderen Investitionen, wert? Drittens wird das Prinzip der «Vorleistung», des Investierens gestärkt, das nicht nur eine Vorleistung für eigenen Nutzen darstellt, sondern zugleich eine Vorleistung an die Allgemeinheit bildet, also dem Gedanken entspricht, Solidarität nicht nur in Anspruch zu nehmen, sondern auch zu leisten. Viele dieser Überlegungen lassen sich mit anderen Konzepten der materiellen Solidarität in der Bürgergesellschaft verknüpfen. Dabei kann man zum einen an zivilgesellschaftliche Steuersysteme denken, wie sie im Umkreis der grünen Bewegung eine Zeitlang populär waren, zum anderen an Spenden und Stiftungen, an Sponsoren- und Mäzenatentum, das seit einiger Zeit in der Debatte über die Bürgergesellschaft bereits eine wichtige Rolle spielt, wenn auch die Realisierung noch nicht so weit gekommen ist wie erhofft.

Man kann dieses Projekt einer neuen Bürgergesellschaft also von seinen Ressourcen her ins Auge fassen, man muss aber auch – mindestens ebenso wichtig – auf seine Handlungsbereiche und Aufgabenfelder blicken. Dabei nimmt ein neues Arrangement des Sozialstaates einen zentralen Platz ein, wie es in wesentlichen Aspekten bereits in den politischen Auseinandersetzungen der letzten zwei Jahre diskutiert worden ist. Der deutsche Sozialstaat, darüber besteht weithin Einigkeit, zeichnet sich (immer noch) durch hohe Transferausgaben aus, die einer in den letzten zwei, drei Jahrzehnten stark angewachsenen Unterschicht und Fürsorgeklientel vor allem als Konsumausgaben, zur Alimentierung des Lebensunterhalts, zur Verfügung gestellt werden. Obwohl diese Transferausgaben schon seit langem an dem Kriterium der Teilnahme und Teilhabe an den gesellschaftlichen Chancen gemessen werden – grundsätzlich, aber auch sehr konkret etwa im klassischen Warenkorb der Sozialhilfe, zu dem dann auch ein Anteil Kino- oder Theaterkarte gehört –, ist der Teilhabe- und Chanceneffekt des Sozialstaates immer mehr auf der Strecke geblieben.

Der massive Transfer ändert an den Verhältnissen zu wenig: Er bewirkt einen relativ auskömmlichen Lebensstandard, aber keinen Ausbruch aus der Abhängigkeit, keinen Aufstieg in neue Chancen. Deshalb müssen neue Schwerpunkte der Förderung gesetzt werden, müssen Mittel verstärkt dorthin fließen, wo sich Kanäle des Aufstiegs in eine selbstständige Lebensführung öffnen können. In diesem Sinne spricht man häufig, nach skandinavischem Vorbild, vom Wandel des «konsumtiven Sozialstaates» zu einem «investiven Sozialstaat». Ein zentraler Ort dieser sozialen Investitionen ist die Bildung, hier vor allem auf einer Linie von der frühkindlichen Erziehung über die Grundschule bis zur Hauptschule einschließlich des Schulabschlusses. Es ist offensichtlich, wie sich dieses Konzept in den größeren Rahmen einer Investiven Bürgergesellschaft einfügt. Denn wieder geht es darum, Krisen und Probleme nicht in der Gegenwart weich abzupolstern, sondern im Blick auf die Zukunft so nachhaltig zu lösen, dass die Fähigkeiten von Menschen, ihr Leben selber zu bestimmen, gestärkt werden.

Nicht nur innerhalb eines neuen Sozialstaates, sondern weit darüber hinaus markieren Bildung und Wissen ein zentrales Handlungsfeld der Zukunft. Damit ist mehr gemeint als der technokratisch-funktionale Imperativ, der neuerdings gerne mit Formeln wie der von der Anpassung an die beschleunigte Wissensproduktion, an die Sachzwänge der neuen Wissensgesellschaft beschworen wird. Es geht aber auch um mehr als die ältere liberale Parole «Bildung ist Bürgerrecht». Nicht weil man (Staats-) Bürger ist, darf man sich bilden, Abitur machen oder eine Universität besuchen: Diese Logik reicht, zumal angesichts neuartiger sozialer Problemlagen, nicht mehr weit genug. Bildung ist vielmehr das Medium, durch dessen Aneignung und Gebrauch die Chance, in vollem Sinne Bürger zu sein, erheblich erweitert, oft überhaupt erst wieder hergestellt wird. Wenn Bildung aber solche Lebenschancen eröffnet, materielle wie immaterielle, dann kann man auch erwarten, dass derjenige (nach seinen Fähigkeiten und Möglichkeiten!) in sie investiert, der auch von ihnen profitiert, gerade dann, wenn es sich nicht nur um eine Grundausstattung, sondern um überdurchschnittliche Chancen, etwa durch ein Universitätsstudium, handelt. Hier schließt sich, mit dem Stichwort Studiengebühren, wieder der Kreis zu den materiellen Ressourcen, aber auch den Gerechtigkeitsaspekten, einer neuen Bürgergesellschaft.

V.

Auf dem Wege dorthin tauchen, wie könnte es anders sein, viele Fragen auf, die einer genaueren Untersuchung bedürften. Die bürgerliche Gesellschaft war nie ein glatt gebügelter, wasserdicht imprägnierter Entwurf, sondern widerspruchsvoll, einladend zur Kritik und Selbstkritik. Das unterscheidet sie, zum Glück, von manchen Ideologien anderer Art. Eine Grundfrage, die uns in Zukunft noch beträchtlich zu schaffen machen wird, betrifft Verschiebungen im gewohnten Verhältnis von Privatheit und Öffentlichkeit. Die klassische bürgerliche Gesellschaft hat diese beiden Kategorien, und damit auch eine relativ strikte Trennung zwischen privater und öffentlicher Sphäre, überhaupt erst geschaffen. Inzwischen erleben wir jedoch, wie diese Grenze in vielen Bereichen porös wird, wie sich neue Überlappungen herausbilden, osmotische Strukturen zwischen Privatem und Öffentlichem entstehen. In den Massenmedien, zum Beispiel im Boulevard-Fernsehen, gilt das schon länger. Es betrifft aber auch Kernbereiche der bürgerlichen Existenz. Die Stärkung von Selbstverantwortung in der sozialen Vorsorge verbindet klassische öffentliche Aufgaben mit einer privaten Komponente. Wenn Bildung individuelle Chancen eröffnet und auch ökonomisch so betrachtet wird, ist sie nicht mehr nur ein klassisches öffentliches Gut.

Und mehr noch: Ganze Lebensbereiche, die lange Zeit als privat, ja intim galten, sind in den letzten Jahren als öffentliche, als gesellschaftliche Probleme, teils sogar als Felder staatlicher Intervention, thematisiert worden. Dazu zählt einerseits die Religion, die immer mehr in reine Intimität verbannt schien und seit einiger Zeit nicht nur einen neuen Weg in die Öffentlichkeit findet, sondern zumal als eine Ressource der Zivilgesellschaft viel Beachtung findet. Es gilt andererseits für Bereiche des scheinbar ganz privaten Verhaltens wie Ernährung, Freizeit und Konsum – wieviel und was wir essen, ob Kinder sich viel oder wenig bewegen, beschäftigt inzwischen nicht nur bürgerliche Zeitungen, sondern auch die Politik. Geht es dabei um eine staatliche Reglementierung, gar eine Disziplinierung des Privatlebens? Oder stehen wiederum die Chancen der Teilhabe an einer bürgerlichen Gesellschaft zur Debatte, die nicht zuletzt Kindern durch eine «falsche» Lebensführung verschlossen bleiben? Dürfen wir – diese Frage ist längst mehr als nur metaphorisch – Wohnungstüren öffnen, in Kochtöpfe schauen, oder müssen wir es sogar? Gerade an diesem Punkt wird deutlich, in welche sensiblen Dilemmata die neue Politisierung des Privaten führen kann. Aber das gilt im Grunde nicht minder für die Privatisierung des zuvor Öffentlichen in der Transformation klassischer öffentlicher Güter wie Straßen oder Schwimmbäder.

Andere Fragen betreffen die soziale Reichweite und Gerechtigkeit in den Mechanismen einer neuen Bürgergesellschaft. Angesichts einer offensichtlich wachsenden Präferenz, den «fernen Nächsten» eher als den unmittelbaren Nachbarn wahrzunehmen und zu unterstützen – die Reaktion auf die Flutkatastrophe in Südostasien liefert ein gutes Beispiel –, müsste die unverzichtbare Bedeutung des *face-to-face*-Engagements in der bürgerlichen Gesellschaft hervorgehoben werden. Dagegen steht jedoch eine andere Tendenz, nämlich jene Bevorzugung nachbarschaftlicher Solidarität und Unterstützung, die größere Zusammenhänge und institutionalisierte Strukturen der kollektiven Solidarität untergräbt. Wo hört sinnvolle Nachbarschafts- oder Netzwerkhilfe auf, wo fängt Schwarzarbeit an, die durch den Entzug von Steuern und Sozialabgaben Chancen individualisiert und Risiken den anderen aufbürdet? Neben diese räumlichen Spannungen zwischen dem «Nah» und «Fern» der Bürgergesellschaft und ihrer Ökonomie treten klassische Fragen der Verteilungsgerechtigkeit, zum Beispiel im Kontext der «Gebührengesellschaft»: Werden die neuen Gerechtigkeitseffekte nicht durch eine eklatante Ungleichheit zunichte gemacht, wenn jeder das gleiche zahlt, statt nach seiner Leistungsfähigkeit besteuert zu werden? Und die alte Klassenfrage von Arm und Reich überkreuzt sich mit neuen Verteilungskonflikten wie dem zwischen Eltern und Kinderlosen, die in einer aktiven Bürgergesellschaft sogar schärfer hervortreten können. Wenn die Schule nicht mehr aus Steuermitteln renoviert wird, sondern die Eltern am Wochenende zu Pinsel und Farbe greifen, ist das schön für das bürgerliche Engagement, aber eine gleich doppelte Ungerechtigkeit gegenüber denen, die gar keine Kinder haben: Denn sie kommen um ihren finanziellen (steuerlichen) Beitrag zu einer Aufgabe der Allgemeinheit herum, und sie sparen obendrein die Investition von Zeit. Dieses Beispiel zeigt auf sehr plastische Weise, wie kompliziert die Regeln und Konfliktlinien der neuen Bürgergesellschaft sein können.

Bei allen Verschiebungen und offenen Fragen – eine Konstante in der sozialen Basis der Bürgergesellschaft wird wohl erhalten bleiben und verdient gegenwärtig sogar wieder neue Aufmerksamkeit. Bürgerliche Gesellschaft ist im Kern ein Projekt von Mittelklassen, von mittleren Schichten der sozialen Hierarchie gewesen – nicht in einem strengen, exklusiven, abgeschotteten Sinne, sondern im Sinne einer offenen Mitte, als Kristallisierungskern, an den anderes sich anlagern kann. Es sind nicht die Armen und auch nicht die Superreichen, die sich zuerst und beständig engagieren. Das gilt im Hinblick auf die moralischen, zeitlichen und sozialen Ressourcen; es könnte aber auch in der Ökonomie einer Investiven Bürgergesellschaft eine wichtige Rolle spielen. Unter dem Eindruck der wirtschaftlichen und sozialen Krise in Deutschland, von Massenarbeitslosigkeit und Managergehältern, sind die immer noch breiten, immer noch gut situierten Mittelschichten in den Schatten der allgemeinen Aufmerksamkeit geraten. Wer die deutsche Debatte von außen betrachtet, mag inzwischen den Eindruck gewinnen, als bestehe unsere Gesellschaft nur noch aus Hartz IV-Empfängern und Millionenzockern. Aus diesem oft allzu bequemen Abseits müssen die Mittelschichten heraustreten und ihre moralische, aber auch materielle Verantwortung selbstbewusst wahrnehmen. Denn Ökonomie und Moral, Wirtschaft und Werte lassen sich in der neuen Bürgergesellschaft nicht mehr gegeneinander ausspielen.

ANHANG

ANMERKUNGEN

1 Ulrich Beck, Risikogesellschaft. Auf dem Weg in eine andere Moderne, Frankfurt 1986.
2 Vgl. Richard Sennett, Der flexible Mensch. Die Kultur des neuen Kapitalismus, Berlin 1998; jetzt auch ders., Die Kultur des neuen Kapitalismus, Berlin 2005.
3 Jürgen Habermas, Theorie des kommunikativen Handelns, 2 Bde., Frankfurt 1981.
4 «Draußen», in: brand eins, 7. Jahrgang, September 2005, S. 82–88.
5 Vgl. Pierre Bourdieu u. a., Das Elend der Welt. Zeugnisse und Diagnosen alltäglichen Leidens an der Gesellschaft, Konstanz 1997; Franz Schultheis / Kristina Schulz (Hg.), Gesellschaft mit begrenzter Haftung. Zumutungen und Leiden im deutschen Alltag, Konstanz 2005.
6 Vgl. auch das Bild des von den Menschen nicht mehr steuerbaren «Dschagannath-Wagens», das Anthony Giddens verschiedentlich in seiner Analyse der Moderne benutzt hat; z. B.: Konsequenzen der Moderne, Frankfurt 1995, S. 173f.
7 Eric Hobsbawm, Das Zeitalter der Extreme. Weltgeschichte des 20. Jahrhunderts, München 1995.
8 Edward Said, Orientalism, London 1978.
9 Ian Buruma / Avishai Margalit, Okzidentalismus. Der Westen in den Augen seiner Feinde, München 2005.
10 Fritz Stern, The Politics of Cultural Despair, Berkeley 1961; dt.: Kulturpessimismus als Gefahr. Eine Analyse nationaler Ideologie in Deutschland, Bern 1963.
11 Gudrun Krämer, Wettstreit der Werte. Anmerkungen zum zeitgenössischen islamischen Diskurs, in: Hans Joas / Klaus Wiegandt (Hg.), Die kulturellen Werte Europas, Frankfurt 2005, S. 469– 493.
12 Chahdortt Djavann, Was denkt Allah über Europa?, Berlin 2005.
13 Hans Joas, Die kulturellen Werte Europas. Eine Einleitung, in: ders. u. Wiegandt (Hg.), Die kulturellen Werte Europas, S. 11–39. Siehe auch in diesem Band: Die Rückkehr der Werte in der riskanten Moderne, S. 246–254.
14 Vgl. Hans Joas, Braucht der Mensch Religion? Über Erfahrungen der Selbsttranszendenz, Freiburg 2004.
15 Shmuel N. Eisenstadt, Die Achsenzeit in der Weltgeschichte, in: Joas / Wiegandt (Hg.), Die kulturellen Werte Europas, S. 40–68.
16 Shmuel N. Eisenstadt, Multiple Modernities, in: Daedalus 129, 2000, S. 1–29.
17 Vgl. z. B. Jürgen Osterhammel, Die Entzauberung Asiens. Europa und die asiatischen Reiche im 18. Jahrhundert, München 1998.
18 Günther Lachmann, Tödliche Toleranz. Die Muslime und unsere offene Gesellschaft. Mit einem Beitrag von Ayaan Hirsi Ali, München 2005.

19 Vgl. Axel Honneth, Kampf um Anerkennung, Frankfurt 1992; Charles Taylor, Multikulturalismus und die Politik der Anerkennung, Frankfurt 1993; sowie, auch zum folgenden: Nancy Fraser / Axel Honneth, Umverteilung oder Anerkennung? Eine politisch-philosophische Kontroverse, Frankfurt 2003.
20 Vgl. John Rawls, Eine Theorie der Gerechtigkeit, Frankfurt 1994[8].
21 Vgl. Wolfgang Kersting, Kritik der Gleichheit. Über die Grenzen der Gerechtigkeit und der Moral, Weilerswist 2002.
22 Vgl. die klassische Problembehandlung bei E. P. Thompson, Time, Work-Discipline, and Industrial Capitalism, in: Past and Present, Bd. 38, 1967, S. 56–97.
23 Karl Marx / Friedrich Engels, Die deutsche Ideologie, in: Karl Marx / Friedrich Engels, Werke, Bd. 3, Berlin 1983, S. 33.
24 Leo Colze, Berliner Warenhäuser, Berlin 1908 / ND 1989, S. 37.
25 Vgl. Roy Rosenzweig, Eight Hours For What We Will: Workers and Leisure in an Industrial City, 1870–1920, Cambridge 1983.
26 «brand eins», 7. Jg., Heft 7, September 2005: Themenheft «Arbeit – Nie wieder Vollbeschäftigung!; hier bes.: Wolf Lotter, Der Lohn der Angst, S. 50–59.
27 Dass Automatisierung und Maschinisierung – der Ersatz menschlicher Arbeitskraft durch Maschinen – Menschen von Arbeit befreit, aber den Wohlstand konstant hält oder sogar steigert, ist ein simpler ökonomischer Trugschluss. Dieses «Modell» funktioniert schon innerhalb «geschlossener», abgeschotteter Volkswirtschaften nicht; Wohlstand vermehrt sich nur, wenn Menschen anderswo höherqualifizierte Arbeit finden, statt auf dem Sofa liegend die Früchte der Maschinenproduktion zu genießen. Es funktioniert erst recht nicht unter den Bedingungen internationaler Konkurrenz. Den fundamentalen historischen Gegenbeweis hat schon die Rationalisierung der Landwirtschaft im 18. und 19. Jahrhundert geliefert, die die Menschheit eben nicht zu saturierten Agrarbürgern gemacht hat, die sich um andere Erwerbsarbeit nicht mehr zu kümmern bräuchten, weil der Dünger und die Erntemaschine für den notwendigen Wohlstand sorgten.
28 André Gorz, Arbeit zwischen Misere und Utopie, Frankfurt 2000, S. 9.
29 Wolfgang Engler, Bürger, ohne Arbeit. Für eine radikale Neugestaltung der Gesellschaft, Berlin 2005.
30 Ulrich Beck, Wohin führt der Weg, der mit dem Ende der Vollbeschäftigungsgesellschaft beginnt?, in: ders. (Hg.), Die Zukunft von Arbeit und Demokratie, Frankfurt 2000, S. 7–66, hier S. 52.
31 Oskar Negt, Arbeit und menschliche Würde, Göttingen 2001, S. 10.
32 Vgl. Werner Abelshauser, Kulturkampf. Der deutsche Weg in die Neue Wirtschaft und die amerikanische Herausforderung, Berlin 2003, S. 160; auch ders., Deutsche Wirtschaftsgeschichte seit 1945, München 2004.
33 Vgl. Hans-Peter Bartels, Victory-Kapitalismus. Wie eine Ideologie uns entmündigt, Köln 2005.
34 Vgl. Friedrich-Ebert-Stiftung (Hg.), Die neue SPD. Menschen stärken – Wege öffnen, Bonn 2004 (z. B. S. 11, Hans-Martin Bury, Ute Vogt).
35 Jürgen Kocka, Sozialdemokratische Grundwerte heute, in: ebd., S. 58–64, hier S. 59f.
36 Vgl. als Einstieg, mit weiterer Lit.: Rolf G. Heinze, Vom statuskonservierenden zum sozialinvestiven Sozialstaat, in: ebd., S. 254–272.
37 Anthony Giddens, Der dritte Weg. Die Erneuerung der sozialen Demokratie, Frankfurt 1999, S. 81.

38 Vgl. Hans Joas, Die Entstehung der Werte, Frankfurt 1997.

39 Ernst-Wolfgang Böckenförde, Die Entstehung des Staates als Vorgang der Säkularisation, in: ders., Recht, Staat, Freiheit, Frankfurt 1991, S. 92–114, hier S. 112.

40 Vgl. Maurizio Viroli, Republicanism, New York 2002.

41 Vgl. Heinrich August Winkler, Der lange Weg nach Westen, 2 Bde., München 2000.

42 Vgl. Hans Jonas, Das Prinzip Verantwortung. Versuch einer Ethik für die technologische Zivilisation, Frankfurt 1979.

43 Vgl. J. G. A. Pocock, The Machiavellian Moment: Florentine Political Thought and the Atlantic Republican Tradition, Princeton 1975.

44 Vgl. Richard Rorty, Achieving Our Country. Leftist Thought in Twentieth-Century America, Cambridge, Mass. 1998, S. 85; Ralf Dahrendorf, Die Krisen der Demokratie. Ein Gespräch, München 2002, S. 21.

45 Vgl. Robert D. Putnam, Bowling Alone. The Collapse and Revival of American Community, New York 2000.

46 Vgl. Gordon S. Wood, The Creation of the American Republic, 1776–1787, Chapel Hill 1969.

47 Vgl. Reinhart Koselleck, Vergangene Zukunft. Zur Semantik geschichtlicher Zeiten, Frankfurt 1979.

48 Rorty, Achieving Our Country.

49 Christian Meier, Ein antikes Äquivalent des Fortschrittsgedankens: Das «Könnens-Bewusstsein» des 5. Jahrhunderts v. Chr., in: ders., Die Entstehung des Politischen bei den Griechen, Frankfurt 1980, S. 435–499.

50 Richard Sennett, Respect. The Formation of Character in an Age of Equality, New York 2003.

51 Vgl. Nancy Fraser/Axel Honneth, Umverteilung oder Anerkennung? Eine politisch-philosophische Kontroverse, Frankfurt 2003.

52 Böckenförde, Entstehung des Staates, S. 112.

53 Walter Dirks, Partei und Staat, in: Frankfurter Hefte, Jg. 1, 1946, S. 820–832, dieses Zitat: S. 823; das folgende Zitat: S. 825. – Vgl. zum historischen Zusammenhang: Paul Nolte, Die Ordnung der deutschen Gesellschaft. Selbstentwurf und Selbstbeschreibung im 20. Jahrhundert, München 2000, hier bes. S. 377–390.

54 Thomas Kralinski, Reloaded oder stillgelegt?, in: Berliner Republik, Jg. 6, 2004, Nr. 3, S. 47–52, das Zitat: S. 47.

55 Diese Überlegung, die man ausführlicher entfalten müsste, in Anlehnung an Niklas Luhmanns systemtheoretischen (und deshalb verallgemeinerbaren) Begriff von Säkularisierung in: Funktion der Religion, Frankfurt 1977. In der Tat ist ja die hochgradig ideologisierte Massenpolitisierung des 20. Jahrhunderts häufig als Religionsersatz gedeutet worden («politische Religion»). Kein Wunder, wenn sie am Ende von ähnlichen Problemen betroffen ist.

56 Das ist nur ein ganz knapper Hinweis auf jeweils sehr komplexe Diskussionen, denen an dieser Stelle nicht nachgegangen werden kann.

57 Vgl. Michael Zürn, Regieren jenseits des Nationalstaats, Frankfurt 1998.

58 Vgl. dazu auch: Paul Nolte, Generation Reform. Jenseits der blockierten Republik, München 2004, Kap. 17: Vom Steuerstaat zur Gebührengesellschaft, S. 188–197.

59 Dazu näher: Paul Nolte, Sozialstaat und Gerechtigkeit. Plädoyer für einen neuen Gesellschaftsvertrag, in: Christina Knüllig (Hg.), Aufwärts bitte! 10 Beiträge gegen Deutschlands freien Fall, Hamburg 2004, S. 218–244.

60 Vgl. z. B. Claus Leggewie und Christoph Bieber, Demokratie 2.0. Wie tragen elektronische Medien zur demokratischen Erneuerung bei?, in: Claus Offe (Hg.), Demokratisierung der Demokratie. Diagnosen und Reformvorschläge, Frankfurt 2003, S. 124–151.

61 Otto Stammer, Gesellschaftsstruktur und Organisationswirklichkeit der Verbände, in: Die Neue Gesellschaft, Jg. 2, 1955, Heft 3, S. 3–10, dieses und das folgende Zitat: S. 6 (als Teil einer umfassenderen Kontroverse mit Helmut Schelsky über Restauration und «sozialen Defaitismus»).

62 So die Tendenz bei Philippe C. Schmitter, Wie könnte eine «postliberale» Demokratie aussehen? Skizzenhafte Vermutungen und Vorschläge, in: Offe (Hg.), Demokratisierung der Demokratie, S. 152–165.

63 Bruce Ackermann / Anne Alstott, The Stakeholder Society, New Haven 1999.

DRUCKNACHWEISE

HERAUSFORDERUNG MODERNE. Originalbeitrag, bisher unveröffentlicht.

1. Jörg Calließ (Hg.), Die Reformzeit des Erfolgsmodells BRD, Loccum 2004, S. 15–32.
2. Ingeborg Flagge / Romana Schneider (Hg.), Revision der Postmoderne, Hamburg 2004, S. 40–51.
3. leicht gekürzt in: Cicero, Dezember 2004, S. 108–112.
4. Literaturen, April 2005, S. 6–15.
5. gekürzte Fassung in schwedischer Übersetzung in: Axess, Nr. 9, Dezember 2005, S. 14–17.
6. Aus Politik und Zeitgeschichte 37/2005 (12. September 2005), S. 16–23.
7. Originalbeitrag, bisher unveröffentlicht (Auszüge in: Cicero, Juli 2005, S. 90–93).
8. Originalbeitrag, bisher unveröffentlicht.
9. Universitas, 60. Jg., Mai 2005, S. 461–471.
10. Originalbeitrag, bisher unveröffentlicht.
11. Originalbeitrag, bisher unveröffentlicht.
12. Die neue SPD. Menschen stärken – Wege öffnen, Hg. Friedrich Ebert-Stiftung, Bonn 2004, S. 27–36; Berliner Republik, Heft 4/2005, S. 10–15.
13. Universitas, 59. Jg., Oktober 2004, S. 1003–1011; Die Zeit, Nr. 24, 9. Juni 2005, S. 9.
14. Originalbeitrag, bisher unveröffentlicht.
15. Undine Ruge / Daniel Morat (Hg.), Deutschland denken. Beiträge für die reflektierte Republik, Wiesbaden 2005, S. 71–82.
16. McK Wissen, 4. Jg., Juni 2005, S. 44–49.
17. Neue Gesellschaft / Frankfurter Hefte, Juli 2004, S. 19–24.
18. leicht gekürzt in: Reflexion und Initiative, Bd. V: Impulse für gesellschaftliche Verantwortung, Hg. Körber-Stiftung, Hamburg 2005, S. 127–136.

AUS DEM VERLAGSPROGRAMM

Paul Nolte bei C.H.Beck

Paul Nolte
Generation Reform
Jenseits der blockierten Republik

6. Auflage. 2005. 256 Seiten. Paperback
Beck'sche Reihe Band 1584

«Mein Buch des Jahres ist *Generation Reform* des jungen Historikers Paul Nolte. Die dort versammelten Essays sind eine umfassende, kritische und scharfsinnige Bestandsaufnahme der Krise der deutschen Gesellschaft, die sich wohltuend vom populistischen und kurzatmigen Gerede unserer Talkshow-Kultur abheben.»

Wulf Bernotat, Frankfurter Allgemeine Zeitung

«Wer die Angewohnheit hat, interessante oder erstaunliche Gedankengänge und gute Formulierungen beim Lesen anzustreichen, legt bei der Lektüre von Noltes Aufsatzsammlung *Generation Reform – Jenseits der blockierten Republik* den Bleistift möglicherweise bald aus der Hand. Weil es weder Sinn noch Spaß macht, in einem Buch mehr Sätze zu unterstreichen, als nackt zu lassen.»

Evelyn Roll, Süddeutsche Zeitung

«Da traut sich einer was. Da kommt einer unerschrocken aus der Deckung und stellt sich der politischen Kontroverse. Da macht sich einer angreifbar, weil er findet, es sei allerhöchste Zeit, dass sich die nachwachsenden Intellektuellen dieses Landes endlich mit Inbrunst einmischen in die ‹öffentlichen Dinge› ihres Gemeinwesens. (...) Paul Nolte hat die Krise der gegenwärtigen deutschen Gesellschaft so scharfsinnig, so eindringlich und mit so viel historischer Tiefendimension ausgeleuchtet wie vor und neben ihm kaum ein anderer.»

Tobias Dürr, Die Zeit

Die Ordnung der deutschen Gesellschaft
Selbstentwurf und Selbstbeschreibung
im 20. Jahrhundert

2000. 520 Seiten. Leinen

Aus dem aktuellen Programm

Christopher de Bellaigue
Im Rosengarten der Märtyrer
Ein Porträt des Iran

Aus dem Englischen von Sigrid Langhaeuser
2006. 341 Seiten mit 1 Karte. Gebunden

Ralf Dahrendorf
Versuchungen der Unfreiheit
Die Intellektuellen in Zeiten der Prüfung

2006. Etwa 240 Seiten mit etwa 20 Abbildungen. Leinen

Hildegard Hamm-Brücher
In guter Verfassung?
Nachdenken über die Demokratie in Deutschland

2006. Etwa 208 Seiten. Gebunden

Julian Nida-Rümelin
Humanismus als Standortvorteil
Ein Perspektivenwechsel

2006. Etwa 224 Seiten. Gebunden

Alexander Stille
Citizen Berlusconi
Aus dem Englischen von Karl-Heinz Siber

2006. Etwa 390 Seiten. Gebunden

Mehdi Bazargan
Und Jesus ist sein Prophet
Der Koran und die Christen

2006. Etwa 144 Seiten. Gebunden